高等院校创新创业与经济管理系列

跨国公司经营与管理

理论、方法与应用

曹院平 ◎ 编著

企业管理出版社
ENTERPRISE MANAGEMENT PUBLISHING HOUSE

图书在版编目（CIP）数据

跨国公司经营与管理：理论、方法与应用 / 曹院平编著. -- 北京：企业管理出版社，2024. 7. -- ISBN 978-7-5164-3095-8

Ⅰ. F276.7

中国国家版本馆CIP数据核字第2024DP6702号

书　　名：	跨国公司经营与管理：理论、方法与应用
书　　号：	ISBN 978-7-5164-3095-8
作　　者：	曹院平
责任编辑：	李雪松　宋可力
出版发行：	企业管理出版社
经　　销：	新华书店
地　　址：	北京市海淀区紫竹院南路17号　　邮　　编：100048
网　　址：	http://www.emph.cn　　电子信箱：emph001@163.com
电　　话：	编辑部（010）68701638　　发行部（010）68414644
印　　刷：	三河市荣展印务有限公司
版　　次：	2024年7月第1版
印　　次：	2024年7月第1次印刷
开　　本：	787mm×1092mm　1/16
印　　张：	20
字　　数：	503千字
定　　价：	68.00元

版权所有　翻印必究 · 印装有误　负责调换

前 言

在经济全球化和信息技术革命的浪潮中，跨国公司不仅成为国际直接投资活动的主导力量，更是国际贸易、国际金融和国际技术转让的主要推动者。这些跨国公司凭借雄厚的经济实力、先进的管理理念及发达的全球网络系统，深刻地塑造着世界经济、政治和社会生活的格局，促进了全球经济的发展，加深了各国之间的经济联系与相互依赖。尽管跨国公司的历史已有百余年，但其真正的爆发式发展发生在第二次世界大战之后，尤其是过去的30多年。联合国最新的数据显示，当前跨国公司在经济全球化和信息技术革命的大背景下呈现高度专业化和偏好跨国并购投资的新趋势。

与此同时，随着经济全球化的不断推动，我国企业通过"走出去"战略和"一带一路"倡议逐渐增加对外直接投资，跨国经营和管理的需求也随之迅速增长。因此，对跨国公司的研究不仅要关注其发展历史和相关理论与政策，更需要深入研究跨国公司在经营与管理战略、技术转让与企业并购、营销与物流、财务与融资、生产与价值链，以及组织与人力资源管理等方面的实践经验。

本书的编写旨在培养具备全球视野、跨文化交流沟通能力和创新创业能力的国际商务专业人才。我们深信，通过深入研究跨国公司的经营与管理，可以更好地应对全球商务活动的挑战，推动我国企业在世界经济舞台上展现更为强大的力量。本书强调理论与实践相结合、国际与国内的交融，在论述基本理论和政策的同时，也注重对实用性操作知识的介绍。

全书共分九章，由基础理论篇、方法策略篇、运营管理篇三部分构成，包括跨国公司概况、对外直接投资理论与发展战略、战略调整、战略联盟、内部贸易与转移价格、跨国并购、技术转让等方面，还包括跨国组织、人力资源、市场营销、物流管理、跨文化管理等内容，以期在全球化、数字化进程不断深化的今天，培养国际经贸类专业学生具备全球视野、深刻了解国际商务的发展特点和趋势，以及系统掌握现代国际商务理论和实践技能的能力。

本书的出版获得了福建省"闽台联合培养人才项目"国际经济与贸易专业专项经费，以及武夷学院教改项目（JC20231006、ZY202227SC）经费的资助。

最后，感谢所有为本书编著付出辛勤努力的团队成员（任美英教授、沈慧芳教授、卓志毅博士、宋颖博士，以及吴娜、张若好、郑天慧、尤玫桦、郑欣萍、张宗心等国贸本科专业的同学），以及关心和支持我们的读者。期望本书能够成为学术界和实践者的重要参考，为推动跨国公司研究和实践贡献一份力量。

目 录

| 基础理论篇 |

第一章 跨国公司概述 2
第一节 跨国公司的概念、特征与形成 2
第二节 跨国公司的类型及衡量指标 10
第三节 中国跨国公司的发展历程与对外投资 17
第四节 21世纪跨国公司的发展趋势 24

第二章 跨国公司基本理论 32
第一节 跨国公司理论的形成与发展 32
第二节 对外直接投资理论 41
第三节 国际技术转让理论 48
第四节 跨国公司内部化理论 52
第五节 对外直接投资相关理论 56

| 方法策略篇 |

第三章 跨国公司商务环境 62
第一节 国际商务政治环境 62
第二节 国际商务经济环境 65
第三节 国际商务文化与技术环境 69
第四节 国际商务环境分析方法 75
第五节 跨国经营的商业伦理与社会责任 80
第六节 跨国公司对世界经济的影响 82

I

第四章　跨国公司经营战略 ... 87
第一节　跨国公司经营战略概述 ... 87
第二节　跨国公司的全球战略 ... 92
第三节　跨国公司战略联盟 ... 102
第四节　跨国并购 ... 106

第五章　跨国公司国际贸易 ... 124
第一节　跨国公司内部贸易概述 ... 124
第二节　跨国公司转移定价策略 ... 129
第三节　跨国公司电子商务 ... 134
第四节　跨国公司技术转让 ... 143

| 运营管理篇 |

第六章　跨国公司组织与人力资源管理 ... 162
第一节　跨国公司的法律组织形态 ... 162
第二节　跨国公司的组织结构 ... 166
第三节　跨国公司人力资源管理 ... 172
第四节　跨国公司的管理控制体制 ... 178
第五节　跨国公司的跨文化管理 ... 183

第七章　跨国公司营销管理 ... 199
第一节　国际市场的选择和定位 ... 199
第二节　国际市场营销组合策略 ... 213
第三节　跨国公司数字营销 ... 229

第八章　跨国公司财务与融资管理 ... 240
第一节　跨国公司财务管理概述 ... 240
第二节　跨国公司运营资本管理 ... 246
第三节　跨国公司 FDI 管理 ... 257
第四节　跨国公司的融资管理 ... 259
第五节　跨国公司的外汇风险管理 ... 263

第九章　跨国公司全球价值链与物流管理 275
　　第一节　全球价值链 275
　　第二节　跨国公司融入全球价值链 283
　　第三节　跨国公司的全球物流 287
　　第四节　跨国公司国际物流管理 294

参考文献 307

基础理论篇

第一章
跨国公司概述

> **学习目标**

类别	内容
重点掌握	跨国公司的定义、特征；中国跨国公司对外直接投资的特点；21世纪跨国公司的发展趋势
掌握	跨国公司的类型及衡量指标；中国跨国公司对外直接投资的动机和方式
理解	跨国公司的形成与发展；跨国公司的经营策略和内部经营体系
了解	跨国公司的全球一体化经营；跨国公司的社会责任和可持续发展

第一节　跨国公司的概念、特征与形成

一、跨国公司的概念

跨国公司（Multi National Corporation，MNC）是一种在全球范围内运营的企业实体，它们通过在不同国家设立子公司、分支机构或关联企业开展业务。这些公司在全球经济中扮演着核心角色，它们的发展历程体现了全球经济的发展和变迁。

随着全球经济一体化的深入发展，跨国公司在推动国际贸易、整合全球供应链等方面发挥了重要作用。科技进步、通信网络的扩展和运输方式的改善，为跨国公司提供了更广阔的市场和更便捷的运营手段，使它们能够更高效地在全球范围内扩展业务。

跨国公司的组织架构通常是跨层次的和复杂的，它们在本国设立总部以统筹全局，并在海外市场设立分支机构以适应当地环境和需求。这种分散式的运营模式使跨国公司能够灵活应对不同地区的市场变化和挑战。

跨国公司的业务覆盖了多个国家的市场，包括产品销售、生产制造、供应链管理和研发创新等多个方面。通过在全球不同地区建立生产基地和销售网络，跨国公司能够更好地满足各地市场的需求，并有效配置全球资源。

此外，跨国公司对所在国家的经济发展具有重要的影响。它们不仅在本国创造就业、推动技术创新和增加税收，还在海外市场促进就业、技术转移和产业升级，有助于全球经济的均衡发展。

综上所述，跨国公司作为全球化经济的重要组成部分，通过其全球性的业务布局和复

杂的组织结构，为促进全球经济的增长和发展做出了显著贡献。面对全球经济环境的持续变化，跨国公司需不断调整自身战略，以实现可持续发展。

二、跨国公司的特征

跨国公司在全球经济舞台上扮演着至关重要的角色，它们通过独特的组织架构、业务运作、全球战略及对不同文化和法律环境的适应能力，展现出显著的特点。这些公司在不断发展的过程中，无论是在规模扩张、战略目标设定，还是在组织结构、管理运营和业务活动模式上，都呈现一系列共通的基本属性，如表1-1所示。

表1-1 跨国公司的基本特征类型

类型	具体特征
规模	①全球化业务；②多元化经营；③全球供应链；④跨国并购；⑤全球市场覆盖；⑥大规模研发和创新投资；⑦全球人才的招聘和管理；⑧全球化的金融战略
战略目标	①跨国公司的全球化战略；②拓展市场份额与多元化业务；③获取资源和技术优势；④建立全球供应链和生产基地；⑤提高企业的国际影响力；⑥促进全球经济发展
内部经营体系	①组织结构的全球一体化；②信息流动和数据共享的优势；③全球一体化的决策流程；④资源协同与共享；⑤全球人才培养与管理；⑥技术支持与数字化转型
经营策略	①多元化的业务板块；②多样化的产品和服务；③跨国并购；④全球化的供应链和生产基地；⑤大规模研发和创新投资

（一）经营规模庞大

跨国公司因其庞大的经营规模而成为全球经济中的重要角色。经营规模庞大不仅是跨国公司的显著特征，也是它们在全球市场竞争中取得成功的重要因素之一。

1. 全球化业务

跨国公司的经营规模体现在其全球化的业务范围上。这些公司不仅在总部所在的国家拥有业务实体，而且在多个国家和地区建立了子公司、分支机构或关联企业。这样的全球化业务布局使它们能够充分利用全球市场的机会，同时分散风险，实现更为稳健的经营。通过在全球范围内开展业务，跨国公司能够迅速响应全球市场的需求、获取更多的资源、降低生产成本，发挥经济全球化的优势。

阿里巴巴是中国电商巨头，其通过全球化战略在全球范围内建立了庞大的电商生态系统。截至2022年，阿里巴巴的国际业务覆盖了亚洲、欧洲、美洲等多个地区。在东南亚市场，阿里巴巴通过对新加坡电商公司Lazada的投资，成功扩大了其在该地区的市场份额。阿里巴巴的全球化业务战略不仅扩大了其在全球的品牌知名度，也为中国商品走向世界市场提供了强大的平台。

2. 多元化经营

经营规模庞大通常伴随着跨国公司在不同行业的多元化经营。跨国公司不再局限于特定的产品或服务，而是涉足多个行业，如制造业、金融业等。这种多元化战略有助于降低行业风险、提高企业的整体韧性，使其能够更好地应对各个行业的挑战。多元化经营是跨国公司为降低风险、迎接不同市场挑战而采取的策略。通过在不同业务领域开展经营，跨国公司能够在多个产业中获得利润，并在市场波动时更为稳健。

三菱集团是日本的一个多元化企业集团，涉及能源、金融、重工业、电子等多个领域。三菱集团通过多元化经营，不仅在汽车制造业、航空业等传统领域占有一席之地，而且在金融服务、科技创新等新兴领域取得了成功。这种多元化战略使三菱集团能够更好地应对市场的波动，实现业务的稳健增长。

3. 全球供应链

跨国公司的经营规模庞大表现在其建立的高度集中的全球供应链上。为了最大限度地降低生产成本、提高生产效率，并满足全球市场的需求，这些公司在全球范围内建立了复杂而高效的供应链网络。这种全球供应链的建设使公司能够更灵活地调整生产和分销策略，迅速适应市场变化。全球供应链是跨国公司高效生产和供应产品的关键。通过在全球范围内建立供应链，跨国公司能够获取更便宜的原材料、降低生产成本、提高产品的竞争力。

苹果公司是全球知名的科技巨头，其全球供应链战略为其成功提供了支持。苹果公司在亚洲地区建立了大量的生产基地，这使苹果公司能够以较低的成本生产产品，并实现对全球市场的迅速供应。苹果公司的供应链战略不仅提高了效率，还确保了产品质量和可靠性。

4. 跨国并购

经营规模庞大的跨国公司通常通过跨国并购扩大其规模。这些并购涉及的金额通常巨大，并涉及多个国家和行业。通过收购其他公司，跨国公司能够迅速获得市场份额、技术能力、品牌价值等，并在全球范围内建立更强大的竞争优势和市场地位。跨国并购是跨国公司在全球范围内扩大业务的一种重要手段。通过收购其他公司，跨国公司能够迅速获取市场份额、技术和人才，实现业务的快速扩张。

2016年，芬兰通信巨头诺基亚收购了法国电信设备公司——阿尔卡特朗讯。这项跨国并购使诺基亚扩大了其在全球通信设备市场的份额，提升了其在5G技术领域的竞争力。通过整合阿尔卡特朗讯的技术和人才，诺基亚在全球市场上取得了更强大的优势。

5. 全球市场覆盖

跨国公司通过庞大的经营规模，能够实现对全球市场的广泛覆盖。无论是在发达国家还是在新兴市场，这些公司都能够提供适应当地需求的产品和服务。全球市场覆盖使跨国公司能够更好地应对地缘政治风险，实现全球化经济中的资源最优配置。全球市场覆盖是跨国公司追求更广泛市场份额的重要目标。通过在全球范围内推广和销售产品，跨国公司能够满足不同地区和国家消费者的需求，实现对全球市场的占领。

可口可乐公司是全球领先的饮料公司，其产品在全球范围内畅销。根据可口可乐公司的数据，其产品在200多个国家销售，每天有数十亿杯可口可乐产品被消费。可口可乐公司通过适应不同文化的市场策略，成功实现了对全球市场的广泛覆盖。

6. 大规模研发和创新投资

为了维持竞争优势，跨国公司通常进行大规模的研发和创新投资。这种投资不仅帮助公司在全球范围内推动科技前沿，还使它们能够开发出适应不同市场需求的新产品和服务。大规模的研发和创新投资是经营规模庞大的跨国公司在科技领域保持领先地位的重要手段，也是跨国公司保持竞争优势的关键。通过投入大量资源进行研发和创新，能够推动科技进步、开发新产品，并在市场中保持领先地位。

谷歌的母公司 Alphabet 是全球科技创新的领导者之一。根据 2022 年的财务报告，Alphabet 在研发方面的支出超过 360 亿美元。这使谷歌能够不断推出新的技术和服务，包括人工智能、云计算、自动驾驶技术等，大规模的研发投资使 Alphabet 保持了在全球科技市场上的创新力和竞争力。

7. 全球人才的招聘和管理

跨国公司由于其庞大的业务规模，需要吸引和管理来自不同文化背景的全球人才。这就涉及解决不同文化之间的沟通障碍、建立团队协作和适应不同国家的劳动法规等方面。有效地招聘、培养和管理全球人才是经营规模庞大的跨国公司成功的关键因素之一，通过吸引和管理全球范围内的高素质人才，跨国公司能够在不同地区更好地适应本地市场需求、推动创新，并确保业务的高效运营。

微软是一家全球性的科技公司，其成功的一部分归功于在全球范围内的人才团队。微软在不同国家和地区拥有分布广泛的研发中心，吸引了来自全球各地的优秀工程师和科技专业人才。通过在全球建立多元化的团队，微软能够更好地了解和满足不同地区市场的需求。

8. 全球化的金融战略

经营规模庞大的跨国公司通常采用全球化的金融战略，包括全球融资、全球投资组合管理、全球财务报告等。全球化的金融战略对跨国公司的稳健经营至关重要。通过制定合理的全球金融策略，跨国公司能够有效管理风险、优化资本结构，并确保全球业务的稳健发展。

花旗集团是一家全球性的银行，其全球金融战略在经营中发挥了重要的作用。花旗集团通过全球范围内的分行网络，为客户提供全方位的金融服务。同时，花旗集团通过巧妙的风险管理和投资策略，保持了良好的财务状况。在 2022 年的财务报告中，花旗集团的全球净收入超过了 730 亿美元，体现了其成功的全球化金融战略。

（二）对外直接投资是向外扩张的重要手段

对外直接投资（Foreign Direct Investment，FDI）作为跨国公司向外扩张的重要手段，既是一种战略决策，也是全球化经济中不可忽视的一个特征。

1. 跨国公司的全球化战略

对外直接投资是跨国公司全球化战略的核心组成部分。通过在其他国家直接投资，跨国公司能够实现全球资源的优化配置，获取更广泛的市场份额，并在全球范围内拓展业务。这一战略不仅使跨国公司更好地适应全球市场的变化，还有助于提高国际竞争力和盈利水平。这种全球化策略促使跨国公司在不同国家建立生产基地、销售网络和研发中心，充分利用各地资源和市场机遇，发挥全球协同效应。此外，全球化战略还为跨国公司提供了多元化的风险管理方式，降低了对单一市场的依赖性，使其更具韧性和灵活性，能够更好地适应复杂多变的国际环境。

2. 拓展市场份额与多元化业务

通过对外直接投资，跨国公司得以进军新市场，扩大市场份额。这一举措对跨国公司具有重要意义，使其能够更灵活地应对市场竞争和行业波动。与此同时，对外直接投资还使跨国公司实现了经营多元化，降低了对特定市场或行业的过度依赖，有效降低了企业面临的风险。这种全球化战略不仅为跨国公司提供了更广泛的业务机会，还提高了其全球竞争力，为未来的可持续发展奠定了坚实的基础。

3. 获取资源和技术优势

对外直接投资为跨国公司提供了获取外部资源和技术优势的途径。通过直接在拥有特定资源或技术的国家进行投资，跨国公司能够更加高效地获取关键的生产要素，包括原材料和劳动力等。这种战略性投资不仅有助于确保生产过程的稳定和成本的控制，还为跨国公司在全球范围内建立起坚实的供应链网络。同时，对外直接投资也为跨国公司提供了机会，使其能够在创新领域获取先进技术，促进企业研发和创新能力的提升。通过充分利用外部资源和技术，跨国公司能够在国际市场中更具竞争优势，实现可持续发展。

4. 建立全球供应链和生产基地

对外直接投资促使跨国公司建立更加全球化的供应链和生产基地。通过在不同国家建立生产设施，跨国公司能够更灵活地调整生产布局，实现成本最小化，同时确保产品能够更快速地到达全球市场。这种全球化的供应链不仅能够提高生产效率，还能够增强跨国公司在全球范围内的竞争力。通过在多个国家设立生产基地，跨国公司能够更好地利用各地的资源和劳动力优势，提升供应链的韧性和灵活性。这种战略性的全球化布局有助于降低风险，同时确保跨国公司能够更好地适应不同国家和地区的市场需求，扩大其全球市场份额。

5. 提高企业的国际影响力

通过对外直接投资，跨国公司能够扩大其在国际舞台上的影响力。在多个国家建立业务实体，能够使跨国公司更深入地了解和参与全球经济，与不同国家和地区的政府、企业建立更紧密的关系。这有助于跨国公司更好地应对国际市场的动荡和不确定性。通过与当地政府、产业界等多方面的合作，跨国公司可以更好地把握国际事务的发展趋势，参与全球经济治理和国际产业合作，从而在全球范围内产生更大的影响力。这种全球化的战略布局为跨国公司提供了更广泛的合作机会，使其能够更灵活地应对全球经济的挑战，提升在国际市场上的竞争力。

6. 促进全球经济发展

对外直接投资有助于促进全球经济的发展。通过直接投资于新兴市场，跨国公司可以为当地提供就业机会、提高技术水平、推动产业升级，从而促进这些地区的经济增长。跨国公司的投资能够促使当地产业结构的优化和提升，加快新兴市场国家的工业化进程，为其经济带来新的增长动力。这种经济发展不仅对跨国公司自身有利，也可提升其在全球市场的竞争力，还可为全球经济注入新的活力，促使全球各地形成更加紧密的经济联系。通过与新兴市场的深度合作，跨国公司不仅在经济上获得了回报，同时在推动全球经济的可持续发展中也发挥了积极的作用。

（三）建立内部一体化经营体系

跨国公司在追求经济全球化时，建立内部一体化经营体系成为其取得成功的重要因素之一。

1. 组织结构的全球一体化

建立内部一体化经营体系的核心是构建一个全球一体化的组织结构。跨国公司通常在总部设有核心团队，负责全球战略的制定和决策，同时在各个国家设有子公司或分支机构，负责执行总部的指令。这种全球一体化的组织结构使跨国公司能够更好地协调全球范围内的业务，充分利用全球资源，提高整体竞争力。

以跨国零售巨头沃尔玛为例，该公司在全球范围内拥有逾11000家门店，员工超过220万人。根据沃尔玛的财务报表数据，其全球业务板块分为沃尔玛美洲、沃尔玛国际和山姆会员店。通过统一的组织结构，沃尔玛能够更好地实现全球业务的协同管理，确保在不同国家和地区的门店能够遵循相似的运营标准和流程。

2. 信息流动和数据共享的优势

在建立内部一体化经营体系的过程中，信息流动和数据共享发挥着至关重要的作用。跨国公司需要建立高效的信息系统，确保各子公司之间能够实现实时的信息传递和共享。这有助于跨国公司更快速地应对市场变化、制定全球性的营销策略，同时提高决策的准确性。

以科技巨头苹果公司为例，其通过全球化的供应链和生产基地，确保各个环节的信息实时流动。根据苹果公司的年度报告，截至2021年，其全球员工数量超过147万人，涉及硬件、软件、服务等多个业务领域。通过先进的信息系统，苹果公司能够在全球各地的研发、生产和销售团队之间实现高效的协同合作，确保产品的及时推出和市场反馈的及时获取。

3. 全球一体化的决策流程

内部一体化经营体系要求建立跨国决策流程，确保全球各地的决策在整个组织中得到有效执行。这包括制订全球性的战略规划、统一的业务标准和流程，以及全球性的绩效评估体系。这种一体化的决策流程有助于提高公司的整体效率和灵活性。

以汽车制造商丰田为例，该公司在全球范围内拥有丰田工业公司、丰田汽车公司等多个子公司。丰田公布的数据显示，2023年丰田在全球范围内的销售量达到了1060万辆，其中亚洲地区占比最大。通过全球一体化的决策流程，丰田能够在全球范围内调整生产计划、供应链和市场策略，以适应各个地区的需求变化。

4. 资源协同与共享

建立内部一体化经营体系使跨国公司能够更好地协同和共享资源，这不仅包括传统的物质资源，还包括人才、技术和知识等多种类型的资源。跨国公司可以在全球范围内进行合理的资源配置，避免资源的浪费，提高整体效益。

以消费品公司宝洁为例，该公司在全球范围内经营多个品牌，涵盖家居护理、个人护理、健康护理等多个领域。根据宝洁的财报数据，其品牌在全球范围内均保持强劲增长，这得益于公司内部一体化的资源协同和共享。通过集中采购、研发和市场推广等，宝洁能够更有效地满足全球不同市场的需求，提高整体效益。

5. 全球人才培养与管理

跨国公司内部一体化经营体系需要重视全球人才的培养和管理，需要通过培训和发展计划，提升员工的跨文化沟通能力和国际业务技能。同时，建立全球化的人力资源管理体系，确保在全球范围内吸引、留住优秀的人才。

以制药公司诺华为例，该公司在全球拥有逾10万名员工，涉及制药、眼科、生命科学等多个领域。根据诺华的人力资源数据，其通过全球性的培训和发展计划，致力于培养具备跨文化管理和国际业务技能的人才。这种全球人才培养与管理方式有助于提高诺华在全球范围内的团队协作水平，适应多元化的工作环境。

6. 技术支持与数字化转型

建立内部一体化经营体系需要依赖先进的技术支持和数字化转型。跨国公司需要投资于信息技术、大数据分析、人工智能等领域，以提高信息系统的可靠性和效率，推动业务的数字化转型，从而更好地支持全球范围内的经营活动。

以全球能源公司壳牌为例，该公司通过数字化转型提高了其在全球范围内的经营效率。根据壳牌的年度报告，通过引入先进的数字技术，壳牌在勘探、生产、炼油和销售等多个环节实现了数字化转型。这不仅提高了壳牌的业务灵活性，还优化了公司内部各个环节的资源配置和协同效率。

除此之外，建立内部一体化经营体系还包括跨文化领导、团队协作、文化适应、社会责任。在多元化的环境中，建立内部一体化经营体系要求跨国公司具备跨文化领导力和团队协作能力，培养具有跨文化背景的管理层，促进不同团队之间的有效沟通和协同合作。这有助于减少文化差异对业务运作的不利影响，提高团队的凝聚力。在建立内部一体化经营体系的过程中，跨国公司需要适应和尊重不同国家和地区的文化差异。这涉及在业务实践中考虑当地的文化和社会价值观，以确保跨国公司的行为与当地文化背景相一致。同时，跨国公司也需要关注社会责任，积极参与当地的社会事务，为社区创造积极价值。

（四）综合型的多种经营

在当今全球化的商业环境中，跨国公司的经营特征越来越多样化和综合化。

1. 多元化的业务板块

跨国公司的多元化经营表现为在不同业务板块的投资和运营。通过数据分析，我们可以观察到这些公司在多个行业中的业务分布。以美国消费品公司联合利华为例，其涉及食品、饮料、清洁护理、美容和个人护理等多个领域。根据2021年的财务报表数据，联合利华的食品和饮料业务占营业收入的30%，清洁护理业务占营业收入的36%，美容和个人护理业务占营业收入的34%。这种多元化战略使该公司能够在各个行业中分散风险，降低对特定行业的依赖。

2. 多样化的产品和服务

综合型多种经营不仅表现为涉足不同的业务领域，还表现为提供多样化的产品和服务。以电商巨头亚马逊为例，其产品和服务包括电子商务、云计算、数字媒体、人工智能等。截至2021年年底，亚马逊的零售业务收入占总收入的50%，云计算收入占总收入的12%，数字广告收入占总收入的2%，Prime会员服务收入和其他收入占总收入的36%。通过数据分析，亚马逊能够更好地了解市场需求，优化产品组合，提高市场占有率。

3. 跨国并购

综合型多种经营的战略常伴随着跨国并购，通过收购其他公司来扩大规模和拓展业务。以跨国公司强生为例，其对医疗器械、制药和消费者产品领域都有涉足。强生公布的 2021 年财务报表显示，2021 年强生的医疗器械业务收入占总收入的 28.8%，制药业务收入占总收入的 55.5%，消费者保健业务收入占总收入的 15.6%。可见通过一系列收购，强生不断强化了其在全球医疗领域的领先地位。

4. 全球化的供应链和生产基地

全球化的供应链是综合型多种经营的关键组成部分。跨国公司通过在全球范围内建立生产基地，实现全球资源的优化配置。以汽车制造商大众汽车集团为例，其在全球范围内拥有超过 120 家生产工厂。大众汽车公布的 2020 年数据显示，其在 2020 年全球销售了约 910 万辆汽车，其中中国市场贡献了约 40% 的销售量。这表明跨国公司通过在全球建立庞大的供应链和生产基地，能够更好地满足不同地区的市场需求。

5. 大规模研发和创新投资

综合型多种经营的公司通常会在研发和创新方面投入巨额资金。以谷歌的母公司 Alphabet 为例，截至 2021 年，其研发支出占总收入的 20% 以上。这种大规模的研发投入有助于维持谷歌在科技领域的领先地位，推动业务创新。

三、跨国公司的形成

为了更好地理解跨国公司的形成与演变，我们可以追溯其起源、发展和不断演进的历程，如图 1-1 所示。

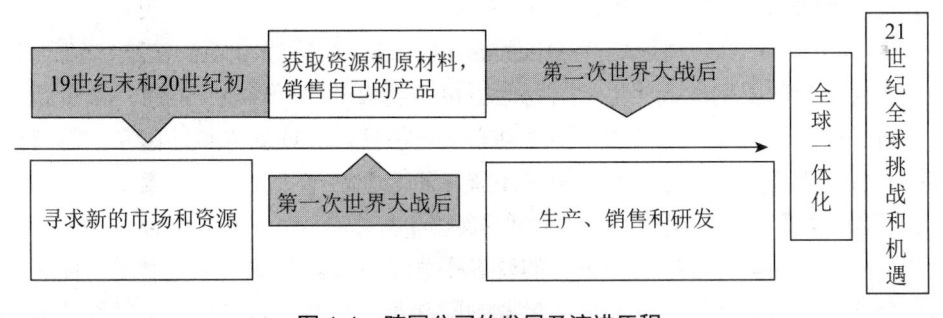

图 1-1 跨国公司的发展及演进历程

（一）跨国公司的起源

跨国公司的历史可以追溯到 19 世纪末和 20 世纪初的工业化时期。随着工业化的推进，跨国公司开始超越国家的边界寻求新的市场和资源。这一时期，一些跨国公司通过出口产品或在国外建立子公司，开始在全球范围内开展业务。荷兰东印度公司被视为早期的跨国公司，它在 17 世纪通过建立贸易站点和殖民地，实现了对亚洲贸易的控制。

（二）第一次世界大战后的发展

第一次世界大战后，随着国际贸易和资本流动的增加，跨国公司的发展进入了新的阶段。一些美国和欧洲的公司开始在拉丁美洲、亚洲和非洲建立生产和销售基地，以满足对外国产品的需求。这一时期，跨国公司的经营主要集中在对资源和原材料的获取，以及销售自己的产品。

（三）第二次世界大战和重建时期

第二次世界大战后，跨国公司面临着新的挑战和机遇。第二次世界大战后的重建时期，一些欧洲和亚洲的国家迅速崛起，成为全球经济的重要参与者。同时，随着国际贸易体系的建立，跨国公司的活动进一步扩大。跨国公司开始将生产、销售和研发等多个环节进行全球性整合，形成了更加复杂的跨国业务模式。

（四）冷战时期和跨国公司的地缘政治影响

冷战时期，跨国公司成为东西方之间经济竞争和合作的平台。国家之间的意识形态对立影响了跨国公司的全球扩张。一些跨国公司在冷战期间成为国家利益的延伸，通过在不同国家建立业务，实现了地缘政治上的影响。

（五）20世纪70年代的转变和全球化的崛起

20世纪70年代，跨国公司的经营环境发生了重大转变。国际货币体系的崩溃、石油价格飙升及发展中国家的崛起都对跨国公司产生了深远的影响。跨国公司开始更加关注多元化，寻找更加稳健的全球业务模式。这一时期，日本的汽车制造商（如丰田和本田）开始在全球范围内崭露头角。

（六）信息技术时代的全球一体化

20世纪80年代末和90年代初，信息技术的飞速发展进一步推动了全球化的进程，互联网的出现加速了信息传播和业务流程的全球一体化。跨国公司通过数字化技术更加轻松地进行国际业务，实现了对全球供应链的高度整合。这一时期，硅谷的科技公司如微软、谷歌、苹果等崛起，成为全球化的推动者。

（七）21世纪的全球挑战和机遇

进入21世纪，跨国公司面临着新的挑战和机遇。全球经济不断演变，贸易保护主义、气候变化、全球卫生危机等因素对跨国公司的经营产生了影响。同时，数字经济、人工智能等新兴技术为跨国公司提供了更多创新的可能性。一些新兴市场国家的跨国公司在全球市场上崭露头角，与西方国家的跨国公司展开竞争。

（八）当前全球化的新特征

当前，全球化的新特征在跨国公司的发展中愈发凸显。全球供应链的复杂性增加，跨国公司在全球范围内的社会责任和可持续发展问题备受关注。新兴科技、生物技术、绿色能源等领域的创新成为推动市场竞争力的关键因素。

第二节 跨国公司的类型及衡量指标

一、跨国公司的类型

（一）按跨国经营项目分类

按照跨国经营项目，跨国公司可以分为不同的类型，具体取决于其国际业务的性质、范围和战略方向。

1. *产品出口型跨国公司*

产品出口型跨国公司专注于在一个国家生产商品，并通过出口业务将其销售到其他国家。这一战略有助于扩大市场份额,利用制造成本优势提高竞争力。

中国的制造企业(如华为和小米)通过高效的生产和全球供应链,在国际市场上成功推广手机和电子设备。这种经营模式使其能够满足全球需求,实现业务全球化。

2. **市场开发型跨国公司**

市场开发型跨国公司专注于通过在不同国家开发和销售产品或服务实现国际业务扩张。这一战略通过深入了解各国的市场需求,拓宽销售渠道,提高品牌知名度,以满足不同地区的需求,促进业务增长。

麦当劳和星巴克是典型的市场开发型跨国公司,它们通过在全球范围内开设连锁店来满足不同国家的市场需求。

3. **资源开发型跨国公司**

资源开发型跨国公司专注于在不同国家获取和开发自然资源,如石油、矿产等,以实现国际业务扩张。这一战略通过全球资源勘探和生产,确保公司有稳定的原材料供应,并在国际市场上获得竞争优势。

荷兰皇家壳牌公司是一家资源开发型跨国公司,通过全球范围内的石油勘探和生产来支持其业务。

4. **合作联营型跨国公司**

合作联营型跨国公司专注于通过与当地企业合作,在国际市场上建立合资企业或其他形式的联营。这一战略通过共享资源、风险和市场,提高跨国公司在目标市场中的适应性和竞争力。

通用汽车公司与上海汽车集团有限公司在中国建立了合资企业,共同生产和销售汽车产品。

5. **服务输出型跨国公司**

服务输出型跨国公司专注于通过提供服务,如咨询、金融、技术支持等,将其专业服务输出到国际市场。这一战略通过整合跨国团队和资源,满足全球客户对高质量服务的需求,促进国际业务的扩展。

国际会计和咨询公司德勤通过在全球范围内提供审计、咨询和税务服务,为客户解决复杂的商业挑战,推动全球商业环境的创新和发展。

6. **研发中心型跨国公司**

研发中心型跨国公司致力于在全球范围内设立研发中心,通过全球创新网络推动新产品和技术的发展。这一战略通过充分利用全球创新人才和资源,加速新技术的研发和应用,提高企业在科技领域的竞争力。

谷歌的母公司 Alphabet 通过在世界各地设有研发中心,致力于推动搜索技术、人工智能和其他领域的创新,不断引领全球科技发展潮流,实现企业在全球市场的持续领先。

(二)按跨国经营范围分类

跨国公司可以按照其不同的经营范围进行分类。

1. **全球性跨国公司**

全球性跨国公司是在全球范围内开展广泛经营活动的企业,其产品或服务在多个国家和地区都拥有广泛的市场份额。全球性跨国公司通常通过建立庞大的国际业务网络,覆盖多个国家，以实现全球市场的全面布局。其产品或服务可能经历标准化或本地化，以迎合不同地区的文化和市场需求。全球性跨国公司通过充分利用全球资源和市场机会，实现规模经济和高效运营，使其成为全球商业领域的主要参与者，同时也面临着全球化带来的管理挑战和适应不同市场环境的复杂性。

可口可乐是一家美国的全球性跨国公司，其碳酸饮料品牌在全球范围内非常知名。可口可乐通过在各个国家推广其品牌，建立全球供应链，实现了产品的全球化销售。

2. 区域性跨国公司

区域性跨国公司是在特定地理区域内广泛开展经营活动的企业，其战略重点集中在增强该区域内的市场适应性和本地化经营。区域性跨国公司通过在特定区域内建立强大的业务网络，如分支机构、子公司或合作伙伴，以更好地满足当地市场的需求，其产品或服务经过本地化调整，达到符合该地区消费者消费习惯的要求。区域性跨国公司致力于深入理解特定区域的商业环境，以提高竞争力并更好地适应当地的法律法规和文化背景。这种经营模式强调在区域内的本地市场领导地位，使公司能够更灵活地应对当地市场的挑战。

汇丰银行是一家总部位于英国的区域性跨国公司，其业务在亚洲、欧洲和其他地区均有涉及。汇丰银行在不同区域内提供全球化的金融服务，同时根据当地市场的需求进行本地化经营。

3. 国际性跨国公司

国际性跨国公司是在少数几个国家或地区开展经营活动的企业，其业务范围相对较窄，但依然具备跨国经营的特点。国际性跨国公司的运营重心通常集中在有限的几个国际市场，致力于适应不同国家的商业环境和市场需求。国际性跨国公司会在多个国家设有分支机构或子公司，以更好地服务当地客户并应对地区性挑战。虽然业务范围相对有限，但这种模式使国际性跨国公司能够更专注地理解和满足特定国际市场的需求，同时灵活应对不同国家之间的文化、法规和市场差异。

施耐德电气是一家总部位于法国的国际性跨国公司，其主要在全球范围内提供电气设备和解决方案。施耐德电气的业务覆盖多个国家，但其产品和服务范围相对集中。

4. 多国本土化型跨国公司

多国本土化型跨国公司根据各个国家的市场需求和文化特点，通过在各地建立独立业务单元，实现多元化、本地化经营。这种经营模式强调在不同国家设立独立业务单元，以更好地适应当地市场与本土市场的差异，包括文化、法规和消费者行为。多国本土化型跨国公司倡导在各地区开展本地化运营，以提供符合当地需求的产品和服务。通过在各个国家建立相对独立的业务决策和执行机构，多国本土化型跨国公司能够更灵活地调整战略，增强在各国市场的本地领导地位，同时更好地利用当地资源、人才和文化优势。这种模式能够有效缓解全球一体化与本地差异之间的矛盾，实现在多国市场中的持续发展。

宝洁公司是一家总部位于美国的多国本土化型跨国公司，主要从事消费品制造。宝洁公司通过在不同国家设立本地团队，推出适应当地市场的产品，实现了多元化的本土化经营。

（三）按跨国经营结构分类

跨国公司根据其产品种类和经营结构，可以划分为三种不同的类型，每种类型都有其独特的经营特点和战略方向。

1. 同质型跨国公司

同质型跨国公司指的是母公司及其分支机构都从事相同产品的生产和经营活动。在这类公司中，母公司与分支机构在生产和经营上的分工较为简单，通常采用相似的生产工艺和流程，生产相似或相同的产品。同质型跨国公司的优势在于内部技术和知识的共享，包括生产技术、市场营销策略和品牌专利等无形资产的相互转移，这有助于提升公司的整体竞争力和规模经济效益。此外，这类公司通过在不同国家和地区设立子公司和分支机构，实现本地化生产和销售，可以有效应对贸易壁垒，扩大市场份额。

2. 纵向一体化型跨国公司

纵向一体化型跨国公司在其母公司和分支机构之间实行纵向分工和一体化运营。这种分工可以表现为母子公司生产和经营相关联的不同阶段的产品，如资源的勘探、开发、提炼、加工和销售等；或者是母子公司在同行业中生产不同加工阶段的产品。这类公司的特点是全球生产活动的专业化和协同，各生产环节紧密相连，有利于按照全球战略发挥各子公司的优势，并实现标准化和规模化生产，从而获得规模经济。

3. 多元化型跨国公司

多元化型跨国公司是指母公司和分支机构生产和经营不相关的产品。这类公司通过在全球范围内进行多样化经营，将多个无关联的产品和行业整合在一起，增强了生产和资本的集中度。多元化经营有助于分散经营风险，但也可能因为业务复杂性增加而带来管理上的挑战，如大企业病等。因此，具有竞争优势的跨国公司通常会围绕核心业务或产品进行有针对性的国际多样化经营，而不是盲目扩展到不同行业。

（四）按决策行为分类

按决策行为的不同特点，跨国公司可以分为不同类型。以下是按决策行为划分的一些常见的跨国公司类型。

1. 中央集权型跨国公司

中央集权型跨国公司以总部为核心，实现核心决策和管理功能的高度集中。总部在这种模式下担负主要的决策制定和管理职责，向全球各个分支机构发出指导和控制。决策由总部制定后，通过明确的指令下达给各个分支机构，执行过程中总部对各方面进行监督和协调。这种模式具有明显的集中管理优势，可以确保公司在全球范围内实施一致的战略和政策。同时，也能更有效地掌控全球资源、标准化业务流程，并提高整体运营效率。然而，中央集权型跨国公司也面临着对地方差异不够灵活的挑战，可能因全球市场多样性而导致决策执行困难。这种模式需要在全球一体化和本地差异之间找到平衡，以确保在全球范围内取得成功。

日本电子公司索尼是一家中央集权型跨国公司，总部位于日本。索尼的核心决策和研发活动主要在总部进行，全球各分支机构执行总部的战略和计划。

2. 联邦式跨国公司

联邦式跨国公司以在各国和地区设有相对独立的分支机构为特征。在这种模式下，各分支机构在某些方面具有较大的自主权，能够做出相对独立的决策，以适应当地市场的差异性。总部通常为各分支机构提供一致的整体战略框架，但在执行层面允许一定程度的灵活性。联邦式跨国公司注重在各个国家和地区建立本地实体，以更好地理解和满足当地市场的需求，同时更好地适应当地的文化和法规。这种模式使公司能够更灵活地应对地方市场的变化，同时充分利用当地的资源和人才。然而，在整体战略协调和全球一体化方面也需要取得平衡，以确保在全球范围内保持竞争力。

食品和饮料公司诺斯康帝是一家瑞士的联邦式跨国公司，在全球各地设有分支机构，这些分支机构在一定程度上拥有自主权，能够根据当地市场的需求定制产品和制定销售策略。

3. 全球矩阵型跨国公司

全球矩阵型跨国公司采用矩阵式组织结构，兼具中央集权和分散化的特征。在这种模式下，公司在全球范围内设有多个业务部门，同时与各地区分支机构建立协同合作的关系。总部负责制定整体战略，而各业务部门和地区分支机构同时承担特定的责任和决策权。这种组织结构使全球矩阵型跨国公司能够更好地应对全球市场的差异性，同时实现对全球资源的高效利用。各业务部门能够专注于自身领域的专业知识，而地区分支机构更了解当地市场的需求。这种协同工作的方式在全球范围内促进了信息流通和资源共享，使公司能够更灵活、更迅速地满足多元化的市场条件。但是，也需要利用高效的沟通和协调机制处理跨部门和跨地区的工作，以确保整体战略的一致性。

电子公司三星是一家韩国的全球矩阵型跨国公司。三星通过在全球范围内建立生产基地、研发中心和销售网络，实现了从零部件制造到最终产品的全球整合。

4. 区域管理型跨国公司

区域管理型跨国公司通过将全球划分为几个区域，每个区域设立相对独立的管理团队，实现了更灵活的本地化运营。每个区域的管理团队负责适应当地市场的独特性、文化背景和法规环境，以便更好地满足当地客户的需求。这种模式允许公司在全球范围内建立更加贴近本地实际的业务运营，提高了公司对地域差异的适应能力。然而，为了确保全球一体化，这些区域团队需要在整体战略和协同合作方面实现紧密的沟通和协调。这种结构使公司能够更好地平衡全球一体化和本地化运营的需求，提高在各个区域取得成功的可能性。

化学公司巴斯夫是一家德国的区域管理型跨国公司。巴斯夫将全球划分为不同的区域，每个区域设有独立的管理团队，负责该区域的生产、销售和研发活动。

5. 虚拟型跨国公司

虚拟型跨国公司是一种侧重于外包和合作伙伴关系的企业形式，通过与其他公司建立战略合作来实现全球化经营。在这种模式下，公司将重心放在核心业务领域，将非核心业务外包给专业公司或合作伙伴，以提高效率和降低成本。这种结构的优势在于企业能够专注于自身最擅长的领域，同时通过合作伙伴关系获取外部专业知识和资源。虚拟型跨国公司没有大规模的物理设施，而是依赖外部合作伙伴的设施和服务，从而更加灵活和适应变化。通过建立战略合作伙伴关系，虚拟型跨国公司能够在全球范围内更迅速地进入新市场，满足不同地区的客户需求。在这种模式下，企业能够灵活地调整合作伙伴关系，以适应市场变化和全球竞争的挑战。然而，虚拟型结构也带来了一些管理挑战，如有效沟通和协调合作伙伴，确保合作的一致性和高效性。

运动鞋和服装公司耐克是一家总部位于美国的虚拟型跨国公司。其在全球范围内与制造商、供应商及其他业务伙伴建立战略合作，通过外包和合作关系实现对全球供应链的高度整合。

二、跨国公司的衡量指标

跨国公司的国际化经营程度是衡量其全球业务拓展和运营深度的重要指标。学术界为了评估这一程度，通常采用以下几个关键指标。

（一）跨国指数

跨国指数（Transnationality Index，TNI）又称跨国化指数，是一个用于评估公司在全球扩张和运营程度的重要指标。跨国指数综合考虑了公司在不同国家的销售业绩、员工分布、生产设施和研发中心等多个方面，通过加权计算来反映跨国公司在全球业务的活跃程度。

以一家在全球多个地区如美国、中国都有业务活动的公司为例，其跨国指数的计算可能会涉及这些地区的市场份额、员工规模、生产能力和研发资源等多个维度。跨国指数反映的是跨国公司在国际市场上的业务规模与其在本国市场上的业务规模的比例关系。这个指数受多种因素的影响，其中包括如下内容。

1. 母国市场规模

对于母国市场较小的公司来说，为了寻求更大的市场规模和更好的竞争环境，它们往往更倾向于将业务扩展到国外。相反，母国市场较大的公司可能没有那么强烈的国际化意愿。

2. 产品生命周期

产品在其生命周期的不同阶段会有不同的生产和销售策略。当产品技术成熟、生产标准化时，跨国公司可能会在产品生命周期的后期阶段将生产和销售活动转移到母国以外的地方。

3. 政治环境

母国和东道国政府的政策对跨国公司的国际化程度有直接的影响。如果母国政策限制对外投资，跨国公司的跨国指数可能会较低；如果母国政策鼓励对外投资，跨国公司的跨国指数可能会较高。

4. 国内外生产要素价格

当国内生产要素成本高于国外时，跨国公司可能会将生产活动转移到成本较低的国家，这是推动对外直接投资的一个重要因素。

总之，跨国指数是一个多维度的指标，它不仅反映了跨国公司在全球范围内的业务分布和运营状况，也受到母国市场规模、产品生命周期、政治环境和生产要素价格等多种因素的影响。通过分析这些因素，可以更全面地理解公司的国际化程度和全球竞争力水平。

（二）网络分布指数

网络分布指数（Network Distribution Index，NDI）是用来评估跨国公司在全球范围内建立的业务网络和合作伙伴关系的指标，用以反映跨国公司经营所涉及的东道国的数量。该指数考虑跨国公司的全球供应链、销售渠道、合资企业和战略合作伙伴，以便更好地理解跨国公司在全球范围内的业务连接程度。

$$网络分布指数 = N/N^* \times 100\%$$

式中：N 为跨国公司国外分支机构所在的国家数；N^* 为跨国公司有可能建立国外分支机构的国家数，即世界上有 FDI 输入的国家数，在实际运算中，从已接受 FDI 输入存量的国家数目中减去 1（排除母国）即可得出 N*。

例如，假设一个零售公司在亚洲有供应商、在欧洲有合资企业、在北美有独立分销渠道，网络分布指数可能考虑这些业务关系的密切程度。

（三）外向程度比率

外向程度比率（Outward Significance Ratio，OSR）是评估跨国公司对外部市场和国际业务依赖程度的关键指标。外向程度比率通过将跨国公司海外销售额与总销售额相比较而得出，反映了跨国公司在全球市场的参与水平。一个高的 OSR 表明跨国公司对国际市场的依赖性较大，具有更强的全球业务参与度；一个较低的 OSR 可能意味着跨国公司更侧重本地市场。

OSR 的高低直接关系到跨国公司的国际化程度和全球市场的风险承担能力。较高的 OSR 可能使跨国公司更容易受到全球市场波动的影响，但同时也为其带来更多的国际机会。这一比率是制定国际业务战略和经营决策的重要参考，有助于跨国公司更好地把握全球市场机遇，实现业务的持续增长。

例如，如果一家公司总销售额为 1000 万美元，其中有 500 万美元来自国际市场，那么外向程度比率为 50%。

（四）研究与开发费用的国内外比率

研究与开发费用的国内外比率（R&DR）是用来反映一个行业或企业投资于国外分支机构研究与开发费用占其国内外总研究与开发费用的相对比率。这个指标可以帮助评估跨国公司在全球范围内创新的程度和平衡。

如果一家公司总的研发支出为 1000 万美元，其中有 600 万美元用于国际研发，那么研发费用的国内外比率为 4∶6。这表明公司更注重在国际市场上的创新活动。

通过收集和分析上述指标的具体数据，我们可以更全面地了解一家跨国公司的全球化程度、业务网络的密切程度、对外市场的依赖程度及在国际市场上的创新活动。这些指标有助于管理层制定全球战略，投资者评估风险和回报，以及跨国公司在全球范围内的整体竞争力。

三、数字跨国公司

（一）数字跨国公司的含义

数字跨国公司是在数字经济时代涌现的企业，它们利用互联网和数字技术进行跨境贸易，以轻资产模式运营，包括纯数字型和混合数字型两种形态。数字跨国公司通过提供互联网平台、数字解决方案、电子商务和数字内容等服务，推动了全球商业环境的变革和经济的全球化发展。

纯数字跨国公司（如谷歌、Twitter 和 Red Hat）从成立之初就依托互联网提供服务，天生具有数字业务特性。而混合数字跨国公司结合了数字技术和传统实体业务，如电子商务平台阿里巴巴、亚马逊，以及在线旅行服务平台携程，它们通过互联网进行商业交易和提供服务。

根据 BvD-Zephyr 全球并购数据库的统计，1997—2022 年，282 家知名的数字跨国公司参与了近 6000 起跨境并购案例，完成的并购总额高达 2.284 万亿美元，占全球并购总额的6.7%。这些并购活动反映了数字跨国公司在全球范围内的战略布局，加速了技术创新和市场扩张，提高了市场竞争力，并推动了全球经济一体化进程。

综上所述，数字跨国公司作为数字经济的重要推动力，不仅在商业模式创新上发挥着关键作用，而且在促进全球经济一体化方面也起到了至关重要的作用。无论是纯数字型还是混合数字型，这些公司都在不断塑造着全球商业的新格局，并将继续在未来的数字经济中扮演重要角色。

（二）数字跨国公司的特征

数字跨国公司作为全球化和数字化时代的产物，展现出了一些鲜明的特征。

1. 轻资产运营模式

数字跨国公司通常采用轻资产运营模式，减少对实体资产的依赖，转而利用数字化平台和网络服务开展业务。这种模式使公司能够灵活地进入和退出市场，快速响应市场变化，同时降低跨国运营的成本。轻资产模式也意味着公司能够在较少的投资下实现较高的销售额，体现了其高效的资产利用能力。

2. 高度依赖数字技术

数字跨国公司的发展和运营高度依赖于最新的数字技术，如云计算、大数据分析、人工智能等。数字技术不仅用于优化内部运营流程、提高效率，还用于创新产品和服务，提升客户体验。数字跨国公司通过技术创新构建竞争优势、推动商业模式的演进，以及探索新的增长机会。

3. 全球市场一体化

数字跨国公司通过互联网平台实现全球市场的一体化，打破地理界限，实现产品和服务的全球交付。这种全球一体化的市场策略使跨国公司能够更好地利用全球资源，提高市场竞争力，并为全球消费者提供一致的产品和服务体验。同时，这也要求跨国公司能够适应不同的市场文化和法律环境。

4. 数据驱动的决策

数据在数字跨国公司的运营中起着核心作用。数字跨国公司通过收集和分析大量数据来指导战略决策、优化产品和服务，以及预测市场趋势。数据的分析和应用成为数字跨国公司核心竞争力的一部分，帮助其在快速变化的市场中保持领先地位。

5. 社会责任和可持续发展

随着公众对企业的社会责任和可持续发展的要求日益提高，数字跨国公司也越来越注重在环境保护、社会贡献和企业治理方面的表现。数字跨国公司通过实施可持续的商业实践，不仅能够提升自身的品牌形象和声誉，还能够在长期内实现经济、社会和环境的和谐发展。

第三节　中国跨国公司的发展历程与对外投资

一、中国跨国公司的发展历程

（一）崛起的初始阶段

中国跨国公司的崛起可以溯源至改革开放初期，这一时期标志着中国经济踏上了新的发展征程。1978年12月，党的十一届三中全会召开，宣告了改革开放政策的正式实施，这为中国经济向国际市场敞开大门奠定了扎实的基础。1979年8月，国务院颁布了15项改革措施，其中第13项明确提出鼓励企业开展对外直接投资的政策，正式确定了中国跨国公司发展的政策框架。这一政策的颁布，拉开了中国企业迈向国际市场的序幕。

初期，中国跨国公司主要通过对外经济合作进行探索，着眼于拓展海外市场。在这个阶段，对外直接投资的规模相对较小，企业主要以大型贸易集团和综合集团为主导。由于受到审批条件的限制，海外投资规模和数量都相对有限。然而，正是这一阶段的探索为中国企业参与国际竞争奠定了基础。企业在严格的审批条件下积极开展对外直接投资，为未来更大规模、更深层次的国际化发展积累了经验和增强了信心。

在这个时期，虽然海外投资规模相对较小，但中国跨国公司在对外经济合作中取得了初步成功，这为中国企业在国际市场上逐步走向成熟、稳健发展打下了坚实的基础。

（二）高速增长的中期阶段

在中国经济蓬勃发展的背景下，中国跨国公司步入了高速增长的中期阶段，这一时期中国企业在国际市场上逐步崭露头角。经济的崛起推动了中国跨国公司的对外投资，将海外市场视为发展的重要战略方向。

1986—1992年，被认为是中国跨国公司发展的关键时期。在这个阶段，企业经历了战略调整和国际化布局的关键时刻。企业逐渐认识到全球市场的竞争日益激烈，因此加大了对海外市场的投资力度，投资规模和企业数量都呈现明显的增长趋势，为中国企业在国际市场上占据更有利位置创造了条件。在这一时期，企业不仅扩大了对外直接投资的规模，而且积累了在海外运营的经验。投资领域逐渐从传统的贸易和加工制造业扩展到资源开发、加工装配、交通运输、医疗卫生等多个行业，实现了多领域的经营布局。这种战略调整使中国跨国公司在国际市场上的竞争实力不断增强。

1993年，中国经济进入新的发展阶段，国家决定对经济实施"软着陆"政策。在这一政策的影响下，中国企业的对外投资出现了一定程度的放缓。审批条件严格，企业的海外经营也随之放缓，但这一时期仍然是投资领域不断扩大的时期。企业主体逐步向大中型企业为主转变，投资地域逐渐从传统市场向亚太、非洲和拉美等发展中经济体转移。

这一中期阶段的发展不仅在投资规模上取得了显著成绩，更为中国跨国公司在国际市场上逐步确立领先地位奠定了坚实的基础。

（三）全球领先的当代阶段

在经济高速增长的背景下，中国跨国公司已经成功地占据了当代全球市场的领先地位，成为全球经济中不可或缺的关键角色。这一成就源于中国跨国公司对全球化战略的精准把握及在全球市场竞争中的积极参与。

在当代阶段，中国跨国公司通过积极布局全球市场，主动参与国际合作与竞争，成功提升了在全球经济中的竞争力。中国跨国公司在多个领域取得了显著的成就，为中国经济的国际化发展做出了重要贡献。2000年，中国政府明确提出"走出去"战略，鼓励企业开展境外带料加工装配业务，标志着中国跨国公司进入了迅速发展的黄金时期。

21世纪，中国对外直接投资经历了持续而迅猛的发展，企业数量和投资额不断攀升。商务部、国家统计局、国家外汇管理局发布的《2016年度中国对外直接投资统计公报》显示，2016 年，中国对外直接投资流量达到了 1961.5 亿美元，同比增长 34.7%，为中国跨国公司在全球市场上的发展注入了新的动力。这一成功不仅彰显了中国企业在全球化浪潮中的崛起，更体现了其全球化战略的成功执行。

中国跨国公司通过实施全球化战略，巧妙利用两个市场、两种资源，不仅在全球市场上占有一席之地，而且形成了独具中国特色的跨国公司管理模式。这种管理模式充分发挥了中国跨国公司的比较优势，使其在国际舞台上脱颖而出，成为全球经济发展的重要推动者。总体而言，中国跨国公司的发展经历了初始阶段的探索、中期阶段的高速增长，以及当代阶段的全球领先。这一过程不仅体现了中国经济的崛起，也为中国企业在国际市场上的不断壮大奠定了坚实的基础。

二、中国跨国公司对外直接投资的特点

（一）中国跨国公司在境外投资快速发展，经营规模逐渐扩大

自 2002 年起，中国企业的对外直接投资（FDI）保持了持续快速的增长趋势。然而，相对于全球 FDI 的总体规模，中国的 FDI 流量仍然较小。2004—2014 年，中国企业对外直接投资流量在全球 FDI 流量中所占的比例逐年上升，但与美国等国家的 FDI 流量相比，中国的占比仍然较低。近年来，中国企业对外投资增长较快，《2021 年度中国对外直接投资统计公报》显示，截至 2021 年年底，中国在共建"一带一路"国家设立企业超过 1.1 万家，约占中国境外企业总量的 1/4。2021 年，中国对共建"一带一路"国家直接投资 241.5 亿美元，创历史新高，占中国全年对外投资流量总额的 13.5%；年末存量为 2138.4 亿美元，占存量总额的 7.7%。

在《财富》杂志根据企业营业额排名的世界 500 强公司中，中国企业的数量持续增加。到 2019 年，中国企业在世界 500 强中的数量已达到 133 家，其中包括 47 家中央企业，如中国石化、中国石油和国家电网等均位于前 10 名。然而，企业营业额仅是反映企业经营状况的一个方面，利润才是体现企业竞争力的关键因素。尽管中国进入世界 500 强的公司数量在不断增加，但这些公司的盈利能力与全球其他经济体的公司相比仍有差距。表 1-2 为 2023 年《财富》世界 500 强中国企业 TOP20。

表 1-2　2023 年《财富》世界 500 强中国企业 TOP20

排名	公司简称	总部所在城市	营业收入 / 亿美元
3	国家电网	北京	5300
5	中国石油	北京	4830
6	中国石化	北京	4712
13	中国建筑	北京	3059
27	鸿海精密	新北	2225
28	中国工商银行	北京	2148
29	中国建设银行	北京	2028
32	中国农业银行	北京	1871

续表

排名	公司简称	总部所在城市	营业收入/亿美元
33	中国平安	深圳	1816
38	中国中化	北京	1738
39	中国中铁	北京	1717
42	中国海油	北京	1648
43	中国铁建	北京	1630
44	中国宝武	上海	1617
49	中国银行	北京	1569
52	京东集团	北京	1555
54	中国人寿	北京	1515
62	中国移动	北京	1396
63	中国交建	北京	1383
65	中国五矿	北京	1335

（二）国有性质跨国公司投资数量占主导地位，投资金额较高

在2016年之前，国有企业在境外投资中的主导地位逐渐减弱，这一趋势反映了中国对外投资结构的调整和多元化。然而，从2017年开始，国有企业在境外投资中的比重显著回升，这一变化可能与国家战略导向和国有企业改革深化有关。国有企业的投资重点在于扩大国际影响力和获取关键资源，而有限责任公司等类型的企业在追求市场机遇和技术创新。这种多元化的投资主体结构有助于分散风险，同时也能够更好地适应不同市场的需求。

（三）境外投资流向较为多元

中国跨国公司的境外投资覆盖了全球多个大洲和地区，显示出中国企业对外开放的决心和全球战略布局的深度。亚洲、欧洲和拉丁美洲成为中国企业的主要投资目的地，这不仅与中国的地缘政治和经济合作有关，也与中国企业寻求市场多元化和资源优化配置的战略目标相契合。此外，澳大利亚、美国、德国和加拿大等发达经济体因其成熟的市场体系和稳定的投资环境，成为中国企业境外投资的热点。

（四）境外行业分布广泛，但同时也相对集中

服务业、制造业和采矿业等行业因其在全球经济中占有重要地位，成为中国跨国公司境外投资的重点领域。这些行业的FDI存量占据了中国FDI总存量的大部分，显示出中国跨国公司在全球产业链中的地位和影响力。国有企业在这些行业中的投资比重较大，这与其在国家战略中的关键作用和资源优势有关。与此同时，民营企业则更加注重科技创新和品牌建设，通过境外投资获取先进的技术和管理经验，提升自身的国际竞争力。

新能源汽车和智能制造等领域被视为未来产业的引领者，而中国企业在这些领域的投资和发展表现出了雄厚的实力。通过在关键领域的技术创新和生产能力的提升，中国企业成功地打破了传统制造业的桎梏，走在了全球产业变革的前沿。通过对外能源投资，中

国跨国公司还在能源市场中具有更强的话语权和谈判实力。拥有更多的能源资源后，中国企业能够更加自主地制定进口政策，更好地维护国家能源安全。这种行业分布的特点不仅有助于中国企业在全球市场中占据有利位置，也有助于推动中国经济的结构调整和产业升级。

（五）境外投资的出资方式多元化

中国跨国公司在境外投资的出资方式上表现出明显的多样性，并且在新建项目与并购活动之间保持平衡，同时倾向于通过绝对控股来管理境外企业。具体来看，中国境内的投资主体为境外投资企业提供资本的方式主要包括股权资本、再投资收益及公司间借贷三种出资方式。2003—2019年，这三种出资方式在中国对外直接投资（FDI）总量中的占比大体相近，这表明中国企业在出资方式上并没有特别倾向于某一种特定方式。值得注意的是，2014年，中国企业通过母公司贷款进行的对外直接投资所占的份额有所下降，这主要是因为境外融资成本相对较低，促使中国企业增加了境外融资的比例，从而减少了对母公司贷款的依赖。

三、中国跨国公司对外直接投资的动机和方式

（一）中国跨国公司对外直接投资的动机

中国跨国公司对外直接投资的动机涵盖了经济动机、战略动机和技术动机等多个维度，反映了企业在国际化过程中的多元化战略。

1. 经济动机

中国跨国公司的经济动机是其对外直接投资的核心动力之一。首先，中国作为世界第二大经济体，面临着不同行业的资源短缺，尤其是战略性自然资源的需求逐渐凸显的现状。这推动了中国跨国公司积极寻找全球范围内的资源储备，以确保持续稳定的生产和发展。例如，中国石油天然气集团公司通过对全球主要生产基地的直接投资，确保了对关键能源资源的可持续获取。此外，中国五矿集团对外投资的案例也彰显了中国企业重视世界各地丰富的矿产资源。其次，市场扩张是中国跨国公司经济动机的另一个重要方面。随着全球化进程的不断推进，中国企业积极寻找新的市场机会，以实现多元化的经济增长。这包括在发展中经济体和发达国家之间寻找平衡，通过对外直接投资打破地域限制，拓展销售市场，降低依赖国内市场的风险。例如，中国电子巨头华为集团在全球范围内建立了广泛的市场网络，通过投资和合作，将其产品和服务推广到各大洲。这种市场扩张行为不仅为企业提供了新的盈利点，也为其带来了更广泛的国际业务经验。最后，经济效率提升是中国企业对外直接投资的动机之一。通过在全球范围内配置生产和供应链，企业可以更灵活地利用不同国家或地区的资源、文化和市场环境，实现成本的降低和效益的提升。例如，华为在全球建立了多个研发中心和合作伙伴关系，通过全球化的布局，实现了产品和解决方案的本地化开发，提高了研发效率，同时更好地满足了各地市场的需求。

2. 战略动机

中国企业的战略动机主要体现在其全球布局中。首先，通过对外直接投资，中国企业能够在全球范围内实现资源优势的整合。通过掌握和整合全球各地的资源，企业能够更好地应对国际市场的波动，确保供应链的稳定性。例如，中国建筑工程总公司通过对一系列

国际基础设施项目的投资，整合了全球范围内的建筑资源，使其在国际市场上拥有更强大的竞争优势。其次，战略布局还涉及企业在全球价值链中的定位。通过对外投资，中国企业能够在全球价值链中占据具有更高附加值的位置，提升其在全球经济中的地位。这种战略决策是中国企业实现国际化战略目标的关键一步。比如，中国移动在全球范围内投资建设5G网络基站，不仅推动了中国企业在5G领域的全球领先地位，也使其在全球通信产业价值链中的地位更为突出。最后，对国际竞争优势的追求是中国企业战略动机的核心。通过对外直接投资，企业能够获取国际市场的竞争优势，包括品牌、技术、人才等方面的提升。这种战略决策有助于中国企业在激烈的国际竞争中脱颖而出。例如，腾讯通过对海外高新技术企业的投资，不仅提高了技术创新能力，还提升了在全球数字产业中的竞争地位。对国际竞争优势的追求是中国企业在全球化过程中不可或缺的一环。

3. 技术动机

技术动机是中国跨国公司对外直接投资中的重要驱动力之一。首先，通过对外投资，中国企业能够获取和吸收全球领先的技术和创新资源，促进自身技术实力的提升。例如，百度在全球范围内开展人工智能领域的合作和投资，旨在获取国际先进的人工智能技术，提高自身在人工智能领域的创新能力。其次，技术动机还表现在知识转移和人才引进方面。通过对外直接投资，中国企业能够吸引并留住全球范围内的高端人才，促进科技创新和研发活动。例如，阿里巴巴在全球设立研究院和实验室，吸引了众多国际一流的科技专家，推动了阿里巴巴在电子商务、云计算等领域的技术创新。最后，通过在全球范围内建立研发中心和技术合作伙伴关系，中国企业能够参与全球科技创新网络，从而更好地适应不断变化的市场需求和技术发展趋势。

（二）合资、并购、独资等不同投资方式的选择与实践

1. 合资方式

合资是中国企业在对外直接投资中常用的一种方式，其动因既包括经济考量，也涉及战略布局。第一，合资可以帮助企业更好地理解和适应目标市场的本地化需求，降低跨文化经营的风险。通过与本地伙伴共同合作，企业能够借助当地的经验和资源，迅速地适应目标市场的商业环境。例如，中国汽车制造企业吉利控股在与瑞典汽车制造商沃尔沃的合资中，充分利用沃尔沃在汽车领域的技术优势和品牌影响力，加速了其在欧洲市场的拓展速度。通过与沃尔沃的紧密合作，吉利控股成功实现了本地化生产和销售，并更好地满足了欧洲消费者的需求。第二，合资还可以分担投资风险、降低资本压力。在涉及高成本、高风险的产业或市场中，企业选择与本地伙伴合资，可以有效分散投资风险，共同承担市场不确定性带来的挑战。在实际案例中，中国移动与沙特电信的合资项目就是一个成功的例子。两家公司携手共建了沙特阿拉伯的电信网络，共同分担了巨额的基础设施投资，并通过合资模式实现了在当地市场的持续增长。

2. 并购方式

并购是中国跨国公司在国际市场扩张过程中采用的另一种重要投资方式。企业通过收购外国企业，实现了在全球市场中的迅速扩张和业务的迅速整合。第一，通过并购，企业能够迅速获取目标市场的资源、客户和品牌，加速国际业务的拓展。例如，中国化工集团通过收购瑞士公司先正达，迅速在全球范围内建立了涉及化肥、农药、种子等多个领域的

产业链，提高了公司在农业领域的全球市场份额。第二，通过并购，企业还能够实现技术创新和研发实力的快速提升。通过收购拥有先进技术和研发实力的企业，中国企业能够快速融入全球创新网络，提升自身在技术领域的竞争力。例如，腾讯通过对国际高科技企业的并购，不仅获得了先进的技术和创新能力，还加速了其在全球数字产业中的布局，提升了公司的全球竞争力。

3. 独资方式

独资是中国企业在对外直接投资时的一个重要选择，其优势和挑战在于多方面的考量。第一，独资经营能够使企业更灵活地制定和执行决策，降低合作伙伴关系可能带来的管理复杂性。企业在独资经营下有更大的自主权，能够迅速地调整经营策略以适应市场变化。例如，华为作为一家全球领先的信息和通信技术解决方案供应商，通过在全球范围内建立独资子公司，更好地实现了在不同国家和地区的本地化运营和市场拓展。第二，独资经营也有助于保护企业的核心技术和商业机密。在一些高技术和高知识产权保护的行业，企业可能更倾向于通过独资经营来掌控关键技术，避免知识产权泄露的风险。然而，由于在独资方式下企业独自承担所有投资，一旦市场出现不利变化，企业可能面临更大的财务风险。

合资、并购和独资是中国企业在对外直接投资中根据战略目标和市场特点选择的不同方式。这些投资方式的灵活运用使中国企业能够更好地应对全球化带来的机遇与挑战，实现可持续的国际化发展。

（三）跨国公司与本地企业的合作模式与实践

1. 共生共赢的资源整合

在全球化浪潮中，中国跨国公司与本地企业之间的合作成为共生共赢的关键路径。这种合作模式强调的是相互依存与互利共赢，通过双方资源的有机整合，实现更高层次的共同发展。一方面，中国企业通过与本地企业的合作，能够更好地适应目标市场的文化、法规和商业环境，降低进入新市场的风险。另一方面，本地企业可以通过与中国企业合作，获得先进的技术、管理经验和实现全球市场资源的共享，得到跨足国际市场的机会。

例如，华为在全球范围内积极与本地企业建立战略伙伴关系。在与当地电信运营商的合作中，华为提供了先进的通信设备和解决方案，帮助本地企业提升网络性能和服务水平。同时，本地企业为华为提供了深入了解当地市场需求和规模化运营的机会。这种共生共赢的合作模式使华为能够更好地融入目标市场，实现本土化经营，也为本地企业提供了引领行业发展的技术支持。

2. 优势互补的合作策略

成功的中外企业合作案例为我们提供了宝贵的经验和启示。一种常见的成功合作策略是基于双方优势互补的原则。例如，中国的电动汽车制造商小鹏汽车与美国的电池技术公司特斯拉合作，共同推动电动汽车产业的发展。小鹏汽车以其在电动车研发和生产方面的专业知识，与特斯拉在电池技术和全球销售网络上的优势形成了互补。这种战略合作不仅提高了双方在全球的市场竞争力，还加速了电动汽车的普及和市场化。

另一种成功合作策略是基于创新和共同研发的合作。例如，中国的中兴通讯与德国的通信技术公司爱立信在 5G 技术领域展开了深度合作。这种合作不仅涉及产品的研发，还包括专利的交叉许可和市场资源的共享。通过合作，双方加速了5G技术的商业化进程，提高了全球通信网络的整体水平。

3. 创新型合作模式

创新合作是中国企业在全球化过程中日益重视的合作模式。通过与国际上具有创新能力的企业建立合作关系，中国企业能够更好地融入全球创新网络，提高自身的技术水平和创新能力。在这方面，中国企业与国际企业的联合研发、技术合作和创新孵化等模式逐渐成为推动全球科技进步的重要力量。

以阿里巴巴与新加坡科技局（ASTAR）的合作为例，双方在人工智能、大数据和物联网等领域展开了深度合作。阿里巴巴通过与ASTAR的合作，获取了更多的科研资源和创新成果，同时在商业化和市场推广方面也为ASTAR提供了支持。这种创新合作模式不仅促进了科技创新，还推动了相关领域的产业升级。

第四节　21世纪跨国公司的发展趋势

一、中国跨国公司的发展趋势

（一）跨国并购为主导方式

中国跨国公司在对外直接投资中，以跨国并购为主导方式，成为全球第二大对外直接投资国。《2021年度中国对外直接投资统计公报》显示，2021年，中国对外直接投资流量为1788.2亿美元，比2020年增长了16.3%，连续十年位列全球前三。2021年年末，中国对外直接投资存量为2.79万亿美元，连续五年排名全球前三。

中国企业进行跨国并购的原因多样，主要出于获取资源、拓展市场和提升运营效率等目的。通过并购，这些企业能够迅速获得海外市场份额及先进技术和管理经验，增强全球竞争力。这一战略显示中国企业不仅在国内领先，也积极参与全球市场竞争。跨国并购成为中国企业全球化战略的重要组成部分，体现了它们在国际市场进行大规模交易的能力。并购使中国企业快速进入新市场，获得本地经验，在全球产业链中扮演更重要的角色。

中国跨国公司对制造业、能源、科技和服务业等领域表现出浓厚兴趣，尤其是在新能源汽车、智能制造等高附加值产业中，通过并购展现出强大的竞争力。它们通过整合全球资源和提升创新能力，从"世界工厂"向"世界市场"转型。跨国并购不仅能够促进国内产业升级，也能够帮助中国企业建立国际品牌形象。这对中国经济的可持续发展和全球经济格局变化产生了深远影响。

中国跨国公司的跨国并购活动不仅促进了自身的成长，也为全球经济注入了新活力。这表明中国企业将在世界经济中扮演更关键的角色，推动全球产业结构的优化和升级。

（二）建设境外经贸合作区

中国企业在境外投资中选择建设境外经贸合作区，通过商业运作和互利共赢的理念，吸引更多企业到东道国投资建厂。

在中国企业"走出去"战略框架下，境外经贸合作区的建设成为一个重要抓手。这种合作区通常以企业为主体、以商业运作为基础，通过互利共赢的方式实现合作，促进经济共同发展。这一战略的实施有助于提高中国企业在海外市场上的影响力和竞争力。

第一，境外经贸合作区的建设通过企业主导，将国际合作的重点放在商业运作上。这有助于加强企业间的合作与交流，推动贸易往来，促进共同发展。通过商业运作，中国企业在境外合作区内能够更好地了解当地市场需求、提高生产效率，实现与东道国企业的优势互补。第二，境外经贸合作区的建设强调互利共赢的理念。中国企业通过在境外建设合作区，旨在为东道国创造更多的就业机会、增加税收，推动当地经济的发展。这种合作理念有助于打破传统的合资模式，通过更加平等的合作关系，实现中外企业之间的共同发展。

截至目前，中国企业已在共建"一带一路"国家及非洲国家建立了20个境外经贸合作区。这些合作区的分布范围覆盖了"一带一路"倡议的重要节点，成为中国企业参与"一带一路"建设和对外投资的重要平台。这种区域性的布局有助于中国企业更好地适应不同地区的市场环境，实现全球市场的战略布局。境外经贸合作区的建设，不仅有利于中国企业的境外扩张，也为东道国提供了投资和就业的机会，推动了双方经济的共同繁荣。通过建设境外经贸合作区，中国企业积极履行社会责任，为全球经济合作与发展贡献了重要力量。

（三）投资规模持续扩大

近年来，中国对外直接投资规模持续扩大，彰显了中国企业积极融入经济全球化的决心与实力。在这一趋势的背后，不仅有政府的支持和推动，更有中国企业加速实施"走出去"战略的决心。

首先，中国对外直接投资规模的持续扩大是中国企业迅速崛起的一个重要标志。通过与国际市场的深度互动，中国企业不仅在国内市场取得了可观的成就，而且在海外市场也赢得了越来越多的认可。这种崛起的表现之一就是中国连续多年成为全球第二大对外直接投资国，为全球资本流动提供了强大的动力。其次，"一带一路"建设是推动中国对外直接投资规模扩大的关键因素之一。中国政府通过倡导和实施"一带一路"倡议，推动了沿线国家的基础设施建设、产业发展，进而促进了中国企业对这些国家的投资。这种互利共赢的合作理念，使中国企业在跨国投资中发挥了越来越重要的作用。最后，中国与一些国家和地区签署的相关协定，也为中国企业对外直接投资提供了更为便利的条件。这些协定涵盖了贸易、投资保护、税收等多个方面，为中国企业在海外开展经济活动提供了法律和政策上的支持，降低了跨国投资的风险和成本。

中国企业通过对外直接投资，不仅实现了企业自身的全球化战略，也推动了全球经济的发展。通过将资本、技术和管理经验引入其他国家，中国企业加速了与国际市场的融合，助力了全球产业链和价值链的升级与完善。

（四）"一带一路"倡议推动

中国跨国公司通过积极参与"一带一路"倡议，为全球市场的拓展注入了新的活力。这一倡议的全面实施构建了亚洲、中亚、东南亚、南亚、西亚至欧洲等多地的紧密合作共同体，为中国企业走向世界创造了广阔的发展机遇。

第一，"一带一路"倡议为中国跨国公司提供了更广阔的市场。借助"一带一路"建设，中国企业能够更加顺畅地拓展业务，实现多元化市场的布局。这种全球市场的拓展，不仅使中国企业能够更好地应对国际市场的变化，也为它们提供了更大的发展空间。第二，通过"一带一路"倡议，中国跨国公司在投资和合作方面得到了政府层面的支持。政府的政策扶持、法规保障，为企业在境外开展经济活动提供了更为稳定和可持续的环境。这使中国企业能够更加有信心、更加从容地参与全球市场的竞争。第三，"一带一路"倡议的实施加强了中国企业与沿线国家的经济联系。通过基础设施建设、贸易往来、文化交流等方面的合作，中国跨国公司与沿线国家建立了更加紧密的合作网络。这种深度合作既促进了沿线国家的经济发展，也为中国企业提供了更多的商机。通过投资和合作，中国跨国公司在"一带一路"倡议中不仅加速了自身的全球布局，还为沿线国家带去了发展机遇。例如，中国企业在基础设施建设领域的投资促进了沿线国家的交通、能源、通信等基础设施水平的提升。这为当地经济注入了新的活力，提高了人民的生活水平。

（五）技术创新与数字化转型

中国跨国公司在科技领域展现出卓越的创新能力，不断投入研发资源，推动科技领域的进步。通过对人工智能、大数据、物联网等前沿技术的深入研究和应用，这些公司成功地走在了技术创新的前沿，取得了显著的成果。

中国跨国公司在人工智能领域的积极探索和创新，推动了全球科技的发展。它们利用深度学习和机器学习等技术，在语音和图像识别、自然语言处理等方面取得了显著进展。在智能制造上，自动化和机器人技术的应用提升了生产效率和灵活性，降低了成本。大数据技术让这些企业更精准地洞察市场和消费者需求，制定有效的营销策略，满足个性化需求，增强竞争力。物联网技术的应用进一步促进了生产管理和运营的高效性，特别是在物流和供应链管理中，提高了透明度和响应速度。数字化战略不仅包括技术应用，还涉及企业管理和运营方式的全面升级。通过全面数字化管理，企业供应链的灵活性和效率得到提升，智能化管理使企业能快速适应市场变化，从而提高整体生产效益。这些进展标志着中国跨国公司在全球数字化转型中发挥着越来越重要的作用。

（六）可持续发展与社会责任

中国跨国公司在全球可持续发展和社会责任方面展现出卓越的领导力，通过积极行动成为全球责任担当的典范。在环保方面，这些公司推动清洁能源的使用，减少对传统能源的依赖，降低能源成本，并通过投资可再生能源项目如太阳能和风能，在全球能源可持续发展中发挥重要作用。同时，它们关注碳排放问题，通过提高生产效率和优化供应链降低碳排放，积极参与碳交易市场，推动碳减排。在员工福祉方面，中国跨国公司注重提供良好的工作环境和提高薪资福利，建立积极向上的企业文化。通过投资培训和发展项目，提升员工技能，促进个人和职业发展，提高工作满意度，为企业可持续发展打下坚实的基础。此外，这些中国跨国公司在全球范围内推动社会责任的履行，通过参与社会公益、支持教育和健康项目，赢得良好口碑，树立积极社会形象，推动构建可持续商业生态系统。中国跨国公司的这些努力不仅实现了自身可持续发展目标，也为全球企业树立了履行社会责任的典范。

二、跨国公司的最新发展特征与趋势

（一）跨国公司的联盟与网络化

1. 全球价值链的整合

全球价值链（GVC）的整合是跨国公司战略中的关键一环。通过建立跨国家和地区的联盟及合作伙伴关系，跨国公司能够将研发、生产、销售等价值链的各个环节有机地整合在一起。这种整合不仅有助于提高整体运营效率、降低成本，还能够使跨国公司更加灵活地满足不同市场的需求。例如，通过在成本较低的国家设立生产基地，跨国公司能够降低制造成本；同时，在技术先进的国家进行研发活动，可以加快创新步伐。此外，通过全球采购和销售网络，跨国公司能够更好地管理库存，降低物流成本，并迅速响应市场变化。

2. 数字化和科技创新的推动

数字化和科技创新是推动跨国公司全球化的另一股强大力量。云计算、大数据、人工智能等前沿技术的应用，使跨国公司能够建立更加灵活和智能的运营系统。云计算提供了强大的数据存储和计算能力，使跨国公司能够在全球范围内无缝地共享和处理信息。大数据技术使跨国公司能够分析和利用海量数据，从而更好地了解市场趋势和消费者行为，制定更精准的商业决策。人工智能的应用则进一步提升了自动化水平，优化了生产流程，提高了服务质量和效率。这些技术的结合不仅提高了跨国公司的运营效率，还加强了全球业务的协同与协作。例如，通过远程协作工具，跨国公司的员工可以跨越地理界限，实时沟通和协作，加快项目进度。同时，通过物联网技术，跨国公司能够实时监控全球供应链的状态，及时发现并解决问题，确保供应链的稳定性和效率。

3. 供应链的优化

跨国公司通过采用先进的物流技术和实时数据分析，不断优化其全球供应链。这些技术包括自动化仓库系统、智能运输管理系统和供应链管理软件，它们能够提高生产效率和产品流通的高效性。实时数据分析使跨国公司能够快速识别供应链中的瓶颈和潜在问题，从而及时调整生产计划和物流安排，确保产品能够迅速且有效地到达消费者手中。此外，通过与供应商和分销商建立紧密的合作关系，跨国公司能够更好地协调供应链活动，降低库存成本，并响应市场变化。

4. 社会责任和可持续发展

社会责任和可持续发展已成为跨国公司战略中不可或缺的一部分。跨国公司逐渐意识到，长期的成功不仅取决于财务表现，还需要在环境保护、社会福祉和经济责任方面做出贡献。为此，它们与非政府组织、政府机构和其他利益相关者建立合作关系，共同推动可持续发展目标的实现。这包括采用环保生产方法、减少废物排放、支持当地社区发展和提供公平劳动条件等。通过这些努力，跨国公司不仅提升了自身的社会声誉，也促进了全球可持续发展的进程。

5. 灵活的全球战略

面对复杂多变的全球商业环境，跨国公司采取了更加灵活的全球战略。它们根据不同国家和地区的市场特点、消费者需求和法规要求，调整产品开发、营销策略和经营模式。例如，通过本地化产品和营销活动，跨国公司能够更好地满足当地消费者的偏好。同时，它们也密切关注全球经济和政治动态，以便快速适应市场变化，如贸易政策的变动、汇率的波动和消费者行为的变化。这种灵活性能够使跨国公司在保持全球一致性的同时，有效应对地方市场的特定挑战。

（二）国有跨国公司成为跨国公司的重要力量

1. 国家资本主义的崛起

21世纪初，随着全球化的深入发展，国家资本主义作为一种特殊的经济模式逐渐崛起，并在全球经济中扮演了越来越重要的角色。这种模式主要体现在一些国家通过国有企业参与跨国经营，以此增强国家的经济实力和国际影响力。这些国家的国有企业不仅在国内经济发展中发挥着关键作用，而且通过跨国经营和国际合作逐渐成为全球经济的重要参与者。这些企业在各自的领域内拥有强大的竞争力，不仅能够保障国家的经济安全，还能够在全球范围内获取更多的市场份额和利润。

2. 资源和能源控制

随着全球经济的发展，资源和能源的需求日益增长，这使拥有丰富资源和能源的国家在全球经济中占据了有利地位。一些国有跨国公司，尤其是那些集中在资源和能源行业的公司，通过国际并购和投资，不断扩大其在全球范围内的资源和能源控制力。这些公司通过参与国际市场的竞争和合作，不仅能够为本国带来经济利益，还能够增强国家在全球经济中的影响力。例如，通过控制关键的能源资源，这些国家能够在一定程度上影响全球能源价格和供应，从而在国际政治和经济中发挥更大的作用。

3. 政府支持和政治影响

国有跨国公司的发展往往与其本国政府的支持密切相关。这些公司在国际市场上的行动和决策往往受到政府政策的指导和影响。政府通过提供财政补贴、税收优惠、低息贷款等政策支持，帮助这些公司在国际竞争中占据有利地位。此外，政府还会通过外交渠道为这些公司的国际业务提供支持，帮助它们解决跨国经营中可能遇到的法律和政治障碍。政府的支持和政治影响为国有跨国公司提供了独特的竞争优势。这些公司能够利用政府资源和网络，更好地获取市场信息，应对国际市场的变化和竞争。

4. 基础设施建设

国有跨国公司在全球基础设施建设中扮演了重要角色。这些公司通常拥有强大的资金和技术实力，能够承担大型基础设施项目的投资和建设。通过参与能源、交通、通信等领域的基础设施建设项目，这些公司不仅推动了东道国的经济发展，也加强了与东道国的政治和经济联系。基础设施建设项目通常具有投资大、周期长、风险高的特点，私营企业往往难以承担。而国有跨国公司由于有政府的支持，能够更好地应对这些挑战。通过参与基础设施建设，这些公司不仅能够获取长期的经济回报，还能够通过改善东道国的基础设施条件，提升自己的品牌形象和社会影响力。

5. 地缘政治的影响

国有跨国公司的发展和国际业务往往受到本国地缘政治的影响。这些公司的国际行动不仅受到经济因素的驱动，也受到政治等的影响。在一些情况下，国有跨国公司的国际业务甚至可以被视为本国政府的外交政策和地缘政治战略的一部分。例如，一些国家可能会通过国有跨国公司来实现其在特定地区的战略目标，如获取资源、扩大影响力、建立友好关系等。这些公司的国际业务活动往往与其本国的地缘政治利益密切相关。

三、跨国公司的经营管理趋势

（一）全球化的战略目标

全球化战略旨在全球范围内优化资源配置，结合公司优势与国际环境，实现资源最大化利用和整体利益最大化。跨国公司需具备全球视野，通过"交叉补贴"等策略平衡盈亏，灵活应对全球化挑战，促进国际商品、服务、资本和技术流动，支持全球战略目标。

（二）一体化的生产经营体系

跨国公司推行"公司内部一体化"，通过集中的管理结构整合全球分支与子公司，实现投资、科研、生产、销售和服务一体化布局。一体化体系通过内部交易降低成本，加强全球化经营的计划性与预见性，提升管理效率与控制力。

（三）国际化的经营业务

跨国公司通过资本扩张进行国际化经营，克服地理与民族障碍，主要通过商品出口与海外投资生产进行扩张。通过设立海外销售公司收集市场信息，为投资做准备；通过对外直接投资建立生产基地替代出口，符合全球战略与盈利目标。利用全球资源生产高质量的国际产品，推动经济全球化进程，成为全球经济贸易的主导力量。

（四）多样化的经营活动

企业多样化经营包括产品扩展、地域市场扩展和混合多样化。全球化背景下的示范效应促使跨国公司采用"全球产品—地方口味"的战略，实现产品全球统一形象与地方适应性。多样化经营有利于挖掘经济潜力、促进资金流动、分散风险、延长产品生命周期、节省费用，提高企业竞争力与市场适应性。

（五）杠杆化的资本控制

跨国公司通过参与制实现小比例自有资本对大量外部资本的控制（杠杆化经营）。现代公司仅需10%～25%的股份即可实现控制，远低于传统要求。跨国公司构建金字塔式的控制结构，通过较少股份控制海外子公司。在股权分散趋势下，多数股东对公司的实际控制与生产资料支配权有限。股票投资更多被视为财务储蓄手段而非控制权行使方式。这种结构使跨国公司能以少量股份控制远超自身规模的资本，体现现代跨国公司资本控制的特点。

◆ 案例 海尔集团国际化经营

（一）案例介绍

2000年，海尔集团营业额达到408亿元，特别是其国际化的进程也取得了骄人的业绩。海尔集团在全世界建立起全球贸易中心56个、设计中心15个、工业园8个、工厂48个、服务网点11976个，以及营销网点53000个。其中，海外工厂12个、海外营销网点3.8万个，已成为名副其实的跨国公司。

在海尔集团迅速发展成为中国家电行业的"排头兵"以后，其经营目标就开始瞄准国际市场。1986年，海尔集团的电冰箱首次出口就获得了300万美元的销售额，出口的成功增加了海尔集团开拓国际市场的勇气和信心。1992年，海尔集团获得ISO 9001质量体系认证；同年，在德国有关机构对本国市场的电冰箱质量的检查中，海尔冰箱以全优的成绩首次超过德国生产的冰箱。为更好地开拓国际市场，海尔集团先后取得了美国、日本、澳大利亚、俄罗斯等国家和地区共18类产品认证，其产品可畅通无阻地出口到87个国家和地区。

1996年，海尔集团获得了1SO 14001国际环境质量体系的认证，1996年11月获欧盟EN45001实验室认证，1998年6月获加拿大CSA全权认证。海尔集团的产品只需经海尔集团技术中心检验合格就可实现出口，进入国际市场。

为配合和推动全球质量、技术认证体系的建立，海尔集团主动进行国际化布局。1994年，海尔集团在东京建立了首家海外设计分部。1998年，海尔集团已在洛杉矶、硅谷、阿姆斯特丹、蒙特利尔成立海外设计分部，在首尔、悉尼、东京、洛杉矶、硅谷、阿姆斯特丹、维也纳、蒙特利尔等地设立了信息中心。

在出口和技术研发取得巨大成功的同时，海尔集团开始瞄准国际投资领域。1996年12月，印度尼西亚海尔保罗有限公司在雅加达成立，首次实现海外投资跨国生产；1997年6月，菲律宾海尔LKG电气有限公司成立；1997年8月，马来西亚海尔工业（亚西安）有限公司成立；1997年11月，南斯拉夫海尔空调厂建立；1998年2月，海尔中东有限公司在伊朗成立；1999年4月，美国海尔贸易有限责任公司揭牌仪式在联合国大厦举行，同时在美国南卡罗来纳州投资建立电冰箱生产公司，即在世界市场最大也是竞争最为激烈的美国实现实质性的跨国经营；2000年3月，美国海尔工业园竣工投产，第一台美国造冰箱下线；2001年6月，海尔集团收购意大利电冰箱厂，首次实现了白色家电跨国并购；2002年1月，海尔集团与日本三洋结成竞合关系。

经过短短20多年的艰苦创业和卓越创新，海尔集团从一个亏损147万元、濒临倒闭的小厂，发展壮大成为世界第四大白色家电制造商，是中国品牌最具价值、产品多元化、经营规模化、市场国际化的大型跨国企业集团之一。

资料来源：根据海尔官网、百度文库整理编写。

（二）案例讨论

（1）请分析企业国际化经营的内涵和表现。
（2）请分析海尔集团国际化经营的主要步骤与特征。
（3）请分析海尔集团国际化经营对中国企业的启示。

（三）案例分析

1. 国际化经营

企业国际化是指国内企业参与国际分工和经济全球化进程，逐渐发展成为一个跨国公司或国际型企业，在全世界范围内建立生产、经营、销售和服务网络的过程，具体可分为生产制造国际化、市场国际化、技术国际化、人才国际化、资金来源国际化、品牌国际化等。

2. 主要步骤与特征

（1）国际化发展阶段。海尔集团的国际化主要经历三个阶段：市场或产品国际化，使国外消费者认同海尔集团的产品和品牌；技术国际化，全球技术或质量认证和全球技术研发体系构建；生产制造国际化，到诸多国家和地区建厂，实现生产网络的全球布局和生产的本土化。

（2）海尔集团国际化经营的特征。即先难后易模式。第一，在进入方式方面，在全球，海尔集团先通过技术认证实现技术的国际化，再通过国际直接投资实现生产制造的国际化；在美国、日本等主要国家和地区也是先通过目标国家和地区认可的质量或技术认证体系，构建适合当地的技术研发体系，取得质量或技术认证、技术研发和品牌知名度，再通过国际直接投资实现生产制造的国际化。第二，在进入国家的发展程度方面，先进入市场成熟、竞争激烈和对产品质量要求较高的欧美国家，再进入发展中国家或地区。第三，在投资方式方面，对不同国家和地区采用不同的投资方式。对印度尼西亚、菲律宾、马来西亚等发展中国家和地区，基本采用绿地投资方式；对意大利采用跨国并购方式；对日本采用国际战略联盟等。

3. 案例启示

（1）注重技术和品牌等所有权优势的构建。
（2）合理设计企业国际化战略，选择合适的国际化模式和国际化阶段划分。
（3）根据不同国家的具体情况进行全球价值链的合理布局。
（4）根据不同国家选择合适的国际化方式。

◆ 思考题

（1）简述跨国公司的定义和基本特征。
（2）描述跨国公司的主要类型及其区别。
（3）分析中国跨国公司对外直接投资的特点。
（4）讨论中国跨国公司对外直接投资的动机和方式。
（5）描述中国跨国公司的发展趋势及其对全球经济的影响。
（6）阐述数字跨国公司的含义、特征及其在全球经济中的作用。

第二章
跨国公司基本理论

▶ 学习目标

类别	内容
重点掌握	国际技术转让理论、跨国公司内部化理论
掌握	对外直接投资理论、马克思主义对外直接投资理论、垄断优势理论、比较优势理论
理解	发展中国家对外直接投资理论、非股权安排理论、优势获取论、外包生产理论
了解	跨国公司理论的形成与发展、产品生命周期理论、国际产业竞争理论

第一节 跨国公司理论的形成与发展

一、对外直接投资理论的形成

跨国公司理论的形成与发展是一个与全球经济演变和国际商业活动相关的复杂过程。对外直接投资理论的形成可以追溯到 20 世纪初,随着跨国公司的兴起和国际经济的发展,学者开始探讨和解释企业为什么要在国外进行直接投资。

(一)马歇尔·里杰理论

时间:20 世纪初至 20 世纪 30 年代。

主要思想:马歇尔·里杰理论(Marshal-Lerner Theory)是国际经济学中的一个重要概念,用于分析汇率对国际贸易平衡的影响。该理论认为,如果一个国家的汇率贬值,将对其对外贸易更有利,从而提高国内产业的利润。跨国公司可以通过直接投资寻求汇率变动中的盈利机会。

(二)产业内利差理论

时间:20 世纪五六十年代。

主要思想:产业内利差理论(Internalization Theory),又称内部化理论,是国际商业和跨国公司研究中的一个核心概念。这一理论主要解释了企业为何选择在国外直接投资(FDI)而不是通过出口或许可协议等方式进行国际扩张。理论奠基人是斯蒂芬·海克尔(Stephen Hymer)和罗纳德·科斯(Ronald Coase)。他们认为,企业可能会选择在国外直接投资,因为在某些情况下,通过内部化(公司内部进行某些活动)而不是通过市场交易,可以获得更大的利润。他们的研究为理解跨国公司的国际行为提供了理论基础。

(三) 国际化理论

时间:20世纪60年代末至70年代初。

主要思想:国际化理论(Internationalization Theory)由约翰·达宇德(John Dunning)和彼得·沃尔斯特(Peter W. Buckley)等提出。该理论将对外直接投资视为企业国际化的一个步骤,认为企业为了实现更大的市场份额、降低成本、获取技术和资源等会逐步进行国际化。

(四) 比较优势理论

时间:20世纪70年代后期至80年代。

主要思想:学者开始将对外直接投资的决策与国家和地区的比较优势联系起来形成了比较优势理论(Comparative Advantage Theory)。企业在选择投资目的地时,会考虑该地区或国家是否具有相对于其他地区或国家的优势。

(五) 全球价值链理论

时间:21世纪初至今。

主要思想:随着全球化的不断深入,全球价值链理论(Global Value Chain Theory)成为解释跨国公司对外直接投资的新兴范式。该理论强调生产过程的全球化,企业在全球范围内进行投资以更好地参与全球价值链,从而实现资源、技术和市场的最优配置。表2-1为对外直接投资理论发展历程。

表2-1 对外直接投资理论发展历程

序号	时间	基础理论
1	20世纪初至20世纪30年代	马歇尔·里杰理论
2	20世纪五六十年代	产业内利差理论
3	20世纪60年代末至70年代初	国际化理论
4	20世纪70年代后期至80年代	比较优势理论
5	21世纪初至今	全球价值链理论

这些理论的形成是对不同时期背景下跨国公司行为的解释和理论化。在理论的演进过程中,学者们逐渐认识到,企业对外直接投资的决策受到多种因素的影响,包括市场机会、资源获取、成本降低、风险分散等。对外直接投资理论的发展反映了全球经济演变和企业国际化过程的复杂性。

二、发展中国家对外直接投资理论

在发展中国家对外直接投资理论中存在多个理论框架,其中包括小规模技术理论、技术地方化理论、技术创新产业升级理论及投资发展周期理论。

(一) 小规模技术理论

小规模技术理论(Small-Scale Technology Theory)是由美国学者威尔斯(Wells)针

对发展中国家的对外直接投资提出的。小规模技术理论强调，发展中国家的企业在进行对外直接投资时，倾向于采用小规模及相对简单的技术。这种投资策略涉及小规模的生产设备和技术，旨在降低投资风险并提高生产效率。该理论认为，一些发展中国家的企业更愿意通过逐步积累经验及引入小规模技术的方式逐步提升其国际竞争力。

小规模技术理论是发展经济学领域的一个理论框架，主张在发展中国家的企业进行对外直接投资时应选择基础、易于掌握的技术。这一理论的关键点在于企业通过选择小规模技术，降低了投资风险，并通过积累经验逐步提高其在国际市场中的竞争力。

小规模技术理论的主要内容如下。

1. 适应性与渐进性

小规模技术理论认为，企业更愿意采用逐步适应和渐进的方式引入技术。这是因为小规模技术更容易被本土工人理解和操作，减少了技术转移过程中的困难。

2. 风险管理

由于发展中国家的企业可能面临的技术差距和市场不确定性，它们倾向于选择小规模技术，以降低技术引进的风险。较小的技术变革更容易被企业接受，有助于规避不恰当的技术选择所带来的风险。

3. 生产效率提升

小规模技术可能更易于整合到现有的生产流程中，使生产效率得到快速提升。这种逐步提升生产效率的方式有助于企业在国际市场上更具竞争力。

4. 技术升级路径

企业可以通过引入小规模技术作为技术升级的起点，逐步提升技术水平。这种渐进性的技术升级路径有助于企业更好地适应市场和提高生产能力。

5. 本地化因素

小规模技术理论强调考虑本地市场的特殊性，选择更适应当地条件和资源的技术。这种本土化的策略可以提高技术引进的成功概率，降低跨国投资的风险。

6. 员工培训和技能发展

小规模技术更容易被本地人理解和接受，便于企业进行员工培训和技能发展。这有助于提升本土劳动力的技术水平，增强企业在当地的可持续竞争力。

小规模技术理论为发展中国家的企业在国际市场上进行对外直接投资提供了一种实用的战略方向，强调了在技术引进过程中平衡风险和适应性的重要性。

（二）技术地方化理论

拉奥（Lall）在对印度跨国公司的竞争优势和投资动机进行深入研究后，提出了关于发展中国家跨国公司的技术地方化理论（Technological Localization Theory）。技术地方化理论强调，发展中国家的企业在对外直接投资时会综合考虑目标国家的技术水平和生产环境，努力使其技术与当地的现实状况相融合。这表明企业将根据目标国家的技术需求调整生产流程，以符合当地的市场需求和技术标准。该理论凸显了技术适应性对跨国投资成功的重要性。

技术地方化理论主张在跨国公司进行对外直接投资时，必须全面考虑目标国家的技术水平和生产环境，以确保公司的技术水平和生产方式与当地环境相协调。该理论认为，实现国际投资的成功需要更深入地融入目标国家的技术、文化和法规等方面，以提高其在国际市场中的竞争力。

技术地方化理论的主要内容如下。

1. 技术适应性

技术地方化理论强调企业需要根据目标国家的技术要求，调整其在该国的生产过程。这包括对当地市场的需求、技术标准及法规等方面的灵活适应。

2. 本地化研发和创新

企业在目标国家可能需要进行本地化的研发和创新，以满足当地市场的特殊需求。这有助于企业更好地适应目标国家的技术环境，提高产品和服务的市场适应性。

3. 合作与伙伴关系

为了更好地适应目标国家的技术环境，企业可能会寻求与当地企业、研究机构和政府建立合作与伙伴关系。这有助于获取本地的专业知识，促进技术共享和创新。

4. 遵循本地法规

技术地方化要求企业遵循目标国家的法规和标准，包括技术、环境、安全等方面的法规。这有助于降低在目标国家经营时的法律风险，同时树立企业的良好形象。

5. 培训与技能提升

为了满足目标国家的技术需求，企业可能需要在当地进行员工培训和技能提升。这有助于提升本土劳动力的技术水平，提高企业在目标国家的雇用能力。

6. 技术交流与传播

企业需要积极参与目标国家的技术交流和传播，以获取当地最新的技术和市场信息。这可以通过加入当地的产业协会、学术研究机构等方式实现。

技术地方化理论强调了企业在国际市场上成功的重要因素，即在跨国经营中灵活适应当地的技术和生产环境。这种适应性有助于企业更好地满足目标国家市场的需求，提高在全球市场中的竞争能力。

（三）技术创新产业升级理论

英国学者坎特威尔（Cantwell）和托伦蒂诺（Tolentino）对发展中国家对外直接投资问题进行了系统的考察，提出了发展中国家技术创新产业升级理论（Technological Innovation and Industrial Upgrading Theory）。技术创新产业升级理论认为，发展中国家企业的对外直接投资可以通过引入先进技术和进行技术创新，从而推动本国产业的升级。通过积极获取和创新先进技术，企业提升了在全球价值链中的地位，推动了本国产业的升级，同时实现了附加值的增加。这一理论强调了技术创新对于发展中国家实现经济增长和产业升级的积极影响。在全球化和科技飞速发展的大背景下，技术创新产业升级理论着眼于通过不断的技术创新推动企业和产业的发展。该理论关注企业在全球市场中提高竞争力的过程，强调引入先进技术和不断创新的重要性。

企业通过引入先进技术和持续创新，不仅扩大了在全球市场的竞争空间，还在本国产业中引发了升级效应。这种升级涉及生产流程、产品设计和市场开发等多个方面，为企业提供了更多的发展机遇。通过追求技术创新，发展中国家的企业能够更好地适应全球市场的变化、提高国际竞争力，实现经济增长和产业升级的双重目标。

技术创新产业升级理论的主要内容如下。

1. 技术创新推动产业升级

技术创新产业升级理论认为，通过引入新技术、新产品和新生产方式，企业能够提高效率、降低成本，从而推动整个产业向更高附加值和创新水平迈进。技术创新被视为产业升级的关键推动力。

2. 全要素生产率的提升

技术创新可以改进生产要素的组合和使用，提高全要素生产率。这包括对劳动力、资本、技术和管理等要素的更有效整合，从而提高产业的整体生产力。

3. 价值链升级

通过技术创新，企业能够在价值链的不同环节中实现升级，包括原材料采购、生产、销售和服务等。这有助于提高产品和服务的附加值，使企业在全球价值链中更具竞争力。

4. 新兴产业的崛起

技术创新推动了新兴产业的崛起，这些产业通常具有更高的科技含量和创新水平。通过投资和领先技术的引入，企业能够参与新兴产业，实现产业结构的升级和转型。

5. 企业竞争力的提高

技术创新帮助企业不断提高产品和服务的质量、性能和创新度，从而提高其在市场上的竞争力。具备先进技术的企业更有可能在激烈的市场竞争中脱颖而出。

6. 知识产权的重要性

技术创新产业升级理论强调知识产权（如专利、商标）的重要性。通过保护创新成果的独特性，企业可以在市场上建立竞争优势，吸引投资并推动产业升级。

7. 科技集群和创新生态系统

技术创新产业升级理论强调了科技集群和创新生态系统的建立。通过与研究机构、供应商、客户和其他相关方的合作，企业可以更好地获取新技术和新知识，促进产业升级。

技术创新产业升级理论的核心观点是，通过技术创新，企业能够实现更高层次的生产和管理方式，推动整个产业向前发展，从而保持竞争力并获得可持续发展。

（四）投资发展周期理论

投资发展周期理论（Investment Development Cycle Theory）最早由约翰·邓宁于20世纪80年代初提出，后经过两次修订与完善，由联合国贸易和发展会议（UNCTAD）对该理论进行检验，该理论是国际生产折衷理论在发展中经济体的运用和延伸。投资发展周期理论认为，发展中国家在进行对外直接投资时，其投资行为可能会随着时间的推移经历不同的发展阶段。初期，企业可能侧重于资源获取和市场拓展，寻求利用外部资源和开拓新市场。随着投资经验的积累和技术水平的提升，企业可能逐渐将重心转向技术创新和产业升级，以提高在目标国家的竞争力。

这一理论强调了投资行为的动态性，认为企业在国际市场上的活动不是一成不变的，而是随着时间的推移和经济条件的变化而变化。这种动态变化有助于企业更好地满足目标国家经济发展的需要，促使它们在投资中不断调整策略，提高对外直接投资的有效性。投资发展周期理论为解释发展中国家的企业对外直接投资的动机和行为提供了理论框架,强调了时序和发展阶段对投资决策的影响,有助于企业更全面地理解和规划其国际化战略。

投资发展周期理论的主要内容如下。

1. 初期阶段:资源获取和市场拓展

在投资发展的早期阶段,企业可能主要关注获取资源和拓展市场,包括寻找原材料、劳动力成本低的地方及探索新的市场机会。企业可能通过直接投资来确保对资源的可靠供应,同时进入新市场以扩大销售。

2. 中期阶段:技术引进和合作

随着企业在目标国家积累经验,投资的中期阶段可能涉及技术引进和与当地企业的合作。企业可能通过与当地伙伴合资或建立技术合作关系,从而更好地适应当地的技术水平和市场需求。

3. 发展阶段:技术创新和产业升级

在这一阶段,企业可能将重点放在技术创新和产业升级上。企业此时可能更关注在目标国家建立自己的研发中心,并推动本地产业的升级。

4. 成熟阶段:多元化和全球化战略

在投资发展的成熟阶段,企业可能采取更为多元化和全球化的战略,包括寻找新的投资机会、扩大市场份额,或者通过跨国并购进一步巩固其全球地位。

5. 调整阶段:优化和调整

当企业在目标国家的市场发展面临挑战时,它们可能进入一个调整阶段,包括优化业务结构、重新调整投资组合,或者根据市场条件做出调整,以适应新的经济和政治环境。

投资发展周期理论认为,企业在不同的发展阶段具有不同的战略目标和需求,因此它们在跨国投资时的行为和决策也会相应地变化。这一理论有助于解释为什么企业在不同的时间节点和经济条件下会选择不同的投资策略,同时也有助于理解国际直接投资在全球经济中的动态演变。表2-2为投资发展周期理论五个阶段FDI的特征及对应的人均GDP。

表2-2 投资发展周期理论五个阶段FDI的特征及对应的人均GDP

阶段	FDI流入和流出特征	人均GDP/美元 约翰·邓宁(1981)	人均GDP/美元 《世界投资报告》(2006)
第一阶段	外资流入量很少,没有对外直接投资,对外直接投资净值为负值	低于400	低于2500
第二阶段	外资流入量增加,对外直接投资量仍较少,对外直接投资净值仍为负值,但变大	401~1500	2501~10000
第三阶段	对外直接投资持续增加,而外资流入量下降,对外直接投资净值仍为负值,但在减少	2000~4750	10001~25000
第四阶段	对外直接投资增长速度高于引进外资的速度,对外直接投资净值变为正值且在增加	2600~5600	25001~36000
第五阶段	外资流入量和流出量可能都继续增加,对外直接投资净值开始下降且以后会围绕零值上下波动	—	36000以上

这些理论为理解发展中国家对外直接投资提供了不同的视角，强调了技术因素、地方化因素、产业升级及投资发展的动态过程。在政策制定和企业决策中，这些理论为相关方提供了指导和借鉴。

三、跨国公司直接投资理论的发展

（一）新资源基础论

新资源基础论（Resource-Based View，RBV）又称知识基础论，主张竞争优势主要源于知识，认为知识使跨国公司具备特定的竞争优势，而知识的转移是直接投资的关键。该理论的代表人物是约翰逊（Johnson）。RBV的发展可以追溯到20世纪80年代末和90年代初，由Barney Wernerfelt等提出，成为战略管理领域的一个重要理论。约翰逊指出，知识包括各种技术、窍门、管理与组织技能、销售技能等无形资产。学习和创造知识，以及企业家精神是企业最关键的内在资源。企业通过对这些内在资源的作用，实现了成长和扩张，最终发展成为跨国公司，并进行跨国经营。

知识资产的生产成本较高，但通过直接投资利用知识资产的边际成本非常低，甚至接近于零。此外，知识资产可以同时向跨国公司的不同海外分支机构转移，降低了知识资产的转移成本。相比之下，当地企业在获取同类知识资产时需要支付全部成本。这一理论观点强调知识在跨国公司战略中的关键作用，也强调了知识的可复制性和转移性对企业竞争优势的重要性。

新资源基础理论的主要内容如下。

1. 资源的重要性

RBV强调企业资源是决定其竞争力和长期成功的关键因素。资源可以包括物质资产（如设备、技术、品牌）、无形资产（如专利、品牌声誉、专业知识）及组织内部的能力（如创新、团队协作、学习能力）等。

2. 资源的异质性

RBV认为企业之间的差异主要来自资源的异质性，即不同企业拥有不同的资源组合。这种异质性使一些企业能够获得竞争优势，更好地适应市场变化。

3. 资源的不可复制性

RBV认为企业的竞争优势来自其资源具有不可复制性和不可替代性。如果其他企业难以模仿或替代这些资源，那么该企业就能够在市场上保持领先地位。

4. 资源的路径依赖性

RBV指出企业资源的发展和积累是一个渐进的、历史依赖的过程。企业在过去的发展路径上所取得的资源和能力会影响其未来的发展方向和竞争优势。

5. 战略管理的观点

RBV将战略管理的重点从环境定位转移到了企业内部的资源和能力。企业应该专注于发展和整合其内部资源，以创造竞争优势，而不是仅仅追求市场机会。

（二）产业集群理论

产业集群理论是指在特定地理区域内，相互关联、相互依存的相关产业集中聚集形成的现象和理论框架。这一理论强调了地理位置和产业之间的相互作用，认为企业在特定地区的集聚能够带来更大的经济效益和创新动力。近年来，国际直接投资呈现出明显的集群布局趋势，这一现象涵盖了以大型企业为核心和以中小型企业为主体的各种形式，分布在发达国家和发展中国家的不同地区。产业集群理论，有时被称为产业集聚理论或企业扎堆理论，是由一些著名学者如波特（Porter）、克鲁格曼（Krugman）和伦德瓦尔（Lundvall）等提出的。该理论认为，当今跨国公司更加关注东道国的战略性资产，这些资产主要包括高新技术、知识和高素质人力资源。跨国公司希望通过获取这些战略性资产来增强其核心竞争优势。由于这些资产往往在特定地区和环境中集聚，跨国公司纷纷投资形成了产业集群。这也是跨国公司追求资源的必然结果。

这种解释特别适用于发达国家的产业集群，如美国硅谷的信息产业集群。而对于发展中国家或地区出现的产业集群，如印度班加罗尔的软件产业集群，该理论解释为产业或企业的集群布局可以实现服务或生产的配套。这创造了一种产业配套环境，实现了外部规模经济，极大地节省了原材料和零部件的运输与仓储等物流成本，为降低成本和提升产品竞争力找到了新的途径。在中国，产业集群布局已经开始出现，如北京经济技术开发区的星网工业园等。

产业集群理论的一些观点如下。

1. 区域性集聚

产业集群理论认为，某些地理区域内的企业在相似或相关的产业领域内形成集群。这种集聚有助于形成一种生态系统，促使企业之间建立紧密的合作关系和供应链。

2. 相互依存性

集群内的企业相互依存，彼此之间存在复杂的关系网络。这有助于提高生产效率、降低成本，并促进创新和技术进步。

3. 知识溢出

集群内的企业之间存在知识的共享和溢出现象。一个企业的创新和技术进步往往会对周围的企业产生积极的影响，从而推动整个集群的发展。

4. 政府与机构作用

产业集群理论强调了政府和其他机构在促进和支持产业集群发展中的积极作用。通过提供基础设施、培训和创新支持，政府可以加速集群的形成和发展。

5. 全球价值链

产业集群理论也关注了企业如何嵌入全球价值链。在全球化的背景下，产业集群需要更好地融入全球供应链，以提高其竞争力。

（三）非股权安排理论

非股权安排形式的国际投资是指外国投资者（如跨国公司）并没有在东道国企业中占有股权，而是通过与东道国企业签订有关技术或管理等方面的合同，取得对该东道国企业的某种控制管理权。在20世纪90年代以前，跨国公司主要是通过股权安排（Equity Arrangement）对其国际化的生产和销售体系实施控制、整合，因此以前的理论研究主要以股权安排为核心展开。20世纪90年代以后，跨国公司与其他企业间的非股权安排（Non-Equity Arrangement）或非股权联系（Non-Equity Linkage）出现，并得到迅速发展，其形式包括许可证合同、管理合同、特许经营合同、销售合同、技术援助或技术咨询合同、工程承包交钥匙合同、国际战略联盟、制造合同和分包合同等。非股权安排越来越为跨国公司所青睐，形成了目前股权安排与非股权安排同时并存和发展的格局。非股权安排理论（Non-Equity Arrangement Theory）认为，跨国公司所具有的核心优势的特性是一些跨国公司选择非股权安排及进行国际战略联盟的内在原因。

（四）优势获取论

英国经济学家 John Dunning 在其《跨国公司与全球经济》（1993）一书中提出了优势获取论（Advantage Seeking Theory）或战略资产寻求论，强调了企业在跨国投资中追求战略性资产的过程。优势获取论关注企业在国际市场中追求战略性资产的策略。这些战略性资产包括技术、品牌、管理经验、专利、人才等，这些资产在全球范围内具有稀缺性和难以模仿性。邓宁的理论强调，跨国公司在国际扩张中的首要目标是获取能够增强其核心竞争力的战略性资产。与单纯寻求市场份额或扩大规模不同，这一理论认为企业的关注点应放在获取能够提供独特竞争优势的战略性资产上。

优势获取论是国际商业和管理领域中的一种理论，着重于企业通过跨国投资来获取多方面的优势。这一理论认为，通过国际化，企业可以在技术、管理、市场、资源等方面获得独特的竞争优势，从而在全球市场中占据有利地位。

优势获取论的主要概念如下。

1. 技术优势

通过国际化，企业可以获取先进的技术，包括研发和创新方面的知识。这种技术优势不仅来自企业内部的研发能力，还可以通过国际扩张、技术引进、与国际伙伴合作研发等方式得到。技术优势使企业能够领先于竞争对手，提供更创新的产品和服务。

2. 管理优势

国际化使企业能够获取跨国经营和管理的宝贵经验，提升管理水平和组织能力。企业可以通过在不同市场中的经营，适应并学习不同文化和市场环境，从而提高全球运营的效率。管理优势有助于企业更灵活地应对全球性挑战和变化。

3. 市场优势

进入国际市场使企业能够扩大其市场份额，获取更广泛的客户群体，提高品牌知名度。通过了解不同国家和地区的市场需求，企业可以更好地满足客户期望，建立在全球市场中的竞争优势。

4. 资源优势

国际化为企业提供了获取更多资源的机会，包括原材料、劳动力、金融资本等。通过全球资源配置，企业可以更有效地利用不同地区的资源，确保生产和供应链的稳定性。

5. 成本优势

跨国投资有助于企业实现成本的规模经济和效益。通过在全球范围内分散生产和供应链，企业可以降低生产和运营成本，提高产品的价格竞争力。

6. 学习曲线效应

通过国际化，企业能够不断学习和适应不同市场的需求和竞争环境。随着时间的推移，企业在全球范围内积累的经验和知识形成学习曲线效应，增强其在国际市场中的适应性和竞争力。

7. 网络效应

国际化帮助企业建立全球性的合作伙伴关系和供应链网络。这种网络效应能够使企业更好地获取商业机会、分享信息，同时降低在全球市场中的风险。

优势获取论为企业提供了一个全面的战略框架，强调了通过跨国投资获取多方面优势的重要性。这一理论为企业制定国际化战略提供了有力的指导，使其能够在竞争激烈的全球市场中获得可持续的竞争优势。

（五）外包生产理论

外包生产理论（The Theory of Original Equipment Manufacture）又称原始设备制造（OEM）、贴牌生产或外部求援理论，指企业委托外部供应商或合作伙伴进行生产。这一理论强调企业将制造和生产环节外包给专业的制造商，以便专注于核心业务、提高效率并增强竞争力。

以下是关于外包生产的主要概念及外包业务发展趋势的详细解释。

1. 外包生产的主要概念

（1）原始设备制造。外包生产通常被称为原始设备制造（Original Equipment Manufaeture，OEM），表示企业将产品的设计、制造和组装等生产环节委托给外部供应商，而产品通常以企业的品牌或商标出售。

（2）贴牌生产。外包生产也被称为贴牌生产，这意味着企业在产品上加上自己的商标，而实际的制造由外部供应商完成。

（3）外部求援理论。这一理论强调企业在生产方面向外部寻求支持，以获取专业的制造和生产服务。

2. 外包业务发展趋势

（1）离岸外包（Offshore OEM）。企业将业务从本国扩展到境外，实施离岸外包，如将软件开发业务外包给印度公司。这使企业能够在本国留下核心业务，而将非核心业务交给境外专业企业。

（2）从制造业走向服务业。外包业务从最初的制造业扩展到服务业，包括软件开发、办公文案、人事资源管理、库存管理、财务会计、客户服务等。零售商店等服务业企业也积极发展外包业务。

（3）从劳动密集走向技术密集。外包业务逐渐从劳动密集型领域发展到技术密集型领域，涉及高附加值和高新技术领域。

（4）提高绩效的手段。外包不再仅仅是企业弱小的标志，而成为提高组织绩效的重要方法。企业通过外包能够更专注于核心竞争力，提高效率并灵活应对市场变化。

第二节　对外直接投资理论

一、马克思主义对外直接投资理论

随着全球经济的不断发展和国际关系的日益紧密，对外直接投资（Foreign Direct Investment，FDI）已经成为国际经济体系中一项至关重要的活动。在解释和理解对外直接投资行为的不同理论中，马克思主义提供了一种独特的视角，从资本主义制度的角度深入探讨跨国公司如何通过对外直接投资来追求剩余价值，并且对全球经济结构和社会关系产生深远影响。

（一）资本主义逻辑下的对外直接投资

在马克思主义视角中，资本主义经济的内在逻辑推动了跨国公司通过对外直接投资来实现资本的积累和增值。资本主义的本质是通过不断循环的资本流动来实现利润的最大化。为了在竞争激烈的市场中保持竞争力，跨国公司需要寻找新的投资机会，拓展市场份额，这使对外直接投资成为其战略选择。

1. 利润追求与全球扩张

在马克思主义观点中，资本主义的推动力在于追求剩余价值。跨国公司通过对外直接投资，尤其是在发展中国家设立生产基地，能够用相对较低的生产成本，实现产品的生产。在这种全球扩张的过程中，跨国公司的最终目标是在全球范围内获取更多的利润。这也意味着跨国公司通过对外直接投资寻求更多的市场份额，使其资本在全球范围内得以流通和积累。

2. 国际垄断资本主义的表现

马克思主义强调国际垄断资本主义的形成，即跨国公司通过对全球生产过程的掌控，形成了垄断地位。通过掌握生产链的不同环节，跨国公司能够垄断技术、市场、原材料等关键要素，进而在国际市场上取得竞争优势。这种垄断地位使跨国公司能够在全球范围内获取更高的剩余价值，同时也加剧了国际间的经济不平等。

（二）对外直接投资的社会经济影响

在探讨马克思主义对外直接投资理论时，不仅需要关注其在资本主义逻辑下的动因，还需深入研究其在全球范围内产生的社会影响和经济影响。对外直接投资往往伴随着资源外流与生态破坏、劳工剥削与社会不平等、全球化背景下的社会矛盾，这些方面都是马克思主义理论关注的焦点。

1. 资源外流与生态破坏

跨国公司通过对外直接投资，常常导致发展中国家的资源外流。这包括对原材料、劳动力、土地等资源的过度利用，从而使发展中国家面临资源枯竭和环境问题。在资本主义逻辑下，有些跨国公司唯利是图，往往打破了当地的生态平衡，造成了生态破坏和环境污染。

2. 劳工剥削与社会不平等

对外直接投资往往伴随着对廉价劳动力的利用，因此跨国公司经常在发展中国家设立生产基地，以降低生产成本。这种劳工剥削不仅使本地劳工面临低工资、长工时等问题，也加剧了国际社会的贫富差距。在这个过程中，资本主义逻辑下的对外直接投资加深了全球社会的不平等问题。

3. 全球化背景下的社会矛盾

在全球化的大背景下，对外直接投资不仅加剧了国际不平等，也在国内产生了社会矛盾。随着全球生产链的拓展，一些发展中国家的经济获得了短期的增长，但同时也带来了社会结构的变革，进一步拉大了贫富差距，引发了社会动荡和不满情绪。

马克思主义对外直接投资理论提供了一种深刻的解释框架，帮助我们理解资本主义逻辑下跨国公司的行为和全球经济体系中的社会影响和经济影响。然而，在深入研究的同时，我们也需要注意到全球经济格局的不断变化和新兴问题的出现。因此，对外直接投资理论研究需要不断更新，以更好地适应当代国际经济的发展。

二、垄断优势理论

1960年，美国学者海默在他的博士论文《国内企业的国际经营：对外直接投资研究》中首先提出了以垄断优势来解释对外直接投资理论。此后，海默的导师金德尔伯格在《对外直接投资的垄断理论》等文章中对该理论进行了补充和系统阐述。垄断优势理论是国际经济学领域中一种重要的理论，它深刻地解释了为什么一些跨国公司在全球市场上能够取得竞争优势。由于垄断优势理论的出现，国际贸易理论不再仅仅关注比较优势和绝对优势，而转向了对跨国公司如何通过垄断性资源和能力在国际市场上取得优势的研究。

（一）垄断优势理论的核心观点

垄断优势理论的核心观点是国际贸易不仅取决于资源的绝对或相对优势，更关注跨国公司在国际市场上的垄断性资源和能力。具体而言，垄断优势理论主张以下观点。

1. 产品差异化

垄断优势理论强调，成功的跨国公司通常生产或提供在国际市场上独特且与众不同的产品。这种产品的独特性使跨国公司能够在市场上建立垄断地位，因为消费者愿意为这种独特性支付溢价。

2. 品牌和声誉

品牌和声誉是垄断优势理论中的重要概念。一些跨国公司通过建立强大的品牌和良好的声誉，形成了一种难以复制的垄断性资产。这使消费者更愿意购买这些品牌的产品，而非其他替代品。

3. 技术和创新

垄断优势理论认为，技术和创新是跨国公司在国际市场上获得竞争优势的重要因素。具备领先的技术和不断进行创新的跨国公司能够提供高质量、高效率的产品或服务，从而在全球市场上占据有利地位。

（二）理论的演进与拓展

1. 扩展到服务领域

垄断优势理论最初主要应用于制造业，但随着全球服务业的崛起，该理论被扩展到了服务领域。在全球化的趋势下，很多服务行业也展现出类似于产品差异化、品牌建设和技术创新的特征。

2. 全球价值链和分工

随着全球价值链的逐渐形成，垄断优势理论也考虑了跨国公司在全球分工中的位置。一些跨国公司可能通过在价值链的特定环节拥有垄断性资源而取得竞争优势，而不仅仅是在最终产品的市场上。

（三）在当代全球经济中的应用

1. 技术巨头的垄断地位

当代技术巨头如谷歌、苹果、亚马逊等公司凭借其先进的技术、强大的品牌优势和全球化战略，充分体现了垄断优势理论的实际运作。这些跨国公司通过在全球市场上拥有独特的技术和服务，巩固了其在产业链中的垄断地位。

2. 文化输出与国际认知

在文化领域，一些跨国公司通过输出独特的文化产品、建立国际化的品牌形象，构建了文化垄断优势，这使跨国公司在国际市场上备受欢迎。

垄断优势理论的出现为解释跨国公司在全球市场上的成功提供了深刻的理论基础。通过对产品差异化、品牌和声誉、技术和创新等方面的垄断性资源的分析，我们可以更好地理解为什么一些跨国公司能够在国际市场上取得竞争优势。然而，在当代全球经济背景下，随着新技术的涌现和市场的不断变化，我们需要不断地完善和拓展垄断优势理论，以更好地适应不断变化的国际商业环境。

三、比较优势理论

比较优势理论（Comparative Advantage Theory）是经济学领域中的一项经典理论，由英国经济学家大卫·里卡多在1817年提出。这一理论为国际贸易提供了深刻的解释，强调了各国在生产上的差异性和合作的必要性。

（一）理论原理

1. 绝对优势与比较优势

在比较优势理论中，里卡多首次区分了绝对优势和比较优势。绝对优势是指一个国家在生产某种商品时所拥有的绝对生产力优势，即能够以较少的资源生产更多的产品。而比较优势强调一个国家在生产某种商品时的机会成本相对较低，即相对于其他商品，这个国家更擅长生产某种产品。

2. 机会成本的关键性

比较优势理论的核心是机会成本的观念。里卡多认为，即使一个国家在所有商品的生产上都有绝对优势，但只要它在某一商品上的机会成本较低，就应该专注于生产该商品。这种资源的专业化和分工将使各国在全球贸易中互相依存，实现互利合作。

（二）理论背景

比较优势理论产生于工业革命之后，当时生产力的提高使各国间的经济关系变得更加密切。这一时期，贸易不再仅仅是个体手工业品的交换，而是扩展到了大规模工业生产的商品贸易。比较优势理论迎合了这一时代的经济现实，强调各国在生产上的不同特长。

在当今全球化的时代，比较优势理论依然具有重要的适用性。全球价值链的形成使各国更加专注于自身的特长领域，通过跨国合作实现资源的有效配置。比较优势理论在解释全球产业分工和贸易合作方面提供了有力的理论支持。

◆ **章内案例2-1 外包和分工可提高生产效率**

沙特阿拉伯因其丰富的石油资源而在石油产业上具有比较优势，中国因劳动力成本较低而在制造业上具有比较优势。这使两个国家可以专门生产和出口其比较优势产品，然后通过贸易获得其他产品。企业在国际市场运营时会优先选择生产零部件的国家或地区，这些国家或地区具有相对优势。然后，将它们运输到其他地方进行组装，最终形成成品。这种外包和分工的方式可以提高生产效率，并降低成本。

资料来源：洋蜜蜂．经济学专业定理剖析——比较优势理论[EB/OL].（2023-08-21）[2024-04-23]. https://www.yangmifeng.com/cms/document/detail/id/2330/model/2.

四、国际生产折衷理论

国际生产折衷理论也称OLI范式。OLI范式是一种关于对外直接投资的理论，提供了一种理解企业为什么选择在境外生产的框架。OLI范式的三个关键要素分别是Ownership（所有权）、Location（地点）和Internalization（内部化）。

（一）所有权

OLI范式的第一个要素是所有权，强调跨国公司通过对外直接投资获取、维持或扩展其在特定业务领域内的所有权。这一概念与垄断优势理论相呼应，企业通常寻求通过拥有独特的技术、品牌、管理技能等资源，获得对国际市场的控制权。

具体来说，所有权方面包括跨国公司在其所属产业链上的独特资源，如专有技术、专利、品牌知名度等。通过拥有这些资源，跨国公司不仅能够在国际市场上占据有利地位，还能够实现更高的盈利水平。例如，谷歌凭借搜索引擎技术占据了国际上的垄断地位，通过对外直接投资进一步巩固了这种所有权。

（二）地点

OLI范式的第二个要素是地点，指的是企业选择在何处进行对外直接投资。在国际生产折衷理论中，地点的选择取决于一系列因素，包括资源的可获得性、生产成本、市场需求、政治环境等。企业倾向于选择能够最大化利用其资源、降低生产成本，并能够有效满足市场需求的地点。例如，一些制造业公司会选择将生产基地设在劳动力成本较低的国家，以实现成本的最小化。同时，一些科技公司会选择在创新中心集中的地区设立研发中心，以确保能够吸引高素质的人才。这一地点选择的过程反映了企业在国际生产中的地理战略。

（三）内部化

OLI范式的第三个要素是内部化，指的是企业选择在其内部生产某种产品或服务，而不是通过市场交易来获得。这一概念强调了企业在全球范围内整合其生产和经营活动的趋势。通过对外直接投资，企业能够更好地掌控其价值链，从而最大限度地利用其所有权和地点的优势。

具体而言，内部化要素考虑了市场交易可能带来的成本，如信息不对称、合同执行问题等。企业可能会通过在其内部生产关键部件或提供服务来规避这些市场交易中的不确定性和潜在风险。

（四）OLI范式的整合

OLI范式的三个要素相互作用，企业需要在这些要素之间取得平衡，以实现最佳的全球生产布局。企业在对生产做出决策时，需要权衡拥有何种独特的所有权、在何处进行生产，以及何时选择内部化而非市场交易。例如，一家汽车制造商可能会选择在德国进行高端技术制造，因为德国拥有卓越的技术人才和高品质的供应链。此外，这家汽车制造商可能会在劳动力成本较低的国家建立生产基地。表2-3为企业进入国际市场的方式。

表2-3 企业进入国际市场的方式

进入国际市场的方式	所有权（O）	地点（L）	内部化（I）
许可证安排	√	×	×
出口	√	×	√
对外直接投资	√	√	√

所有权、地点和内部化这三个要素相互交织，对企业做出国际化决策产生较大影响。随着全球化的深入，OLI范式可助力企业更有效地利用全球资源取得竞争优势。

五、国际产业竞争理论

国际产业竞争理论是国际经济学领域的一个重要分支，关注着不同国家和地区之间在特定产业中的竞争格局。随着全球化的推进，产业竞争愈加激烈，各国企业在全球市场中争夺资源、市场份额和技术领先地位。

（一）理论框架

1. 比较优势与竞争优势

国际产业竞争理论起源于比较优势理论，该理论由经济学家大卫·里卡多提出。里卡多认为，国家应该专注于其拥有相对比较优势的产业，通过国际贸易合作实现最优的资源配置。然而，随着科技进步和全球价值链的演变，产业竞争不再仅限于比较优势，竞争优势逐渐成为塑造国际产业竞争格局的关键因素。

2. 创新与技术进步

在经济全球化的背景下，技术创新成为推动国际产业竞争的重要动力。拥有先进技术的国家和企业能够在全球市场上获得竞争优势。国际产业竞争理论强调，国家和企业应该不断投资于研发和创新，以提高其产品和服务的附加值，从而在激烈的国际竞争中脱颖而出。

（二）影响因素

1. 政府政策与法规

在国际竞争中，政府的角色至关重要。不同国家通过制定政策和法规来支持本国产业的发展，如提供研发资金、税收优惠、贸易保护等。政府的干预可以在一定程度上塑造国际产业竞争的格局，影响企业的战略选择。

2. 人力资源和教育水平

高素质的人力资源是推动产业竞争的核心因素之一。竞争激烈的产业往往需要高技能、高创造力的人才。教育水平的提高和人才培养机制的完善对于国家在产业竞争中取得优势至关重要。

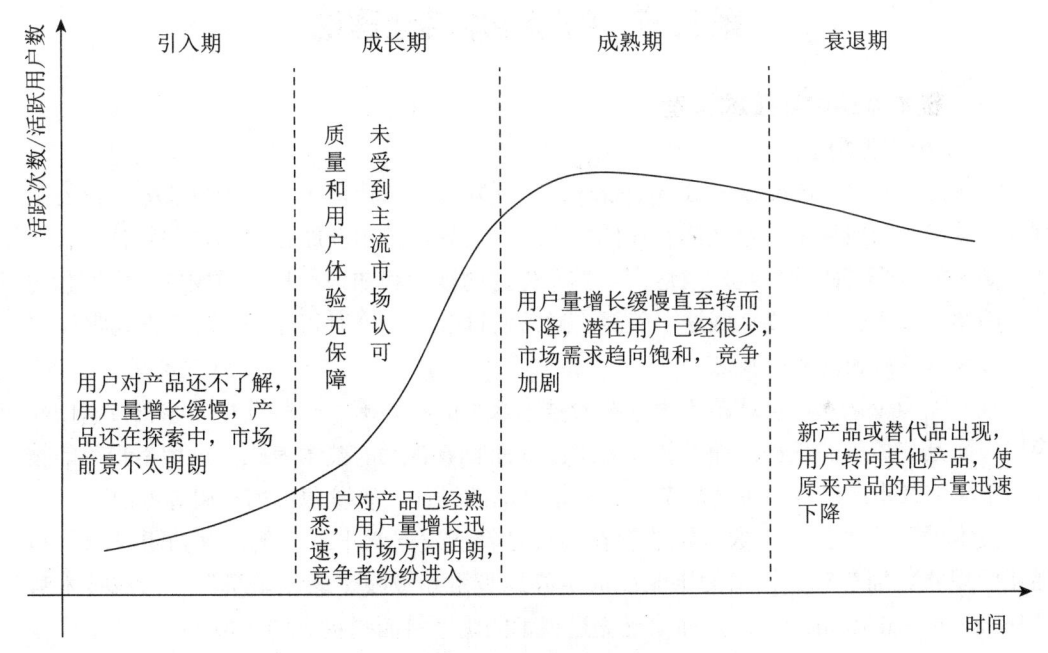

六、产品生命周期理论

产品生命周期理论（Product Cycle Model，PCM）是国际贸易和产业发展领域中的一项经典理论，旨在解释产品从诞生到衰退的全过程中，其生产和贸易活动如何随时间而演变。该理论最初由经济学家雷蒙德·弗农（Raymond Vernon）于1966年提出，被视为对国际商务和全球市场演变的独特解释。本书将深入研究产品生命周期理论的核心原理、影响因素及其在当今全球化时代的实际应用。

（一）理论原理

1. 产品生命周期的阶段

PCM将产品的生命周期分为引入期、成长期、成熟期和衰退期四个关键阶段（见图2-1）。在引入期，产品创新和独特性是推动贸易的主要因素，生产往往集中在创新的国家。随着产品逐渐走向成熟，生产活动可能开始向生产成本较低的地区转移。最终，产品可能进入衰退期，生产转向更具竞争力的国家或地区。

图2-1 产品生命周期

2. 跨国公司的角色

PCM强调，跨国公司在产品生命周期中扮演着关键角色。在引入期，创新发源地的跨国公司通常占据主导地位，但随着产品的成熟，这些公司可能会将生产基地转移到其他地方，以更好地适应市场需求和降低生产成本。这反映了全球化时代跨国公司在全球价值链中的重要性。

（二）影响因素

1. 技术创新

技术创新是推动产品生命周期演变的主要动力。在引入期，创新驱动着产品的迅速发展；在成熟期，技术创新可能呈渐进式发展，以提高生产效率和产品质量。

2.消费者需求和市场规模

消费者需求和市场规模是影响产品生命周期的关键因素。大市场和多样化的需求可能延长产品的成熟阶段，而小市场和单一需求可能导致产品更快地进入衰退期。

（三）实际应用

1.投资决策

PCM 为跨国公司提供了指导，特别是在制定投资和生产战略时。了解产品所处的生命周期阶段，有助于跨国公司做出更明智的决策，包括选择最适合的生产地点、进行市场推广和提前准备更新产品等。

2.全球价值链管理

随着全球价值链的发展，企业越来越关注产品在整个生命周期中的地位。PCM 为企业提供了战略洞察，使其能够更好地管理全球供应链，确保生产和分销的最大效益。

第三节　国际技术转让理论

一、技术差距论与技术势差

（一）技术差距论

技术差距论（Technology Gap Theory）是国际技术转让理论的一个重要分支，着眼于解释发达国家与发展中国家之间存在的技术水平差异。技术差距论认为，国际技术转让往往受到技术水平差距的影响，发达国家拥有先进的技术和知识产权，而发展中国家相对滞后。因此，技术转让需要克服这一差距，通常通过合作、培训和许可协议等方式实现。

1.技术差距论的核心观点

技术差距论认为，全球范围内存在着技术水平的不均衡，一些发达国家在技术创新和应用方面具有显著的优势，而其他发展中国家面临着较大的技术差距。这种不平等的技术分布不仅涉及生产过程的各个环节，还包括产品的设计、研发和市场应用等方面。

技术差距论主张，技术差距的存在不仅是经济发展水平差异的反映，更是一种自我强化的现象。拥有领先技术的国家能够更好地吸引和吸收全球创新资源，形成技术势头（Technological Momentum），而缺乏先进技术的国家将面临更大的困境。

2.技术差距的成因

（1）研发投入。发达国家通常在科研与开发领域投入更多的资源，包括人才、资金和设施，从而取得更多的创新成果。

（2）教育水平和人才储备。高水平的教育体系有助于培养创新型人才，而这些人才是技术创新的主要推动力量。

（3）制度环境。良好的制度环境有助于保护知识产权、鼓励创新，这些因素在技术差距的形成中扮演着关键角色。

（4）工业基础和基础设施。先进的工业基础和基础设施为创新提供了支持，使发达国家更容易在技术上保持领先地位。

3.技术差距对国际经济关系的影响

（1）贸易不平衡。技术差距导致在全球贸易中的技术密集型产品由发达国家主导，而技术水平较低的国家更多地从事劳动力密集型产业,导致贸易不平衡。

(2)技术转移与合作。技术差距鼓励了跨国公司进行技术转移和国际合作,发达国家通过技术输出获取经济利益,同时致使技术差距进一步扩大。

(3)经济发展差异。技术差距是导致国家经济发展差异的主要原因之一,拥有领先技术的国家更容易实现经济结构升级和创新驱动的可持续增长。

(二)技术势差

技术势差是技术差距论中的重要概念,指的是在全球范围内一些国家或企业由于先进技术的积累和持续创新,形成了在特定领域或行业中的技术优势。技术势差强调的是技术转让中的实际情况,包括技术接收方对新技术的吸收能力、适应能力和创新能力。即便技术转让发生在技术水平相对较低的国家,若能迅速适应和吸收,也能够实现技术的快速转移。因此,技术势差提醒我们关注接收方的内在能力,强调在技术转让过程中双方的互动和学习。

1. 技术势差的主要特征

(1)技术创新领先。技术势差的显著特征是领先国家或企业在技术创新方面具有明显的优势。它们能够更快速地推出新产品、新技术,并在市场上取得领先地位。

(2)高度专业化。具有技术势差的国家或企业通常在某个领域表现出高度的专业化,它们投入更多资源用于特定技术或产业的研发和创新,形成了相对于其他国家或企业的独特的专业性。

(3)产业链掌控。技术势差的体现之一是领先者能够掌握整个产业链,他们不仅在研发和设计阶段占有优势,还能够在生产、销售和服务等环节占据垄断或主导地位。

(4)知识产权优势。拥有技术势差的国家或企业通常拥有更多的知识产权,包括专利、商标等。这些知识产权不仅是对技术创新成果的保护,也是在市场上获取更多权益的工具。

(5)国际合作主导地位。技术势差的形成使领先者更容易在国际科技合作中占据主导地位,其他国家或企业愿意与技术领先者开展合作,以获取他们的技术。

(6)教育与人才优势。具有技术势差的地区通常拥有更发达的教育体系,能够培养更多高水平的科研人才。这种人才优势为技术创新提供了有力支持。

(7)持续创新能力。技术势差不仅是过去的积累,更体现为领先者具有持续创新的能力。他们能够不断适应市场需求和科技发展趋势,保持在技术上的领先地位。

上述这些特征共同构成了技术势差的本质,也反映了在全球范围内技术领域中存在的不平等现象。

2. 技术势差的形成机制

(1)持续创新。技术势差的形成与持续创新密切相关。领先的国家或企业通过增加研发投入、培养高水平的研发团队及与高校、研究机构的合作,不断拓展技术的边界。

(2)知识产权保护。有效的知识产权制度有助于保护技术创新的成果,使拥有先进技术的国家或企业能够更好地从中获益,形成技术势差。

(3)产业生态系统。形成技术势差的国家或企业通常拥有完善的产业生态系统,包括供应链、人才储备、市场规模等,这些因素共同促进了技术的快速传播和应用。

3. 技术势差对国际竞争的影响

（1）市场份额的稳固。技术势差使拥有先进技术的企业在国际市场上更具竞争力，能够拥有更大的市场份额，并保持相对的市场垄断地位。

（2）创新引领地位。技术势差的形成使领先国家或企业能够在全球科技竞争中保持引领地位，不断主导新技术、新产品的研发和应用。

（3）产业链的掌控。技术势差使领先者能够更好地掌控整个产业链，从而在全球范围内形成对产业的主导地位。

4. 应对技术势差的策略

（1）提升创新能力。落后国家或企业应加大对创新的投入，提升自身的创新能力，通过自主研发和技术引进缩小技术势差。

（2）加强国际合作。国际合作有助于知识的共享和技术的传播，对于缩小技术势差、提升自身水平具有积极的作用。

（3）完善知识产权制度。落后国家应加强知识产权制度建设，提高技术创新成果的保护水平，为本国企业创新提供更好的环境。

技术势差作为技术差距的一种表现形式，对于国际经济格局和企业竞争格局都具有深远的影响。理解技术势差的形成机制，科学应对技术势差对于促进全球科技创新合作、实现经济可持续发展至关重要。

二、基于垄断优势理论的技术转让理论

（一）理论背景

1. 海默的基本观点

海默的垄断优势理论认为，企业在国际市场上的垄断地位不仅源于其对国内市场的控制，更在于其拥有独特而难以模仿的技术、管理经验及品牌优势。这种垄断性资源的积累使企业能够在国际市场上获取额外的利润。技术作为一种垄断性资源，成为企业在国际扩张中的关键竞争力。

2. 金德尔伯格观点

金德尔伯格（Raymond Vernon）在垄断优势理论的基础上提出了产品寿命周期理论，进一步强调了技术转让在国际化过程中的作用。他认为，一开始，新产品通常由生产国的公司垄断生产，但随着时间的推移，生产技术逐渐标准化，便于转让给其他国家。这使企业在国际市场上逐渐建立了全球生产网络。

（二）理论的发展与完善

1. 希尔施选择模型

希尔施选择模型是对基于垄断优势理论的技术转让理论的进一步发展，该模型强调了技术转让的决策是一种复杂的选择过程，取决于企业对市场环境和激励机制的判断。希尔施认为，企业会根据目标市场的特征、法律环境、政府政策等因素，权衡技术转让的成本与利润。

2. 模型的评价

技术转让的决策不仅取决于技术的性质，还涉及更为复杂的因素。希尔施选择模型弥

补了早期理论对技术转让决策单一性的不足，更加全面地考虑了企业在全球范围内的战略选择。

3. 理论的进一步完善与发展

垄断优势理论和基于它的技术转让理论在理论完善与发展方面得到了广泛关注。研究者在对技术转让决策的影响因素进行深入研究的同时，逐渐形成了一系列与企业国际化和全球化战略密切相关的理论体系，为企业在国际市场上的发展提供了更为系统和全面的理论支持。

（三）垄断优势理论与技术转让理论

在技术转让方面，垄断优势理论指出，企业可能会通过技术转让来利用其垄断优势。技术转让不仅可以作为进入新市场的一种方式，也可以作为维持和扩大现有市场份额的手段。例如，企业可以通过许可协议将其专利技术或专有技术提供给东道国的企业，从而获得许可费收入，并可能通过这种方式控制当地市场。

垄断优势理论认为，技术转让往往发生在垄断性产业和拥有独特技术的企业之间。在这种情境下，技术不仅是商品，更是一种垄断性资源。企业通过技术转让，可以获取利润并巩固其市场地位。因此，基于垄断优势理论的技术转让更侧重于企业间的战略合作，以实现技术的共享和优势的最大化。基于垄断优势理论的技术转让理论强调技术作为战略资源的特殊性，企业通过技术转让实现市场的拓展和竞争优势的增强。这一理论关注技术转让的动机和效果，以及如何在合作中实现双赢。

三、周期动态理论

周期动态理论通常指的是研究经济、社会或其他现象周期性波动和变化的理论。在经济学中，这涉及对经济周期的分析，包括经济扩张、顶峰、衰退和低谷等阶段的循环往复。这些理论试图解释导致这些周期性波动的原因，以及如何通过政策干预来缓和经济波动带来的影响。周期动态理论涉及技术转让的时间维度，强调技术的生命周期和更新换代。根据这一理论，技术并非静止不变的，而是处于不断演进的过程中。因此，在技术转让中，旧技术可能需要被淘汰，新技术则需要不断引入。这一理论提醒我们，技术转让的过程有一个动态的、不断变化的周期，企业需要及时调整战略以适应技术的更新。

在国际技术转让理论中，周期动态理论是一种关注技术转让的时间维度，强调技术的生命周期和更新换代的理论观点。

周期动态理论的主要观点包括如下内容。

（一）技术的生命周期

周期动态理论认为技术不是静止不变的，而是处于不断演进的过程中。技术有其生命周期，经历创新、成熟、衰退等阶段。这一观点提示我们在考虑技术转让时，需要关注技术的时效性和发展趋势。

（二）技术的更新换代

随着科技的不断进步，技术会不断地更新换代。旧技术可能因为过时而需要被淘汰，新技术则不断涌现。在技术转让的过程中，企业需要及时推出新技术并淘汰旧技术，以保持竞争力。

（三）企业对技术的调整

周期动态理论强调企业在国际技术转让中需要灵活调整策略。企业在选择技术转让方式、合作伙伴及在何时进行技术投资等方面，应充分考虑技术的生命周期和更新换代的因素。

（四）国际技术差距

不同国家之间存在技术水平的差距，而这种差距不仅表现在具体的技术水平上，还体现在技术更新的速度上。周期动态理论指出，国际技术转让需要考虑不同国家的技术差距，以及在技术演进中的相对位置。

（五）全球技术协同

周期动态理论鼓励企业在全球范围内进行技术协同。随着技术更新速度的加快，企业可能需要依赖全球范围内的创新资源，通过国际技术转让和合作来获取最新的技术成果。

第四节　跨国公司内部化理论

一、内部化理论的背景

内部化理论（Internalization Theory）又称市场内部化理论，是当代西方比较流行的关于对外直接投资的理论之一。

内部化理论最初由彼得·巴克利和马克·卡森于1976年提出，并由艾伦·拉格曼进一步发展。这一理论的核心观点是，企业可以通过内部化策略，将原本在外部市场上进行的交易活动转移到企业内部，从而创建一个内部市场，以此来减少对外部市场的依赖和不确定性。内部化理论的概念源于科斯的交易成本理论，它认为企业在市场经济中可以选择通过市场交易或在企业内部自行完成生产活动。当市场存在不完全性，如信息不对称、合同执行难度及交易过程中的各种不确定性时，企业可能会发现在内部进行某些活动更为高效。这种内部化过程可以降低交易成本，提高企业的协调度和管理效率。

内部化理论特别适用于解释跨国公司的国际直接投资行为。在不完全竞争的全球市场中，跨国公司为了保护自身利益，可能会选择通过对外直接投资来克服外部市场失灵的困难。例如，当面临知识产权保护不足或其他市场进入障碍时，跨国公司可能会选择在内部转移技术和知识，而不是通过外部市场进行交易。这样，跨国公司可以通过内部市场来控制和协调其全球业务，减少交易风险，并提高整体运营效率。

此外，内部化理论还解释了跨国公司内部贸易的增长现象。跨国公司通过内部化策略，可以在其全球网络内部进行商品和服务的交换，这些内部交易通常基于转移价格进行。这种内部贸易不仅包括有形商品的流动，还包括技术、品牌、管理知识和其他无形资产的转移。通过这种方式，跨国公司能够更有效地利用其全球资源，实现规模经济和范围经济，从而增强其在全球市场的竞争力。

总之，内部化理论为理解跨国公司的全球战略和行为提供了有力的分析工具。它强调企业如何通过内部化来应对市场的不完全性，以及这种策略如何影响企业的组织结构、运营模式和国际竞争力。随着全球化的深入发展，内部化理论在国际商务领域的应用和研究将继续扩展和深化。

二、内部化理论的主要内容

内部化理论建立在三个假设的基础之上。

（1）企业在不完全市场上从事经营的目的是追求利润的最大化。

（2）当生产要素特别是中间产品的市场不完全时，企业就有可能统一管理经营活动，以内部市场取代外部市场。

（3）内部化超越国界时就产生了跨国公司。

巴克利在《跨国公司的未来》一书中指出，影响企业交易成本从而导致市场内部化的因素有四个，即产业特定因素、区域因素、国家因素和企业因素。

（1）产业特定因素是指由产品特性差异所出现的市场交易故障使企业走向内部市场化，该因素与产品性质有关，主要取决于中间产品的特性和结构。这里的中间产品主要是指技术、信息、商誉等。这些产品要实现其专有权的价值，会因市场不完全而遇到困难。例如，买方对专有技术缺乏认识，因而不愿出合理的价格，要向买方证明其作用并确信其价值，就必须使买方有较多的了解，但这类产品本身要求严格保密，所以不如进行纵向一体化，使其在内部加以充分利用。

（2）区域因素则主要是指由于地理位置、社会心理及文化等差异所造成的外部市场交易障碍使企业走向内部市场化。

（3）国家因素是指由于东道国的政治、经济、法律等制度上的差异所出现的市场交易障碍使企业走向内部市场化。

（4）企业因素是指由于企业组织结构、管理经验、控制和协调能力的差异所出现的市场交易障碍而导致企业内部化。例如，在母公司下设若干子公司，消除母子公司之间组织管理水平上的差异，以减少外部市场剧烈变化给公司带来的不利影响。

由于跨国公司内部市场的存在，它们在研究开发、规模经济上占有优势，在绕过贸易壁垒进行直接投资时，要比国内或东道国的竞争对手更胜一筹。

内部化理论是从跨国公司的充分条件，即企业内部经营管理主要是从财务成本管理的观点出发来研究跨国公司内部市场化理论的。可以说，它是对跨国公司旨在将跨国经营的各种成本降到最低限度的行为的理论说明。

拉格曼在《跨国公司的内幕：内部市场经济学》一书中认为，成本应分为如下两种：第一种是生产产品所需要的通常成本（在本国生产时以 C 表示，在海外东道国生产时以 C' 表示）；第二种是为使产品到达海外市场需追加的特别成本。

内部化理论认为有三种途径可以使产品进入海外市场：一是对外出口，这需要支付出口销售成本（M'）；二是对外直接投资，设立子公司组织生产和经营，这需要支付直接投资成本（A'）；三是向与本企业有竞争关系的东道国企业提供特许权，这时因向对方提供特许权而有可能使本企业失去特殊优势，它体现在特许权中知识产权的消失，这也是一种成本支付（D'）。

以上三种途径所需的总成本可用公式表示如下：

出口所需总成本 $=C+M'$

对外直接投资所需总成本 $=C'+A'$

提供特许权所需总成本 $=C'+D'$

企业在进行生产经营活动时，必须分别计算以上三种途径的总收入和总成本的差额，从中选择利润最大者作为使产品进入海外市场之最佳途径。

根据上述理论，有理由认为跨国公司的行为主要有两种类型。

（1）C+M'<C'+A'<C'+D' 型。其选择的经营方式顺序是：国内生产→出口→对外直接投资→特许权转移。

（2）C+M'<C'+D'<C'+A' 型。其选择的经营方式顺序是：国内生产→出口→特许权转移→对外直接投资。

三、内部化理论的评价
（一）理论贡献

内部化理论的提出代表了对外直接投资研究在西方的一个重要进展。与垄断优势理论通过关注市场不完全性和寡头市场结构来解释发达国家的对外投资不同，内部化理论着重分析跨国公司面临的内外部市场差异、国际分工和生产组织形式，从而探讨其对外直接投资的行为和动机。这一理论不仅适用于发达国家，也适用于发展中国家，因此被认为是一种普遍理论。

内部化理论全面阐述了跨国公司在对外直接投资、出口贸易和特许权转移三种国际经济参与方式中的基本选择依据。通过对外直接投资实现市场内部化，跨国公司能够保持其全球垄断优势，并使公司利润最大化，使对外直接投资在这三种方式中处于主导地位。出口贸易受限于贸易保护主义，而特许权转移多用于技术生命周期的后期，因此处于次要位置。

此外，内部化理论也有助于解释第二次世界大战后跨国公司的快速增长、发展阶段和盈利波动等现象。通过内部市场化，跨国公司能更有效地应对国际市场竞争，从而在全球范围内取得显著成就。这一理论为深入理解跨国公司的运作提供了重要的理论支持。

（二）实践启示

内部化理论在跨国公司中发挥着核心作用，通过所有权控制，将海外子公司整合进全球的研发、生产和销售网络。在纵向一体化的跨国公司中，子公司扮演着前向和后向联系的角色，负责不同产品或生产环节的不同阶段。内部市场系统使原材料、中间产品和技术等的交换在公司内部进行，从而实现国际市场的内部化。例如，跨国公司通过国际化生产网络转移技术，让子公司获得必要的技术和管理知识。在横向一体化的跨国公司中，各子公司在不同地区生产同一产品的不同零部件，然后集中到一个子公司进行最终装配和销售。内部化提升了跨国公司的整体效率，不仅实现了范围经济，还通过降低信息不对称和市场不确定性等成本提高了协调性。

然而，内部化理论将技术视为公共产品，没有充分考虑技术中的隐性知识，这是其局限之一。技术实际上包括显性知识和隐性知识，后者需要通过企业内部学习获得。内部化理论后来对知识的有效使用和创新进行了扩展。此外，企业在市场和企业之间扮演着非市场交易的组织者、控制者和协调者的角色。

内部化理论提供了不同交易模式的选择，并不局限于企业边界的理论。跨国公司在考虑交易所得分配问题时，可能更倾向于追求更高利润的其他方式，而不仅仅是最有效或成本最低的安排。尽管内部化理论和垄断优势论都声称是跨国公司的一般理论，但它们实际上只是分析企业运作的不同方面。内部化理论强调通过有效的中间产品交易实现利润最大化，并对最终产品市场的竞争或合作及收入分配等方面进行全面分析。

◆ 章内案例 2-2　微软依靠技术领先优势获取竞争优势

微软为了保护自己的技术领先优势，直接在中国建立了多个研发机构，如微软中国研究开发中心、微软大中华区全球技术支持中心、微软亚洲研究院、微软亚洲工程院及微软中国技术中心。这些机构的设立是技术内部化的典型例子。通过这种方式，微软将涉及技术的生产活动控制在企业内部完成，从而减少了与外部企业进行交易获取技术的诸多交易费用，降低了企业在他国的经营成本和风险。

此外，微软还与中国的主要硬件生产商，如联想、方正、TCL、长城、清华同方等企业开展了全面的合作，进一步降低了交易成本，从而使利润最大化。微软在中国设立了自己的销售机构，其中大多数是微软完全控制的公司或机构。微软对技术的保护和输出都有严格的规定，始终依靠其技术垄断优势来获取最大的竞争优势，实现利润最大化。通过内部技术控制，微软确保了其技术优势，并利用技术垄断地位获得最大的竞争优势和利润。

资料来源：内部化理论的例子 [DB/OL]. [2024-04-23]. https://wenku.baidu.com/aggs/2eb48428bd64783e09122b12.html.

（三）局限性

内部化理论在解释跨国公司行为方面虽然提供了一个全面的视角，但它主要强调企业内部效率的发挥，即跨国公司如何通过财务和组织管理优化其内部运作。这一理论认为，通过内部化策略，跨国公司能够更有效地利用资源、降低成本，并提高整体的运营效率。然而，内部化理论并没有充分考虑到跨国公司行为的另一个重要方面，即如何通过其生产和销售活动满足消费者的需求。

跨国公司的行为不仅是内部效率的优化，还包括对市场需求的响应和满足，这涉及产品开发、市场营销、品牌建设、客户服务等多个方面。跨国公司需要深入了解不同市场和消费者群体的特点，以设计和提供符合需求的产品和服务。此外，跨国公司还需要建立有效的分销渠道和销售网络，以确保产品能够顺利地到达消费者手中。

内部化理论的局限性在于，它过于关注企业内部的运作机制，而忽视了企业与外部市场之间的互动，这种片面性可能导致对跨国公司战略决策和市场行为的不完整理解。为了更全面地理解跨国公司的全球战略和行为，需要将内部化理论与市场需求满足的理论相结合，形成一个更为系统的分析框架。这样的框架不仅能够解释企业如何通过内部化提高效率，还能够解释企业如何通过市场导向的战略满足消费者需求，从而实现可持续的全球竞争和增长。

第五节　对外直接投资相关理论

一、威尔斯的小规模技术理论

1977 年，威尔斯在《第三世界跨国公司》一书中提出了发展中经济体对外直接投资的小规模技术理论，强调了发展中经济体在国际市场中的相对优势。

威尔斯认为，发展中经济体跨国公司的竞争优势源于生产成本低，而这一优势与其母国市场规模有限的特点密切相关。这种生产成本低与市场需求小紧密相连，因为大规模生产技术在小市场中难以获得规模效益。他在该理论中从三个方面分析了发展中经济体跨国公司的相对优势。

（1）小规模生产技术服务小市场。由于低收入国家的制成品市场需求有限，大规模生产技术无法在这种小市场需求中获得规模效益。发展中经济体的跨国公司可以利用这一市场空缺，通过开发满足小市场需求的生产技术获得竞争优势。

（2）发展中经济体在海外生产民族产品上的优势。一些发展中经济体的海外投资主要是为了满足海外某一特定群体的需求，如为旅居海外的本国人提供食品加工、餐饮等。这些民族产品的生产利用了母国的资源，从而在生产成本上具有竞争优势。

（3）低价产品营销战略。发展中经济体产品的最大特点是物美价廉，也是其在市场中占有优势的关键。这使这些国家的跨国公司能够以低成本开展营销活动，吸引中低收入的消费者，从而提高市场占有率。

威尔斯的小规模技术理论对于理解发展中经济体对外直接投资具有重要意义。随着世界市场的多元化发展，即便是技术相对滞后、生产规模较小的小企业，也有机会通过对外直接投资参与全球市场竞争。

二、波特的对外直接投资竞争优势理论

波特的对外直接投资竞争优势理论也称竞争优势理论或战略管理理论，由美国哈佛大学教授波特在 1990 年提出。该理论关注国际竞争环境、跨国公司的竞争战略及组织结构之间的动态关系和相互适应过程。

波特认为，竞争优势的构成要素有生产要素、需求条件、相关与支持性产业，以及企业战略、结构和同业竞争。这些要素相互作用，可以促进企业在国内形成竞争优势，但也可能导致企业发展受阻。生产要素涉及国家在特定产业的生产能力和条件，如劳动力素质和基础设施；需求条件指国内市场对某产业产品或服务的需求；相关与支持性产业指相关产业的国际竞争力；企业战略、结构和同业竞争则关注企业的组织管理方式和国内市场竞争状况。

波特强调，对于依赖自然资源或技术含量低的产业，可能只需两项要素就能获得竞争优势，但这种优势不会持久。而知识密集型产业的公司需要在所有要素上都有优势，以维持长期竞争力。国家需要营造激烈的国内竞争环境，促进企业对外直接投资并帮助它们在国际竞争中取胜。

尽管波特的竞争优势理论起初是基于对日本企业的研究，但其理论和实践意义依然重要。不过，竞争优势理论需要在不同国家的更多企业中进行验证，同时对各要素相互关系的深入分析也是未来的研究方向。

三、经理阶层效用最大化动机理论

经理阶层效用最大化动机理论也称经理扩张动机论或企业管理论,是一种从企业管理者行为角度解释企业扩张和对外直接投资动机的理论。这一理论认为,企业经理的效用函数与股东的效用函数并不完全一致,经理的薪酬和奖励往往与其控制的资产规模直接相关。因此,经理可能会追求企业资产的最大化,而不仅仅是利润的最大化。

在经理阶层效用最大化动机理论中,即使经理阶层和股东在企业的运营和目标上达成了某种均衡,企业的国内市场规模可能仍然限制了其产出的扩张,从而无法满足双方的利益最大化。在这种情况下,经理可能会寻求通过对外直接投资来扩大企业的规模和市场份额,以实现其个人效用函数的最大化。

经理阶层效用最大化动机理论指出,如果国内市场的规模限制了企业的产出和收益,那么经理阶层可能会通过海外投资来寻求扩张,利用外部市场的机会来增加企业的总收益和规模。这种扩张行为不仅是为了追求更高的收益,也可能是为了实现企业规模的增长,从而为经理带来更大的控制权和更高的薪酬。

经理阶层效用最大化动机理论强调了企业内部决策者动机的多样性和复杂性,以及这些动机如何影响企业的扩张策略和对外直接投资决策。它提供了一个理解企业行为的新视角,特别是在分析那些在国内市场已经达到饱和或受限的企业时,经理如何通过国际扩张来追求个人和企业利益的最大化。尽管如此,这一理论也受到了一些批评,因为它可能过于强调经理个人利益的作用,而忽视了其他可能影响企业决策的因素,如市场竞争、技术变革和宏观经济条件等。未来的研究可能需要进一步探讨这些因素如何与经理的动机相互作用,共同影响企业的国际化战略。

◆ 案例 "金色拱门"的特许经营之路——麦当劳的全球扩张

(一)案例介绍

麦当劳的创始人雷·克罗克在 1955 年对加利福尼亚州的麦当劳兄弟快餐店的自助式用餐、纸餐具使用和快速服务方式产生了兴趣。他决定放弃推销员工作,购买了麦当劳的专利权,并在伊利诺伊州开设了第一家麦当劳连锁店。克罗克随后建立了一套严格的标准运营体系,规定加盟店的汉堡品种、质量、价格、店面装修和服务方式等必须统一。

1961 年,克罗克收购了麦当劳公司,开始特许经营模式。2007 年,麦当劳在全球 120 多个国家和地区拥有了超过 3 万家连锁店,每天服务 5000 万名顾客。

在全球范围内,65% 以上的麦当劳连锁店是特许经营店,在美国这一比例更是高达 85%。特许经营是麦当劳成功的关键,公司作为授权方,提供品牌、经营模式、质量标准等,但不参与具体管理。加盟条件严格,包括两年审查期、45000 美元特许经营权费用、20 年合同、销售额的 4% 作为特许费、8.5% 或更高的租金及销售额的 4% 作为广告费。

在亚洲市场,如中国和日本,麦当劳通常采取合资经营方式,拥有至少 50% 的控股权。这是由于亚洲市场在市场认可度和加盟门槛等方面存在不确定性。麦当劳对加盟者提出了严格的管理能力、财务资格、资信背景和培训要求。例如,直到 2003 年,麦当劳在中国大陆市场运营十多年后才在天津开设了第一家特许经营店。到2013年，在中国大陆800多家店面中只有约20家是特许加盟店。2008年，麦当劳中国地区总部从香港迁至上海，以加强在中国内地的特许经营活动。

此外，麦当劳还与合作伙伴合作经营，包括与当地供应商合作实现资源本地化，以及与国内合作伙伴跨国经营。例如，芝加哥的OSI集团在20多个国家与当地麦当劳合作生产汉堡包。

（二）案例点评

麦当劳的全球扩张模式无疑是成功的，麦当劳的金黄色拱门已经深入人心，麦当劳叔叔也成为家喻户晓的人物。然而，2002年第四季度，麦当劳遭遇了40多年来的首次亏损，关闭了175家连锁店，其中在土耳其关闭了35家店，裁员400～600人，撤出了中东和拉丁美洲3个国家的业务，并在4个国家停止扩张。同年，麦当劳的股票市值减少了185亿美元，许多分析师认为其增长潜力有限。此后，麦当劳连续两任CEO在上任一年左右先后离职。

特许经营模式对麦当劳的成功至关重要。这种模式允许麦当劳以最小的资本和风险快速扩张，同时加盟商可以利用麦当劳的品牌和经营模式降低自己的经营风险，并得到全面的经营支持。麦当劳制定了全球连锁店的标准，包括品质、服务、清洁和物有所值，并通过汉堡包大学进行严格的培训。麦当劳还注重本地化策略，适应不同国家的文化和需求，如在印度提供全素汉堡包，在以色列开设符合犹太传统的连锁店。

尽管特许经营为麦当劳带来了成功，但也要求每家单店都必须成功，因为任何一家店的失败都可能对整个品牌造成重大影响。因此，麦当劳对特许加盟商设定了高门槛，并提供充分支持，以维护品牌形象。这种双赢的原则和共同发展的理念是麦当劳能够在全球范围内取得成功的关键。

麦当劳的特许经营模式虽然通过高门槛控制了风险，但随着全球扩张的加速，这一模式的负面效应也开始显现。在20世纪90年代以前，麦当劳专注于国内市场，利用近40年的时间确立了其在美国快餐业的垄断地位。然而，随着美国市场的饱和，麦当劳面临发展瓶颈，必须向海外扩张。

从20世纪90年代开始，麦当劳加快了境外扩张的步伐，1996年全球新开连锁店达到2000家。前首席执行官格林伯格推动了这一扩张，使麦当劳在全球120多个国家和地区拥有超过3万家连锁店。但随着规模的扩大，快速扩张开始削弱商业控制力，麦当劳对市场需求的反应变得迟钝，经营管理方法未能及时调整，导致产品创新和质量改进滞后于竞争对手。2002年第四季度，麦当劳宣布了40多年来的首次亏损，这标志着"结网"战略的结束。

亏损后，麦当劳更换了CEO，吉姆·坎塔卢波重新定义了公司的竞争优势和战略，将重点放在提高单店绩效上，而不是单纯追求连锁店数量。坎塔卢波强调重新聚焦于消费者，专注于麦当劳最擅长的领域。麦当劳还推出了"我就喜欢"品牌推广活动，以吸引年轻消费者。股价的上涨证明了战略调整的有效性。但坎塔卢波在2004年去世，查理·贝尔继任不久后也去世，吉姆·斯金纳接任后继续实施"制胜计划"，倡导健康理念，推动销售和利润稳步增长。

麦当劳的发展并非一帆风顺，但通过及时调整战略，从追求数量到追求质量，麦当劳逐渐走向成熟。今天，麦当劳依然致力于提供美味、乐趣、舒适的环境、常换常新的体验，为全球顾客带来欢乐。

◆ 思考题

（1）描述并比较小规模技术理论、技术地方化理论、技术创新产业升级理论和投资发展周期理论的主要观点。

（2）根据国际技术转让理论，分析跨国公司在不同技术水平国家进行投资的动机和策略。

（3）讨论跨国公司内部化理论的核心观点，并举例说明其在实际国际商业活动中的应用。

（4）马克思主义对外直接投资理论如何解释跨国公司在全球经济中的角色和影响？

（5）比较优势理论在当今全球化背景下如何影响国际贸易和投资决策？

（6）产品生命周期理论如何解释企业在全球市场中的产品策略和市场选择？

（7）国际产业竞争理论对于理解全球产业格局有何重要性？

（8）基于垄断优势理论，分析跨国公司如何通过对外直接投资来巩固或提升其全球竞争优势。

方法策略篇

第三章
跨国公司商务环境

▶ **学习目标**

类别	内容
重点掌握	跨国公司经营环境 PEST 分析法
掌握	国际商务环境主要内容；跨国经营的商业伦理与社会责任
理解	跨国公司对世界经济的影响
了解	跨国公司经营环境分析法；国际商务文化与技术环境

第一节 国际商务政治环境

一、政府稳定性和政治体制

（一）政府稳定性的影响

政府稳定性对企业经营产生深远影响。政治的不稳定性不仅可能引发法规和政策的频繁变化，还可能给企业带来巨大的不确定性。

在政局不稳定的国家，企业很难依赖一贯的政策环境进行长期规划。频繁的政治动荡会导致政府在短时间内做出戏剧性的决策变化，这让企业难以预测和适应。由于企业的战略规划通常需要考虑数年乃至更长时间范围，政治的不稳定性使企业难以确定最佳的经营方向，增加了商业决策的风险。

这种不确定性也对企业的投资计划和市场份额产生直接影响。企业在不稳定的政治环境中可能会推迟或调整原计划中的投资项目，因为无法确定政府是否会改变支持或限制某些行业的政策。此外，市场份额的波动也可能由于政策变化导致的市场不确定性而加剧，企业可能在政策调整后需要重新调整产品定位和市场战略。

因此，企业需要在政府稳定性面临挑战的情况下采取灵活的经营策略，密切关注政治动向，与政府保持沟通，以便及时应对可能产生的政策变化。建立风险管理机制，制订多方案的战略规划，是企业在政治不稳定环境中提高应变能力的重要手段。

（二）政治体制的影响

政治体制对企业经营产生着深远的影响，不同的政治体制意味着不同的政府决策和执行方式。

在民主体制下，政府决策通常经过广泛的公众参与和符合透明度的要求。这意味着政府决策更具公正性和代表性，各利益相关方的声音都能够被听取。企业在这样的环境中需要广泛地参与政府政策制定的过程，通过公共参与和合法渠道表达自己的意见，以确保政策更好地考虑到各方的利益。

在集权体制下，政府决策通常更为集中和高效。这意味着政府能够更迅速地做出决策并实施，但可能缺乏广泛的公众参与。企业在这样的环境中，需要更加紧密地与政府合作，理解并遵守中央政府的指导方针，以确保企业的运营与国家政策保持一致。

在适应不同政治体制时，企业需要制定相应的政府关系战略。在民主体制下，建立积极的公共关系，主动参与政府决策过程，维护企业的声誉和形象是关键。在集权体制下，建立良好的政府关系网络，与政府保持紧密的合作关系，以确保政府支持和理解企业的战略目标。

二、政府政策和法规

政府政策和法规对企业的经营产生直接而深远的影响。各国的法规和政策差异意味着企业需要根据当地的立法和监管环境不断调整其运营方式，以确保合规性和可持续性。

税收政策是其中一个重要方面。各国的税收政策差异较大，企业需要了解和遵守当地的税收法规，以避免不必要的纳税风险。税收政策的不确定性也可能影响企业的财务规划和投资决策，因此企业需要及时获取并适应税收法规的变化。

环境法规是另一个关键领域。各国对环境保护的法规标准存在差异，企业需要调整其生产和运营方式，以符合当地的环保法规。特别是在环境问题备受关注的当今社会，企业需要关注可持续经营和环境友好型的实践，以避免潜在的法律和公众舆论风险。

劳动法是政府政策和法规中的重要组成部分。各国对雇用关系、工资标准、工时等方面的法规存在差异，企业需要确保其雇用实践符合当地的法规要求，以避免劳动纠纷和法律责任。

三、国际关系

跨国公司需要关注各国之间的关系，以避免外交和贸易问题。国际关系的紧张可能导致贸易限制、关税增加，甚至出现对外商投资的限制。因此，企业需要谨慎评估国际关系的发展，以降低潜在的经营风险。根据国际关系的情势，企业可能需要灵活调整战略和运营计划，以确保业务的持续稳定发展。

国际关系在跨国公司经营中起到至关重要的作用，其影响涉及贸易、外商投资和国际合作等方面。

（1）外交与贸易风险。跨国公司需要密切关注各国之间的外交关系，因为紧张的国际关系可能引发一系列贸易风险。政治局势紧张可能导致贸易限制的实施，包括关税增加、进口配额的限制等。企业在国际市场中的运作需要时刻考虑这些风险，以避免贸易政策对其业务造成的不利影响。

（2）关税和贸易政策。国际关系的发展也会对各国的关税和贸易政策产生直接影响。贸易协定的签署和解体、关税调整等变化都可能影响企业的国际贸易。跨国公司需要根据国际关系的发展调整其供应链、市场定位及贸易策略，以适应新的贸易环境。

（3）外商投资限制。紧张的国际关系可能导致国家对外商投资实施限制措施。为了规避潜在的风险，企业需要了解目标国家对外商投资的政策和法规，并评估是否需要调整或重新规划其投资计划，包括寻找替代市场、调整投资结构以降低风险。

（4）灵活的战略调整。企业在国际关系紧张的背景下需要保持灵活性，及时调整战略和运营计划。这可能包括重新评估市场份额、优化供应链等措施，以适应不断变化的国际关系格局。

（5）国际合作与多边主义。除了关注负面风险，企业还应关注国际合作的机会。积极参与国际合作、支持多边主义，有助于企业建立更加稳固的国际关系网络，共同应对全球性挑战。企业可通过参与国际组织、制定和遵守国际标准，为其在全球市场中赢得更有竞争力的地位。

四、政治风险

政治风险是国际商务中需要高度重视的因素，企业在拓展国际业务时应谨慎评估目标市场的政治环境，采取相应措施降低潜在风险。

政治风险的具体形式如表 3-1 所示。

表 3-1　政治风险的具体形式

政治风险的来源	可能产生政治风险的集团	政治风险的具体形式
变化中或相互竞争的政治观念	当前政府及其各部门、机构	法律本土化、取消或修改合同、限制经营自由等
变化着的经济条件	政府中没有掌权但有影响力的反对派	限制经营、雇用政策和产品制造方面的自由等
武装冲突或恐怖主义	有组织的既得利益集团、在该国行动的恐怖主义分子或无政府主义集团	恐怖主义分子或暴乱分子对财产和人民的损害等
上升中的国民主义	世界银行或者联合国等国际组织	限制金融自由，提高税率及其他形式的财务处罚等
即将或最近发生的政治独立	已同该国结成联盟或支持该国政府的外国政府	法律本国化、取消或修改合同、提高税率等
当地商业集团的既得利益	当前政府及其各部门、机构	取消或修改合同、限制经营自由，如雇用政策等
相互竞争的宗教集团	有组织的既得利益集团	限制经营自由、取消或修改合同等
新建立的国际联盟	已同该国结成联盟或支持该国政府的外国政府	法律本土化、取消或修改合同等

◆ 章内案例 3-1　墨西哥湾原油泄漏事故与 BP 的政治危机管理

政治风险可以表现为社会问题政治化，即社会问题演变为政治事件，进而对跨国公司的经济活动造成负面影响，如劳资纠纷引起的工人运动、环保问题诱发的抗议游行、产品安全问题带来的市场抵制等。利用企业社会责任来规避这类政治风险可以获得比较理想的效果。

2010 年 4 月 20 日，英国石油公司（以下简称 BP）在墨西哥湾作业的"深水地平线"（Deepwater Horizon）钻井平台因井控事故致使大量油气从马孔多（Macondo）井内喷出，随即引发爆炸和火灾。火灾持续了 36 小时，直至平台沉入墨西哥湾。之后，油气继续从油层通过井眼及防喷器溢出，漏油持续了 87 天，累计漏油量约 490 万桶，导致至少 2500 平方千米的海水受到污染，对当地居民、海洋生物和生态环境的负面影响更是无法估量。经过事故调查发现，原油泄漏之所以会发生，与 BP "重开发、轻保护"的不良社会责任观念和行为直接相关。随后 BP 陷入了严重的政治危机，其管理危机的不良社会责任表现则令危机进一步恶化。最终企业陷入了股价大跌、评级下降、巨额赔偿、法律诉讼、民众抵制等一连串经济和政治危机之中。BP 不仅需要支付巨额赔款，还要承受来自美国政府与社会群体的巨大压力，经济效益与企业声誉双双受损。因此，墨西哥湾漏油事件是企业因忽视社会责任而引发的社会问题和政治危机，并且危机管理不力的典型案例。

资料来源：马骥.企业社会责任与跨国公司政治风险管控[J].外交评论：外交学院学报，2019，36（4）：71-98.

第二节　国际商务经济环境

一、经济环境影响因素

经济环境是国际商务中至关重要的一环，它受到多种因素的影响。

（一）经济体系

全球各国存在着多元化的经济体系，主要包括市场经济、计划经济和混合经济。这些经济体系反映了国家在资源配置、市场运作和政府介入方面的不同理念和实践。

市场经济是一种基于供求关系和自由竞争的体系，其中市场力量主导着资源的分配和价格的形成。在市场经济中，企业和个人在自由市场条件下追求利润最大化，政府对市场的干预较少。这种体系注重私有产权、竞争激励和市场机制的有效运作，以实现资源的高效配置。计划经济是由政府中央计划机构主导的体系，政府对资源配置和经济活动有着高度的掌控权。在计划经济中，政府规定生产计划、价格和分配方案，以实现社会经济目标。这种经济体系强调公有制、集中决策和国家计划，旨在实现对经济过程的全面掌控。混合经济则是市场经济和计划经济元素的结合，旨在充分发挥两者的优势。在混合经济中，政府既扮演监管者的角色，确保市场公平和社会公正，又通过政策和干预引导经济发展。这种模式试图在市场自由度和政府干预之间找到平衡，以实现经济效益和社会公平的双赢。

（二）经济增长水平

国家的经济增长水平在国际商务中是一个至关重要的因素，直接影响了市场的规模和商业机会。

首先，经济增长水平反映了一个国家的整体经济状况。经济高增长的国家通常意味着强劲的经济活力和广阔的市场前景。这样的国家往往拥有更多的消费者、更强大的购买力，为企业提供了更大的市场空间。其次，经济高增长的国家通常伴随着更多的商业机会。由于需求的扩大和市场的不断开拓，企业在经济高增长的国家可能会更容易找到新的业务领域，创造创新性的产品或服务，从而获取更多的市场份额。最后，经济高增长的国家还可能具有更为活跃的投资氛围。投资者通常更愿意将资金投入具有稳健增长前景的国家，其会为企业提供更多的融资渠道和发展机会。然而，需要注意的是，经济高增长的国家也可能伴随着激烈的竞争和市场变化的不确定性。企业需要灵活应对，制定长期可持续的战略，而非仅仅依赖于瞬时的市场机会。

（三）货币政策和汇率

在国际商务中，不同货币之间的交易，以及货币政策和汇率等因素对企业的经营和竞争地位产生深远的影响。

首先，货币政策在很大程度上决定了货币的供应量和利率水平。中央银行通过货币政策调控，影响货币的价值和企业的资金成本。宽松的货币政策可能导致通货膨胀，提高企业成本，而紧缩的货币政策可能增加融资成本。其次，汇率波动对企业的国际贸易和竞争力产生直接且重要的影响。不同货币之间的汇率变动会影响企业的产品价格，进而影响出口和进口的竞争力。企业在国际市场上可能面临由于汇率波动导致价格的不确定性，需要采取相应的风险管理措施，如套期保值，以规避汇率风险。再次，外汇市场的状况也对企业的经营产生直接影响。外汇市场的流动性和波动性会影响企业进行跨国交易的便利性和成本。企业需要密切关注外汇市场的变化，及时调整战略以适应市场的变化。最后，货币政策和汇率因素与企业的融资和投资决策密切相关。货币政策的变化可能影响融资成本，而不同国家的利率差异也会影响企业的投资回报率。企业需要谨慎评估这些因素，以制定符合企业利益的融资和投资策略。

（四）国际贸易政策

国际贸易政策是国际商务中至关重要的因素，直接影响了跨国公司在全球市场上的运作环境。贸易政策、关税和贸易协定的变动对企业的国际贸易活动和全球供应链的布局产生直接且深远的影响。

首先，贸易政策的变化直接影响了市场准入的灵活性。国家对于关税、进口限制及其他贸易壁垒的调整可能导致企业在某些市场上面临更为严格的限制，从而影响到其产品和服务的进入和销售。其次，贸易协定对于企业的国际贸易策略产生深远影响。自由贸易协定的签署可能为企业提供更为便利的市场准入条件，降低关税和贸易障碍。相反，贸易紧张局势的升级和贸易争端的发生可能使企业面临更多的贸易限制和不确定性。再次，企业需要关注各国的关税政策。关税水平直接影响了企业的生产成本和产品的定价策略。了解和适应不同国家的关税制度是企业制定国际价格和贸易合同的重要考虑因素。最后，全球贸易环境的不确定性对企业的战略规划和风险管理提出了挑战。企业需要灵活调整供应链战略，考虑多元化的市场布局，以降低对特定市场变动的敏感性。

（五）产业结构

不同国家的产业结构是国际商务中需要深入了解和适应的关键因素，涉及农业、制造业和服务业的比例差异。这些差异直接塑造了竞争格局，对企业的产品和服务定位具有深远的影响。

首先，了解不同国家的主导产业有助于企业更精准地把握市场需求。以农业为主导的国家，对食品和农产品的需求可能更为突出，而以制造业或服务业为主导的国家，消费者对工业品或服务的需求可能更为旺盛。企业可以根据这些差异有针对性地调整产品和服务的特性以满足市场需求。其次，产业结构的变化影响了企业在全球供应链中的定位。以制造业为主导的国家可能具有更强大的生产能力，而以服务业为主导的国家可能在技术和创新方面更为领先。企业需要根据所在国家的优势和特点，调整供应链战略，以最大限度地发挥所在地的优势。再次，了解不同国家的产业结构还有助于企业适应竞争环境。在以制造业为主导的国家，企业可能需要更注重产品的差异化和质量；而在以服务业为主导的国家，注重提供个性化、高附加值的服务可能更为重要。最后，随着经济全球化的推进，产业结构的变化也呈现跨国性的趋势。企业需要关注全球产业链的调整，寻找全球合作伙伴，以更好地融入全球化的商业环境。

（六）通货膨胀率和利率

通货膨胀率和利率是国际商务中至关重要的宏观经济指标，它们直接影响着货币的购买力和企业的资金成本，对企业的财务状况和经营策略产生深远的影响。

首先，通货膨胀率是指货币在一段时间内的普遍涨价水平。高通货膨胀率会导致货币贬值，影响企业的购买力。企业在高通货膨胀环境中可能面临原材料成本上升、生产成本增加等问题，因此需要采取适当的价格调整策略，以维持盈利能力。其次，利率水平直接关系到企业的融资成本。高利率可能增加企业的借款成本，这对企业的投资和资本开支计划有直接的影响，因为高融资成本可能降低企业的投资回报率。再次，通货膨胀率和利率的波动也影响了企业的财务规划和风险管理。企业需要制定灵活的财务策略，以适应不同的经济环境。例如，采取套期保值等金融工具来规避汇率和利率风险。最后，通货膨胀率和利率的差异也对国际业务产生重要影响。因此，企业在选择国际市场时，需要考虑目标国家的宏观经济状况，包括通货膨胀率和利率水平，以更好地规避市场风险。

二、经营风险

在跨国经营中，必须高度重视由经济因素引起的经营风险。企业从国内拓展至跨国时，所面临的风险较国内企业更为巨大。跨国企业的经营风险主要表现在市场方面，包括宏观市场和微观市场。宏观市场涉及各要素市场和区域市场的相互联系，微观市场则是指由买卖双方构成的特定市场。因此，全面了解和适应这些市场层面的变化对于降低风险、确保全球经营成功至关重要。

（一）宏观市场经营风险

在跨国经营前，企业首先必须正确分析国际市场形势，特别是市场进入目标国的宏观市场形势，对照企业自身情况，进行详细的比较与评估。宏观市场经营风险包括以下几类。

1. 市场供求风险

市场供求风险是每个企业进入国际市场时必须面对的基本关系，直接影响企业的营运和效益。当供大于求时，市场价格下跌；反之，供不应求时，市场价格上升。成功的跨国经营需要企业灵活应对目标国市场的供求状况。推出适应市场短缺、具有发展潜力的产品有助于企业在国际市场取得成功。以中国的空调、电视机等家电产品进入拉丁美洲、摩托车进入东南亚与非洲为例，展示了市场供求关系对跨国经营的决定性影响。企业需要避免盲目生产市场上过剩的产品，以免造成经济损失和潜在的破产风险。因此，在国际市场中，对供求关系的敏感洞察和灵活应对是确保跨国经营成功的关键因素。

2. 市场竞争风险

市场竞争风险是企业在国际市场中面临的重要挑战，其风险程度可从以下三个方面考虑。首先，市场竞争规模涉及竞争对手为了获胜而投入的成本规模，成本规模越大，竞争力越强，市场经营风险就越大。其次，市场竞争方式指竞争者采取的竞争策略，如采取正当手段降低成本、提高质量、强化广告促销，竞争风险可较容易预测与防范。若竞争对手采用不正当手段如倾销、垄断，市场风险将显著增大。最后，市场竞争的激烈程度描述了竞争对手之间相互抗衡的力量大小。在竞争激烈的市场，市场风险较高，因此国际企业进入东道国市场时应谨慎选择，寻找市场的缝隙，避免与竞争对手进行激烈的竞争，符合避重就轻的策略。综合而言，全面了解市场竞争状况，并采取灵活战略，是降低市场竞争风险的关键。

3. 市场秩序风险

市场秩序风险涉及市场行为秩序的法规、经济制度和行政管理制度，这构成了规范各市场主体行为的基础。混乱的市场秩序可能对企业的生产经营造成较大的风险，原因主要体现在以下三个方面。首先，混乱的经济秩序可能引发不平等竞争，导致经营风险的增大。其次，混乱的市场秩序使市场信息失灵，可能导致企业决策的错误。最后，市场秩序混乱使市场行为的可控性差，市场行为不规范，企业盲目经营可能带来较大的经济损失。

中国作为处在经济转型期的发展中国家，面临较大的市场秩序风险，中国企业在市场秩序复杂且建设水平相对较低的环境中成长。因此，企业在进行跨国经营时需要适应国际市场与东道国的市场秩序。通过多种渠道深入了解东道国的市场秩序，特别是应关注与中国条件相似的国家的情况，有助于企业更好地应对国际市场的挑战，确保经营的稳健性和成功性。

（二）微观市场经营风险

微观市场经营风险也是跨国公司在经营过程中必须加以注意和防范的，主要包括以下几类。

1. 生产风险

企业在跨国经营中面临的生产风险主要体现在以下三个方面。

首先，成本风险涵盖了原材料价格上涨、销售费用增加、劳动力成本上升及技术成本增加等因素。由于跨国企业的生产要素涉及国际范围，这些生产要素价格的变动难以预测和控制，因此成本的不确定性是企业主要的生产风险之一。其次，质量风险是跨国企业面对的另一挑战。由于经营范围广泛，产品种类繁多，质量管理面临的困难增加。同时，依赖于国外原材料和劳动力的跨国企业在保障产品质量方面也面临着一定的不确定性。最后，效益风险涉及企业的管理水平。企业的经营管理水平由管理人员素质、管理组织、管理方式等多方面因素决定。拥有充足资源、先进生产技术和高水平管理的企业通常能够取得良好的效益，而管理水平的不确定性和企业效益的不确定性可能给企业的生存和发展带来一定威胁。

2. 销售风险

销售风险指的是因企业产品销售不畅而带来的潜在危险。这一风险主要体现在以下三个方面。首先，销售环境风险包括整体经济形势、市场状况和法律政策等因素。在良好的销售环境下，企业产品更容易开拓市场；反之，恶劣的销售环境可能导致产品难以销售，市场风险增大。其次，销售渠道风险涉及企业跨国经营的两种主要销售渠道：一是直接销售渠道，即由企业自身的销售部门销售产品；二是通过中间商将产品销售至第三国。在选择销售渠道时，企业需权衡直接销售和中间商销售的利弊，以适应跨国市场的需求。最后，销售策略风险指的是企业在运用销售策略（如价格、促销、销售服务等）时可能面临的风险。不同的销售策略可能对市场产生不同的影响，因此企业需要谨慎评估和选择最适合目标市场的销售策略，以降低潜在的销售风险。在跨国经营中，有效的销售管理和灵活的销售策略是确保企业在不同市场中取得成功的关键。

3. 价格风险

价格风险是指由于国际市场行情变动而引起跨国公司经营的产品价格发生不利变化，可能导致企业蒙受损失。引起价格风险的主要因素包括以下三个方面。

首先，市场的供求状况是影响价格风险的重要因素。供大于求或供不应求都可能导致产品价格的波动，使企业面临不确定性的市场环境。其次，东道国政府对价格的干预也是一个重要的影响因素。不同国家对外来投资者的产品价格可能有不同的政府干预政策，限制最低价或最高价等人为的价格干预可能给跨国公司带来较大的价格波动风险。最后，企业的定价策略也是价格风险的来源。不当或失误的定价策略可能导致价格波动，跨国公司应该综合考虑各种因素，制定合理的定价策略，避免由于策略不当而带来的经济损失。此外，过低的定价也是需要谨慎避免的，尤其是在初级阶段的跨国经营中，防止因恶性竞争而压低价格，导致不必要的损失。跨国公司需要审慎考虑定价策略，以应对价格风险。

第三节　国际商务文化与技术环境

一、社会文化环境

社会文化环境在国际商务中扮演着至关重要的角色，涵盖了多个方面的因素，对企业在国际舞台上的经营产生深远影响。以下是社会文化环境在国际商务中的主要方面。

（一）文化差异

文化差异在国际商务中至关重要。企业需要深入了解和尊重不同国家和地区的文化传统、价值观念和语言习惯，以避免文化冲突，并确保产品和服务在当地被接受。如果企业忽略了母国与东道国的文化差异，或者忽略了不同东道国之间的差异，将导致跨国公司的经营管理、企业文化和产品设计无法满足各个市场的需求。虽然为实现规模经济效应而采取标准化生产是常见的做法，但在跨国经营中，企业应充分考虑不同市场文化的差异。这有助于实现良好的经营管理，同时保持企业独有的企业文化，确保在全球范围内建立积极的企业形象。

（二）消费行为

社会文化因素在深刻影响人们的消费习惯和购买行为方面起着关键作用。了解目标市场的文化特点对企业调整营销策略至关重要，以更好地满足当地消费者的需求。消费行为受到文化传统、价值观念、宗教信仰等多方面的影响。通过深入研究目标市场的文化，企业可以制定更贴近当地文化背景的广告、促销和产品定位策略，提高产品在市场上的接受度。

在不同文化环境下，人们对产品的需求、购买动机及决策过程可能存在显著的差异。因此，企业需要借助文化洞察力，适应当地文化的差异，以与消费者建立更深层次的情感联系。通过了解消费者在文化层面的期望和价值取向，企业可以更准确地传递品牌信息，提供符合当地文化特点的产品和服务，从而提升市场份额和品牌忠诚度。

（三）社会结构

社会结构在社会文化环境中扮演着重要角色，包括家庭、教育体系和社会等级结构。这些因素对人们的消费观念、购买决策和社交行为产生深远影响。企业需要深入理解这些社会结构因素，以更好地定位产品，并在广告和促销活动中考虑当地社会结构的影响。

1. 家庭

家庭结构和价值观念对消费决策有直接的影响。了解目标市场的家庭结构，包括家庭规模、角色分工和决策制定过程，有助于企业提供更符合家庭需求的产品和服务。

2. 教育体系

教育水平影响着人们的观念、态度和知识水平。企业需要考虑目标市场的教育体系，以确定消费者的信息获取途径和对品牌形象的敏感度。在广告宣传中使用符合当地受众教育水平的语言和文化元素，有助于提高品牌的认可度。

3. 社会等级结构

不同文化背景下存在不同的社会等级结构，这直接影响了人们的社交圈和消费行为。企业需要了解目标市场的社会等级制度，以确定产品定价、包装和宣传策略。在广告中展示产品与目标受众社会地位相契合的形象，能够增强产品在市场上的吸引力。

（四）法律和道德

社会文化环境牵涉当地法律法规和道德标准。企业必须遵守当地法规，同时秉持当地的道德和社会责任，以确保维持良好的企业形象。各国的法律制度，特别是商法、经济法、对外贸易法，以及税收相关法规制度，对跨国公司的业务开展有着深远的影响。缺乏对东道国法律法规的全面了解可能会违反东道国的法律规定，从而损害企业的经济利益等。因此，详尽调查目标国法律制度至关重要。

特别需要注意的是法律冲突风险，该风险指的是由于各国法律之间的对抗而给跨国公司经营带来的潜在风险，其主要表现在以下两个方面。

一是母国法律与东道国法律不一致。跨国经营涉及与东道国法律、政策的一致性。企业必须遵循东道国的法律和政策，否则按照原有的法律习惯去指导、协调、控制子公司的经营活动可能导致法律冲突，受到东道国政府的法律制裁，进而导致经济损失。

二是东道国法律与国际法不一致。跨国公司需要同时遵循国际法和东道国法律。如果东道国法律与国际法不一致，企业的跨国经营可能失去行为准则，导致法律冲突。例如，某些国家要求所有借贷方面的争议按照借款国法律执行，而借款国的法律与国际法相悖。如果不了解这些规定，按照国际法办事可能会导致经济损失。因此，详细了解和分析东道国法律与本国和国际惯例之间的异同点是避免法律冲突、减少跨国经营风险的必要前提。

（五）宗教信仰和价值观

宗教信仰和价值观是深刻影响商业行为的关键因素。企业在制定商业策略时必须认识到，这些因素对于建立与目标市场的积极关系至关重要。尊重和适应目标市场的宗教信仰和价值观不仅是一种道德责任，更是建立信任和共鸣的基础。企业在考虑宗教信仰和价值观时，应该深入了解当地的文化和信仰体系，以确保其产品、服务及营销活动不会与之发生冲突。这可能包括对特定节日、礼仪或传统的尊重，以及在广告和宣传中避免使用可能引起误解或敏感性的元素。

通过在商业实践中体现对宗教信仰和价值观的尊重，企业可以建立起与当地社群之间的信任和共鸣。这种关系的建立有助于企业更好地融入当地市场，提高其在社会中的声誉，从而为长期的可持续发展奠定基础。总体而言，企业在全球商业舞台上的成功与否往往与其对宗教信仰和价值观的敏感程度和尊重程度密切相关。

（六）教育水平

教育水平的多样性在全球范围内对劳动力素质和市场消费水平产生了显著的影响，这对企业制定成功的市场战略至关重要。在不同的地区，受教育水平直接影响了劳动力的技能和消费者的购买力。因此，企业在制定定价和市场推广策略时，必须深入了解目标市场消费者的受教育水平。

了解目标市场消费者的受教育水平有助于企业确定适当的产品或服务价格。受教育水平高的消费者可能愿意支付更高的价格，因为他们对高品质和创新可能有更高的期望；相反地，受教育水平低的消费者可能更注重价格敏感性，因此定价策略需要根据这一特点进行调整。市场推广策略也应该充分考虑目标市场的教育水平。受教育水平高的消费者可能更容易理解和欣赏深度和专业性的信息，而受教育水平低的消费者可能更受益于直观、简化的宣传方式。因此，企业需要针对消费者的受教育水平设计差异化的宣传活动，以确保其传达的信息能够迎合受众的理解水平。

二、技术环境

国际商务环境中的技术环境是指在跨越国界的商业活动中技术发展、创新和应用所形成的综合因素。这一环境在国际商务中扮演着关键的角色，影响着企业的竞争力、市场拓展及全球经济的演变。以下是关于国际商务技术环境的一些重要方面。

（一）全球科技创新

全球科技创新对国际商务领域带来深远影响，成为塑造企业竞争力和开创新商机的关键推动力。新兴技术如人工智能、物联网和区块链等的迅速涌现，不仅改变了企业内部的运营方式和生产流程，也塑造了企业与国际市场的互动模式。

在全球科技创新的推动下，企业面临着对新技术的不断适应和整合的挑战。人工智能的应用使数据分析更加智能化，企业能够更准确地预测市场趋势、优化供应链，并提供个性化的产品和服务。物联网技术使设备和产品之间能够实现无缝连接，促使企业实现更高效的生产和供应链管理。区块链技术的引入则提供了更加安全和透明的交易方式，有助于解决跨国商务中的信任和合规性问题。企业需要密切关注全球科技创新的趋势，不仅要了解新技术的潜力，还需要评估其在国际市场中的适用性。积极采纳和整合这些新技术，使其与企业的战略目标相一致，成为提高竞争力的关键因素。同时，企业在国际市场上应保持灵活性，随时调整战略以适应科技发展的迅速变化。

（二）数字化转型

数字化转型在当今的国际商务舞台上扮演着不可忽视的角色，是企业实现全球业务扩张和提高竞争力的要素之一。这一转型涉及采用数字技术优化内部流程、推动创新，并提升客户体验，使企业的战略决策和运营方式产生了巨大的变革。

第一，数字化转型强调了提高效率的重要性。通过引入自动化流程、数据分析和实时监控，企业能够更快速、更准确地响应市场需求，提高生产效率和运营效能。在国际商务中，这意味着企业能够更灵活地适应不同国家和地区的市场变化，更快速地调整供应链和物流。第二，数字化转型推动了创新的浪潮。通过整合先进技术，企业能够开发新的产品和服务，以应对市场的不断变化。在国际市场上取得竞争优势至关重要，因为创新是吸引客户和打破市场壁垒的关键。

在国际商务中，数字化转型还强调了客户体验的重要性。通过数字技术，企业能够更好地了解客户需求，提供个性化的服务，并建立更紧密的客户关系。这有助于企业在全球范围内建立品牌忠诚度、提高市场份额。然而，数字化转型也带来了挑战，包括网络安全风险、技术标准的统一性、员工培训等。因此，企业需要在数字化转型过程中制定全面的战略，确保其在国际商务竞争中能够保持敏捷性、创新性和安全性。

◆ 章内案例 3-2　麦当劳以数字化转型为驱动力

面对纷繁复杂的海量数据，超 4000 家门店、日均数百万份的线上人气订单，麦当劳中国致力于以数字化转型为驱动力，创造更高价值。

第一，有效识别目标客户，一切以消费者为中心进行数字化转型。

第二，重新布局，以客户为中心，通过前、中、后端的战略解码让所有部门各司其职创造价值。在前端，用户可以直接触达产品和研发团队；在中端，以内部的管理方式和商业逻辑推导假设为前提；在后端，支撑 IT 工作，给所有 IT 团队提供工具和管理方法。

第三，直面消费者互动，结合目前国内数字化进程，打通全渠道场景，打造更具智慧的数字化生态体验。

通过可组合架构，利用模块化、引擎化的自有业务中台，麦当劳中国建立了日均数百万份线上订单的交易应用系统，在有效节约IT成本的同时实现了海量的交易管理；结合线上线下点餐体验，对流程细节及响应速度等各方面进行围绕本土客户的全新升级，让IT部门得到更有效的数据以支持业务部门更好地提高商业效率；利用监控体系建立了自有的、实时可靠的AI数字化平台，将售后服务预警提前了半小时，大大提高了客户满意度。

资料来源：数字化创新引导未来：麦当劳中国[EB/OL].[2024-04-23]. https://www.gartner.com/cn/information-technology/customer-success-stories/digital-innovation-guides-the-future.

（三）全球化的通信和联络

全球化的通信和联络在当今的国际商务中起到了至关重要的作用，成为促进企业协作和跨国合作的关键推动力。先进的通信技术在全球范围内加强了企业之间的紧密联系，为国际商务伙伴提供了高效、实时的沟通方式，有效地打破了地域和文化的障碍。

第一，视频会议技术为企业提供了实时远程交流的平台。无论是跨洲的团队会议还是与国际合作伙伴的商务谈判，通过视频会议，参与者能够在不同地理位置之间进行面对面的交流，促进了信息的直观传递和深入理解。第二，即时通信工具成为国际商务沟通的便捷手段。无论是邮件、即时消息还是社交媒体平台，这些工具能够使企业随时随地进行信息交流，促使决策更为灵活、迅速。这对于处理紧急事务、调整战略方向及应对市场变化具有重要的意义。协同工具也在全球范围内提升了企业的协作能力。云计算、共享文档平台和协同编辑工具使团队能够共享和编辑文件，提高了跨国团队之间的协同效率。这给跨文化合作和跨时区项目管理提供了强大的支持。

◆ 章内案例3-3　喜力改造欧洲供应链

喜力欧洲最近完成了其在整个地区的供应链转型。对该公司来说，欧洲是一个巨大的地区，它在那里有25家运营公司。在改造其欧洲供应链时，该公司瞄准了四个领域：简化产品和包装的复杂性、利用其运营公司网络、改进和协调其工作方式、设计低碳足迹运营。

这一转变使该公司使用的独特瓶子的数量减少了52%，二次包装的使用量也减少了50%。最重要的是，它已经从拥有25个供应和运营规划团队减少到只有1个。

资料来源：数字供应链中的十个优秀成功案例[EB/OL].（2024-01-18）[2024-04-23]. https://www.51cto.com/article/779752.html.

（四）网络安全

网络安全在国际商务中的重要性日益凸显，尤其是随着数字化的普及和全球商务的不断发展，企业在全球范围内面临着来自不同国家和地区的网络安全法规、标准和威胁的复杂局面。因此，制定健全的网络安全策略成为确保企业信息资产安全和业务连续性的关键措施。

第一，企业需要关注不同国家和地区的网络安全法规和标准的要求。不同国家可能有不同的法规框架，要求企业遵循特定的安全标准和实施相应的控制措施，了解和遵守这些法规对于在国际商务中保持合法性和可持续性至关重要。第二，企业应建立全面的网络安全策略，以应对不断演变的网络威胁。这包括实施强大的身份验证措施、加密通信、网络入侵监测和防范系统等技术手段，以有效保护敏感信息和业务数据。定期的网络安全审计和漏洞评估也是确保网络安全的关键步骤。在国际商务中，跨境合作和数据流动频繁发生，因此企业必须注意数据隐私和保护。制定适应国际数据传输的政策和措施，确保数据在传输和存储过程中得到有效的保护，是确保企业信誉和客户信任的重要因素。

与此同时，员工培训也是网络安全策略中的重要一环。企业需要教给员工有关网络威胁和安全的实践经验，使其成为网络安全的有效防线而不是潜在的漏洞。

（五）全球供应链和物流技术

全球供应链和物流技术的创新在当今商业环境中发挥着关键作用，对企业的竞争力和运营效率产生深远的影响。在全球商务中，企业面对着跨国、多节点的供应链体系，因此，采用先进的供应链和物流技术是提高生产效率和降低成本的关键。

第一，实时跟踪技术为全球供应链提供了高度的可见性。通过采用先进的物流管理系统和传感器技术，企业可以实时监测货物的位置、运输状态及交付进度。这种高度可见性使企业能够更及时地做出决策，降低库存水平，提高运输效率，同时提供更准确的交货时间。第二，自动化技术在全球供应链中被广泛应用，从而提高了生产和物流的效率。自动化仓库系统、无人驾驶的物流车辆及自动化生产线等技术，使企业能够更快速、更精确地处理订单，并降低劳动力成本。这对于在全球范围内保持竞争力和快速响应市场需求至关重要。物联网技术也对全球供应链和物流产生了深远的影响。物联网连接了各种设备和传感器，使物流过程更加智能化。通过物联网，企业可以实现对整个供应链网络的端到端监控，从而更好地理解和优化整个供应链生态系统。

◆ 章内案例3-4　数字技术为客户创造更多价值

在新加坡，邮政部门为1.5万个投递点配置了近场通信标签，可对寄递业务进行跟踪，服务质量、经营效率和客户体验均得到了提升。2021年10月，迪拜环球港务集团推出了数字物流平台——货物物流。客户可自行选择运输方式、获取即时报价、快速确认订单等，还可以追踪货物运输信息等，提高了运输过程的透明度和可预见性。迪拜环球港务集团首席技术官普拉迪普·德赛说："物流市场对数字智慧方案的需求持续增加，运用数字技术能帮助物流公司为客户创造更多价值，推动业务增长。"

资料来源：刘玲玲，沈小晓. 多国智慧物流加速发展（国际视点）[EB/OL].（2022-01-06）[2024-04-23].http://finance.people.com.cn/n1/2022/0106/c1004-32325254.html.

（六）社交媒体和在线市场

在国际商务中，社交媒体和在线市场已经成为企业与全球消费者互动、进行市场推广和建立品牌形象不可或缺的强大工具。这一趋势为企业提供了机会，也提出了挑战，因此需要灵活适应各国市场的社交媒体习惯和在线购物习惯。

第一，社交媒体在国际商务中的作用越发重要。通过各种社交媒体平台，企业能够与全球消费者进行直接且实时的互动。这为企业提供了建立品牌声誉、推广产品和服务的有效手段。企业需要了解不同国家和文化对社交媒体的使用习惯，制定相应的市场推广战略。适应性强的社交媒体战略有助于企业更好地融入当地社群，赢得消费者的信任和共鸣。第二，在线市场的崛起为企业提供了全球销售和推广产品的平台。通过电子商务平台，企业可以突破地域限制，直接面向全球市场。然而，不同国家对于在线购物的偏好和规定有所不同，因此企业需要了解和适应当地的电商环境。这可能包括了解支付方式、配送体系及遵守各地电商法规的重要性。在利用社交媒体和在线市场的过程中，企业还需要注意文化和语言的差异。有效的跨文化沟通是成功的关键，因此定制化的内容和广告，对在不同国家和地区的市场中建立积极形象至关重要。

第四节　国际商务环境分析方法

国际商务环境会对跨国公司的经营决策、投资流向等产生深远影响，因此各跨国公司都将投资环境分析视为制定对外经营战略的关键步骤。随着经济的发展，出现了多种分析方法。不同行业和母国的跨国公司采用不同的分析方法。其中，主要的分析方法包括市场分析、政治经济法律分析、文化社会分析和竞争对手分析。市场分析关注目标市场的规模、增长趋势和消费者行为，政治经济法律分析关注宏观政策和法规变化，文化社会分析注重文化差异和社会风险，竞争对手分析关注同行业竞争格局。综合运用这些方法，企业能够更全面、更深入地理解国际商务环境，有助于制定更具针对性的经营策略。图 3-1 为国际商务环境分析方法。

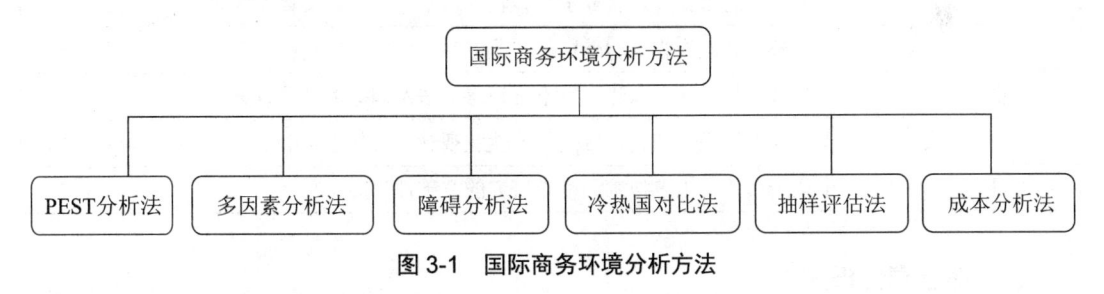

图 3-1　国际商务环境分析方法

一、PEST 分析法

PEST 分析是指宏观环境的分析，宏观环境又称一般环境，是指一切影响行业和企业的宏观因素。对宏观环境因素进行分析，不同行业和企业根据自身特点和经营需要，分析的具体内容会有差异，但一般都应对政治（Political）、经济（Economic）、社会（Social）和技术（Technological）四大影响企业的外部环境因素进行分析，简称为 PEST 分析法，如图 3-2 所示。

图 3-2 PEST 分析法

PEST 分析法是企业在跨国经营中的关键工具，通过综合考察政治、经济、社会和技术因素，帮助企业深刻理解所在市场的外部环境。这种全面的洞察力有助于企业预测可能发生的变化和趋势，为战略制定提供重要信息。在跨国公司经营中，不同国家的商务环境差异巨大，PEST 分析法成为企业适应多元化市场的利器。通过考虑政治稳定性、经济增长、社会文化差异和科技创新等方面的因素，企业能够更全面、更系统地规避潜在影响，制定更具前瞻性和灵活性的经营策略。这种战略性的分析有助于企业更好地把握市场机遇，降低风险，确保在全球范围内取得可持续的竞争优势。一般宏观环境分析的主要内容如表 3-2 所示。

表 3-2　一般宏观环境分析的主要内容

主要方面	主要内容
人口	人口的地理分布、就业水平、收入水平、年龄、文化差别等
经济	增长率、政府收支、外贸收支及汇率、利率、通货膨胀率等
政策与法律	环境保护、社会保障、反不正当竞争法及国家的产业政策
社会与文化	公民的环保意识、消费文化、就业观念、工作观念等
科学技术	高新技术、工艺技术和基础研究的突破性进展

二、多因素分析法

罗伯特·斯托鲍夫提出的国际商务环境评估方法强调不同因素对企业对外经营战略选择的差异性影响，该方法将国际商务环境的各个因素划分为不同等级，根据其对企业的影响程度进行评分，最后将各等级分数相加得出总体评分。总分越高，表示商务环境越有利于跨国公司的生产经营活动。

这种方法的优势在于能够综合考虑各个因素的重要性，并通过分级和评分的方式提供直观的综合评估。然而，该方法也面临着难以精确权衡不同因素权重的挑战，因为不同的行业和企业可能对同一因素有不同的侧重点。因此，在应用该方法时，企业需要结合自身情况对各因素进行合理的权衡和调整，以制定更为精准的对外经营战略。常用的参与评分因素及评分标准如表 3-3 所示。

表 3-3 常用的参与评分因素及评分标准

投资环境因素	评分	投资环境因素	评分
资本外调	0～12	黑市与官价差距大于1倍	4
无限制	12	政治稳定性	0～12
只有时间上的限制	8	长期稳定	12
对资本有限制	6	稳定但因人而治	10
对资本和利润收入都有限制	4	内部分裂但政府掌权	8
严格限制	2	国内外有强大的反对力量	4
完全不准外调	0	有政变和激变的可能	2
外商控股	0～12	不稳定，政变和激变极可能	0
准许并欢迎全部外资股权	12	给予关税保护的意愿	2～8
准许全部外资股权但不欢迎	10	给予充分保护	8
准许外资占大部分股权	8	给予相当保护，以新工业为主	6
外资最多不得超过股权半数	6	给予少许保护，以新工业为主	4
只准外资占小部分股权	4	保护甚少或不予保护	2
外资不得超过股权的三成	2	当地资金的可供程度	0～10
不准外资控制任何股权	0	完善的资本市场，有公开的证券市场	10
歧视和管制	0～12	有少量当地资本，有投机性证券交易所	8
对外资与本国企业一视同仁	12	当地资本少，外来资本不多	6
对外商有限制但无管制	10	短期资本极其有限	4
对外商有少许管制	8	资本管制严格	2
对外商有限制并有管制	6	高度的资本外流	0
对外商有限制并严加管制	5	近五年的通货膨胀率	2～14
对外商严格限制和严格管制	2	小于1%	14
禁止外商投资	0	1%～3%	12
货币稳定性	4～20	4%～7%	10
完全自由兑换	20	8%～10%	8
黑市与官价差距小于一成	18	11%～15%	6
黑市与官价差距在一成到四成	14	16%～35%	4
黑市与官价差距在四成到一倍	8	36%及以上	2

三、障碍分析法

障碍分析法是一种通过识别和比较各种阻碍因素来评估海外经营环境的方法。该方法要求企业根据商务环境的因素分析构架，列出可能影响海外经营的主要因素，并在不同的东道国之间进行比较。这种方法认为阻碍因素越少的国家，其商务环境越好。

其基本出发点是：在没有考虑优惠的情况下，如果一国的投资环境是可以接受的话，那么再加上优惠的因素就更可以接受了。因此，判断一国的投资环境是否适合外国投资，只要考虑该国的投资阻碍因素就可以有一个基本的结论，这也符合企业竞争的一般原则。

（一）障碍因素

障碍分析法要求投资者根据投资环境因素分析构架，分别列出阻碍对外直接投资的主要因素，并与潜在的东道国加以比较，阻碍因素比较少的国家，就是投资环境比较好的国家。阻碍投资的因素通常包括以下10个方面。

（1）政治障碍。如东道国的政治制度与母国不同，政局动荡、政治选择的变动、国内骚乱、内战、民族纠纷等。

（2）经济障碍。如国际收支赤字增大、外汇短缺、通货膨胀、货币币值不稳定及基础设施不良等。

（3）东道国资金融通困难。

（4）技术人员和熟练工人短缺。

（5）实施国有化政策与没收政策。

（6）对外国投资实行歧视政策。如禁止外资进入某些产业、对当地的股权比例要求过高、要求有当地人参与企业管理等限制外国人员的政策。

（7）对企业干预过多。如实行物价管制、规定使用本地原材料。

（8）实行较多的进口限制。

（9）实行外汇管制和限制利润汇回。

（10）法律行政体制不完善。如投资法规不健全、没有完善的仲裁律师制度及行政效率低等。

（二）方法评价

障碍分析法是一种简单易行的、以定性分析为主的国际投资环境评估方法。障碍分析法的优点在于能够迅速、便捷地对投资环境做出判断，并减少评估过程中的工作量和费用。但它仅根据个别关键因素就做出判断，对投资环境的评估有时会失去准确性，从而丧失一些好的投资机会。

在进行障碍分析时，企业通常考虑一系列可能影响其经营活动的因素。这些因素包括政治动荡和制度差异、国际收支状况、外汇管制和货币不稳定、人才短缺、对外资的歧视性政策及法律制度的完善程度等。通过在不同国家之间比较这些因素，企业能够评估出对其经营活动具有较大阻碍的国家，从而更有针对性地制定对外经营战略。政治动荡和政治制度的不同可能对企业经营带来不稳定因素，外汇管制和币值不稳定可能导致贸易和资金流动方面的问题，人才短缺可能影响企业的生产力和创新能力，对外资的歧视性政策可能使企业在某些国家面临不公平竞争，法律制度不完善可能会增加其商业风险。

通过综合考虑这些因素，企业可以更全面地了解不同国家的商务环境，有助于做出明智的战略决策。这种方法的优势在于能够直观地识别潜在的风险和障碍，使企业能够更有针对性地选择适合自身的国际市场，降低经营风险。然而，企业在使用障碍分析法时需要谨慎，确保对各因素进行全面而准确的评估。

四、冷热国对比法

美国学者通过对大批国家投资者的调查，总结了影响跨国公司对外经营的冷热因素，这些因素分为政治稳定性、市场机会、经济发展与成就、文化一元性、法令障碍、实质障碍和地理文化差异。这七个因素分别反映了一个国家的投资环境，其中，如果政治稳定性、市场机会、经济发展与成就、文化一元性这四个因素高，则被称为热环境；如果法令障碍、实质障碍和地理文化差异这三个因素高，则被称为冷环境。一个国家如果在前四个因素方面表现优越，则被归为热国。

政治稳定性指国家政治环境的稳定情况，市场机会关注市场潜力和竞争情况，经济发展与成就考虑国家的经济水平和发展前景，文化一元性关注文化差异的一致性，法令障碍包括法律法规的透明度和稳定性，实质障碍考虑商业操作的实质性障碍，地理文化差异涉及地理位置和文化差异对经营活动的影响。

通过综合考量这些因素，企业可以更准确地评估不同国家的投资环境，为对外经营决策提供有力支持。这一分析框架有助于企业制定更具针对性的战略，根据国家的冷热程度有选择性地开展对外经营，最大限度地降低风险，提高经济效益。

五、抽样评估法

抽样评估法是通过对已在东道国开展经营活动的企业进行抽样调查，了解它们对东道国经营环境的看法。通过这样的调查，东道国政府可以深入了解本国环境对跨国公司的吸引力，以便及时调整政策，更有效地吸引和促进跨国公司的投资。同时，跨国公司也常将抽样评估的结果作为了解东道国实际情况的资料来源，帮助它们更好地制定战略和决策。

抽样评估法具有获取关于跨国公司在特定国家经营的一手资料的优势。通过直接询问当地的企业，政府和跨国公司能够了解到实际经营中所面临的挑战、机遇及对政策的反馈。然而，需要注意的是，这种方法受被访企业所从事行业和其主观因素的影响较大。不同行业的企业可能对同一国家的经营环境有不同的看法，而企业的主观因素，如过往经验、战略定位等，也可能影响其对经营环境的评价。

为了提高这种方法的准确性，政府和跨国公司需要在调查设计中考虑样本的多样性和代表性，同时采用科学的调查方法，以确保结果的客观性和可靠性。通过充分了解跨国公司的看法，政府可以更好地优化经济政策，提高对外投资的吸引力，促进本国经济的可持续发展。

六、成本分析法

一国商务环境的分析可以通过对跨国经营的成本与收益进行综合分析。这种方法将国际商务环境的各项因素折算为数字，通过反复比较在不同国家经营可能获得的成本与收益，帮助企业做出利益最大化的决策。这种方法的一个重要优点在于能够为选择进入东道国市场的进入策略提供有力支持。

具体而言,成本分析法将进入市场可能面临的各种障碍定义为成本,将进入市场后可能获得的利益作为收益。在确定成本时,考虑不同的进入策略为了克服障碍所需付出的具体成本,将这些成本分项列示。通过这种方式进行成本收益的综合分析,最终确定是否进入市场及选择何种方式进入市场。成本分析法的优势在于它考虑了经营决策的全面性,能够更全面地评估在不同国家和地区的商务环境下,企业可能面临的潜在风险和机会。同时,能够为企业提供量化的指标,有助于更具体地比较不同市场的利弊。

在实施过程中,企业需要仔细分析各项成本和收益,考虑不同的进入策略,包括直接投资、合资、合作等方式,并权衡它们之间的利弊。这有助于企业在复杂多变的国际商务环境中制订更具策略性和可持续性的经营计划。

第五节 跨国经营的商业伦理与社会责任

跨国经营的商业伦理与社会责任是企业在全球范围内经营活动时必须高度重视的关键议题,如图3-3所示。商业伦理涉及在不同文化和法律体系下遵循道德准则,确保公平竞争、透明度和对员工权益的尊重。社会责任包括企业对当地社区和环境做出的积极贡献,通过可持续经营、社会项目支持和就业机会创造来增进社会福祉。

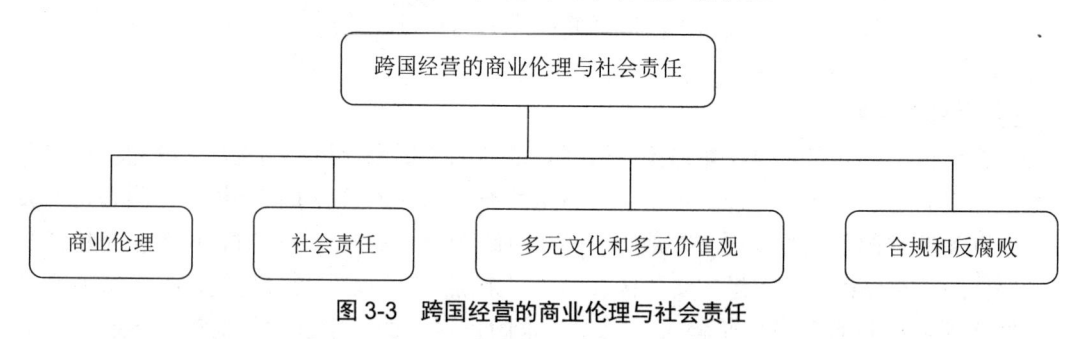

图 3-3 跨国经营的商业伦理与社会责任

在多元文化环境中,企业需要尊重和适应不同国家和地区的文化和价值观。这包括关注当地社会的特殊需求、遵循当地法规和文化传统。通过对多元文化的尊重,企业可以更好地融入当地市场,减少文化冲突,提高品牌认同度。

一、商业伦理

全球范围内的商业伦理是企业成功开展跨国业务的基础。在这个过程中,企业需要认识到不同国家和文化之间存在的伦理差异,因此建立明确的商业伦理准则至关重要。

第一,对员工权益的尊重是商业伦理的核心之一。企业应该确保在全球范围内提供公正、平等的工作环境,尊重员工的权利。这包括关注员工的工资福利、工作条件、职业发展等方面,以确保员工在企业中获得公正对待。第二,确保公平竞争是建立商业伦理准则的关键因素。在全球市场中,企业需要遵循公平竞争的原则,不得采取不正当手段获取竞争优势。这有助于维护市场的健康和公平,促使企业在公正的竞争环境中不断提高自身水平。第三,透明度和合规性是商业伦理准则的另一个方面。企业在全球范围内应该保持透明，及时向利益相关者披露相关信息。同时，合规性要求企业遵循各国的法规和法律，确保经营活动的合法性和合规性。

二、社会责任

社会责任在跨国经营中具有关键性的意义。企业需要深刻思考其经济活动对当地社区、环境和整体社会的影响，以实现可持续发展。可持续的商业实践是社会责任的一个核心方面。企业在跨国业务中应采取可持续的生产和经营方式，努力减少对环境的负面影响。这包括降低碳排放、有效管理资源、采用环保技术等，以确保企业在全球范围内履行其社会责任，创造可持续的生态环境。

对社会项目的支持也是社会责任的一项重要实践。通过投资和支持当地社区的项目，企业能够直接参与解决社会问题，提升当地居民的生活质量，包括对教育、医疗、基础设施建设等领域的支持，为社会的整体进步做出积极贡献。提供就业机会是企业履行社会责任的重要途径。在全球范围内，企业通过为当地居民提供工作机会，不仅推动经济增长，还有助于改善就业率和社会稳定。通过遵循公平雇用原则、提供良好的劳动条件，企业可以在全球范围内树立起积极的雇主形象。关注环境保护也是社会责任的一项义务，企业应该积极采取措施，减少对生态系统的破坏，推动环保理念在业务中的融入。这包括能源节约、减少废物排放、采用环保材料等，以实现经济发展与环保的良性循环。

◆ 章内案例3-5　70余家企业呼吁签订全球减塑公约

塑料污染是一个全球性问题，需要企业和政府共同努力寻求解决方案。2022年1月17日，可口可乐、百事公司、联合利华、雀巢、沃尔玛、法国巴黎银行等70余家企业和金融机构呼吁全球签订一项对抗塑料污染的条约，削减塑料产量，减少原始塑料的生产和使用。这是行业领导者第一次倡导如此强有力的塑料污染政策，以建立一个公平的竞争环境，协调全球解决方案创造了所需的条件，同时引领更广泛的减塑行动，在制造、使用和再利用塑料的方式上做出突破性改变。

资料来源：李思楚. 2022企业社会责任十大事件｜国际部分 [EB/OL].（2023-01-10）[2024-04-23]. https://zhuanlan.zhihu.com/p/597997141.

三、多元文化和多元价值观

在跨国经营中，企业必须高度尊重和适应不同国家和地区的多元文化和多元价值观。这需要企业深入理解和关注当地社会的特殊需求，并严格遵循当地的法规和文化传统。

通过对多元文化的尊重，企业能够更好地融入各个市场。这意味着不仅要了解不同国家之间的文化差异，还要了解同一国家不同地区和群体之间可能存在的差异。适应当地文化，调整产品设计、营销策略和服务方式，有助于企业更好地满足当地消费者的需求，减少文化冲突，提升品牌认同度。

在建立跨国公司时，构建跨文化的团队是至关重要的。团队成员来自不同的地方，拥有不同的价值观和工作习惯。企业需要通过培训和文化交流活动，帮助员工增强跨文化沟通和协作的能力。这有助于团队更加有效地协同工作，充分发挥每个成员的优势。跨国公司还应该灵活应对多元价值观的挑战，包括对员工权益的尊重、公平竞争的推动、透明度和合规性的强调。通过建立统一而包容的企业文化，企业可以在全球范围内传递一致的价值观，巩固企业的国际声誉。

四、合规和反腐败

在全球经营中，合规和反腐败是企业成功不可或缺的要素。跨国公司必须切实遵守各国的法规和反腐败准则，以确保其经营活动在法律框架内合法、透明、诚信。建立有效的合规机制是确保企业合规经营的基石。这包括建立明确的合规政策、制定详细的合规流程、进行员工培训，以及建立监控和报告机制。通过这些措施，企业可以最大限度地避免产生违反法律法规的行为，减少法律责任风险。

反腐败是企业社会责任的一部分，也是维护企业声誉的关键。跨国公司需要在全球范围内建立零容忍腐败的文化，并确保其商业活动不涉及贿赂、行贿等不道德行为。此外，与供应商、合作伙伴和政府机构的合作应遵循公平竞争和透明原则，以防范腐败风险。企业需要全面了解各国的法律法规，以避免违法行为和违规风险。这涉及税收、劳动法规、环保法规等多个方面。跨国公司应定期进行法律风险评估，及时调整业务运作方式，确保企业在全球经营中始终保持合规性。

通过严格遵守法规和反腐败准则，企业不仅可以避免法律诉讼和罚款，还能够树立良好的企业形象，提升竞争力。合规和反腐败不仅是法律要求，更是企业道德与社会责任的具体体现。

第六节 跨国公司对世界经济的影响

跨国公司对世界经济产生广泛而深远的影响。它们通过促进全球贸易、创造就业机会、推动技术创新，以及在不同国家之间实现资源配置，成为全球化的推动力。然而，这种影响也伴随着挑战，如不平等、资源竞争和环境压力。跨国公司在全球经济中扮演着重要的角色，要求国际社会共同努力以实现可持续、公正的经济发展。

一、跨国公司对发达国家经济的影响

（一）创造就业机会

跨国公司在发达国家设立子公司和分支机构，通过其广泛的业务范围，为当地居民创造了数百万个就业机会。这涉及多个行业，如制造业、服务业等。据统计数据显示，这些公司的存在直接促进了当地经济的增长，为社会提供了稳定的就业来源。通过在当地雇用大量员工，跨国公司不仅满足了自身业务的需求，还为员工提供了学习和发展的机会，提升了整体的劳动力素质。这种就业机会的创造有助于改善社会福祉，促进发达国家的社会经济可持续发展。同时，跨国公司通过培训计划和员工福利等方式，也提升了员工的生活水平。

（二）提供技术和管理经验

发达国家的跨国公司不仅为当地创造了就业机会，还通过引入先进的技术和管理经验，为当地产业的发展带来了深远的影响。通过在本地设立研发中心和生产基地，这些公司促进了科技创新和生产效率的提升。先进的技术不仅提升了产品质量和改善生产流程，也为本地员工提供了学习和成长的机会。同时，跨国公司带来的先进管理经验也推动了当地企业管理水平的提升，提高了整个产业链的竞争力。这种技术和管理经验的分享促使本地产业的创新和升级，对发达国家的经济结构调整和可持续发展产生了积极的影响。跨国公司通过技术和管理的引入，不仅满足了当地市场的需求，也为本地产业赋予了更强的竞争力，促进了经济的繁荣和可持续发展。

（三）促进贸易和出口

跨国公司通过构建全球供应链，极大地促进了发达国家与其他国家之间的贸易和出口。这种全球化的生产模式为发达国家提供了更广泛的市场渠道，使其产品更容易进入国际市场。通过在不同国家设立生产基地，跨国公司实现了资源的有效配置和成本的优化，从而提高了产品的竞争力和质量。同时，也为当地创造了更多的就业机会，促进了经济的增长。通过加强与其他国家的贸易合作，跨国公司推动了全球产业链的深度融合，为不同国家的经济发展创造了互利共赢的机会。总体而言，跨国公司的全球化战略不仅促进了发达国家的贸易、提高了出口水平，也推动了全球经济的发展与繁荣。

（四）投资和经济增长

跨国公司的直接投资为发达国家的经济增长注入了强大的动力。这种投资形式不仅使大量资本流入，还推动了本地产业的技术创新和升级。通过在发达国家设立子公司和生产基地，跨国公司在技术、管理经验等方面进行资源的有机整合，有效地促进了当地产业结构的升级。这种经济活动不仅创造了更多的就业机会，还带动了相关产业链的发展，为国家创造了更为丰富的税收和经济价值。因此，跨国公司的直接投资不仅是对当地经济的一次注资，更是对整个国家经济的积极推动，为提升国家整体竞争力和可持续发展打下了坚实的基础。

（五）税收贡献

跨国公司在发达国家支付的巨额税收成为支持国家基础设施建设和社会事业的重要经济支柱。跨国公司不仅为当地政府提供可观的财政收入，还通过纳税行为直接参与了国家的经济发展。这些税收被广泛用于改善教育、医疗、社会福利等方面，提高了居民的生活水平，促进了社会的平衡和稳定。跨国公司通过纳税行为为国家的可持续繁荣做出了积极贡献。这种税收贡献不仅体现了企业的社会责任意识，也加强了企业与政府及居民之间的紧密联系，形成了共同发展、共赢共享的良性循环。

二、跨国公司对发展中国家经济的影响

（一）创造就业机会

在发展中国家，跨国公司的投资和运营为当地经济带来了更多的就业机会。这些公司在制造业、采矿业和服务业等多个领域开展业务，为数以百万计的居民提供了就业机会。尽管工资水平可能相对较低，但这些工作为当地人提供了一个脱离贫困的途径，提高了他

们的生活水平。同时，跨国公司通常会提供培训和技能施展的机会，使员工具备更多的职业技能，为他们未来的职业发展打下坚实的基础。

这种大规模的就业机会有助于减缓发展中国家的就业压力，促使社会实现更加全面的经济增长。通过提供就业机会，跨国公司还能够加强与当地社区的关系，获得更广泛的支持，实现可持续经营。因此，跨国公司在发展中国家创造的就业机会不仅是经济发展的引擎，也是社会稳定和可持续发展的关键因素。

（二）技术和技能转移

跨国公司在发展中国家引入先进的生产技术和管理经验，通过与本地员工共享技能和知识，推动了技术和技能的本地转移。这种转移不仅提高了当地劳动力的技术水平，还促进了产业的升级和创新。通过培训和知识传递，跨国公司使本地员工能够掌握新兴技术和先进的管理方法，从而提高其在全球市场上的竞争力。

这种技术和技能的转移对于发展中国家具有双重效益。第一，它提高了劳动力的生产效率，使企业更有竞争力，从而为当地经济创造更多价值。第二，通过培训和技术传递，当地员工获得了更多的职业发展机会，有助于缩小技能鸿沟，提高整体技术水平。

（三）提供外汇收入

跨国公司在发展中国家设立生产基地，通过出口商品和服务，为这些国家创造了重要的外汇收入。这对发展中国家来说具有重要的经济意义，因为外汇收入不仅有助于平衡贸易，还可以改善国家的经济状况。

这种外汇收入来源于跨国公司的出口业务，包括生产制成品、提供服务及销售在当地制造的产品。通过这一过程，发展中国家获得了稳定的外汇来源，有助于支持其他国际贸易活动，促进经济的持续增长。外汇收入的增加也可以用于国家的基础设施建设、教育和医疗等领域，提高人民生活水平，推动整个社会的发展。

（四）经济多元化

跨国公司的投资为发展中国家带来了经济多元化的机会。通过引入不同行业的投资，这些公司有助于减轻国家对特定产业的过度依赖，从而提高整体经济的韧性和可持续性。这种多元化的经济结构使国家在面对市场波动或某一行业的衰退时能够更为灵活地调整和适应。

跨国公司的投资涵盖多个领域，包括制造业、服务业等，为发展中国家创造了新的经济增长点。这种多元化不仅带来了更多的就业机会，还促进了本土产业的升级和创新。同时，经济多元化还有助于提升国家在全球市场上的竞争力，因为其经济不再过度依赖于某一特定领域。

（五）社会基础设施投资

跨国公司的社会基础设施投资是为了支持和促进其业务在当地发展。这类投资往往涵盖交通、通信和能源等关键领域，为当地社会提供了先进和可持续的基础设施支持。

在交通领域，跨国公司可能投资于道路、桥梁和港口等基础设施，提高物流效率，降低运输成本，促进商品流通，从而推动当地经济的发展。通信基础设施的投资有助于提升当地的信息化水平，促进数字经济的发展，包括建设先进的通信网络和数据中心，为居民提供更加便捷和高效的通信服务。能源基础设施投资涉及电力、水源和可再生能源等方面,有助于确保当地居民的基本生活需求得到满足,同时促进清洁能源的使用,推动可持续能源的发展。这些社会基础设施的投资不仅提高了当地居民的生活水平,还为跨国公司提供了更稳固的业务环境。通过改善社会福利,这些投资体现了企业对当地社区的责任感和对可持续发展目标的贡献。

◆ 案例　中国企业在欧洲本地化经营的困境

(一) 案例介绍

企业在不同国家和地区拓展业务时,管理方式、文化观念的差异往往会带来冲突与摩擦。中国企业在欧洲发展需经历一系列本土化商务流程,具有较高的本土化运营要求。但是,大多数中国企业受限于对欧洲商务环境的了解程度,以及中欧双方文化差异、语言障碍等因素,通常会在本地化运营方面遇到一定的阻碍和挑战。欧盟中国商会与罗兰贝格咨询公司联合发布的《中国企业在欧发展报告(2019)》指出,中国企业在欧盟遭遇的本土化挑战主要表现在:受制于企业竞争力和知名度不高、语言与文化限制、与知名猎头合作不深等因素,本土化人才团队招募面临挑战;对企业经营落地所需的税务、金融、财务、银行、劳务等手续不够熟悉;受传统观念的影响,与会计师事务所、律所、咨询机构等第三方服务机构的合作不畅;对相关行业标准及法案认知滞后。

资料来源:何芬兰. 打造具有中国基因的"欧洲企业"[N]. 国际商报,2019-12-19(03).

(二) 讨论题

中国企业应如何突破在欧洲本地化经营的困境?

(三) 案例分析

中国企业需因地制宜,采用具有当地特色的管理手段,寻找中欧企业治理方式的平衡点,树立"企业公民"的责任感,努力经营中国出资的"欧洲企业"。具体可考虑从透明运作、改善员工配比、优化内部制度、妥善处理与工会的关系和主动与媒体打交道等角度,提高企业本地化经营水平。

第一,以更加透明的方式运作管理,合理减少企业组织层级设置;完善监督、沟通机制,定期公布工作规划和进度,为员工、企业与监管者创造知晓企业经营情况与组织安排的机会,提升员工对企业的信任感。

第二,进一步提高本地员工比例,实现全层级企业人员设置的本地化。一方面,中国企业需合理提高欧洲籍员工在普通员工中的比例,营造关键基层本土文化;另一方面,企业需招募更多当地的高级管理人才,使中国企业能运用当地的理念与方式,更加有效地管理当地员工。

第三,优化内部制度,为员工对话建立渠道。企业需主动了解员工诉求,构建公司与员工对话平台,完善监督与反馈制度等,搭建互动的桥梁,加深企业与员工之间的理解与交流,增强互信,逐步消除误会与摩擦,进而提高员工的工作积极性,提升企业的整体经营水平。

第四,妥善处理与工会的关系,熟悉每个经营地区的劳工制度,熟悉当地工会组织的发展状况、规章制度和运行模式。在了解本地薪资待遇、雇用条件等基础上,积极参加当地雇主协会并定期安排管理层与企业工会深度对话。

第五，主动与欧洲当地媒体打交道，提升中国企业在欧洲的良好形象。在媒体行业高度发达的欧洲，中国企业可考虑通过举办发布会、交流会等方式，逐步与媒体建立信任关系；加大公关投入力度，在信息发布时做好充分的准备，以正向的引导和宣传，树立良好的中国企业形象。

第六，遵守当地法律法规，尤其是在大数据、5G等新兴科技发展迅猛的当下，更应充分重视并遵守以《一般数据保护条例》等为代表的，与数据、隐私保护相关的法规条例，确保企业在规范中发展。

第七，充分利用当地官方或民间的扶持机构，提升本地化经营的成功率和效率。当前，德国、法国、意大利、比利时、丹麦、荷兰等欧盟国家均设立了由当地政府牵头、面向外资企业的官方扶持机构；在其他国家也不乏一些民间商会活跃于行业之中，主要联合当地中欧企业、商务人士甚至政府机构，帮助中国企业建立沟通桥梁，提供支持服务。如德国设有经济促进局和中国中心，为中国企业提供一站式商务协助和服务，并定期举办"汉堡峰会""汉堡中国企业咨询论坛"等，以多元化的形式帮助中国企业深度了解如何在德国顺利开展经营活动；比利时多个地区政府都与中方政府建立了长效合作机制，在当地设立了中国企业的定向扶持机构，为中国企业在比利时的发展奠定了良好的基础。

第八，从长远角度来看，为真正落实在欧洲的本土化战略，提高本土化成功率，中国企业需积极融入欧洲国家的当地文化，进而匹配、调整企业的价值观、运作机制等，让当地员工切实感受到本土化氛围。

◆ **思考题**

（1）描述国际商务环境中政治稳定性和政治体制对跨国公司的影响。

（2）根据PEST分析法，分析跨国公司在某国经营可能面临的主要宏观环境因素。

（3）讨论跨国公司在国际商务中如何平衡全球化战略与本地化运营的矛盾。

（4）简述跨国公司在经营中应如何履行社会责任，以及这对企业长期发展的重要性。

（5）基于国际商务文化与技术环境，分析企业如何适应不同国家的文化差异和技术发展水平差异。

（6）讨论跨国公司对发达国家和发展中国家经济的不同影响及其背后的经济逻辑。

（7）根据第三章内容，解释跨国公司如何通过合规和反腐败措施提升其全球竞争力。

（8）分析跨国公司在国际商务中可能遇到的经营风险，并提出有效的风险管理策略。

第四章 跨国公司经营战略

> **学习目标**

类别	内容
重点掌握	跨国公司全球战略的内涵与特征；跨国公司全球战略的类型
掌握	跨国公司经营战略的层次与模式；跨国公司国际并购的类型与动因
理解	跨国公司战略联盟的类型与目标；跨国公司的全球战略趋势
了解	跨国公司国际并购的管制规则

第一节 跨国公司经营战略概述

一、跨国公司经营战略的内涵

（一）跨国公司经营战略的含义

跨国公司经营战略是通过在多个国家展开业务活动，以实现公司长期目标的一系列计划和决策。这种战略的核心是在全球市场中选择和定位市场，采取适应不同国家和市场需求的国际化业务模式。为了确保高效的生产和物流，跨国公司通常会构建全球供应链。管理文化和法律差异、有效风险管理、全球品牌建设、技术创新、政府关系和社会责任也是制定跨国公司经营战略时需要考虑的关键因素。综合而言，这种战略的目标是使利润最大化、提高市场份额，同时充分利用全球机会，应对各种多样化的挑战。

（二）跨国公司经营战略的内容与特征

跨国公司经营战略涵盖四个关键要素，包括经营领域、差异化优势、战略行动和目标成果。在经营领域方面，跨国公司需要明确产品生产和销售、提供的服务等。差异化优势则强调在资金、人才、技术、质量、成本或价格等方面超越竞争对手。战略行动包括必要的步骤和相应的时间安排，以确保战略的有效实施。而目标成果则聚焦于市场占有率、销售额、利润额等方面的预期目标。

跨国公司经营战略的特征包括以下几点。

（1）前瞻性。考虑未来和长期自身发展，将眼光投向未来，对当前状况进行全面考虑。

（2）应变性。具备适应外部动荡环境的能力，深刻理解并对环境变化做出准确判断，灵活调整战略以适应变化。

（3）协调性。能够协调各职能部门之间的关系，确保生产、销售、财务等职能部门协同发展。

（4）指导性。为各职能部门提供明确方向，使其能够制订符合整体战略的具体计划，确保整体发展方向一致。

（5）整体性。经营战略不仅确定各项策略，还要确保各项策略相互协调，形成整体效应。解决跨国公司总体发展问题的同时，也涉及具体的经营战术，以确保战略的全面实施。

二、跨国公司经营战略的层次与模式

跨国公司在全球市场中纵横捭阖，其战略规划与实践展现出丰富多元的形态。从不同维度审视，我们可以将跨国公司的经营与管理战略划分为多个类型。按照战略的层次及其在公司整体运营中的重要性，跨国公司的战略体系主要由公司层战略、业务层战略及职能层战略三个层面构成。

（一）公司层战略

公司层战略作为跨国公司战略体系的顶层设计，是由公司最高管理层制定并指导整个公司所有活动的核心战略。它是母公司高层管理者为实现公司长远发展目标而绘制的全局蓝图，对所有子公司及业务单元具有普遍指导意义。波特（Porter）指出，对于多元化经营的公司而言，公司层战略需解决两个核心问题：一是确定公司应涉足哪些业务领域；二是确定如何有效管理这些多元化的业务单位。霍弗和申德尔（Hofer and Schendel，1978）进一步强调，公司层战略的核心任务在于明确经营活动的边界和资源分配原则。

在公司层战略中，可以将其细分为以下几种模式。

1. 根据战略取向及对不同文化环境的态度差异

（1）母国导向战略。以母国文化、价值观和管理模式为核心，强调在全球范围内推广和复制母国的成功经验。

（2）东道国导向战略。尊重并适应东道国的文化、法规及商业环境，以本土化策略融入当地市场，实现深度融入与和谐共生。

（3）区域导向战略。以地理或经济区域为单位，针对区域内共性特征制定统一战略，实现资源在相似市场间的高效共享与协同。

（4）全球导向战略。倡导全球一体化视角，追求跨地域、跨文化的标准化与整合，旨在构建全球统一的品牌形象与运营体系。

2. 根据跨国经营的广度与深度

（1）多国战略。在多个国家独立运作，每个子公司或业务单元享有较大自主权，战略与运营高度本地化。

（2）国际战略。通过标准化的产品或服务进军国际市场，虽有一定程度的本地化调整，但总体上仍保持全球一致性。

（3）全球战略。在全球范围内进行资源整合与优化配置，追求规模经济与协同效应，构建全球价值链。

（4）跨国战略。兼具多国与全球战略的特点，既注重在各地市场的深度渗透与适应，又强调全球范围内的资源整合与协同。

3. 根据公司战略起点与目标之间的距离

（1）紧缩战略。在面临困境或市场收缩时，通过剥离非核心业务、降低成本、缩小经营范围等方式进行战略收缩。

（2）稳定战略。在现有业务领域内维持现状，通过精细化管理提升效率，保持市场份额与盈利能力的稳定。

（3）发展战略。积极寻求业务扩张、市场渗透、产品创新或并购重组等途径，以实现公司规模、市场份额或盈利能力的显著增长。

（二）业务层战略

业务层战略又称经营战略，主要由子公司或具有较高决策自主权的业务部门在公司总体战略框架下制定，旨在确定其在特定市场中的定位与发展方向，以获取并保持竞争优势。这一层面的战略重点关注如何在特定产业或产品市场中与竞争对手展开有效竞争，既要挖掘并利用自身的核心竞争力以塑造竞争优势，又要密切关注行业动态与竞争对手的战略变化，适时调整自身战略方向。业务层战略根据竞争关键要素，主要分为以下三种类型。

（1）成本领先战略。通过规模化生产、技术创新、供应链优化等方式降低成本，提供价格优势明显的产品或服务，以吸引价格敏感型消费者。

（2）差异化战略。聚焦于产品、服务、品牌形象等方面的独特性与创新性，打造与众不同的价值主张，满足消费者对品质、个性化或独特体验的需求。

（3）集中战略。专注于某一特定的客户群体、产品细分市场或地域市场，深度挖掘并满足该领域内客户的特殊需求，通过专业化与聚焦赢得竞争优势。

（三）职能层战略

职能层战略是为支持公司层战略和业务层战略的有效实施，而在特定职能管理领域制订的具体行动计划。它细化了各个职能领域的工作重点与执行路径，确保公司战略得以在日常运营中落地生根。常见的职能层战略包括以下内容。

（1）营销战略。确定目标市场、产品定位、定价策略、销售渠道、促销手段等，以实现产品或服务的有效推广与销售。

（2）财务战略。规划资本结构、资金筹措、投资决策、成本控制、风险管理等，确保公司财务健康与资本效益最大化。

（3）人力资源战略。设计招聘、培训、绩效管理、薪酬福利、员工发展等制度，以吸引、保留与激励优秀人才，构建高效的人力资源体系。

（4）研发战略。设定技术研发方向、研发投入、创新机制、知识产权管理等，驱动产品或服务的持续创新与技术领先。

从公司经营职能角度，职能层战略还可进一步细分为如下几种。

（1）市场战略。研究市场需求、消费者行为、竞争格局等，制定市场进入、市场拓展、市场细分与定位策略。

（2）产品战略。规划产品线、产品生命周期管理、产品差异化与附加值提升等，确保产品组合符合市场需求并具备竞争力。

（3）技术战略。确定关键技术的研发方向、技术引进与合作、技术平台建设等，支撑公司的技术创新与产业升级。

（4）人才战略。构建人才引进、培养、激励与保留机制，打造与公司战略相匹配的人才队伍，确保人力资源成为公司核心竞争力。

（5）信息战略。设计信息系统架构、数据管理、数字化转型、信息技术应用等，利用信息技术提升公司运营效率与决策质量。

综上所述，跨国公司的战略体系由公司层战略、业务层战略和职能层战略三部分组成，它们聚焦不同层面的问题，相互关联、相互影响，共同构成了公司战略的立体框架。高一层级的战略为低层级战略提供方向指引与资源保障，而低层级战略的有效实施为上层战略目标的实现提供有力支撑。通过科学制定与执行这三个层面的战略，跨国公司能够在全球市场中灵活应对挑战，抓住机遇，实现可持续发展。

◆ 章内案例 4-1　雀巢的跨国战略

一是公司层战略——经营多元化。雀巢公司自1908年在澳大利亚投资设厂，开始它的第一次跨国尝试后便一发不可收拾，通过入股、联合、吞并等方法将视线投入了更广阔的国外市场。雀巢公司从最开始提供奶制品，延伸到炼乳行业，除了传统的食品业，制作各种适合不同人口味的巧克力咖啡外，还打入了速食行业，并占有了美国两大制药公司的大量资本，其经营范围已超出了食品行业。如今，雀巢行销全球的产品保守估计已达3000种，经营范围囊括食品业、眼科医疗用品业和化妆品行业。

二是东道国导向战略——本土化政策。雀巢公司充分顺应当今"本土化的跨国经营"大趋势，建立全球性的产销体系，就地取材，推行"当地"政策。雀巢公司利用雀巢的资金技术设备在当地投资设厂，进行生产、销售及外销，从而获取了丰厚的利润。在管理上，雀巢公司给每个分公司充分的自主权，最大限度地调动每个分公司出资者和管理者的潜能。在产品生产上，雀巢公司提供重要技术、原料的加工、各种添加剂的配制，不断发展和利用当地的天然资源，有效地降低了成本，提高了产品的附加值。在商品标牌上，雀巢公司根据当地的不同情况，设计、选择不同的商标，使公司尽量减少冒险，成功地在国际市场上站稳了脚跟。

雀巢公司的组织结构是随着它的业务发展而变化的。它在瑞士维威市有三家公司在负责统筹世界各地200多家经营公司的业务。雀巢公司是控股公司，持有联营公司的股权。其责任是检查各公司的盈利状况，确保集团整体利益率。此外，控股公司也负责以最佳方式分配财政资源。雀巢产品技术援助分为两类：进行技术研究和技术援助。雀巢公司为世界各地制造和销售雀巢产品的公司提供市场推广、生产、组织、管理和培训的诀窍。雀巢公司负责监督商品在全世界的进出口状况用以协调生产，最后再由雀巢公司在全球拥有的200多家分公司各自提出工作计划和管理、业务目标赢得各自的细分市场，推动了全球业务。

资料来源：雀巢企业案例分析 [EB/OL].（2021-11-24）[2024-4-23]. https://zhuanlan.zhihu.com/p/437110641.

三、跨国公司经营战略的新特征
（一）经营战略全球化

在全球化、数字化和可持续发展浪潮的推动下，经营战略全球化成为跨国公司发展的重要导向。这一趋势体现在全球供应链整合与优化、全球市场一体化与本土化精细运营、数字化与智能化驱动、可持续发展战略融入、全球人才流动与培养及风险管理强化等多个方面。

（1）全球供应链整合与优化。跨国公司运用数字化技术实现全球供应链的实时监控与高效管理，以提高效率、降低成本，适应市场变化。同时，通过统一品牌形象、营销策略和产品定位，强化全球市场一体化运营，实现规模经济与品牌一致性，提升全球市场份额。

（2）全球市场一体化与本土化精细运营。在尊重并理解各地文化、法规和市场需求的基础上，跨国公司致力于提供契合本地消费者需求的产品与服务，实现全球市场一体化与本土化策略的深度融合。

（3）数字化与智能化驱动。跨国公司倚重数字技术与人工智能，赋能全球化战略，从供应链管理到市场分析，提高对全球市场需求的响应速度与决策效率。

（4）可持续发展战略融入。跨国公司将可持续发展理念深度融入全球化战略，通过节能减排、构建绿色供应链等方式，实现经济效益与环保责任的双重提升。

（5）全球人才流动与培养。跨国公司高度重视全球人才的招募、流动与培养，通过组建跨国团队，促进不同国家员工间的协同工作，共同推进全球化战略的实施。

（6）风险管理强化。面对全球经济不确定性加剧，跨国公司着力强化风险管理，构建全面的风险识别与管理系统，覆盖政治、经济、自然等多元风险领域。

（二）公司组织结构管理全球网络化

全球化与数字化成为驱动跨国公司经营战略变革的关键力量。在此背景下，跨国公司通过经营战略全球化与全球网络化管理模式，以适应复杂多变的国际经营环境。

（1）全球化战略。跨国公司着眼于全球市场机遇，通过供应链整合、产品标准化与可持续发展实践，推动全球一体化运营。为此，跨国公司需注重全球市场整合，树立统一品牌形象、制定统一市场策略，并在实施全球化战略的同时兼顾本土化需求，灵活适应不同市场的个性化需求。

（2）全球网络化管理。公司组织结构呈现去中心化趋势，倾向于构建虚拟团队与远程工作模式，以提升组织灵活性，吸引与管理全球人才，实现全球协同与知识共享。数字化平台在此过程中发挥关键作用，促进全球团队间高效沟通与信息流通。同时，全球网络化管理强调本地化管理与全球一体化的有机结合，既要关注不同市场的独特性，也要保持全球战略的一致性与协同性。

（3）全球风险管理。在全球网络化管理模式下，全球风险管理成为组织结构管理不可或缺的部分，旨在应对各地可能出现的政治、经济、社会等多元化风险，确保跨国公司在全球运营中的稳健与安全。

（三）兼并收购日趋白热化

尽管兼并收购带来诸多益处，但也面临整合文化、完善管理体系、遵守法律法规等挑战。因此，成功实施兼并收购需企业进行周密规划与有效执行，确保实现战略目标。

（1）全球市场整合。跨国公司通过兼并收购在全球范围内实现业务整合，通过吸收互补性企业扩大市场份额。资源与技术的整合提升了生产与服务效率，增强了全球竞争力。

（2）战略优化。兼并收购有助于跨国公司优化战略布局，通过获取相关业务或互补资源的企业，强化特定领域或市场的竞争地位，形成战略一体化与多样性，以全面应对市场与行业变化。

（3）提升技术创新能力。收购具有先进技术和创新能力的企业，使跨国公司迅速获取关键技术，推动研发创新，提升科技竞争地位，适应科技发展趋势。

（4）降低市场准入门槛。兼并收购有效降低了企业进入新市场或拓展业务的难度，通过收购已建立业务的企业，企业能快速在新市场立足，降低市场准入风险。

（5）全球供应链优化。通过整合全球供应链，企业实现高效生产和物流，降低成本，提高生产效率，更好地适应全球化与市场需求的变化。

（6）市场竞争与规模效应。兼并收购带来的规模效应降低了单位成本，增加了经济规模，使企业在行业竞争与市场波动中更具优势，实现可持续盈利。

（7）国际化人才引入。兼并收购为企业引入具有国际化经验的高级管理人才，提升组织全球化水平，有助于更好地理解与应对不同地域的商业环境，增强全球管理能力。

兼并收购趋势的白热化为全球商业环境创造了更多机遇，同时也对企业提出了更高的适应性与战略视野要求，以应对多元化市场环境。

（四）跨国战略联盟纵深化

在跨国公司经营战略的演变中，跨国战略联盟纵深化是一种重要的发展趋势。

（1）全球价值链整合。跨国公司通过深化战略联盟，更有效地整合全球价值链各环节，实现协同效应，提升整体业务效率与竞争力。

（2）市场多元化与差异化战略。战略联盟使企业灵活应对不同市场的需求与挑战，通过寻找联盟伙伴实现产品与服务差异化，满足不同国家与地区的需求。

（3）技术创新与研发合作。面对科技发展，企业通过深化战略联盟共享研发资源，加速创新进程，降低成本，顺应全球科技的发展趋势。

（4）风险管理和政治稳定性。跨国战略联盟有助于企业分散风险，通过多元化业务布局应对不同地区的政治和经济不稳定，保障业务的持续性。

（5）可持续发展与社会责任。企业日益重视可持续发展与社会责任，深化战略联盟可能涵盖环保等领域合作，共同推动可持续目标，提升企业的社会形象。

第二节　跨国公司的全球战略

一、跨国公司全球战略及其基本特征

（一）跨国公司全球战略的内涵

跨国公司全球战略是一种旨在全球范围内优化资源配置，以实现长期整体效益最大化的战略构想。该战略深刻体现了公司战略思维的核心内涵，是在对国际经营环境与自身经营条件进行科学分析的基础上，为确保长期生存与发展而精心策划的全局性、前瞻性的战略部署。全球战略不仅是公司战略理念的彰显和经营范围的科学规划，更是制订各项规划的基石。

具体来说，跨国公司全球战略是以全球竞争视角与思维方式为引领，全面考量全球任意国家和地区可能面临的激烈竞争及各种环境变量。其宗旨在于从全球、长远的视角出发，以最合理的方式配置与利用有限资源，对各类市场进行科学筛选、组合及有效渗透。

特别需要注意的是，全球战略本质上应是一种以变革为核心的观念。全球战略的实质在于推动变革。身处充满变数与挑战的商业环境中，跨国公司欲求生存与发展，必须通过不断创新的手段，以创新性的方式运营企业。践行具有变革本质的全球战略，意味着使跨国公司从适应（或不适应）当前环境状态过渡到适应未来全新环境的状态。要实现这一过渡，不能单纯依赖陈旧的经验管理模式，也不能仅做局部的修修补补。必须积极直面环境变化，采取革命性的措施。这要求企业冷静剖析环境变化及其成因，精准预见未来趋势，明确环境对跨国公司发展前景的影响，进而从全球视角出发，构思出重塑企业面貌的应对策略。

在全球战略框架下，跨国公司需要持续审视与调整自我，以适应瞬息万变的全球市场，确保战略的灵活性与持续创新力。正是这种变革性的本质，使全球战略成为应对全球经济动荡与不确定性的一项积极主动的战略抉择。

（二）跨国公司全球战略的特征

与一般的市场战略、资源战略相比，典型的跨国公司全球战略具有四个基本特征。

1. 经营决策思维的全球性

跨国公司全球战略中经营决策思维的全球性是一种在全球范围内进行战略决策的理念和实践，强调公司管理者在制定经营策略时要考虑全球市场的动态，以适应复杂多变的全球商业环境。这种全球性思维涵盖了多个方面，包括全球市场趋势的分析、全球竞争对手的评估、全球贸易和法规的考虑。

（1）全球市场趋势的分析。全球市场趋势分析是经营决策思维的首要考虑因素。公司高层管理者需要深入了解全球市场的发展趋势，包括经济增长、消费行为、科技创新等方面的变化。在历史上，跨国公司在全球市场中的成功往往与对市场趋势的准确洞察密切相关。通过深入分析，管理者能够制定具有前瞻性的经营策略，使企业更好地适应未来的市场环境。

（2）全球竞争对手的评估。在全球化背景下，竞争对手不再局限于国内范围，而是来自全球各地。因此，管理者必须全面评估全球竞争对手的实力、策略和市场份额。了解竞争对手的优势和劣势，以及其战略动向，对于制定具有全球竞争力的经营决策至关重要。历史经验表明，跨国公司在竞争激烈的全球市场中脱颖而出，往往依赖于对竞争对手的深刻了解。

（3）全球贸易和法规的考虑。全球市场的多样性也体现在各国的贸易政策和法规上。公司高层在制定战略时必须考虑不同国家和地区的贸易法规，以确保企业的经营活动合法合规。在历史上，许多跨国公司因未能充分考虑全球贸易和法规而面临挑战。因此，全球决策思维的一个关键方面是确保战略与各国法规和贸易政策一致。

2. 企业创新能力的旺盛性

在全球战略的背景下，企业创新能力的旺盛性成为成功实施全球战略的关键。

（1）产品创新。企业在全球市场竞争中必须不断推陈出新，不仅在产品的技术性能上创新，更要关注产品的设计、功能、环保性等方面。一些成功的跨国公司通过不断推陈出新，引领市场潮流，提高了品牌的全球影响力。在全球战略中，跨国公司需要考虑不同地区的文化、消费者的需求和法规，以定制化的方式进行产品创新。

（2）市场营销策略创新。随着全球市场的不断演变，市场营销策略也必须不断创新，以适应不同文化和市场环境。一些成功的跨国公司通过灵活运用市场营销策略，成功渗透并占领了不同的国际市场。在全球战略中，跨国公司需要通过深入了解各地市场的需求、文化和竞争状况，制定相应的市场营销策略。

（3）管理和运营方面的创新。在全球战略中，跨国公司的管理和运营模式也需要创新，以适应不同国家和地区的商业环境。一些跨国公司通过引入先进的管理理念和运营模式，提高了全球业务的效率和灵活性。跨国公司需要在全球范围内实现资源的最优化配置，灵活应对各地的市场变化，提高管理和运营的适应性。

企业创新能力的提升是实施全球战略的关键。历史经验表明，那些能够在全球范围内灵活创新的企业更容易在竞争中脱颖而出。创新能力的旺盛性使企业能够更好地应对全球市场的动态变化，更灵活地调整战略以满足不同市场的需求。

通过不断强化企业创新文化、建立全球研发团队、与各地合作伙伴紧密合作等手段，跨国公司可以更好地发挥创新动力，确保在全球市场中保持竞争力。因此，跨国公司创新能力的旺盛性不仅是适应全球战略的需求，也是塑造企业长期竞争力的关键要素。

3. 生产经营的专业化和标准化

为了应对全球市场的挑战，跨国公司在全球战略中追求生产经营的专业化和标准化，旨在提高效率、确保质量，并最大限度地利用全球资源。

（1）生产流程的专业化。跨国公司通过专业化的生产流程设计，确保在全球范围内实现高效的生产运作。这涉及对不同生产环节的深入研究和优化，使其在各地区都能够达到最佳效果。成功的跨国公司通过标准化的生产流程，实现了全球生产网络的高度协同作业，提高了整体效益。

（2）供应链管理的专业化。在全球战略中，供应链的专业化是确保原材料和成品能够高效流通的关键。跨国公司通过建立专业的供应链团队，深入了解不同国家和地区的市场及物流环境，精准化地管理供应链。专业化的供应链管理使跨国公司能够更灵活地应对市场需求的波动，提高供应链的可靠性和效率。

（3）质量控制的标准化。为确保产品质量的一致性，跨国公司采用标准化的质量控制方法，包括建立统一的质量标准、实施严格的质量检测程序及推广先进的质量管理工具。通过在全球范围内采用标准化的质量控制，跨国公司能够提高产品的质量水平，增强在市场上的竞争力。

生产经营的专业化和标准化有助于跨国公司实现全球资源的最优化配置。通过统一的标准和专业化操作，跨国公司能够在不同地区更灵活地配置人力、物力和财力，降低生产成本，提高整体效益，使跨国公司能够更好地利用全球化带来的机遇，迅速适应市场变化。

4. 组织结构的网络化和柔性化

组织结构的网络化和柔性化涉及跨国公司各个部门和团队在全球范围内的紧密协作，形成高效的网络结构，并通过柔性化的方式更好地应对市场变化和管理挑战。

（1）组织结构的网络化。在全球战略中，跨国公司需要构建网络化的组织结构，实现各个部门和团队之间的高效协作。这涉及信息、人才和资源的共享，使跨国公司能够在全球范围内实现协同作业。通过网络化的组织结构，跨国公司能够更快速地响应市场需求，提高决策效率。

（2）组织结构的柔性化。柔性化的组织结构是为了更好地适应市场变化和管理挑战。跨国公司需要具备灵活性，能够在不同的国家和地区灵活调整组织结构，以满足本地市场的需求。柔性化的结构也意味着跨国公司可以更灵活地调整团队的组成和任务分工，更好地适应不同国家和地区的文化及商业环境。

（3）全球范围内的紧密协作。网络化和柔性化的组织结构要求公司各个部门和团队在全球范围内紧密协作。这不仅包括各地分支机构之间的协同作业，还涉及跨国团队的协调和合作。通过紧密协作，跨国公司能够更好地利用全球团队的专业知识，实现全球经营的协同效应。

（4）增强对市场变化的适应性。网络化和柔性化的组织结构使跨国公司更具敏捷性，能够更灵活地调整业务方向和战略，更迅速地适应市场的变化。在全球化时代，市场的变化速度越来越快，因此跨国公司需要具备快速决策和行动的能力。

二、跨国公司全球战略的类型

（一）按照公司偏离原有战略起点的程度分类

依据公司偏离原有战略起点的程度，跨国公司全球战略可分为以下三类。

1. 退却型战略

退却型战略是指跨国公司在现有战略的基础上采取后撤或收缩策略，通常在经济低迷、国际需求萎缩、资源有限或产品滞销等市场吸引力与公司营销能力双双疲软的情况下实施。该战略主要包含以下两种形式。

（1）以退为进。当跨国公司面临市场不景气、外部不利因素等挑战时，采取暂时性的战略后撤，非但不是放弃，而是为迎接未来机遇进行的准备和调整。此举旨在避开当前不利条件，保全实力，待市场环境改善时再加速前进，实现稳健、可持续的发展。采取该战略的原因包括对市场环境的谨慎分析、对公司资源的合理配置及对未来机会的审慎评估。例如，苹果公司在 20 世纪 90 年代初期面临市场份额下滑和竞争加剧的压力，通过削减产品线、调整内部管理结构等措施暂时后撤，随后通过创新推出 iMac 等产品，于 21 世纪初重回市场并取得卓越业绩，展现了以退为进战略的灵活性与前瞻性。

（2）失败性退却。当跨国公司面临严重市场挑战、吸引力骤降或自身能力衰退时，被迫采取退却策略。市场吸引力减弱可能是由于竞争激烈、产品不符合市场需求或市场趋势变化导致公司难以适应；公司能力衰退可能源于管理问题、技术落后、财务困境等多方面的因素。此时，跨国公司可能需要通过战略调整、重组、创新等手段恢复竞争力，或在撤出部分业务的同时，集中资源于更具竞争力的领域。例如，诺基亚在智能手机市场失利后退出该市场，但通过转型聚焦网络设备和数字健康领域，成功找到新的增长点，展示了在失败性退却情境下通过战略调整实现企业重生的可能性。

2. 稳定型战略

稳定型战略又称防御型战略，是一种在全球市场中采取保守、稳健经营方针的策略，旨在巩固现有市场份额、确保业务稳定盈利并降低风险。采取稳定型战略的跨国公司通常持保守态度，致力于维护已有的市场地位，防范市场变动风险，确保业务持续盈利。该防御性立场包含以下两种基本形态。

（1）积极防御。在这种策略下，跨国公司选择在当前市场环境中积累实力，等待有利时机。跨国公司可能加强研发、提升产品质量、扩大市场份额，并在技术或市场某一关键点寻求突破，以便在市场条件好转时凭借积累的优势实现大规模发展。例如，某科技公司在竞争激烈的市场中选择积蓄力量，通过投资研发创新、提高产品品质、构建强大的生态系统，虽然短期内市场份额增长不明显，但为未来做好准备，期待在市场条件更佳时迅速扩大业务规模。

（2）消极防御。此种战略下，跨国公司的首要目标是抵御竞争对手和市场环境的压力，保持现有市场份额和盈利水平。跨国公司可以采取削减成本、提高运营效率、维护客户关系等措施，确保在市场波动时公司能保持相对稳定。例如，一家制造业企业面临市场份额的挑战，但因市场饱和且价格竞争激烈，其选择坚守现状，通过精简生产线、降低成本、深化客户关系来保持盈利水平并维持一定的市场份额。

3. 发展型战略

发展型战略指跨国公司在现有的基础上寻求向更高层次发展的策略，以下为几种常见的发展方向。

（1）集中生产单一产品或服务。跨国公司集中资源专注于现有产品或服务中的某一类或几类，旨在快速提升销量、市场占有率和利润。在社会需求持续增长的环境下，此战略的成效更为显著。例如，某手机制造企业集中力量开发并推广旗舰手机系列，通过提升产品性能和品质，迅速扩大市场份额，通过专注于单一产品线，成功满足了不断增长的消费者需求，实现了高销售与盈利。

（2）密集型发展。跨国公司开发与现有产品或服务相似的新产品或服务，通过积极拓展新业务领域实现多元化经营，全面扩大生产和销售，提高环境适应能力，降低风险并获得更多的发展机遇。例如，某软件公司推出与现有产品相配套的新功能和服务，既巩固了现有的客户基础，又吸引了新客户，通过密集型发展战略在原有专业领域不断创新，保持了市场竞争力。

（3）一体化发展。包括前向、后向和水平一体化，通过购、产、销三方面一体化扩大生产销售能力，可通过扩大经营范围、调整供应链关系或收购竞争对手等方式实现。例如，某汽车制造企业采取水平一体化战略，通过收购同类企业扩大生产规模、提高效率、降低成本，实现对供应链的更好控制，增强市场竞争力。

（4）多样化发展。跨国公司通过新建工厂、兼并其他企业或开展与主营业务不直接相关的跨行业业务，构建生产多种产品的综合体系，旨在分散风险，提升整体盈利能力。例如，某能源公司通过兼并可再生能源企业进入绿色能源领域，多样化发展战略使其能够利用其他部门资源，降低对传统能源的依赖，同时顺应社会对可持续能源的需求。

（二）按照战略主要涉及的空间范围划分

根据战略主要涉及的空间范围，全球战略可细分为以下三类。

1. 本国中心战略

本国中心战略是一种以本国市场为核心的战略取向，其特点是公司战略决策主要集中在国内市场，注重本国业务发展和市场份额的维护。制定这种战略通常源于公司对本国市场的深入理解与对国内发展潜力的坚定信心。在实施过程中，跨国公司会加强本国市场调研，了解本土消费者的需求与偏好，以适应市场变化，提升产品或服务的本土化水平。选择本国中心战略可能源于对本国市场增长潜力的乐观预判及对本国竞争环境的深刻认知。

例如，采用本国中心战略的制造企业可能投资提升本土生产能力，推出契合国内市场的产品创新，并积极参与本国产业政策支持计划。通过这些行动，跨国公司能在本国市场确立竞争优势，稳固市场份额，实现本国业务的长期可持续发展。

2. 多元中心战略

多元中心战略是一种以多个地区为核心的战略取向，其特点在于企业在多个地区设立业务中心，战略决策涵盖多个核心区域，强调区域间的协作与融合。该战略旨在充分利用各区域优势，实现全球业务的整体协同增长。采用多元中心战略的企业通常在不同地区拥有巨大的市场份额，通过在各区域建立业务中心以深入理解并适应当地市场特性。此类战略决策注重各区域间的协同合作，最大化利用全球资源与机遇。

例如，一家国际科技公司分别在亚洲、欧洲和北美设立业务中心，其中亚洲中心专注于研发与生产，欧洲中心负责市场营销与销售，北美中心专注客户服务与支持。通过多元中心战略，跨国公司能更灵活地满足各地不同的市场需求，提升全球市场整体竞争力。

3. 全球中心战略

全球中心战略是一种以全球为整体的战略取向，其特点是企业将全球各地视为一个统一整体，战略决策涵盖全球范围，强调全球协同与一体化管理。该战略追求全球范围内的无缝整合与一体化运营，旨在高效整合全球资源，实现全球市场的统一管理与协同发展。采用全球中心战略的企业通常在全球范围内拥有广泛资源与市场需求，通过将全球视为一体，实现全球资源的高效整合与全球业务的一体化管理。此类战略决策追求全球范围内的协调一致与协同性，使企业能更灵活地应对全球市场的变化。

例如，一家国际汽车制造企业可能在全球各大洲设立全球研发中心、生产基地与销售中心，构建全球紧密的产业链与市场网络。通过全球中心战略，企业能更有效地协调全球生产和销售，实现全球市场的整体战略目标。

（三）按照战略成功的关键因素划分

1. 低成本战略

低成本包括价格求廉与数量求多战略。在这种战略中，成本（价格）与数量紧密相关。它的核心是使跨国公司的产品成本比竞争对手低，也就是在追求产量规模经济效益的基础上降低成本。采用低成本战略，尽管跨国公司会面对强大的竞争对手，但仍能在本行业中获得高于年均水平的收益。实行低成本战略可以使跨国公司进入一种成本—规模的良性循环。

2. 差异化战略

差异化战略是跨国公司通过专利技术，以及凭借其他技术与管理措施，生产出在性能上、质量上优于现有标准的产品，或者在销售方面，通过市场广告宣传和加强推销活动，使用户对本公司的产品产生与众不同的印象。它包括品种求新战略与质量求优战略，还包括在产品的功能与外观、售前售后服务和市场营销三个方面，寻求与竞争对手的差异化，以吸引顾客。

3. 重点战略

重点战略是指跨国公司将战略目标集中到国际市场的某一部分，并在这一部分上建立产品在成本或产品差异上的优越地位。重点战略的决策与国际市场的细分紧密相关，没有市场的细分就无所谓重点与非重点，所以，重点战略决策的首要工作是对产品的市场进行细分，找出对本公司最有利的细分市场。重点战略能够使跨国公司集中力量专做某类细分市场，因此比较容易成功。

例如，一家公司可以选择通过低成本战略在行业中获得竞争优势，或者通过差异化战略提供与竞争对手不同的高品质产品。同时，该公司还可以通过重点战略在特定市场或产品领域集中资源，以实现更高效和专业化的经营。

（四）按照战略符合主客观条件的程度划分

这里所说的主客观条件，是指跨国公司在充分利用客观条件的基础上，经过主观努力所达到的条件。根据战略符合主客观条件的程度可以分为以下三种。

1. 保守型战略

保守型战略是跨国公司在面对不确定性和市场波动时选择的一种谨慎策略。跨国公司在制定保守型战略时，更注重稳定经营、保守风险，主要目标是保持现有市场份额和稳定盈利水平。这主要表现为谨慎的投资决策、保守的产品开发和市场扩展，以确保在变动的市场环境中保持相对稳定的经营状况。

2. 可靠型战略

可靠型战略强调企业建立可靠的和可持续的业务模式，以确保赢得客户的信任和满意。这种战略注重高质量的产品和服务、稳健的供应链管理，以及对客户需求的满足。企业在可靠型战略下通常注重建立品牌信誉，提供可靠的售后服务，以确保客户的忠诚度。

3. 风险型战略

风险型战略是指企业在寻求更大回报的同时愿意承担更高风险的一种战略选择，包括探索新市场、创新产品、进行大规模投资等。选择风险型战略的企业通常寻求在激烈的竞争环境中脱颖而出，然而，这也伴随着潜在的风险和不确定性。

三、跨国公司全球战略的新趋势

当跨国公司面对新的市场环境纷纷采取全球战略的同时,跨国公司在生产体系、研究开发、组织结构及竞争方式等方面都产生了许多创新和新趋势。

(一)新型的生产体系

新型的生产体系在跨国公司全球战略中呈现多项新趋势,如图4-1所示。首先,定点生产策略通过高度集中和精细化的生产过程,提高效率,优化资源利用,降低成本。其次,多元化生产策略着眼于在全球范围内建立多个生产基地,以更好地适应本地市场需求、降低风险,并提高供应链的灵活性。最后,柔性化生产体系注重灵活性和适应性,通过智能制造和自适应技术,使生产更具弹性,能够更迅速地适应市场的变化。这些新策略共同推动着全球生产体系朝更高效、灵活和可持续的方向发展。

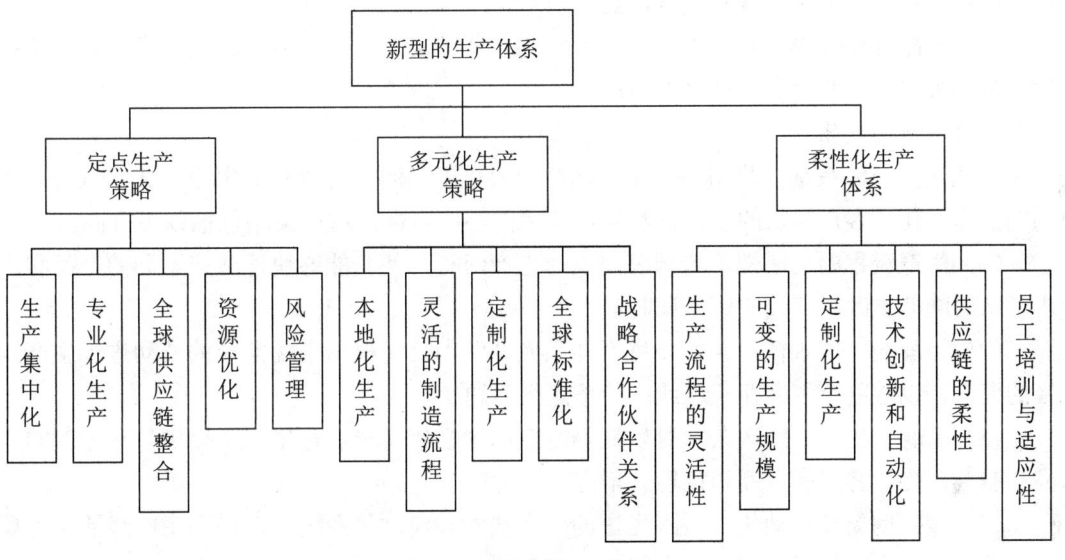

图4-1 新型的生产体系

1. 定点生产策略

定点生产策略是指跨国公司在全球范围内选择特定的地点集中生产,以实现效率的最大化和资源的最优配置。这一策略通常包括以下方面。

(1)生产集中化。跨国公司选择在全球的特定地点建立生产中心,集中进行生产活动,以提高生产效率和降低成本。

(2)专业化生产。在定点生产中,跨国公司可能将特定地点定位为专业化的生产中心,用于制造特定类型的产品或组件,以实现生产过程的专业化和精细化。

(3)全球供应链整合。跨国公司通过定点生产策略,将全球供应链纳入统一的管理和监控体系,以确保原材料、零部件和成品在全球范围内的流通和协调。

(4)资源优化。通过选择合适的地点进行生产,跨国公司可以更好地利用当地的资源,包括劳动力、原材料和技术,以实现资源优化配置。

(5)风险管理。定点生产策略有助于跨国公司更好地规避全球范围内的风险,如政治、经济或自然灾害风险,通过在多个地点分散风险,降低对单一地区的依赖性。

2. 多元化生产策略

多元化生产策略是指跨国公司在全球范围内采用多样化的生产模式和方法，以适应不同地区的市场需求和环境变化。这一策略通常包括以下方面。

（1）本地化生产。跨国公司根据不同地区的市场需求，采用本地化生产策略，以满足当地消费者的特定需求，包括生产符合当地文化和法规的产品。

（2）灵活的制造流程。多元化生产策略注重制造流程的灵活性，使跨国公司能够根据市场需求的变化快速调整产品种类和规格。

（3）定制化生产。跨国公司可能在一些地区采用定制化生产，以满足个性化需求，提供符合特定客户要求的产品。

（4）全球标准化。尽管注重本地化，多元化生产策略也可能通过全球标准化的方式，在某些产品或组件上实现规模经济，提高效率。

（5）战略合作伙伴关系。多元化生产策略可能涉及与当地供应商、制造商或合作伙伴建立战略关系，以共同参与产品的生产。

3. 柔性化生产体系

柔性化生产体系是指跨国公司在全球范围内采用灵活、可调整的生产方式，以适应市场的快速变化、客户需求的多样性和生产环境的不确定性。这一策略包括以下方面。

（1）生产流程的灵活性。跨国公司设计生产流程，使其能够快速适应不同的产品和需求，从而降低更改生产线的成本和时间。

（2）可变的生产规模。柔性化生产体系允许跨国公司根据市场需求的波动进行生产规模的调整，以避免产生库存积压或产能不足等问题。

（3）定制化生产。跨国公司可以根据客户的个性化需求进行生产，提供量身定制的产品和服务，提升客户满意度和市场竞争力。

（4）技术创新和自动化。引入先进的生产技术和自动化系统，以提高生产线的柔性和适应性，减少人工干预，提高效率。

（5）供应链的柔性。跨国公司建立灵活的供应链体系，能够应对原材料供应链的波动，确保及时地供应物料。

（6）员工培训与适应性。跨国公司注重员工培训，使其具备适应不同工作任务和生产流程的技能，提高员工的适应性和灵活性。

（二）研究与开发新特点

1. 研发机构外化为独立投资项目

过去，跨国公司通常将技术研发集中于母国总部，形成知识密度自母国至投资国递减的梯形产业链结构。然而，当前趋势显示，跨国公司开始将人力资源密集型的研发部门视为独立的投资对象，通过在其他国家和地区设立研发机构和中心，将内部组织转化为外部投资项目。

此战略变革具有双重目标：一方面，跨国公司通过在全球范围内设立研发机构，旨在捕捉全球信息，收集、整理和加工技术信息，开发新科技成果和产品，为母国公司创造竞争优势；另一方面，鉴于当前市场竞争转向个性化、差异化的产品竞争，不再仅限于高效标准化的生产竞争，在不同地区设立研发机构实为跨国公司在全球范围内垂直一体化投资的结果。这些机构旨在根据东道国市场或区域特性，对跨国公司内部传输的上下游技术性中间产品进行差异化调整，以增强在当地的竞争优势。

2. 研发本土化

跨国公司研发另一个显著的趋势是本土化。各大跨国公司纷纷在东道国设立研发分支机构以服务当地市场和母公司。本土化趋势的驱动力主要来自以下两个方面。

第一，跨国公司通过本土化在全球范围内吸纳优质人才资源，构建科研和技术核心竞争力。跨国公司设立东道国研发机构，能充分利用当地的人才资源，提升本地团队的创新能力，更好地适应不同的市场需求。第二，跨国公司以母国核心技术为基础，结合东道国和其他市场需求的特点，通过本土研发机构对母国生产的标准化产品进行差异化调整。例如，某些汽车制造商在中国市场上对车型进行了加长处理以满足消费者的需求。这种本土化策略使跨国公司能更灵活地适应不同地区的市场特性，提升产品的市场适应性。

3. 研发合作化

越来越多的跨国公司在研发领域选择国际合作方式，合作形式多样，包括双边或多边合作，展现了丰富的合作模式。一种典型方式是跨国公司在已有的研究项目之外选择新领域或项目进行合作。在合作范围内，各公司共享相关研究成果。在合作过程中通常设立科学联合委员会指导合作研究方向和进展，由项目主持人协调各公司研究团队间的关系。在这种模式下，合作公司产生的研究成果对所有合作方开放，各公司都有权采用、生产和销售新开发的产品，无需额外支付技术使用费。另一种典型方式是将各公司研发团队组建为相对松散的研发共同体。共同体的形成有利于更紧密地共享资源、知识和技术，提升整体的研发效率和创新水平。

（三）组织结构网络化、柔性化新趋势

近年来，企业组织结构调整的核心趋势是向网络化和柔性化方向发展。这一变革主要是为了适应全球经济和技术发展所带来的变化，并与公司的战略调整相契合。在20世纪90年代以后，世界经济格局发生了深刻的变革，推动了跨国公司对组织结构的重新思考和调整。

网络化、柔性化的组织结构设计在母公司的整体协调下，使各海外子公司不仅与母公司密切合作，还与其他子公司形成双向或多边的资源、信息交流和共享关系，形成一个有机的网络系统。与此同时，这种结构调整还伴随着减少管理层次和层级范围的趋势，重新定位母公司的角色，将焦点置于协调工作上。

为了适应新的竞争环境，一些跨国公司甚至采取出售不符合战略需要的分支机构或子公司的策略，以精简公司组织机构。这一举措的根本目的在于提升企业的灵活性和反应能力，增强企业适应经营环境变化的能力。这种组织结构的调整不仅关注资源的高效利用和信息的畅通流动，同时注重在全球范围内建立更加敏捷、灵活的合作关系，以更好地适应不断变化的市场环境和商业挑战。这种趋势反映了企业对更高适应性和构建响应迅速的组织结构的追求，以保持竞争力并实现可持续发展。

第三节　跨国公司战略联盟

一、跨国公司战略联盟的内涵

跨国公司战略联盟（Strategic Alliances of Transnational Corporation）简称跨国战略联盟，是指不同国家间两个或两个以上的企业为达到一个或几个战略目标，以签订长期或短期契约的方式建立的局部性互相协作、互相补充的合伙、合作关系（联盟），从而实现彼此间的优势互补、共担风险、共享利润。这种联盟完全依赖联盟各方签订的契约来约束，是一种自发性的、非强制性的、松散的联合体，联盟各方依旧保持各自经营本公司的独立性和完全自主的经营权，彼此之间通过达成的各种协议，结合成一个松散的联合体。正是由于战略联盟的松散性，一家跨国公司可以和另外一家或者几家跨国公司在某一个领域或者几个领域同时结成联盟，但在其他领域展开竞争。这样做既可以有效避免跨国公司在对外扩张过程中因残酷竞争而两败俱伤，也可以使跨国公司以最小的成本实现内部积累与外部扩张。

战略联盟的概念是由美国 DEC 公司总裁简·霍普兰德（J.Hopland）和管理学家罗杰·奈格尔（R.Nigel）首先提出的。由于战略联盟形式的多样性和战略联盟理论的复杂性，其定义也各有不同。交易费用理论认为，战略联盟是介于完全市场和完全内部化公司之间的一种交易安排。战略管理理论则把战略联盟定义为：两个或多个合作伙伴，共同承诺为了实现一个共同的目标，汇集它们的资源和协调它们的行动。

目前，战略联盟主要出现在技术合作和技术转让中。在大技术时代，技术不是一个人、一个企业能够独立完成的，这也决定了技术研发的高投入、高风险及长周期性。基于此，选择彼此具有互补性的跨国公司建立战略联盟是再好不过的了。

二、跨国战略联盟的产生

（一）跨国战略联盟产生的宏观背景

全球化、市场竞争激烈及技术进步推动了跨国战略联盟的形成。公司通过合作分享资源、技术和市场渠道，以降低风险、提升竞争力。复杂的商业环境和跨国业务的高成本要求企业寻求跨国战略联盟，以共同应对挑战，迅速适应不断变化的全球市场。

1. 以信息技术为核心的技术发展速度越来越快，应用范围越来越广

以信息技术为核心的技术正在以越来越快的速度发展，并不断扩展其应用范围。这种迅速的变革不仅影响着通信、计算和数据处理领域，还深刻地改变了各行各业的商业模式和运营方式。企业需不断适应这一快速变化的技术环境，以保持竞争力、创新应用信息技术、探索新的商机，并提高业务的效率和灵活性。

其对跨国公司这种全球性企业组织的巨大影响体现在以下两个方面。

一是技术周期的缩短提高了跨国公司全球生产的固定成本。

二是使跨国公司的产品生命周期大大缩短，技术多次循环利用的可能性降低。

2. 需求力量的全球化、动态化

关于市场全球化及其对跨国公司的影响，西方学者有不同的看法。邓宁等的观点具有普遍意义，他们认为全球市场中需求力量的动态化可以从两个方面来考察。

一是对全球化市场中的需求进行横向观测，不同国家和地区之间由于经济增长阶段、收入及文化等因素的巨大差异，其需求会呈现多样化特征。

二是对全球化市场中的需求进行纵向观测，以顾客为导向的市场需求态势在不断变化，需求偏好、内容等的"刚性"特征被一些动态因素淡化了，这些因素既包括供给方面的影响，也包括一些区位因素，如经济转轨、制度变迁和社会文化的进步等。空间上的多样化和时间上的不断变化，使跨国公司经营环境中的市场需求因素更具动态化特征。完全内部化的FDI方式不能适应这种变化迅速的全球市场，只有同时依赖公司外部资源要素，在全球范围内建立起一个世界性的生产与营销网络，才能在最短时间内，在最广泛的市场中应用新的技术成果，加速技术创新的成本回收和获利。

（二）跨国战略联盟产生的微观动因

驱使跨国公司从对抗、竞争走向战略联盟的力量是多方面的：有的联盟是为了增强反应能力，适应瞬息万变的市场；有的是为了建立起开拓全球性市场的能力，适应经济全球化和世界经济一体化的趋势；有的是为了获得协同效应和规模经济效应，加强企业的创新能力。概括起来，跨国公司选择战略联盟，不外乎以下几种动因。

1. 企业通过联盟能够共享资源，以提升竞争力

共享资源是跨国战略联盟的重要动因之一。通过合作，企业能够互相分享技术、专业知识、人才和资金，从而提升各自的市场竞争力。这种资源共享有助于降低成本、提高效率，并加速创新过程。例如，一家公司可能在某一领域拥有先进技术，而另一家公司具有强大的市场渠道，通过联盟，它们可以互相受益，形成互补性，共同创造更大的价值。这种合作模式使企业能够更灵活、更具竞争力地应对市场挑战。

2. 联盟有助于分担市场进入的风险和成本，降低经济不确定性

联盟成员可以共同承担涉及新市场进入的高昂成本，如市场调研、推广费用和法规遵从成本。此外，分担风险也包括共同应对不同国家和地区的政治、经济风险及汇率波动等因素。通过联合行动，企业能够降低单独承担这些风险的压力，增强在不同市场中的稳定性。这种合作有助于规避市场风险，提高企业对经济环境变化的适应能力，降低经济不确定性。

3. 通过合作，企业可以迅速获取新技术、知识，促进创新

通过跨国战略联盟，企业能够迅速获取新技术、知识，从而促进创新。联盟成员之间的合作有助于整合不同领域的专业知识和技术，加速创新过程。共享先进技术和研发成果可以降低创新的时间和成本。此外，联盟成员在不同国家和地区的市场存在也为彼此提供了宝贵的市场洞察，有助于更好地理解全球市场的需求和趋势，为创新提供有力支持。因此，合作成为推动企业创新的有效途径之一。

三、跨国公司战略联盟的类型

跨国战略联盟是一种非常复杂的企业战略决策，根据不同的划分标准可分为不同的类型，如表4-1所示。

表 4-1 跨国战略联盟的主要类型

分类标准	跨国战略联盟的类型及定义
联盟企业之间的产业合作方向	横向战略联盟：指的是属于同一个产业或行业部门，生产、销售同类产品的企业之间结成的联盟；或者在同一市场上产品或服务互相竞争的企业之间结成的联盟。建立横向战略联盟的目的是实现或扩大规模经济、降低或分散风险、加快新技术扩散、降低进入目标市场的壁垒及增强产品间的兼容性等，最终降低经营成本
	纵向战略联盟：指的是属于两个不同产业或行业部门，但存在上下游关系的企业之间结成的联盟。建立纵向战略联盟的目的是规避因信息不对称造成的比较劣势，进一步促进相关产业政策的顺利实施，消除上下游企业之间中间产品供需体系的不确定性，如汽车玻璃生产商与汽车组装企业之间的联盟
	混合战略联盟：指的是两个或两个以上相互间没有直接投入产出关系和技术经济联系的企业之间结成的联盟，或者是两个或两个以上产品与市场都没有任何关系的企业之间结成的联盟。建立混合战略联盟的目的是改善企业自身生产经营结构、扩大生产经营能力、提高市场控制能力、实现多样化经营、提高市场占有率，如汽车生产商与金融机构之间的联盟
联盟企业的主体地位	互补型战略联盟：指的是在两家或两家以上跨国公司之间在互补性优势的基础上形成的战略联盟。这种战略联盟主要出现在欧美及日本等发达经济体的跨国公司之间，属于战略联盟的高级阶段，体现在技术设计、生产加工及营销服务等方面，涉及技术、资金和人员的有效整合
	接受型战略联盟：即互惠型战略联盟，指的是依据跨国公司所在母经济体制和经济发展水平的不同而形成的战略联盟，属于战略联盟的低级阶段
联盟企业的相互依存程度	股权式战略联盟：指的是以企业之间相互参与股权为基础的战略联盟，包括对等占有型战略联盟和相互持股型战略联盟。前者指的是当联盟双方在某个领域进行战略联盟时，彼此相互持有对方 50% 的股权或与此相当接近的股权，以保持相互独立性。后者指的是联盟双方为巩固彼此良好的合作关系，长期相互持有对方一定份额的股权，但是并不涉及人员和设备等生产要素的合并，这也是它区别于合资、合作或并购的重要方面
	契约式战略联盟：指的是以企业之间签订契约为基础，并不涉及股权参与的联盟，主要包括联合研发和产业协调协议，借助契约形式，在生产、研发、销售等环节合作的各方建立的松散联盟，主要形式包括研发协议、生产营销协议等

跨国公司常采用的战略联盟类型主要有以下几种。

一是合资企业。合资企业是战略联盟中广泛应用的一种模式，它是由两个或多个公司、企业或其他经济实体共同出资设立的企业实体。其核心特征在于合资方将各自不同的资产进行整合，共同经营，共担风险并共享利润。这类联盟企业与常规合资企业有所区别，多数跨国公司倾向于采用 50%：50% 的股权结构，且合作通常局限于各自价值链中的特定环节。联盟双方母公司在运营上保持相对独立。此外，跨国公司在构建联盟时倾向于形成两个平等的企业实体，双方母公司各自持有较大的股权比例，分别在各自区域内生产销售同一产品。跨国公司进入海外市场时，常选择与当地企业建立合资联盟。

二是相互持股。跨国公司可以通过互相购买对方少量股份来建立战略联盟。相较于合资企业，相互持股无需合并双方资产和人力资源；与并购相比，相互持股型联盟仅需持有对方少量股份，双方公司保持相对独立。此类相互持股通常为双向，但也存在跨国公司单向持有其他公司少量股份,以扩展经营网络的情况。例如,1990—1991年,国际商业机器公司(IBM)购买了约200家西欧地区电脑服务和软件公司的少量股份,以此与当地经销商建立了良好的合作关系,顺利打入并开拓了西欧市场。

三是非股权形式的功能性协议。非股权形式的功能性协议是战略联盟的另一种形式,主要包括研发合作、技术转让、生产和营销合同、许可证合同及生产制造合同等。与合资企业和相互持股不同,此类功能性协议不涉及联盟各方任何形式的资产合并或股份交换,仅涉及各方在特定项目上的合作,因此,是一种较为松散的联盟形式。

四、跨国公司战略联盟的目标

跨国公司战略联盟形成的主要原因是市场竞争、规避风险及增强优势,因此其目标可归结为以下几个方面。

一是开拓新市场。在全球化背景下,面对市场环境中的跨国经营与国家经济主权矛盾,跨国公司难以单凭自身资源覆盖全球市场。因此,通过与外部企业建立互惠互利的战略联盟,共同开发国际市场,成为跨国公司节省资源、提升市场进入效率的有效策略。例如,日本三菱公司与德国戴姆勒—克莱斯勒公司就汽车、宇航、集成电路等11个领域达成战略联盟,旨在提前布局,抢占市场先机。

二是优化资源配置。与普通企业间的交易合作不同,跨国公司战略联盟的各方通常提供自身具备优势的资源,如资金、技术、人力、土地等,以实现资源互补。这种互补性构成了联盟合作的基础,旨在通过优化资源配置,在生产过程中借助他人力量实现规模经济效应。

三是分摊研发成本与风险。大多数战略联盟旨在通过共享资源、分摊研发成本,降低技术创新和新产品开发过程中的经济压力和风险。现代高科技产品的开发、生产及规模化需要巨额资本投入,不仅给企业带来巨大的资金压力,也伴随高风险。通过战略联盟,可避免陷入资源短缺困境、减少战略性资源过度投入、缩短研发投入回收周期、加速产品研发与工艺更新、避免资源风险完全沉淀、提升战略资源使用效率。例如,波音公司与富士、三菱、川崎重工联合投资40亿美元开发波音777型客机,以及与法国、德国、英国、西班牙四国飞机制造商共同投资60亿美元研发载客量达700多人的新型客机,此类巨额研发投入单个企业难以承受。

四是消除无谓竞争,优化资源配置。国际市场上大量无谓竞争消耗了跨国公司大量资源,不仅未能带来直接利益,反而可能导致过度竞争,损害企业自身的利益。战略联盟有助于消除无谓竞争的负面影响,使联盟各方能重新配置资源,形成更大的竞争优势。例如,新加坡航空、瑞士航空与美国德尔塔航空的战略联盟,使三家航空公司能有效协调航班、分配预订座位、共享全球维修保养及地勤服务系统,从而避免了不必要的竞争消耗。

◆ **章内案例 4-2　北汽集团与梅赛德斯-奔驰的跨国战略联盟**

中国汽车工业的发展史也是与外商组建跨国战略联盟的合作史。中国加入世界贸易组织后,国际化进程加速,汽车行业也参与到全球生产价值链中。国内汽车企业与国外企业组建跨国战略联盟的数量明显增多,联盟的形式和内容也逐步呈现多元化特点。中国头部汽车集团如上汽、一汽、东风汽车、长安汽车和北汽等纷纷选择与国外汽车公司合作，通过合资等跨国战略联盟的方式占据着各类细分汽车市场。北汽集团作为中国五大汽车集团之一，是国内第一家与外商成立合资企业的车企，开启了中国汽车行业的对外合作之路。

北汽集团与梅赛德斯－奔驰组建跨国战略联盟，能够获取奔驰汽车的技术资源，共同致力于合资品牌的发展。梅赛德斯－奔驰是全球顶级的汽车制造公司，拥有先进的生产技术，在整车制造、发动机、变速箱、安全系统等领域处于世界领先水平。相较于其他竞争对手，梅赛德斯－奔驰在新能源领域的布局稍有滞后，所以找到一个在该领域已有成绩的合作伙伴对奔驰汽车来说可能是一个更好的选择。北汽集团拥有国际一流的新能源汽车实验中心，在世界六国八地建立了研发中心，掌握三电核心技术，同时与产业链上下游的企业进行合作，在新能源领域积累了一定优势。因此，北汽集团是奔驰汽车在新能源领域的最佳合作伙伴。

双方的跨国战略联盟始于建立合资公司北京奔驰，经过不到20年的发展，北京奔驰拥有了戴姆勒合资公司中最大的研发中心。近年来，北京奔驰开展了纯电动车和动力电池的本土化生产，双方不断在动力电池等新能源领域共同研发合作。

要想在跨国战略联盟中实现共赢，前提是选择有共同的利益驱动和优势互补的结盟对象。在选择合作伙伴时，客观真实地评价自身和对方的优势及不足是实现优势互补、资源共享的前提。在这场跨国战略联盟中，梅赛德斯－奔驰作为世界一流汽车制造商，拥有先进的生产技术和成熟的管理体系，这对于刚刚改制的北汽集团有十足的吸引力。北汽集团作为北京市重点国有企业，具有完善的市场渠道和地域优势，这是奔驰进入中国市场不可或缺的，双方正是有着各自的优势及共同的乘用车市场战略目标，才能够进行长期战略合作、实现双赢。

资料来源：杨胖思维.北汽集团与奔驰：跨国战略联盟中的成功，其他汽车企业如何借鉴？[DB/OL].（2023-09-18）[2024-4-23]. https://baijiahao.baidu.com/s?id= 1777363884210505577.

第四节　跨国并购

一、跨国并购的含义与特征

（一）跨国并购的含义

跨国并购（Cross-Border Mergers and Acquisitions，M&As）是指一国企业（并购企业）通过一定手段，如支付手段和渠道，获取另一国企业（目标企业）的全部资产或足以行使经营控制权的股份，以实现特定目标。跨国并购分为跨国兼并和跨国收购。跨国兼并涉及将当地企业或国外企业资产或运营活动融入新实体或已存在的企业，而跨国收购是指在已存在的企业中获得控制权。跨国兼并导致两个或更多法人合并，而跨国收购改变被收购企业的产权或经营管理权，不改变法人的数量。

具体地说，跨国兼并又分为跨国合并和跨国吸收兼并两种类型。跨国合并（Cross-Border Consolidation）又称跨国平等合并，是指两个公司并为一体，并购后，双方的法律实体地位都不存在，而是用新的名称。跨国合并一般采用换股收购的方式进行。1998

年,德国的戴姆勒—奔驰公司和美国的克莱斯勒公司实现平等并购后,双方的法律实体地位都不存在了,合并后的公司名称为戴姆勒—克莱斯勒公司。该种形式的合并多出现在规模大且实力相当的两家公司中。跨国吸收兼并则是兼并方公司兼并了被兼并方公司,从而使被兼并方公司实质上丧失了法律上的实体地位,而成为兼并方的一个分公司。这种兼并方式多出现在实力相差悬殊的公司之间的并购交易中,如1999年日本烟草公司兼并雷诺国际等。

跨国收购包括收购东道国的外国附属企业和东道国的本地企业。前者是指在已经存在的外国合资企业中,外方的母公司通过增加资本来缩减另一方的股权比例,从而获得更大的控制权;后者则通过购买股权的方式收购当地的私人企业,有时是一些私有化项目或已经国有化的项目。对于跨国收购来说,获得部分的控制权也可以说是获得了控制权,因此有时获得了10%以上的股权就被认为是跨国收购,这正符合联合国关于跨国并购的解释。

联合国贸易与发展会议关于跨国并购是这样定义的,跨国并购包括:①外国企业与境内企业合并;②收购境内企业的股权达10%以上,使境内企业的资产和控制权转移到外国企业。

跨国并购是跨国公司全球化发展的最高层次活动,是跨国公司实现企业外部经营内部化的一种基本方式,是企业国际化经营的一种有效手段。随着跨国公司的迅猛发展,跨国并购日益成为跨国公司向国外发展的重要形式,并成为全球直接投资的主要推动力量。图4-2为不同类型的跨国并购结构。

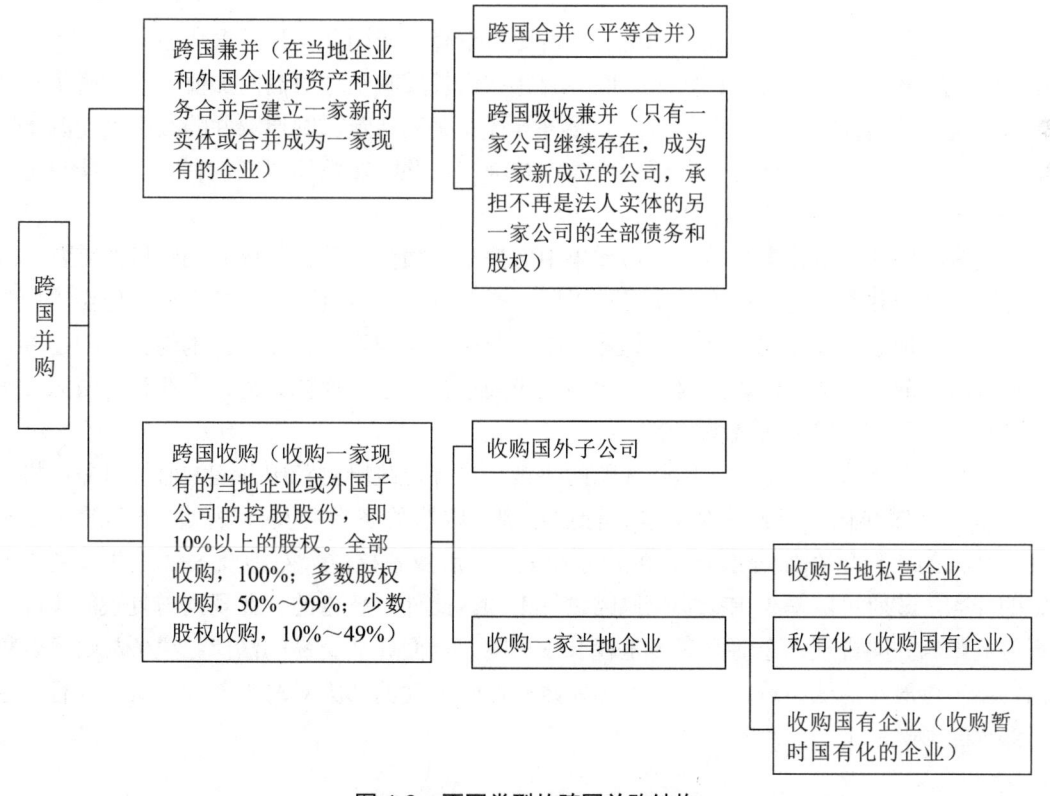

图4-2 不同类型的跨国并购结构

（二）跨国并购的特征

跨国并购作为企业全球化战略的关键举措，旨在整合互补资源、避免重复研发投入、发挥管理与财务协同效应、降低新市场准入门槛、降低风险与成本，并借助被并购企业的销售网络快速渗透目标市场。当前，跨国并购在全球经济环境变化、并购主体分布、交易方式多样化、行业集中度提升及并购类型偏好等方面呈现新的特征与趋势。

一是全球经济环境剧变驱动跨国并购需求增长。全球市场环境正在经历深刻变革，技术进步加速竞争升级，企业认识到通过并购实现创新资源共享的重要性。并购使企业共享互补资源、获取新技术，提升竞争优势。国际投资限制放宽、贸易自由化与区域一体化深入发展，为跨国并购创造了有利条件。资本市场自由化、新型融资方式涌现，降低了并购操作难度，全球企业并购理念普及拓宽了跨国交易视野。

二是并购主体以发达经济体为主，新兴市场国家快速崛起。尽管美国、欧盟、日本等发达国家仍是跨国并购的主要发起者，但以中国、印度、巴西为代表的新兴市场国家正迅速崭露头角，特别是中国企业并购活动显著增多。这反映出新兴市场企业全球竞争力增强，通过并购获取先进技术、品牌及市场份额，提升全球商业影响力。

三是以现金交易为主，多种交易方式并存。现金交易作为跨国并购的传统主流方式，因其直接、透明的特点，仍广泛应用于确定交易价值与条件，尤其是在市场波动或目标公司估值困难时更具吸引力。同时，股票交换与债券收购等非现金交易方式迅速发展。股票交换通过发行新股置换被并购企业股份，避免大额现金流出，降低成本，利于原股东分享新实体成长收益，逐渐成为大型并购首选。债券收购则利用债务融资完成收购，有助于优化企业资本结构。

四是并购重心转向服务业，制造业所占比重下降。跨国并购日益聚焦服务业，制造业比重相对下降，初级产业占比较小。服务业并购增长反映全球对高附加值、技术密集与创新服务需求的提升，金融、电信、商业服务等行业尤为活跃。制造业并购减少可能源于制造成本上升、供应链变化与竞争压力增大。初级产业并购在整体中影响有限，可能与全球资源开发及原材料供应链变革相关。

五是横向并购占据主导地位，市场集中度提高。横向并购在跨国并购中日益重要，成为当前的主流并购形态。此类并购发生于同一产业链或价值链，旨在扩大市场份额、增强竞争力与实现业务多元化。其增长趋势反映企业应对激烈竞争、追求技术创新与构建多元化业务组合的战略选择，以及对市场协同效应的重视。通过横向并购，企业整合资源、优化流程，实现成本优势与规模经济。

六是政府监管力度加大，影响并购的决策与执行。政府对跨国并购的监管日益严格，涉及审查程序强化、国家安全考量、行业规制、政治关系影响及合规风险管理等多个维度。严格的审查旨在保护市场竞争、国家安全及消费者权益，对涉及关键行业或基础设施的并购，政府可能基于国家安全原因进行干预。此外，严格的行业规则与复杂的国际关系可能影响并购进程，企业须高度重视合规风险，全面评估交易的法律、税务与财务合规性，以规避潜在的法律风险。综上所述，政府监管力度的加大对跨国并购决策与执行产生了深远的影响。

二、跨国并购的类型

跨国并购是企业在全球范围内进行资源整合、提升竞争力的重要手段，其动机、方式各异，本部分将从并购双方业务关联度、支付方式及并购方态度三个维度对跨国并购进行分类，如图 4-3 所示。

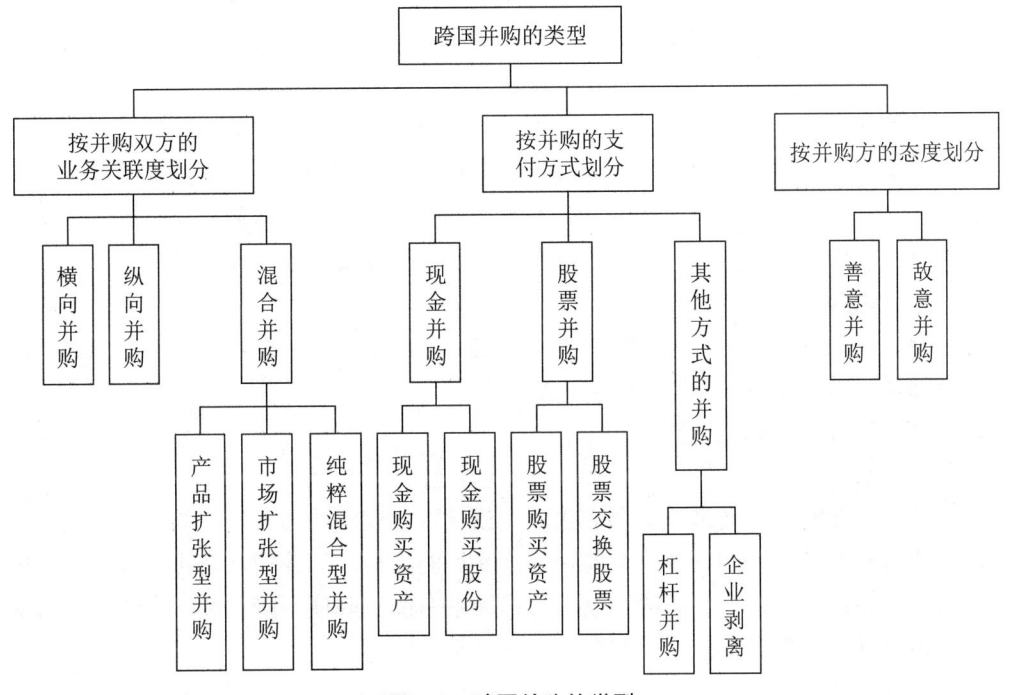

图 4-3 跨国并购的类型

（一）按并购双方的业务关联度划分

1. 横向并购

横向并购发生在同一行业内的企业间，即生产相同或相似产品的公司相互合并或收购，尤指跨国进行的此类活动。据统计，横向并购约占跨国并购总数的 70%，主要出现在汽车制造、制药、石油等产业，且逐渐扩展至服务业。其主要目标是通过资源整合实现协同效应，提高规模效益、市场份额和长期盈利能力。然而，过度的市场集中可能导致垄断，引发反垄断监管的关注，限制竞争，影响市场福利。

2. 纵向并购

纵向并购涉及企业与其上下游供应商或客户间的合并，实现产业链不同阶段的一体化。跨国纵向并购是指跨越国界的、生产同类产品但处于产业链不同阶段的企业间的整合。企业进行此类并购旨在降低交易成本、增强对供应链的控制、确保原料供应稳定等，以及通过一体化抵消市场失衡。但同时，纵向并购也可能带来管理复杂度增加、成本上升等挑战。

3. 混合并购

混合并购是指跨行业、业务无明显关联的企业间的并购。根据业务关联度的不同，混合并购可细分为产品扩张型（拓宽产品线）并购、市场扩张型（进入新市场）并购和纯粹混合型（无生产或经营关联）并购。混合并购旨在实现业务多元化、风险分散和规模经济效应。

（二）按并购的支付方式划分

1. 现金并购

现金并购以现金（包括票据）作为支付工具，买方支付现金后取得目标公司所有权，卖方则获得现金并丧失原公司所有权。现金并购又分为现金购买资产（买方收购目标公司部分或全部资产）和现金购买股份（买方收购目标公司股份以实现控制）。

2. 股票并购

股票并购，即并购方通过增发新股交换被并购企业的旧股，卖方保留对原公司的所有权。股票并购的优点包括节省交易成本、利于合理避税、不影响国际收支。股票并购包括股票购买资产（用新股交换目标公司资产）和股票交换股票（双方股票互换）。

3. 其他方式的并购

除现金、股票并购外，还包括杠杆并购（借助债务融资进行并购）和企业剥离（出售部分或全部资产以增强核心竞争力或应对敌意并购）。

（三）按并购方的态度划分

1. 善意并购

善意并购是并购双方通过积极协商达成一致，以协议收购形式进行的并购。双方在尊重与理解的基础上设定并购条件，共同探讨合并后的战略、运营模式及协同效应，以确保交易顺利进行并创造价值。良好的沟通与合作关系有助于降低不确定性，增强各方对交易的信心，为后续整合奠定基础。

2. 敌意并购

敌意并购指并购方在未得到目标公司股东或管理层同意的情况下，强行收购并夺取控制权。此类并购常遭遇目标公司股东和管理层的反对，他们可能采取防御措施或寻找其他合作伙伴以阻止并购。尽管敌意并购占比不高，但反映了在竞争激烈的市场环境中，企业为获取市场份额、技术等资源可能采取强硬手段。企业在选择并购策略时需综合考量各方面因素，以提高并购成功率。

三、跨国并购的理论与动因

（一）跨国并购的理论基础

自海默、金德尔伯格提出垄断优势理论以来，对跨国公司对外直接投资的研究主要沿着两条主线展开：一是以产业组织理论为依托，探讨在不完全竞争市场环境下企业的垄断地位与内部化优势，以及跨国投资决策与全球市场行为；二是以国际贸易理论为基础，分析在完全竞争假设下企业为何在全球范围内进行资源调配与生产活动。跨国并购的理论基础同样可细分为国际直接投资理论与企业并购理论两大部分。

1. 资本集中理论

马克思在《资本论》中提出了资本集中理论，尽管当时尚未出现大规模并购现象，但其理论揭示了资本集中的本质与机制。马克思的资本集中理论包含资本集中的原因与资本集中的机制两部分内容。

（1）资本集中的原因。马克思首次明确区分了资本积累与资本集中。资本积累是资本主义经济从圆形运动向螺旋形运动演进过程中，资产总量逐步增长的过程，涉及社会资本各组成部分量的组合变化，实质上是剩余价值的资本化。相比之下，资本集中则是通过个别资本间的结合直接导致资本量的增大，其根本动因在于资本对剩余价值和利润的强烈追求。为了获取更高利润，资本主体通常采取扩大生产规模或提高劳动生产率以降低成本的策略，从而引发资本集中，表现为规模经济效应。

（2）资本集中的机制。马克思详尽阐述了资本集中的四大机制：竞争机制、公司制度、信用制度和股票市场制度。竞争机制通过降低商品价格，促使企业提高劳动生产率，间接推动生产规模扩大，实现资本集中。公司制度通过合并、收购等手段，使单个资本形成大型公司，实现规模经济，降低成本，增强竞争力。信用制度为资本扩张提供了便捷的融资途径，促进资本积累与集中。股票市场制度通过发行股票吸引资本，助力企业扩大规模，形成大规模资本。

尽管时代变迁，马克思关于资本集中的理论观点至今仍具有重要启示意义，为理解资本集中现象提供了基础框架。后世学者在此基础上发展出众多新的并购理论，进一步丰富了资本集中机制的理论体系。

2. 并购效率理论

并购效率理论从并购后企业效率提升的角度考察并购活动，认为并购与其他形式的资产重组活动具有潜在的社会效益，表现为管理层业绩提高或某种形式的协同效应。该理论包含多个分支，如差别效率理论（管理协同效应理论）、经营协同效应理论与财务协同效应理论，分别用于解释不同类型的并购活动。

（1）差别效率理论（管理协同效应理论）。作为最一般的并购理论，差别效率理论聚焦于管理协同效应，即通过并购提升管理效率带来的收益。当一家公司拥有比另一家公司更高效的管理团队时，通过收购将低效率公司的管理水平提升至高效公司水平，实现管理协同效应。例如，若 A 公司的管理团队比 B 公司高效，A 公司收购 B 公司后，可将 B 公司的管理效率提升至 A 公司水平，实现管理协同效应。通过这种方式，企业不仅能够扩大规模，还能够通过整合高效管理团队提高整体效率，实现收益增长。差别效率理论为企业提供了一种有效整合资源、推动业务发展、提高竞争力的并购策略。

（2）经营协同效应理论。经营协同效应理论以行业内存在规模经济且企业在并购前未充分实现规模经济为前提，探讨并购后通过调整与提升生产经营活动效率带来的效益。并购使企业原有的有形与无形资产能在更广泛范围内共享，实现资源的更有效利用。研发费用、营销费用等要素投入得以分摊，降低单位成本，提高投入收益，促使企业实现专业化分工与协作，提高整体经济效益。经营协同效应理论为企业并购提供了基于规模经济与资源优化的理论框架，强调通过合理整合运营活动提高效率，实现经济效益最大化。

（3）财务协同效应理论。财务协同效应理论关注并购在财务方面产生的收益，主要包括税法、会计处理惯例和证券交易内在规律。通常在并购企业间存在投资机会互补与内部现金流互补时，财务协同效应得以充分发挥。并购可节约交易费用、降低资金运营成本，促使企业转向边际利润更高的生产，最大限度地提升资本配置效率。此外，通过合理避税，如亏损企业与盈利企业并购可减少纳税义务。尽管并购有时可能损害竞争，但在自由企业经济中,其通常起到惩罚无效管理者、提高资本流动性、优化资源配置等重要作用。

3.跨国并购的折衷理论

跨国并购的折衷理论由英国雷丁大学教授约翰·邓宁提出,被称为折衷范式(Eclectic Paradigm)或OLI范式,如表4-2所示。该理论旨在解释跨国公司对外直接投资的形态与发展程度,强调所有权优势(Ownership Advantages)、内部化优势(Internalization Advantages)及区位优势(Location Advantages)三方面优势整合对投资活动的影响。

(1)所有权优势。进行对外直接投资的企业需具备特定的所有权优势,且这些优势应足以抵消海外经营的额外成本。

(2)内部化优势。企业跨国转移资产优势时,需考虑内部组织与外部市场两种转移途径,仅当内部化优势带来的资产所有权收益超过外部市场时,对外直接投资才可行。

(3)区位优势。企业选择对外投资区位时,应与其拥有的优势相结合,形成区位优势。

表4-2 OLI范式与跨国并购

类型	横向并购	纵向并购	混合并购
合并	O:双方都拥有在规模、协同、财务或市场实力方面互补的所有权优势 L:在两家跨国公司合并其全球生产体系的场合,标准的区位因素是无关的 I:合并双方试图使共同的优势内部化,以获得规模经济。合并提供了利用对方优势更为快捷的途径	O:合并双方都拥有在生产链各个工序上具有互补关系的所有权优势 L:与新建FDI一样,但也能看到与水平合并类似的特征 I:并购企业都想获得安全、信息、财务或市场实力,并降低交易成本	O:双方在不相关的领域都拥有所有权优势,在这些领域中可能存在范围经济,但没有技术上的互补。合并可能仅涉及融资渠道,而不是基于通常意义上的所有权优势 L:主要是市场规模和增长或资本增值的前景,而不是OLI范式中的区位优势 I:合并企业寻求一种更大的资本基础或者范围经济,而不是通过它们所有权资产的内部化来降低交易成本
收购	O:收购者通常比被收购企业拥有更强的所有权优势,或是为了寻求特定的新优势(技术、各类联系等) L:如同新建FDI一样,不同的是许多L优势内含在被收购企业中 I:如同新建FDI一样,收购者通过内部化强化其竞争地位	O:收购者拥有较强的财务或管理基础,这使它们能够收购国外纵向关联企业 L:如同横向收购 I:如同新建FDI,收购者通过内部化来强化其竞争地位	O:收购者拥有较强的财务和管理资源,而不是通常意义上的所有权优势 L:主要是市场规模和增长或资本增值的前景,而不是区位优势 I:收购者寻求获得多样化或范围经济,而不是OLI范式中的内部化

跨国公司的对外直接投资活动受上述三种优势的共同影响,OLI范式从整体视角审视这一现象,成为解释对外直接投资的通用理论。OLI范式也为分析跨国并购提供了理论框架,将三种优势要素与并购方式(横向并购、纵向并购、混合并购)相结合,形成对跨国

并购的深入剖析。尽管 OLI 范式提供了较为全面的分析视角，但它本质上是一种静态均衡分析，侧重于解释跨国并购为何存在，而在解读复杂多变的国际经营环境中跨国公司行为的动态性方面存在一定的局限性。

（二）跨国并购的动因

跨国公司进行并购的动因多样且复杂，可归纳为以下几个主要方面。

1. 效率动因

效率动因以并购后企业效率提升为核心，关注并购所产生的协同效应，包括管理协同效应、经营协同效应和财务协同效应。这些效应旨在通过并购提高整体效率、降低成本，实现更好的经济绩效，体现企业在全球竞争中追求竞争优势和可持续发展的战略目标。

（1）管理协同效应。并购后，高效管理团队整合低效企业，提升其管理效率，通过构建更高效的管理体系，促进各部门协同合作，提高整体运营效率。

（2）经营协同效应。基于规模经济原理，通过并购实现资产（有形与无形）更大范围的共享，通过专业化分工与协作降低成本，提高单位投入产出比，从而提升企业整体经济效益。

（3）财务协同效应。并购带来的财务收益包括合理避税与资金运营成本优化。利用不同国家税法与会计制度差异，企业可通过并购实现税收优惠，如合并亏损与盈利企业以降低整体纳税义务。此外，并购还能降低资金运营成本，优化资本配置效率。

2. 经济动因

经济动因在企业并购决策中扮演着重要角色，不同类型的并购（横向并购、纵向并购、混合并购）受到各自特有的经济动因驱动，与企业绩效变化密切相关。

（1）横向并购。横向并购旨在通过实现规模经济提高行业集中度，提高企业在同行业市场中的实力。通过扩大生产规模、整合资源、提高生产效率、降低成本，横向并购有助于企业在竞争激烈的同行业内巩固市场地位，增加市场份额，提升竞争力。

（2）纵向并购。纵向并购旨在降低交易费用，通过与供应商或客户合并，整合生产链前后关联，确保稳定投入品供应，减少交易环节，提高生产效率。纵向并购使企业能更好地控制生产过程，降低协调成本，从而提高竞争力。

（3）混合并购。混合并购旨在分散经营风险，实现多样化经营。混合并购涉及不同业务类型的企业，使企业在不同领域开展业务，降低对特定市场或行业的依赖，增强抵御不确定性或周期性波动的能力，通过多元化经营更好地适应市场变化。

在经济动因的指引下，企业在做出并购决策时需深入分析行业与市场状况，明确战略目标，确保并购类型与动因与企业整体战略相吻合。这种考量有助于企业有效整合资源、提升经济效益，为长远发展打下坚实的基础。

3. 其他动因

除效率与经济动因外，企业并购还受其他多种动机的驱动，包括利益驱动、投机及快速进入市场。

（1）利益驱动。管理层出于个人利益考虑，通过扩大企业规模提高自身薪酬、津贴与地位，可能导致并购决策侧重短期个人利益，忽视企业整体战略与盈利能力。企业在考虑并购时需平衡管理层个人动机与企业整体利益，确保并购符合企业长期价值。

(2) 投机。企业通过并购追求资本收益，特别是在并购市场活跃时期，可能利用市场热度与股价上涨获取高额资本回报。投机动因强调市场条件对并购活动的影响，提醒企业需谨慎评估市场状况，避免过度受市场波动的影响。

(3) 快速进入市场。企业通过并购快速进入新市场，降低行业壁垒，缩短进入时间，获取竞争优势。尤其是在跨国并购中，通过收购当地企业迅速融入东道国市场，获取当地资源与市场结构优势。此种战略需兼顾与当地文化、法规等的协调。

尽管外部因素（产业结构变动、经济周期、政府干预等）也会对并购动机产生影响，但企业进行并购的根本内在驱动力始终是对利润最大化的追求。因此，企业在制定并购战略时应全面考虑各种动因，确保并购活动符合企业整体战略，并以长期价值为导向。

四、跨国并购的管制规则

（一）跨国并购的反垄断规制理论及其评价

跨国并购的反垄断规制旨在维护市场竞争，防止市场力量过度集中对经济效率和消费者福利造成负面影响。相关理论与评价主要围绕竞争理论、市场结构分析及反垄断规制展开。

1. 竞争理论视角

古典经济学派倡导自由竞争，视市场为一只"看不见的手"，通过私人利益追求实现公共福利最大化。然而，新自由主义经济学派提出的完全竞争理论强调在完全竞争市场结构下资源配置效率最高。尽管这些理论为理想化市场运作提供了模型，但现实市场往往偏离完全竞争状态，反垄断规制需考虑复杂的市场结构。

2. 不完全竞争理论的引入

针对实际市场情况，经济学家引入了不完全竞争理论，认为市场介于完全竞争与完全垄断。这一理论强调市场结构对市场行为和绩效的影响，为反垄断规制提供了更贴切的理论基础。然而，对有效竞争的判断标准仍存在争议。

3. 哈佛学派与芝加哥学派的观点

哈佛学派主张"结构—行为—绩效"理论，强调通过维护市场结构防止超大规模企业的形成，保护市场竞争。而芝加哥学派认为市场结构、行为与绩效间的联系不明显，反对政府干预并购规模，提倡反垄断法应聚焦经济效率，对竞争持宽容态度。两个学派的观点均强调竞争对市场绩效的影响，但对于政府角色和反垄断法目标存在分歧。在实践中，反垄断规制需在经济效率与市场竞争之间寻求平衡。

4. 跨国并购的双重影响

跨国并购既可能增强企业竞争力，推动经济发展，也可能导致市场集中，损害消费者的利益乃至形成垄断。反垄断规制旨在预防垄断，促进公平竞争，保障市场有效运作。在制定政策时，应考虑行业、国家及市场特性，实施差异化规制，以维护全球市场的公平竞争与持续健康发展。

（二）中国的跨国并购管制

1. 中国跨国并购管制背景

改革开放以来，中国对外投资政策历经变革，从以引进外资为主转向鼓励企业"走出去"。随着加入WTO及全球化进程加速，中国企业跨国并购的需求日益增长，以获取先进技术、管理经验、市场资源，降低经营风险，实现多元化发展。

2. 中国跨国并购法律框架

（1）《境外投资管理办法》的制定与修订。《境外投资管理办法》旨在引导与规范中国企业对外投资行为，防范金融风险，为跨国并购提供法律基础。该法明确了境外投资的定义，设立了国家安全审查制度，规定了企业资本金要求与外汇管理规定，规范了企业投资行为。

（2）《关于进一步引导和规范境外投资方向的指导意见》。随着对外投资规模的扩大，为维护金融安全，防范风险，国务院发布通知进一步规范境外投资秩序。该意见要求企业在敏感行业进行境外投资须进行国家安全审查，确保投资活动不损害国家安全，并规定企业在资金结算、外汇管理等方面的合规要求，为跨国并购提供更安全、可控的法律环境。

3. 跨国并购审查与监管

（1）审查机制。国家发展改革委负责对涉及重大产业和核心技术的跨国并购进行审查，确保交易商业合理性、合规性，不损害国家安全与经济利益。外汇管理部门负责审查跨国并购涉及的资金流动，确保资金合法、合规、符合外汇管理规定，防范金融风险。

（2）安全审查与国家安全审查。我国引入了安全审查制度，关注交易对国家安全的潜在威胁，为跨国并购提供全面的安全性保障。国家安全审查依据《中华人民共和国国家安全法》进行，由国家安全部、外交部等多部门联合实施，确保国家安全不受跨国并购的影响。

（3）监管与后续管理。我国对跨国并购实施严格监管，包括对企业资金使用、信息报告、业务整合进展等监督，及时发现并解决问题，保障国家与企业利益。审查通过后，政府将持续关注企业业务整合、员工福利、对外投资效果等，确保跨国并购合规且实现可持续的经济效益与社会效益。

总之，我国对跨国并购的审查与监管体系不断完善，兼顾经济效益与国家安全，为企业发展提供了有力的法律支持，推动中国企业积极参与全球化竞争，促进经济全面发展。

（三）美国的跨国并购管制

美国的跨国并购管制体系主要包括反垄断法与证券交易法两大支柱，旨在维护市场竞争、确保交易透明度与合规性，保护消费者权益。

1. 反垄断法

美国反垄断法是维护市场经济秩序的核心法律，以《谢尔曼反托拉斯法》与《克莱顿反托拉斯法》为代表，旨在防止垄断、维护市场竞争公平性与有效性。

（1）《谢尔曼反托拉斯法》。作为美国最早的反垄断立法，该法禁止垄断行为及不正当竞争，旨在保护市场免受垄断势力影响，维护消费者和其他市场参与者权益。在跨国并购中，该法要求涉及垄断行为的交易接受政府调查，确保合并不会对市场产生不利影响。

（2）《克莱顿反托拉斯法》。该法进一步强化对垄断与不正当竞争的管制，明确禁止价格歧视、独家交易等行为，严禁可能导致竞争程度降低的公司间交易。在跨国并购背景下，该法确保市场保持竞争环境，防止垄断与不当竞争。

美国反垄断法要求跨国并购企业严格遵守相关法规，提交充分交易信息供政府审查，政府有权介入并要求企业采取措施解决潜在的反竞争问题，以确保并购在促进经济效率的同时坚守公平竞争原则。

2. 证券交易法

证券交易法在美国跨国并购中起着关键作用，构建了确保透明度、公平性和合规性的法律框架，由联邦法与美国证券交易委员会（SEC）监管体系共同构成，涵盖信息披露、内幕交易禁止与交易监管等方面的内容。

（1）信息披露。在跨国并购交易中，公司必须按照证券交易法提供充分信息，确保投资者能做出明智决策。信息披露内容包括但不限于公司财务状况、合并动机与影响等，以维护市场的透明度与公平性。

（2）内幕交易禁止。证券交易法禁止基于未公开重要公司信息进行交易，即内幕交易。在跨国并购中，所有相关方（包括公司内部人员与潜在投资者）均须遵守此规定，以防止信息不对称，维护市场健康发展。

（3）交易监管。证券交易法赋予 SEC 监管证券市场的职责。在跨国并购中，SEC 负责审查公司文件合规性，调查潜在违规行为，保护投资者利益，防止市场操纵与欺诈，确保证券市场正常运作。

总之，美国证券交易法通过信息披露、内幕交易禁令与监管措施，保障跨国并购的透明度、公平性与合规性，吸引投资，维护投资者信心，促进证券市场稳健运行。

（四）对跨国并购反垄断规制的简要评述

跨国并购反垄断规制在全球范围内至关重要，对维护市场竞争、提高经济效益、防止垄断具有深远影响。

（1）全球化趋势下的反垄断挑战。随着全球化发展，跨国并购日益普遍，但可能导致某些企业通过并购获取过大市场份额，影响良性竞争。

（2）多国反垄断法律体系协调。跨国并购涉及多国法律，企业需确保交易符合各国法规，协调难度增加。

（3）市场影响评估。反垄断机构对跨国并购进行市场影响评估，关注市场集中度、潜在垄断地位及对消费者与市场参与者的影响，必要时要求企业采取措施维护良性竞争。

（4）合并后市场竞争监测。反垄断规制不仅关注交易前的市场情况，还关注合并后市场的竞争格局，防止企业滥用市场支配地位。

（5）公平竞争与消费者权益保护。反垄断规制旨在维护市场公平竞争，保护消费者权益，促进市场多样性与创新，确保企业提供优质产品与服务。

（6）法规合规的重要性。企业进行跨国并购时必须严格遵守反垄断法规，否则可能面临罚款、交易延误甚至交易被否决的风险。法规合规是企业成功完成并购交易的关键。

总之，跨国并购反垄断规制在维护市场竞争、提高经济效益、保护消费者权益等方面发挥着不可或缺的作用。企业在进行跨国并购时，必须严谨评估并遵守相关法规，确保交易在法规框架内合法、公平、透明地完成。

◆ 案例一　海南航空集团多元化经营战略

（一）案例介绍

自 1993 年成立以来，海南航空集团（以下简称海航）便逐渐开始了在多元化战略下的跨国并购。瑞银研究报告显示，自 2016 年起，海航大量开展海外并购项目，涉及亚洲、欧洲、大洋洲、北美洲及南美洲诸多国家，以及航空交通、旅游、房地产、金融与科技等行业，并购项目多、金额大、领域广。除此之外，海航通过多元化发展，由单一的航空服务，形成了如今围绕航空旅游、现代物流和现代金融服务三大核心业务。海航多元化经营主要案例如表 4-3 所示。

表 4-3　海航多元化经营主要案例

业务种类	进入时间	进入方式	经营现状
旅游业，海航酒店集团成立	1997 年 9 月	独资	盈利
农业项目开发、房地产开发等（海南国善、海南国旭、海南海鹏）	2010 年 9 月	独资	亏损
航空维修领域	2010 年	独资	盈利
金融业，入股首家银行	2010 年 12 月	合资	盈利
国际飞机租赁领域	2012 年 5 月	并购	盈利
航空地面服务	2015 年	并购	盈利
航空食品服务	2016 年 4 月	并购	盈利

资料来源：凌易群，叶贝，马久尊.海航商业经营案例分析——基于业务归核化与多元化角度分析 [C]. 上海：上海海关学院，2020.

（二）案例讨论

（1）何为多元化经营战略？
（2）多元化经营战略具体分为哪些类型？
（3）请分析海航多元化经营战略的成败。
（4）海航应如何优化和调整多元化经营战略？

（三）案例分析

1. 多元化经营战略的定义

多元化经营战略又称多角化经营战略、多角化增长战略、多样化战略或多产品战略，是指企业为更多地占领市场和开拓新市场，或规避经营单一事业的风险而选择性地进入新的事业领域的战略。多元化经营战略属于开拓发展型战略，是企业发展多品种或多种经营的长期谋划。

2. 多元化经营战略的类型

（1）同心多角化经营战略，也称集中化多角化经营战略，是指企业利用原有的生产技术条件，制造与原产品用途不同的新产品（如汽车制造厂生产汽车，同时也生产拖拉机、柴油机等）。

（2）水平多角化经营战略，也称横向多角化经营战略，是指企业把生产的新产品销售给原市场的顾客，以满足其新的需求（如某食品机器公司，原生产食品机器卖给食品加工厂，后生产收割机卖给农民，以后再生产农用化学品，仍然卖给农民）。

（3）垂直多角化经营战略，也称纵向多角化经营战略，又可进一步分为前向一体化经营战略（原料工业向加工工业发展、制造工业向流通领域发展，如钢铁厂设金属家具厂和钢窗厂等）和后向一体化经营战略（加工工业向原料工业或零部件、元器件工业扩展，如钢铁厂投资于矿山采掘业等）。

（4）整体多角化经营战略，也称混合式多角化经营战略，是指企业向与原产品、技术、市场无关的经营范围扩展（如美国国际电话电报公司扩展经营旅馆业）。

3. 多元化经营战略的成败启示

（1）升级结构，提升核心竞争力。在民营航空体制改革后形成的三大航空集团占据国内民营航空市场的近80%，海航等民营航空公司面临严峻的竞争压力。为应对国内外航空业的激烈竞争，海航实施多元化发展战略，通过并购产业链上下游企业如国际知名酒店、海外航空公司等，完善旅游服务，构建起涵盖规划、发展、销售的完整服务体系，显著提升核心竞争力，使集团在竞争中保持发展态势。此外，海航还通过并购海外的飞机租赁公司及全球领先的营销与物流公司发展现代物流业务，实现产业链上下游扩展，全面提升集团综合实力。

（2）合理分散风险，确保稳定发展。多元化经营战略有助于海航有效分散经营风险。传统航空运输业盈利能力较低，易受市场波动影响，单一业务模式使海航面临高负债与市场风险。通过实施多元化战略，涉足航空旅游、现代物流和金融服务三大领域，海航得以缓冲市场波动给盈利带来的冲击，实现长期稳定发展。

（3）实现速度效益与范围效益。多元化战略为海航带来速度与范围双重效益。第一，通过并购等手段迅速开拓新产业，海航得以在短时间内加速成长，实现速度效益。第二，多元化战略引导海航向航空业上下游延伸，涉足旅游业、酒店业、零售业、物流业等，构建起涵盖吃、住、行、游、购、娱的综合产业链，促进客运业务发展。例如，新涉足的酒店业与旅游业带动了新航线开设，为海航创造了新增收入，实现了范围效益。

（4）经验教训。第一，专业领域人才缺口。大规模多元化发展对经营管理专业知识需求增大，而海航短期内可能面临人力资源无法匹配多元化发展需求的问题，即现有人才可能无法充分掌握新涉足领域，导致多元化发展效果不理想。第二，整合资源、统筹发展难度大。海航通过并购大量相关企业，但企业数量过多可能导致管理难题。如何合理配置资源、找准发展重心，以及处理好并购企业间的竞争、协调旗下各企业关系、围绕核心目标统筹发展，成为重要挑战。如收购NH酒店集团后再次并购卡尔森酒店集团引发矛盾，若类似情况频繁发生，将对海航内部整体经营造成破坏。第三，并购企业过多或影响品牌建设。在并购过程中，海航需明确自身定位。海航定位为五星级航空品牌，旗下唐拉雅秀为高端酒店品牌。但在实际扩张中，海航过于注重规模扩张与市场抢占，导致并购企业涵盖中端、中高端至高端各类品牌，品牌定位模糊，可能导致顾客群体不稳定，降低顾客黏性。

4. 应对策略

（1）业务与市场双方面精准归核化。归核化战略强调聚焦核心业务，剥离非核心、效益不佳的业务，通过合理的并购投资推动核心产业高效发展。海航的核心业务为航空运输业，在发展的未稳定阶段，应关注核心业务的健康升级与创新。海航需对并购企业进行细致分析，逐步剥离与航空关联度低、无法服务核心业务、投入大且缺乏相关产业经验的企业。面对航空业负债率高、稳定性差的现状，海航应采用业务归核化战略，集聚优质资源，推动航空产业现代化转型，通过业务扩展分散风险，专注于自身优势领域实现进一步发展。在"一带一路"倡议背景下，海南航空业享有政策优势与广阔市场前景，海航作为本地企业与"一带一路"航线开拓者，应把握机遇，明确发展重点，将重心由被三大航空集团主导的内地市场转向对外航空领域，业务与市场双方面精准归核，专注于对外商务、旅游、货运服务，顺应经济、社会发展趋势，确保自身健康稳定发展。

（2）精准归核下的有效多元化。有效多元化并非盲目涉足与原产业无关的领域，而是对主业的合理延伸与统筹发展。海航应遵循同心多样化扩张模式，以主业为中心，以市场需求为线索，向关联产业逐步延伸，实现发展多样化与产品或服务多元化。同时，应向产业链上下游延伸，拓宽领域。在多元化发展时，应以是否助力核心业务、能否与核心业务合理配置资源、统筹发展为评判标准。海航通过并购形成跨地域、跨行业的运营格局，但核心航空业务未稳定时过早多元化，导致资源分散，阻碍核心产业与拓展产业发展，甚至威胁集团生存。现阶段，海航应剥离非核心业务、降低负债，集中力量发展航空业务。

（3）先舍后取，谨慎投资。海航应先衡量利弊，出售与航空运输业关联度低的资产（如金融、房地产等），缓解现金流压力；之后，明确旗下企业具有的技术、资源或品牌优势领域，以此为基础进行高效多元化发展。海航可发展优势明显的飞机维修业，如已收购的 Mytechnic 与 Srt 公司，拥有稳定客户源与先进维修技术，为海航维修业务提供保障。同时，海航应发展地面服务业，结合自主高端酒店品牌唐拉雅秀，打造航空地面一站式服务，形成完善的航空服务单元，协同发展。海航应紧密配合政府政策，顺应市场需求，实施合理多元化战略，丰富业务类型，完善产业结构，巩固核心竞争力与市场地位。

（4）业务归核化下的差异化发展战略。差异化战略是海航成功的关键，未来应继续坚持。面对三大航空公司的优势，海航需挖掘市场空白，以差异化战略赢得先机。一方面，海航应进一步细分市场，明确各航空公司及酒店定位，细化业务市场以增强差异化与提高竞争力。另一方面，注重产品服务差异化。海航已利用大数据技术精准推广，提供多样化机票产品，提供优质餐食服务（与米其林餐厅合作）、云端厨房、高质量娱乐系统等独特出行体验，形成服务差异化优势，吸引大量客流。未来，海航应继续提供高品质产品与服务，拥有更强竞争力。

◆ 案例二　雀巢的国际化经营

（一）案例介绍

雀巢创始于1867年，是全球最大的食品公司，在世界500强中名列前50位。第二次世界大战后，雀巢开始全面进军食品行业，不仅在乳制品和以咖啡、可可为原料的产品行业施行了一系列的并购，还涉足烹调食品、快速食品、冰激凌、冷冻食品、冷藏食品等。1983年伊始，雀巢又展开了新一轮的并购行动，这次的重点还是食品行业，其目标是通过并购掌控食品行业专门技术的中小型企业，进一步增强核心业务的市场竞争力。同时，雀巢还实施了以提高美国市场占有率为目标的一系列并购。

资料来源：根据雀巢大中华大区官方网站信息收集整理。

（二）案例讨论

（1）分析雀巢国际化经营战略的特点。

（2）雀巢国际化对中国企业国际化经营有哪些启示？

（三）案例分析

1. 经营战略特点

一是以并购方式开拓新市场。在国际化经营中，雀巢优先选择并购作为进入新市场的手段，以此避免新建企业的高额成本与未知风险，同时迅速获取成熟的销售渠道、市场份额，以及被收购企业已有的市场口碑与忠实消费者群体。通过并购，雀巢在短时间内大幅扩展业务规模，持续创造利润增长点，推动企业长期发展。

二是专注于食品行业（产品同构原则）。雀巢的收购对象多为各国食品行业的领军企业。并购不仅壮大了品牌阵容，而且通过一系列交易确立了其在全球食品市场的领导者地位，使其成为全球最大的冰激凌生产商，以及瓶装水业务的"领头羊"，短时间内显著提升了市场份额与竞争力。

三是随市场环境调整并购战略。第二次世界大战后，雀巢采用全面并购食品行业企业的战略，以快速构建产业链、扩大规模与提升市场占有率。然而，1983年，面对市场竞争格局变化，企业转向依赖技术优势，遂将并购目标转向掌握食品行业专有技术的中小企业，以增强核心竞争力。

四是并购地域选择的递进性。雀巢的全球化进程并非全球同步进行，而是遵循"先易后难"的递进策略，即先在国内、再在周边和外围、最后在美国展开并购，以此最大限度地降低并购风险，尤其是文化差异风险，确保并购成功。

2. 启示

（1）根据市场环境与企业资源选择合适的国际化经营方式。

（2）谨慎选取横向一体化、纵向一体化、混合一体化经营策略。

（3）依据市场环境特别是竞争环境动态，着力培育新的竞争优势。

（4）在国际化经营中，慎重考虑采用全球同步化或渐进式发展模式。

（5）在国际化经营中，慎重考虑采用多元化或归核化经营模式。

◆ 案例三　联想集团收购摩托罗拉案例 OIL 解析

（一）案例介绍

根据联想集团官方消息，2014年1月29日，联想集团在美国北卡罗来纳州三角研究园与谷歌达成一项重大协议，将收购摩托罗拉移动智能手机业务。

此前，联想集团曾于2005年收购IBM的全球个人电脑业务及其个人电脑品牌业务。2014年收购了全球知名的摩托罗拉移动智能手机业务，其中包括摩托罗拉品牌、Moto X 和 Moto G 及 DROIDTM 超级系列产品等创新的智能手机产品组合。除现有产品外，联想集团将全面接管摩托罗拉移动的产品规划。谷歌将继续持有摩托罗拉移动大部分专利组合，包括现有专利申请及发明披露。作为联想集团与谷歌长期合作关系的一部分，联想集团将获得相关的专利组合和其他知识产权的授权许可证。此外，联想集团将获得超过2000项专利资产，以及摩托罗拉移动品牌和商标组合。

"并购这样一个在行业中最具代表性的品牌及其创新的产品组合和精英汇集的全球团队，将帮助我们在移动领域把握快速增长的机会，让我们加速成长为全球性的移动设备厂商。"联想集团董事长兼CEO杨元庆表示，"凭借联想高效的运营平台、一流的生产制造能力和全球化的业务覆盖，我们有信心让这个业务实现长久的增长和盈利。我们将结合双方优势，打造用户喜爱的产品，推动业务成长。联想在继承和发扬优质品牌方面有着非常好的经验，ThinkPad品牌的优势在我们手中得到发扬光大。我们相信，本次并购同样能取得成功。面向未来，我们不仅将继续保持强劲的增长势头，还将为实现新发展奠定坚实基础。"谷歌CEO Larry Page表示："这对所有安卓用户来说是一个重要的变化：随着这项协议的达成，谷歌将集中精力致力于安卓生态系统的优化和创新，而联想集团拥有专业且丰富的经验，这将会帮助摩托罗拉移动，将创新产品提供给更广大的用户。"

摩托罗拉移动 CEO Dennis Woodside 表示："作为联想集团的一部分，摩托罗拉移动将会以更快的方式，实现获取移动互联网的下个1亿用户的目标。摩托罗拉新发布的 Moto X 和 Moto G，目前发展势头非常好，联想的硬件专业经验和全球性的业务覆盖会加速我们的业务发展。"

资料来源：中国知识产权（网络版）[EB/OL].（2014-02-07）[2024-04-23]. https://www.chinaipmagazine.com/news-show.asp?id=10831.

（二）案例讨论

（1）运用国际生产折中理论具体分析联想集团并购摩托罗拉案例。

（2）简要分析该并购案例对中国企业对外投资的启示。

（三）案例分析

1. 并购优势

（1）并购方联想的所有权优势。

一是资本优势。截至2014年3月，联想集团2013—2014财年营业额、除税前利润和盈利均创历史新高，分别达387亿美元（同比增长14%）、10.1亿美元（同比增长27%）和8.17亿美元（较2010—2013财年分别增长了2.73亿美元、4.73亿美元、6.35亿美元）。

二是并购整合能力优势。2004年联想集团成功并购IBM后,于2013—2014财年巩固了全球个人电脑市场的领先地位,市场份额增加2.1个百分点至17.7%。

三是集团化管控优势。2011年,联想集团成立移动互联及数字家庭集团MIDH,2013年MIDH业务在集团业务中的占比从2011年的2%提升至15%,智能手机销量在我国市场排名第二,在全球市场位列第四。

四是技术优势。2013—2014财年,联想集团抓住4G/LTE商机,扩大自主研发的"乐商店"生态系统应用,中国市场业绩超越行业平均水平;推出包括首款LTE智能手机联想Vibe Z在内的多款产品,全球智能手机销量增长59.4%,比全球市场增速高出28%。

(2) 并购方联想的内部化优势。

一是避免专利技术购买价值的不确定性。与技术授权方式相比,内部化可避免持续评估技术授权价值与价格,减少不确定性。

二是实现一体化经营。将摩托罗拉手机研发、生产和销售纳入联想统一管理体系,消除外部交易不确定性。

三是自主确定内部转移价格。

四是吸收先进专利、品牌、技术、管理流程。联想集团将吸收摩托罗拉的专利、品牌、技术与管理流程。

五是严格质量管控。内部化可有效管控全流程质量管理,降低外部交易可能带来的责任风险。

(3) 被并购方摩托罗拉的区位优势。

一是品牌优势。联想集团将获得摩托罗拉品牌及其创新智能手机产品组合,如Moto X、Moto G、DROIDTM超级系列等。

二是网络渠道优势。截至2013年年底,摩托罗拉在全球手机市场占有8.6%的份额,在美国智能手机市场占有6.7%的份额。

三是专利优势。联想集团将获得超过2000项专利资产及相关专利组合、知识产权授权许可。

四是高科技人才与研发能力优势。尽管摩托罗拉自2011年起退出部分市场,但其研发能力显著提升,推出的Moto X、Moto G、Moto360等产品在2014年年底获得了《华尔街日报》等权威媒体颁发的重量级奖项。

五是谷歌股权合作优势。支付对价包括7.5亿美元联想普通股股份,使谷歌集团成为联想股东,为双方战略合作奠定基础。

2. 启示

企业对外投资必须具备一定的所有权优势,如资本、规模、管理、技术、政府政策等方面;选择的东道国或投资对象必须具备某种区位优势,如市场、技术、政策优惠等;对外投资者必须拥有将自身所有权优势和东道国或投资对象的区位优势相结合的内部化优势。

◆ 思考题

（1）描述跨国公司全球战略的基本特征，并给出实例说明。
（2）讨论跨国公司在制定全球战略时需要考虑的关键因素。
（3）分析跨国公司战略联盟的主要类型，并解释它们的目标。
（4）简述跨国公司进行国际并购的主要动因，并举例说明。
（5）根据OLI范式，分析企业进行跨国并购的可能优势。
（6）讨论跨国并购在全球化背景下面临的主要挑战和机遇。
（7）如何评价跨国公司通过并购实现快速市场扩张的策略？

第五章
跨国公司国际贸易

> 学习目标

类别	内容
重点掌握	跨国公司内部贸易内涵与特征；跨国公司转移价格策略
掌握	跨国公司电子商务的战略与模式；跨国公司技术转让的定价和支付方式
理解	跨国公司内部贸易的动因；跨国公司技术转让的方式和保护方式
了解	跨国公司转移定价的方式和方法

第一节 跨国公司内部贸易概述

一、跨国公司内部贸易的含义

跨国公司内部贸易又称为跨国公司内部的国际贸易或公司内贸易，是指跨国公司母公司与子公司之间，或子公司与子公司之间的产品、原材料、技术与服务在国际上的流动。这种贸易关系主要体现在跨国公司的母公司与国外分支机构之间，以及同一母公司下属处于不同国家的子公司之间。跨国公司内部贸易是国际直接投资迅速发展的结果，是国际贸易和国际直接投资相结合的一种特殊现象。

尽管跨国公司内部贸易导致货物或服务跨越国界流动，但交易的实质是同一个所有者在不同实体之间的交往。它既具备国际贸易的特征，同时也表现为公司内部商品调拨的特殊形式，因此，它可以被视为一种特殊形式下的国际贸易。在当代国际贸易中，跨国公司内部贸易已经占据世界贸易额的 1/3 以上。随着跨国公司的不断发展，这种内部贸易在世界贸易中的份额有望进一步提高。

在贸易方式和贸易动因方面，跨国公司内部贸易与传统的国际贸易有显著差异。在贸易方式方面，它仍然是跨越国界的货物或服务的流通，是两个经济实体之间的交易，同时交易结果会影响两国的国际收支等。然而，贸易价格不是由国际市场供求关系决定的，而是由公司内部根据需求自主确定的。在贸易动因方面，跨国公司内部贸易是在同一所有权企业内部进行的，其目的是实现企业内部的经营与管理，使各构成要素在经营过程中实现正常的运作。这种贸易形式创造了一个内部一体化的市场，其中交易动机主要是优化企业内部的运营。

二、跨国公司内部贸易的特征

作为国际贸易的一种特殊形式，跨国公司内部贸易主要发生在同一所有权企业内部，涉及货物与服务跨越国界的内部流通。相较于传统国际贸易，其具有显著的特点，主要表现在以下几个方面。

（一）较强的隐蔽性

跨国公司实施内部贸易的一个主要目的在于通过绕开外部市场实现更灵活、更高效的运营。然而，这种内部贸易通常伴有信息透明度低的问题。多数跨国公司视内部贸易数据为高度敏感的商业秘密，导致获取详尽、准确的交易数据极为困难，即使是海关等监管机构也常常难以清晰辨识哪些交易属于内部贸易范畴。

信息不对称增加了对跨国公司内部贸易进行量化分析的难度，其内部交易数据的不透明性阻碍了外界全面理解和评估其贸易活动。同时，转移定价（Transfer Pricing）为跨国公司在内部贸易中操纵信息提供了可能。企业通过自主设定内部贸易价格，可以影响其在不同国家的利润分配和税收责任。

东道国（接收跨国公司内部贸易的国家）在信息不对等的条件下，可能因无法准确了解公司真实经济状况而遭受财政损失，如转移定价的不公导致税收减少、资源错配，甚至损害市场竞争的公平性。因此，解决跨国公司内部贸易的信息不对称问题，提升透明度和监管水平，对维护国际市场公正和保障各国财政利益至关重要。

（二）内部贸易采用转移价格策略

与传统国际贸易基于生产成本、国际市场价格和市场需求定价不同，跨国公司内部贸易采用转移价格策略。转移价格是一种内部贸易价格，与国际市场正常交易价格可能存在显著差异，甚至与生产成本无直接关联。

转移价格有助于解决跨国公司内部专业化分工与各部门利益不一致的矛盾。随着跨国公司业务扩展和国际分工进一步深化，专业化分工提高了生产效率，实现了规模经济，同时防止了技术外流。然而，海外子公司股权形式多样化导致母公司与各子公司间形成复杂多样的经济关系，局部利益与整体利益可能出现冲突。跨国公司通过转移价格，以统一战略目标指导下的内部交换协调各部门活动，满足各自的利益需求。

转移价格赋予跨国公司灵活调整内部交易价格的能力，使其能适应不同国家的税收、法规和市场条件，使整体利润最大化。这种定价策略有助于跨国公司应对各国经济差异，优化全球资源配置。总的来说，转移价格作为一种有效的内部管理工具，助力跨国公司协调全球运营，实现战略目标下的经济效益最大化。

（三）内部贸易不涉及所有权转移

在传统国际贸易中，货物所有权随着交易完成从卖方转移到买方，标志着交易结束。在这一过程中，货物流通基于市场供需和国际市场价格，所有权变更发生在不同的经济主体之间。

相比之下，跨国公司内部贸易中货物所有权转移具有不同的特点。内部贸易发生在跨国公司体系内的不同层级（如母公司与子公司、子公司间），所有权并未超出公司整体体系，仅在内部转移。从公司整体角度来看，内部贸易不涉及所有权的外部转移问题。

在跨国公司内部贸易中，货物或服务在公司内部不同部门间调动，而非在市场上进行所有权交换。这种内部贸易的特殊性使货物流动更像公司内部资源的重新配置，而非市场上的买卖行为。因此，从公司整体层面来看，内部贸易不涉及传统国际贸易中所有权的外部转移问题，更侧重内部资源优化配置与协同合作。

（四）内部贸易有助于保持技术优势

跨国公司实施内部贸易与其技术水平密切相关，技术水平直接影响内部贸易在公司经济活动中的比重。跨国公司在国际市场上的核心竞争力往往源于其独有的技术优势，这些优势多通过内部研发产生，并为防止技术外泄，仅在公司内部应用。因此，通过内部贸易，跨国公司能在内部保持技术优势地位。

在现代商业环境中，技术水平直接决定企业在市场竞争中的地位。跨国公司能在国际市场立足，得益于内部大量的研发投入和创新活动，培育出独特的技术优势，如专有生产工艺、高效生产方法和领先产品设计。由于这些优势在内部孕育和保护，为维持竞争优势，跨国公司通常不愿将关键技术外传。

内部贸易成为跨国公司保持技术优势的有效途径。通过内部交易，跨国公司能更好地控制技术使用和传播，防止技术资产被竞争对手获取。内部贸易流程受到严格的内部管理和监控，确保技术合理使用并降低泄漏风险，从而使技术优势在跨国公司内部得以保持，为跨国公司在市场竞争中保持领先地位提供支撑。通过内部贸易，跨国公司不仅能提升内部效率和协同作战能力，也能确保在技术创新方面持续领先。

三、跨国公司内部贸易分类

（一）按内部贸易的主体分类

1.母公司向海外子公司的销售

跨国公司内部贸易主体分类的第一种形式是母公司向海外子公司销售。这是跨国公司运营中常见且关键的交易模式。在此情形下，母公司向设于其他国家或地区的子公司销售产品、服务或其他关键资源。

此类贸易模式通常涉及跨国公司内部产品流动。母公司可能向海外子公司提供特定产品或服务，如独特技术、专有品牌或全球竞争力强的产品线。这种内部贸易有助于跨国公司内部资源有效配置与灵活开拓市场。母公司向海外子公司的销售往往带有技术转移、品牌传播和市场占有的战略意图。通过向海外子公司提供产品或服务，母公司不仅能扩大国际影响力，还能借助子公司更好地适应与满足不同国家或地区的市场需求。此外，此类销售有助于全球供应链整合，通过内部贸易，跨国公司能更好地协调各地子公司生产与销售活动，实现高效物流与生产计划，提高整体运营效率。

母公司向海外子公司的销售是跨国公司内部贸易重要组成部分，通过这种方式，公司能充分利用不同国家或地区的优势资源，实现全球市场战略布局与资源优化。这种内部贸易模式有助于跨国公司在全球范围内构建紧密的经济联系，推动全球化战略的实施。

2.海外子公司向母公司的销售

同样在跨国公司内部贸易中扮演重要角色的是海外子公司向总部或母公司的销售。在此种情况下，跨国公司的子公司向母公司提供产品、服务或其他资源。

海外子公司向母公司的销售通常涉及子公司在所在国家或地区的市场运营。此类贸易形式可能涉及子公司在当地生产或提供的、针对市场需求定制或符合全球标准的、具备全球市场竞争力的产品或服务。

此类内部贸易特点在于子公司向母公司提供产品或服务，实现资源流动与共享。子公司可能拥有在当地市场具有竞争力的产品线、先进技术或独特资源，通过向母公司销售，实现全球业务协同。海外子公司向母公司的销售也是一种战略性内部贸易，通过这种方式，母公司能获取子公司在不同国家或地区市场的实际情况与反馈，更好地了解全球市场动态，及时调整产品策略、市场推广与供应链管理等战略决策。

海外子公司向母公司的销售是跨国公司内部贸易的另一种重要形式。此类贸易形式不仅有助于优化内部资源配置，还能促进全球市场战略协同发展，为跨国公司在不同国家或地区的市场竞争提供全面、实时的信息支持。

3. 同一母公司控制下子公司间的交易

此模式涉及跨国公司内部不同子公司间直接进行的贸易活动，包括产品、服务、技术或其他资源的交换。

在同一母公司控制下子公司间的交易中，子公司间可能存在协同合作、资源共享或相互支持关系。此类贸易形式的实施旨在优化跨国公司内部资源配置、提高效率，确保整体战略目标的实现。例如，跨国零售公司不同子公司间可能互相供应产品以确保全球库存与供应链协调，或跨国科技公司不同子公司间相互购买、共享专有技术以推动全球研发与创新。

同一母公司控制下子公司间的交易有助于跨国公司实现更紧密的内部一体化。此贸易模式强调公司内部各部门间的协同合作，促进全球资源共享与最佳实践传播。通过此类交易，跨国公司能更好地应对全球市场挑战，灵活调整业务战略以适应不同地区的需求。

同一母公司控制下子公司间的交易是跨国公司内部贸易的关键形式。此类内部贸易有助于实现全球资源最优配置，推动子公司间紧密协作，为公司可持续发展提供有力支持。

（二）按内部贸易的性质分类

跨国公司内部贸易可根据性质划分为投资性内部贸易、经营性内部贸易和管理性内部贸易。

1. 投资性内部贸易

投资性内部贸易主要表现为母公司向其在其他国家或地区的海外子公司提供产品、服务或其他关键资源。这在跨国公司运营中是常见且重要的一种形式。母公司可能向子公司提供独特技术、专有品牌或全球竞争力产品线等特定产品或服务，促进跨国公司内部资源有效配置与灵活开拓市场。在此过程中，技术转移、品牌传播与市场占有是常见的战略目标。通过向海外子公司提供产品或服务，母公司能扩大国际影响力，借助子公司的本地推广，适应与满足不同市场的需求。此外，有助于整合全球供应链，通过内部贸易协调各地子公司的生产与销售活动，提高物流与生产效率，提升整体运营效能。

投资性内部贸易是跨国公司内部贸易的重要组成部分，有助于跨国公司充分利用不同国家或地区的优势资源，实现全球市场战略布局与资源优化。此模式有助于形成全球紧密的经济联系，推动公司全球化战略的实施。

2. 经营性内部贸易

经营性内部贸易表现为海外子公司向总部或母公司销售产品、服务或其他资源。此种模式在跨国公司内部贸易中同样扮演关键角色。子公司在所在地区或国家市场运营中,向母公司销售当地市场生产或提供的产品或服务,这些产品或服务可能根据本地需求定制,或符合全球标准,具备全球市场竞争力。子公司向母公司提供产品或服务,实现资源流动与共享,子公司可能拥有当地市场竞争力的产品线、先进技术或独特资源,通过销售推动全球业务协同发展。海外子公司向母公司的销售具有战略意义,母公司借此获取子公司在不同市场的实际情况与反馈,深入了解全球市场动态,及时调整产品策略、市场推广策略及供应链管理战略决策等。

经营性内部贸易是跨国公司内部贸易的另一重要形式,不仅有助于优化内部资源配置,还可促进全球市场战略协同发展,为跨国公司在不同地区的市场竞争提供全面、实时的信息支持。

3. 管理性内部贸易

管理性内部贸易涉及跨国公司内部不同子公司间直接进行的产品、服务、技术或其他资源交换。在同一母公司控制下子公司间可能存在协同合作、资源共享或相互支持关系。此类贸易形式旨在优化跨国公司内部资源配置、提高效率,确保实现整体战略目标。例如,跨国零售公司不同子公司间互相供应产品以确保全球库存与供应链协调,或跨国科技公司不同子公司间相互购买、共享专有技术以推动全球研发与创新。

管理性内部贸易有助于跨国公司实现更紧密的内部一体化,强调公司内部各部门间的协同合作,促进全球资源共享与最佳实践传播。通过此类交易,跨国公司能更好地应对全球市场挑战,灵活调整业务战略以适应不同地区的需求。

管理性内部贸易是跨国公司内部贸易的关键形式,有助于实现全球资源最优配置,推动子公司间紧密协作,为公司整体可持续发展提供有力支持。

四、跨国公司内部贸易动因

跨国公司进行内部贸易的动因主要包括以下几点。

（一）建立全球销售网络

跨国公司依靠完善的市场网络实现全球生产运营。面对市场的不完善性,如市场垄断和政府干预等障碍,以及市场交易成本和利润损失,跨国公司通过内部贸易建立和维护有效的市场网络,以稳定和扩大市场份额,同时降低成本和增加收益。

（二）稳定中间产品供应

为了优化全球资源配置并扩大国际分工的利益,跨国公司需要确保中间产品的供应在质量、规格和性能上符合要求。通过内部贸易,跨国公司能够控制这些特殊要求的中间产品的生产,减少外部市场风险,确保产品质量和生产连续性。

（三）保护技术优势

跨国公司通常掌握先进技术,为了防止技术外溢和保持技术垄断,跨国公司通过内部贸易控制技术产品的流通,确保技术水平的协调和公司整体竞争力的提高。

（四）平衡内部经济利益

跨国公司与其子公司之间存在不同程度的控股关系，导致经济利益不一致。通过内部贸易和转移价格机制，跨国公司能够在不同控股程度的子公司间平衡经济利益，解决内部矛盾，实现全球经营战略目标。

（五）利用转移价格实现目标

跨国公司通过转移价格策略，可以应对价格管制、税收和外汇管制等外部因素，通过调整内部交易价格达到占领市场、利用汇率变动获利等特定目的，以使其全球利益最大化。

◆ **章内案例 5-1　星巴克的避税"妙招"**

2012—2014年，星巴克的英国财务报告一直显示亏损，没有支付所得税，但市场分析师宣称星巴克在英国的业务是"可盈利的"。

据统计，星巴克自1998年在英国开业以来，共开设了735家分店。通过使用合法的避税策略，实现了30亿英镑的销售收入，却仅支付了860万英镑的所得税。星巴克能够在英国如此明目张胆地避税，主要利用了以下避税手段：第一招，星巴克总部规定在英国及所有海外经营的星巴克，每年需要向星巴克集团公司的"星巴克"品牌支付年销售额6%的知识产权费。这笔支出一方面减少了英国星巴克公司的应纳税所得额，另一方面把知识产权费用转移到了税率很低的国家，纳入该国星巴克公司的应纳税所得额，从而支付相对较低的税费。第二招，英国星巴克公司所用的咖啡豆均来自瑞士的星巴克咖啡贸易有限公司。在咖啡豆运抵英国前，需经过星巴克在荷兰阿姆斯特丹设立的公司进行烘焙加工。在此过程中，英国星巴克公司会支付超额的费用给瑞士和荷兰两家公司，这样就降低了星巴克在英国的应纳税所得额，同时把资金转移到了税率极低的瑞士和荷兰两国。

资料来源：分享近期国际避税案例[EB/OL].（2015-01-05）[2024-4-23]. https://www.zhihu.com/question/26849160/answer/36518816.

第二节　跨国公司转移定价策略

一、跨国公司转移定价

转移定价是指跨国公司内部进行购买和销售的价格，也称为内部调拨价格或转让价格。它涵盖了多个方面，包括货物、劳务费、贷款利率、租金费、专利或其他知识产权的使用费及支付方式。与市场供求关系和独立竞争原则不同，转移定价由公司特定管理部门以行政方式确定，主要依据公司总体经营战略和整体利益最大化原则。这种定价形式分为有形产品价格和无形产品价格两类。有形产品价格涉及母子公司间的机器设备、原材料等交易，而无形产品价格包括技术使用权、商标使用权等。内部价格不必等同于会计成本，可能远低于或远高于成本，与实际成本并不直接相关。

转移定价是企业内部交易的会计手段，旨在实现整个公司的长期利益最大化。通过内部交易，跨国公司能够规避公开市场缺陷，调整内部经济关系，提升全球竞争力，减轻税收负担,降低交易风险,最终追求整体经济效益和利润最大化。这种策略允许跨国公司将公开市场上的交易内部化,避免受各国环境差异的影响,从而更灵活地满足全球市场的需求,取得竞争优势。

合理运用转移定价,有利于降低企业集团整体税负、增加利润、促进资金调配、规避风险,从而改善公司的财务状况、提升母子公司市场的竞争力。但不恰当的转移定价策略可能遭到东道国政府处罚,损害管理层责任心与进取心,削弱企业竞争力。因此,制定合理的国际转移定价至关重要。各跨国企业均有各自的转移定价确定政策,实践中主要采用四种定价方法:基于内部成本的定价法、基于外部市场价格的定价法、协商定价法和双重定价法。

(一)基于内部成本的定价法

基于内部成本的转移定价由供货企业的实际成本、标准成本或预算成本加上固定比率的毛利确定。该方法常应用于纵向一体化战略中,以降低成本,包括完全生产成本法、变动生产成本法、成本加成定价法和边际成本定价法,如表5-1所示。这种方法不受市价法的限制,数据易于获取,操作简便,有助于部门间和谐;但各国对成本内容与范围的定义存在差异,可能导致同一产品在不同国家成本计算不同,低效成本计入可能降低供货方对创新与效率提升的关注。

表 5-1 基于内部成本的定价法分类

类别	转移定价
完全生产成本法	全部成本 = 直接材料 + 直接人工 + 制造费用
变动生产成本法	变动成本 = 直接材料 + 直接人工 + 变动制造费用
成本加成定价法	成本 + 毛利 = 成本 ×(1 + 毛利率)
边际成本定价法	边际成本

(二)基于外部市场价格的定价法

基于外部市场价格的转移定价以外部正常市场价格为依据制定交易价格,即市价法。该方法视母公司与内部各关联公司为独立经营实体,当内部交易标的有可参照的同类交易市场价格(同类商品或服务在独立企业间交易的市场价格)时,以该市场价格作为内部转移定价进行交易。

基于外部市场价格的定价法能较好地反映产品的真实价值、子公司或附属公司的实际经营状况与收益,维护其独立自主权,实现经营权与所有权分离,限制人为调整收益;所定价格易被各国政府接受为"正常交易"价格。但确定中间产品公允价格的难度较大,忽视成本数据收集与分析,难以建立稳定的转移定价体系。

(三)协商定价法

协商定价法又称谈判转移定价法,由公司内部供应方与购买方协商确定转移定价。其优点在于保持各分支机构的独立性,使其自主决策;缺点是过度强调协商可能导致子公司或附属公司只关注局部利益,不利于跨国公司整体利益最大化与全球化战略的实现。若供应方与购买方联手，可能制定出对双方有利但损害公司整体利益的政策。与市价法、基于内部成本的定价法相比，协商定价法缺乏严格的参照标准，主观性较强。

（四）双重定价法

双重定价法对同一种中间产品或服务的内部转移采用两种不同的定价方式，供应方销售以市场价格为基础，购买方采购以成本为基础。在成本定价下，供应方可能无利可图甚至亏损；在市场定价下，购买方可能选择外部市场采购。双重定价法可弥补成本定价法与市场定价法的不足。但采用此法，公司整体利润可能小于各子公司利润之和，甚至整体亏损时子公司仍盈利，可能引发子公司放松成本管理。因此，在实践中较少使用此方法。

另外，一些大型国际公司采用预约定价法（APA）。鉴于各国政府认为转移定价影响税收，加强对大公司转移定价的监管，许多跨国公司选择与各东道国政府合作，协商适宜的转移定价。日本是最早实施预约定价安排的国家，1987年日本国税厅实行事先裁定制度，即APA。此后，美国和澳大利亚也引入了预约定价税制。

表5-2为美国《财富》杂志对跨国公司转移定价方法对比。

表 5-2　美国《财富》杂志对跨国公司转移定价方法对比

单位：%

转移定价方法	2005 年	2008 年
基于内部成本的定价法	46.6	41.4
基于外部市场价格的定价法	39.0	45.9
协商定价法	13.6	12.7
其他方法	0.8	0
合计	100	100

二、转移定价的方式和方法

（一）转移定价的方式

跨国公司在制定转移定价时，需兼顾母公司、海外子公司及整体公司的利益，确保母公司盈利、子公司获得公平待遇及保持整体竞争力。同时，应适应各国税收、法规环境，最大限度降低税负，确保合规，实现全球协同效应，从而在全球范围内获取经济效益和竞争优势。

1. 灵活运用货物价格实现转移定价

跨国公司运用货物价格调整作为关键转移定价策略，涉及原材料、零部件、中间产品、制成品、设备等各类货物。通过将货物价格设定为高于或低于市场价格，实现利润有效转移和资金灵活调配，有助于公司在不同国家间灵活调整经济效益，适应复杂多变的国际市场。

2. 灵活运用专利和专有知识实现转移定价

利用专利和专有知识价格可比性差的特点，跨国公司通过单独计价或隐含在其他价格中进行转移定价，以实现商业目标。类似具有专利化特征的专有知识、技术、商业秘密、商业信誉等同样被巧妙用于转移定价策略，以使整体经济效益最大化。

3. 灵活运用贷款实现转移定价

与股权投资相比，跨国公司选择贷款方式投资海外子公司，因其支付的贷款利息可作为费用扣除，且母公司可自主设定利率，灵活调整财务结构，有效降低税务负担，实现更优的资本运作。

4. 灵活运用租赁实现转移定价

租赁因能满足临时需求、降低筹资风险而受到青睐。跨国公司通过在母公司、海外子公司及不同东道国子公司间灵活转移资产，实现租赁转移定价，减轻税负，提高适应市场变化的能力和降低跨国经营财务风险。

（二）转移定价的方法

跨国公司针对不同商品采取多样化转移定价方法，主要分为有形商品的转移定价和无形商品的转移定价，旨在针对商品特性，灵活、有效地管理内部贸易，提高利润。

1. 有形商品的转移定价

有形商品的转移定价分为内部成本价调整和外部市场价格调整。内部成本价调整可依据成本、利润或成本加管理费等不同基础进行；外部市场价格调整则直接以市场价为基准，无市场价时采用成本加成法。这种灵活定价策略使跨国公司能根据实际情况调整，优化内部贸易，提升整体竞争力。

2. 无形商品的转移定价

无形商品因价格可比性差，缺乏可靠的定价基础，通常采用协调定价法。跨国公司依据市场信息和谈判协商确定价格，如专有技术和专利权转移定价，涉及特许使用权授予和特许使用费支付，可单独计价或隐含在其他商品的价格中。美国规定，相关联企业对无形资产使用收费可参考成本费用进行适当分摊。协调定价法使公司能灵活管理无形商品内部贸易，降低税负，提高全球经营竞争力。

3. 转移定价的具体操作方法

转移定价的具体操作方法包括如下内容。

内部销售价格调整：通过调整零部件、中间产品在不同子公司间的内部售价，实现产品价值转移。

折旧费调整：通过调整海外子公司的折旧费，影响产品成本与价值。

虚构资金流动：在母公司与子公司间制造呆账、损失赔偿等，实现资金转移。

服务费用调整：调整专利出口、技术咨询、管理、商标租赁等服务费用，影响子公司的成本与利润。

支付利息调整：通过提供贷款并设定利息，影响产品成本费用。

销售机构回扣：通过给予子公司销售机构佣金、回扣，影响子公司收入。

费用调整：通过调整运输、装卸、保险等费用，影响子公司经营成本。

管理费用调整：向子公司收取高额的管理费，或将母公司管理费计入子公司产品成本，实现产品价值转移。

这些操作方法使跨国公司能在不同的国家和地区灵活调整成本与利润，使整体利益最大化。

三、制定转移定价的程序

一般来讲,制定转移定价的程序可以分为五个步骤,如图 5-1 所示。

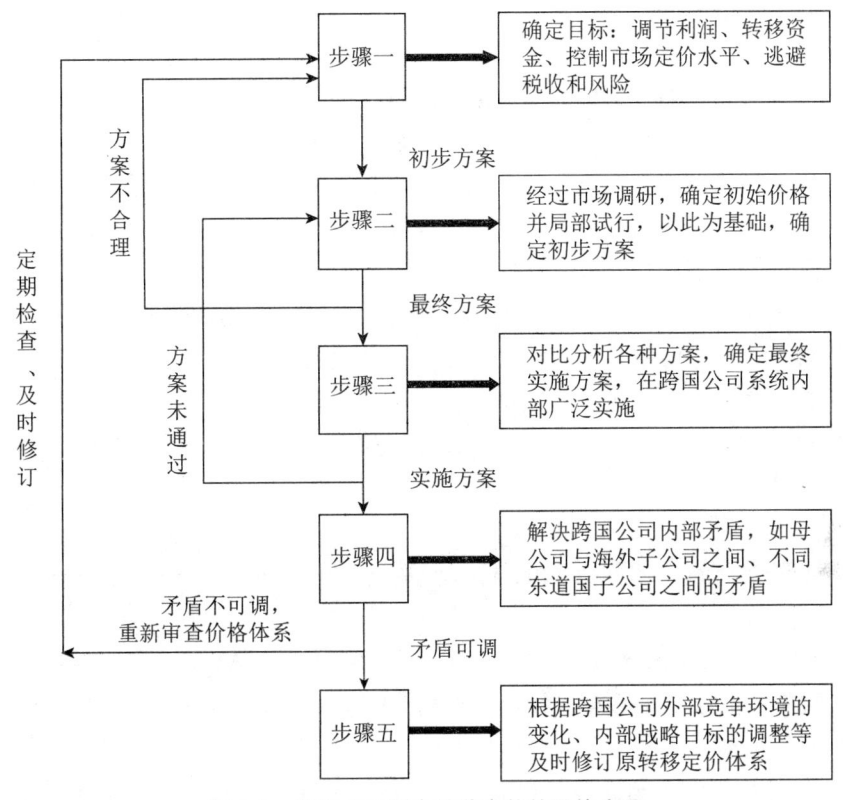

图 5-1 跨国公司制定转移定价的具体步骤

流程:
- 步骤一:确定目标:调节利润、转移资金、控制市场定价水平、逃避税收和风险
- 步骤二(初步方案):经过市场调研,确定初始价格并局部试行,以此为基础,确定初步方案
- 步骤三(最终方案):对比分析各种方案,确定最终实施方案,在跨国公司系统内部广泛实施
- 步骤四(实施方案):解决跨国公司内部矛盾,如母公司与海外子公司之间、不同东道国子公司之间的矛盾
- 步骤五(矛盾可调):根据跨国公司外部竞争环境的变化、内部战略目标的调整等及时修订原转移定价体系

反馈循环:方案不合理→回到步骤一;方案未通过→回到步骤二;矛盾不可调,重新审查价格体系;定期检查、及时修订。

(一)确定转移定价目标

跨国公司在制定转移价格时有多个目标。其中,调节利润是通过设定价格来平衡各子公司的利润水平,以实现整体利润最大化。转移资金则通过内部贸易调动资金,满足各地区的资金需求。通过控制市场定价水平,跨国公司适应不同国家和地区的市场条件。逃避税收是通过合理设置价格降低在某些地区的税负,实现税务优化。逃避风险则通过调整价格来分散风险,应对全球经济、政治等不确定性。在制定具体价格体系前,跨国公司需考虑母国、东道国、全球竞争环境和战略目标,确保价格设定符合整体战略,使公司整体效益最大化。

(二)确定初步方案

在明确目标后,通过广泛的市场调研确定主要生产系统、辅助材料等的初步转移定价实施方案,并进行局部试行。若实施结果令人满意,则进入下一步。但如果方案在实施中出现不合理之处,需重新回到第一步,反复调整直至达到满意结果。最终,以此为基础确定初步方案,并提交公司高层管理审定。这一反复调整的过程确保了转移定价体系的合理性和最终实施效果能够符合公司整体战略目标。

(三)确定实施方案

对各种方案进行对比分析,若方案可行,确定最终实施方案,并在跨国公司系统内广泛实施,进入第四步。但若方案未通过,需重新回到第二步,重新制订方案。这个反复比较和调整的过程确保了最终实施的方案在经过全面考虑和验证后符合公司整体战略目标，最大限度满足跨国公司的需求和利益。

（四）设立公司内部仲裁机构

在实施转移定价过程中，跨国公司内部可能会出现一些矛盾，如母公司与海外子公司之间、不同东道国子公司之间的矛盾。成功解决这些矛盾将是确定实施方案的关键。如果矛盾得以圆满解决，那么进行第五步；但若矛盾无法解决，表明方案根本不能执行，需要回到第一步，重新确定转移定价目标。这一循环的实施过程确保了方案在处理内部矛盾、满足各方需求、符合法规要求等方面的可行性和有效性。

（五）定期检查和修订转移定价体系

跨国公司的相关部门应紧密关注外部竞争环境的变化及内部战略目标的调整。在这个动态变化的背景下，及时修订原转移定价体系至关重要。这包括回到第一步，重新明确转移定价的目标，逐步重新制定转移定价。及时的反馈机制和修订流程确保了跨国公司对外部和内部变化的敏感性，以更好地适应市场、维护竞争力，同时确保跨国公司的整体战略目标能够有效贯彻。

◆ 章内案例 5-2　澳大利亚诉 Rio Tinto 案

2022 年 7 月 20 日，Rio Tinto 同意向澳大利亚税务局（ATO）支付 6.13 亿澳元（4.24 亿美元），此前该全球矿业公司被指控存在利润转移的争议。这是澳大利亚历史上最大的税务和解之一。

该矿业公司被指控将利润转移到其位于新加坡的营销中心。税务局在 2020 年对该公司 2017 年的纳税申报发起初步调查后，于 2021 年对其集团内的股息融资进行了追究，商定的金额是在已经支付的 3.78 亿澳元之外的，使总成本达到近 10 亿澳元的税收。

ATO 的副局长 Rebecca Saint 称，从 Rio Tinto 在澳大利亚拥有的商品中获得的额外利润将在未来几年在该辖区被征税。她在一份声明中表示：这些问题的解决意味着普通澳大利亚人可以有信心，即使是最大公司也会被追究责任，支付他们应缴的税款。

Rio Tinto 在伦敦的首席财务官 Peter Cunningham 当时对结束与 ATO 多年的争议表示欢迎。他在一份声明中解释说：我们很高兴解决了这些长期的争议，并对与我们的新加坡营销安排有关的未来税收结果获得了确定性。

资料来源：思迈特财税国际税收服务团队.2022 年全球十大转让定价案例 [DB/OL].（2023-01-12）[2024-4-23]. https://zhuanlan.zhihu.com/p/598441580.

第三节　跨国公司电子商务

一、跨国公司电子商务概述

（一）电子商务的定义

电子商务（E-Commerce）是指通过电子方式在互联网或其他网络中进行的商品或服务的买卖活动，包括在线购物、电子支付、在线银行、电子市场及任何涉及通过电子手段进行的商业交易。电子商务利用了互联网的广泛覆盖和便捷性，使买家和卖家可以跨越地理界限，实现即时的、无国界的交易。电子商务涵盖了各种商业模式，如电子零售、电子批发、在线拍卖等，为商家和消费者提供了更便捷、更高效的交易平台。

在跨国公司背景下，电子商务不再局限于国内交易，而是包括了跨越国界的商业活动，具有全球性质。这种全球性质的电子商务极大地拓展了跨国公司的市场边界，为其带来了更多的商机和竞争优势。

第一，全球性的电子商务使跨国公司能够更快速、更广泛地进入不同国家和地区的市场。传统的进入新市场方式通常需要耗费大量时间和资金，如建立实体店面、招募人员、了解当地的法律法规等。而通过电子商务，跨国公司可以通过在线平台迅速推出产品或服务，实现全球范围内的市场覆盖。这种低成本、高效率进入市场的方式使跨国公司能够更快速地抢占市场份额，建立起自己在全球市场中的竞争地位。第二，全球性的电子商务也为跨国公司带来了更多的商业机会。通过电子商务平台，跨国公司可以轻松地触达全球各地的消费者，从而拓展客户群，增加销售额。同时，电子商务也提供了更多的销售渠道选择，如在线商城、社交媒体平台、电子市场等，使跨国公司可以更灵活地选择适合自己的销售渠道，实现多元化的销售策略。

（二）电子商务在跨国公司中的角色

在跨国公司战略中，电子商务扮演着至关重要的角色，其在公司运营和国际贸易中的多重功能不可忽视。

首先，电子商务为跨国公司提供了一个全球性的交流和交易平台。通过在线平台，跨国公司可以直接与全球消费者进行沟通和交易，无论是在发达国家还是在新兴市场，消费者都可以轻松地了解跨国公司的产品和服务。这降低了进入市场的门槛和成本，使跨国公司能够更容易地进入新市场，扩大市场份额。

其次，电子商务能够使跨国公司更有效地管理供应链。通过实时共享和分析数据，跨国公司可以更准确地预测需求、优化库存管理，提高供应链的透明度和效率。这有助于降低库存成本、减少供应链中的延迟和浪费，从而提高公司的竞争力。

最后，电子商务能够促进内部贸易的优化。跨国公司可以通过电子平台管理其全球分支机构之间的商品和服务流动，实现资源的最优配置，包括产品的调拨、跨国公司内部的采购和销售等方面。通过电子商务的优化，跨国公司可以更灵活地调配资源，提高效率，降低成本。

在国际贸易方面，电子商务带来了交易方式的革新。传统的贸易模式需要经过多层次的中间环节，电子商务使跨国公司能够通过在线平台直接与海外买家进行交易，从而缩短交易链，提高交易效率。同时，电子商务推动了跨境数据流动，促进了全球市场的一体化发展。

然而，电子商务也带来了一系列挑战和问题。一是法律法规的复杂性。不同国家和地区的法律法规各异，跨国公司必须适应并遵守当地的法律法规，处理好数据安全和隐私保护等问题。二是文化差异和市场环境的不确定性。不同国家和地区的文化背景、消费习惯、支付习惯等方面存在差异，跨国公司需要针对不同的市场环境制定营销策略和服务方案。

（三）跨国公司电子商务的特征

跨国公司电子商务的特征和优势是其在全球商业环境中取得成功的关键因素。

1. 全球化市场覆盖

跨国公司通过电子商务平台能够触及全球消费者，不受地理位置的限制。这种全球化的市场覆盖能力使跨国公司能够进入新的市场并扩大其客户基础。通过在线商店和多语言网站，跨国公司能够吸引不同国家和地区的消费者，实现品牌和产品的全球推广。

2. 即时交易

电子商务平台的即时性为消费者提供了极大的便利。消费者可以在全球任何地方、任何时间通过网络访问跨国公司的在线商店，进行商品浏览、选择和购买。这种即时交易不仅提高了消费者的购物体验，也为跨国公司带来了更多的销售机会。

3. 定制化服务

电子商务平台能够收集和分析大量的消费者数据，包括购买历史、搜索习惯和偏好等。跨国公司可以利用这些数据为消费者提供个性化的服务，满足消费者的个性化需求。这种定制化服务有助于提高消费者的满意度和忠诚度。

4. 降低成本

电子商务减少了实体店铺的运营成本，如租金、装修费用、人员工资等。此外，通过电子商务平台，跨国公司可以实现更高效的库存管理和物流配送，降低库存成本和运输成本。这些成本的降低有助于跨国公司提高利润率。

5. 提升效率

电子商务平台的自动化功能，如自动订单处理、库存管理和自动数据分析，大大提高了跨国公司的运营效率。跨国公司可以实时监控销售情况，快速响应市场变化，及时调整生产和营销策略。这种高效率的运营模式有助于跨国公司在激烈的市场竞争中保持领先地位。

二、跨国公司电子商务的战略规划与模式

（一）跨国公司电子商务的战略规划

制订跨国公司电子商务的战略规划是一个复杂的过程，涉及市场定位、产品定位、渠道建设、品牌建设、技术创新等多个方面。

1. 市场定位

市场定位是跨国公司电子商务战略规划的起点。跨国公司需要对目标市场进行深入分析，了解不同地区消费者的需求、购买习惯和文化差异。根据麦肯锡报告，中国消费者对汽车智能化和自动驾驶的呼声日渐高涨，80%的消费者已将是否具有智能驾驶功能纳入购车的重要因素。这表明，跨国公司在进行市场定位时，需要考虑消费者对智能化和高科技产品的需求。

2. 产品定位

产品定位是跨国公司电子商务战略规划的核心。跨国公司需要根据市场需求，设计和开发满足目标消费者需求的产品。例如，随着汽车产品向电动化、智能化和网联化转型，个性化需求越来越明显，不少汽车厂家开始将之作为产品研发和设计的一大方向。这意味

着跨国公司在产品定位时，应注重产品的个性化和定制化，以满足消费者的个性化需求。

3. 渠道建设

渠道建设是跨国公司电子商务战略规划的关键。跨国公司需要建立高效的销售和分销渠道，确保产品能够顺利到达消费者手中。根据艾瑞咨询《2022年中国品牌主私域场景下的互动路径研究报告》分析，新兴渠道层出不穷，线上和线下消费渠道不断融合，直播带货、短视频、品牌私域运营等电商玩法不断涌现。这表明，跨国公司在渠道建设时应考虑线上线下融合的策略，利用多种渠道接触和服务消费者。

4. 品牌建设

品牌建设是跨国公司电子商务战略规划的重要组成部分。跨国公司需要通过有效的市场营销活动，建立和提升品牌形象。品牌对各个渠道的价值主张和战略定位是什么，这对于品牌建设至关重要。跨国公司应通过一致的品牌信息和故事，提升品牌认知度和忠诚度。

5. 技术创新

技术创新是推动跨国公司电子商务战略发展的重要动力。跨国公司需要不断采用最新的技术，如大数据、人工智能、云计算等，以提高运营效率和客户体验。根据麦肯锡报告，随着汽车智能化、网联化技术的发展，汽车远程升级（OTA）技术得到了广泛应用。这表明技术创新在提升产品竞争力和满足消费者需求方面发挥着关键作用。

（二）跨国公司电子商务的模式

跨国公司在电子商务领域的活动通常涉及多种电商模式，包括B2B（Business-to-Business）、B2C（Business-to-Consumer）、C2C（Consumer-to-Consumer）及混合模式。这些模式各有特点，跨国公司根据业务需求和目标市场的不同，可能会采用不同的模式或将多种模式结合使用。

1. B2B模式

B2B模式是企业之间进行的电子商务交易，通常涉及大宗商品或服务的交易。跨国公司通过B2B平台可以更高效地管理供应链，与供应商和分销商进行直接沟通和交易。例如，阿里巴巴集团旗下的Alibaba.com就是一个专注于B2B贸易的平台，它连接全球的供应商和采购商，促进国际贸易。

2. B2C模式

B2C模式是企业直接向消费者销售产品或服务的模式。跨国公司通过B2C电商平台可以触及广泛的消费者群体，提供个性化的购物体验和客户服务。亚马逊和天猫国际就是典型的B2C跨境电商平台，它们允许消费者直接从海外和零售商处购买商品。

3. C2C模式

C2C模式是消费者之间进行的电子商务交易，通常通过第三方平台实现。这种模式允许个人卖家在平台上出售自己的产品，买家则可以根据自己的需求进行购买。eBay和淘宝就是C2C模式的代表，虽然它们主要服务于本地市场，但也有不少跨国交易发生。

4. 混合模式

随着电子商务的发展，许多跨国公司开始采用混合模式，结合B2B和B2C的特点，以满足多样化的市场需求。例如，一些大型制造商可能同时通过B2B模式向分销商供货，并通过 B2C 模式直接向终端消费者销售产品。此外，一些平台如亚马逊和阿里巴巴，也提供了混合模式的服务，既支持企业间的交易，也支持企业对消费者的销售。

5. 应用情况

跨国公司在选择电商模式时，会考虑多种因素，包括目标市场、产品类型、物流成本、关税政策等。例如，对于需要快速响应市场变化的时尚品牌，可能会更倾向于 B2C 模式，以便更好地树立品牌形象和提高客户体验。而对于大宗商品或原材料的交易，可能更适合 B2B 模式，因为它可以提供更专业的服务和更大规模的交易。

◆ 章内案例 5-3 微型跨国企业

根据德勤发布的 2021 年度《科技赋能下的亚太数字贸易》，对于传统的国际贸易，商品、技术、资金等要素流动主要集中在大型企业之间，然而数字技术不断降低全球贸易门槛，如今借助数字平台，创业者、小企业投身其中，得以经营多国市场，成为"微型跨国企业"。这些商户是典型的小微企业，很多是初创型企业，员工不足 100 人；相比传统的外贸商人，他们更善用数字平台，即便是新玩家，也能迅速完成选品、采购、销售、物流、报关、收款、结汇退税等过去只有大企业才能搞定的复杂的生意；同时，他们平均运营 3.56 个海外站点，这意味着大多数公司服务 3 个甚至多个海外市场。

德勤调研显示，亚太电商市场 100 人以下的小型企业占比超过 85%，年收入规模小于 100 万美元的小型企业占到半数以上。从地域来看，长三角和珠三角地区是中国出口跨境电商卖家主要集中地。

资料来源：潘荣，谷伟. 跨年观察·请回答 2022 | 微型跨国企业崛起，跨境电商的另一个答案？ [EB/OL]．（2023-01-12）[2024-4-23]. https://new.qq.com/rain/a/20220101A08RB400.

三、跨国公司电子商务面临的挑战与应对策略

（一）法律与监管的挑战

1. 法律法规

跨国公司需要遵守不同国家和地区的法律法规，这些法律法规涉及电子商务、数据保护、消费者权益保护、税务合规等多个方面。不同国家的法律体系和监管要求存在差异，跨国公司需要确保在全球范围内的业务活动均符合当地法律。应对策略如下。

（1）合规审查。定期进行合规审查，确保业务模式和操作符合当地法律法规的要求。

（2）本地化团队。建立本地化团队，了解和适应当地的法律法规环境，及时调整业务策略。

（3）合规培训。对员工进行合规培训，提高他们的法律意识和对法规变化的敏感性。

2. 知识产权保护

电子商务领域的知识产权保护是一个重要议题，包括商标、专利、版权等。跨国公司需要保护自己的知识产权不受侵犯，同时也要避免侵犯他人的知识产权。应对策略如下。

（1）知识产权注册。在关键市场进行知识产权注册，确保自身的创新和品牌得到法律

保护。

（2）监控与维权。建立知识产权监控机制，及时发现并处理侵权行为，必要时采取法律行动。

（3）合作与沟通。与权利人进行合作和沟通，通过许可协议等方式合法使用知识产权。

3. 数据隐私和跨境数据流动

随着电子商务的快速发展，数据隐私保护和跨境数据流动成为关键问题。跨国公司需要处理大量用户数据，必须遵守各国的数据保护法规，并确保数据的安全传输和存储。应对策略如下。

（1）数据保护政策。制定并实施严格的数据保护政策，确保用户数据的安全和合规性。

（2）技术措施。采用加密、匿名化等技术手段，保护数据在传输过程中的安全。

（3）国际合作。参与国际数据保护合作，如加入《跨境隐私规则体系》等，以促进数据跨境流动的便利化。

跨国公司在电子商务运营中面临的法律与监管挑战需要通过建立有效的合规体系、加强知识产权保护和采取严格的数据保护措施来应对。通过这些策略，跨国公司可以在确保合法合规的同时，实现全球业务的顺利发展。

（二）技术与安全挑战

跨国公司在电子商务中面临的技术障碍和安全威胁是多方面的，涉及数据保护、网络安全、支付安全等多个领域。

1. 技术障碍

（1）数据兼容性和标准化。跨国公司需要面对不同国家和地区的数据格式和标准，这可能造成数据整合和分析的困难。

解决方案：建立统一的数据管理平台，采用国际通用的数据格式和标准，以确保数据的一致性和可兼容性。

（2）跨国网络连接的稳定性。不同国家的网络基础设施和服务质量可能存在差异，影响电子商务平台的访问速度和稳定性。

解决方案：与多个网络服务提供商合作，优化服务器布局和内容分发网络（CDN），提高全球用户的访问体验。

2. 安全威胁

（1）数据泄露和隐私保护。跨境数据流动增加了数据泄露的风险，尤其是在涉及个人敏感信息的处理上。

解决方案：强化数据加密技术，实施严格的数据访问控制和监控机制，确保遵守各国的数据保护法规，如欧盟的《一般数据保护条例》是一项旨在加强和统一所有欧盟公民的数据保护的法律。

（2）网络攻击和恶意软件。跨国公司因其庞大的业务和数据资产，成为黑客和网络犯罪分子的主要目标。

解决方案：建立先进的网络安全防御体系，包括防火墙、入侵监测系统、安全信息和事件管理（SIEM）平台，定期进行安全审计和漏洞扫描。

（3）支付安全。电子商务涉及大量的在线支付交易，面临着信用卡欺诈、电子钱包被盗等安全威胁。

解决方案：采用多因素认证和安全支付协议，如 SSL/TLS 加密、与支付服务提供商合作，提供更安全的支付环境。

3. 综合策略

（1）合规性与本地化。跨国公司需要遵守不同国家的法律法规，包括数据保护、消费者权益和电子商务法律。

解决方案：建立本地化的合规团队，及时了解和适应各国法律法规的变化，确保业务操作的合法性。

（2）技术投入与创新。持续投入研发资源，探索和应用新兴技术，如人工智能、区块链等，以提高电子商务的安全性和效率。

解决方案：与科研机构和技术公司合作，共同开发和部署创新的安全技术，提升电子商务整体的安全水平。

（3）培训与意识提升。员工是企业安全的第一道防线，提高员工的安全意识和技能至关重要。

解决方案：定期对员工进行安全培训和演练，强化对网络安全威胁的认识，提高防范意识和应对能力。

通过上述分析和解决方案，跨国公司可以在电子商务中有效应对技术和安全挑战，促进电子商务的健康发展。跨国公司在电子商务中面临的技术障碍和安全威胁要求公司采取综合性的解决方案，包括技术升级、合规管理和安全意识提升。通过这些措施，跨国公司可以提高其电子商务平台的稳定性和安全性，从而保护公司和消费者的利益。

四、跨国公司电子商务的未来展望

（一）跨国公司电子商务的发展趋势

跨国公司电子商务的未来展望是多维度的，涵盖技术创新、市场扩展与消费者行为变化、法规与合规等多个方面。

1. 技术创新

（1）人工智能（AI）。人工智能技术的应用将继续深化，从个性化推荐、客户服务到库存管理和物流优化等各个环节。AI 能够通过分析消费者行为和市场数据，为跨国公司提供更精准的市场洞察和决策支持。例如，AI 聊天机器人将进一步提升客户服务体验，通过自然语言处理（NLP）技术与消费者进行更自然的交流，提供即时的咨询。

（2）大数据。大数据将继续在电子商务中发挥关键作用，帮助跨国公司更好地了解全球消费者的需求，优化产品开发和市场营销策略。通过收集和分析海量数据，跨国公司能够预测市场趋势，实现更高效的资源配置和风险管理。例如，通过大数据分析，跨国公司可以识别不同地区的消费者偏好，从而调整产品策略和促销活动，以满足当地市场的需求。

（3）物联网（IoT）。物联网技术的发展将使跨国公司的供应链管理更加智能化和自动化。通过传感器和智能设备，跨国公司能够实时监控货物状态、优化库存水平，从而减少浪费。例如，IoT可以用于追踪产品从生产到配送的整个过程，确保产品质量和及时交付，同时提高物流效率和降低成本。

2. **市场扩展与消费者行为变化**

（1）市场扩展。跨国公司将继续扩大全球市场的覆盖范围，特别是在新兴市场和发展中国家。随着全球中产阶级的增长和互联网普及率的提升，电子商务将为跨国公司提供更多的增长机会。例如，通过本地化策略和合作伙伴关系，跨国公司能够更好地适应不同市场的特点和需求，提高市场渗透率。

（2）消费者行为变化。消费者的购物习惯和期望将继续发生变化，越来越多的消费者倾向于在线购物和寻求更个性化的购物体验。跨国公司需要不断创新，提供更多样化的产品和服务，以满足消费者的个性化需求。例如，通过社交媒体和移动应用，跨国公司可以与消费者建立更紧密的联系，提供定制化的推荐和优惠，提高消费者的忠诚度。

3. **法规与合规**

（1）数据保护和隐私。随着数据保护法规的日益严格，跨国公司需要加强对消费者数据的保护，确保合规。这包括对数据收集、存储和处理的严格管理，以及对消费者隐私权的尊重。例如，跨国公司需要遵守数据保护法规，确保在处理个人数据时的合法性。

（2）跨境电子商务法规。跨国公司需要密切关注各国和地区电子商务法规的变化，适应不同市场的法律要求。这可能涉及税收政策、进口限制、消费者权益保护等多个方面。例如，跨国公司需要了解和遵守各国的关税政策和跨境电商法规，以避免潜在的法律风险和经济损失。

（二）跨国公司电子商务发展策略

1. **创新驱动发展是关键**

跨国公司在电子商务领域的发展策略必须以创新为核心。持续投资于技术创新是至关重要的一环。随着人工智能、大数据分析等前沿技术的不断发展，跨国公司可以通过采用这些技术提高运营效率和客户体验。例如，借助人工智能技术，跨国公司可以打造智能化的客服系统，为消费者提供更快速、更个性化的服务；通过大数据分析，跨国公司可以深入了解消费者行为和偏好，从而精准地进行市场定位和产品推广。这种创新驱动的发展模式不仅可以提升跨国公司的竞争力，还能够满足消费者日益增长的需求。

2. **国际化市场的拓展**

除了技术创新，国际化市场的拓展也是跨国公司电子商务发展中的关键策略之一。随着全球化进程的不断推进，跨国公司需要积极应对市场多元化的趋势。在市场多元化方面，跨国公司应当根据不同地区的文化、法律法规和消费习惯，制定本地化的市场进入策略。同时，本地化的供应链管理也至关重要。跨国公司需要建立和优化全球供应链，以确保产品能够快速、高效地从生产地运输到消费地，降低成本，提高响应速度。通过这些努力，跨国公司可以实现全球布局，分散市场风险，从而更好地适应全球经济环境的变化。

3. **合作共赢与客户导向**

除了自身的努力，跨国公司还需要通过合作共赢和客户导向的方式，实现电子商务领域的持续发展。在合作共赢方面，跨国公司应当与本地企业、技术公司、物流服务商等建立战略联盟，实现资源共享和优势互补。同时，与电商平台合作也是一个重要的选择，可以利用其流量和技术支持，扩大销售渠道，提高品牌知名度。在客户导向方面，跨国公司应通过优化客户体验、提供个性化服务、建立品牌社区等举措吸引并留住消费者。通过这些策略的综合考虑和实施，跨国公司能够在电子商务领域实现持续的增长和创新，同时提高其在全球市场的竞争力和影响力。

◆ 章内案例 5-4　不断创新和优化电子商务模式

（一）亚马逊

亚马逊（Amazon）是全球最大的电子商务和云计算公司之一，总部位于美国。该公司通过强大的电子商务平台，为全球消费者提供了广泛的产品选择和便捷的购物体验。亚马逊不仅拥有自己的在线商城，还提供了市场平台给第三方卖家，使消费者可以在同一个平台上购买来自不同卖家的商品。亚马逊还通过快速的物流网络和优质的客户服务赢得了消费者的信任。

亚马逊是全球电子商务的巨头之一，作为成功案例，其为跨国电子商务提供了丰富的经验。亚马逊在电子商务领域的几个关键实践经验如下。

（1）收购全食超市。亚马逊以 137 亿美元收购全食超市，这一举措标志着亚马逊在新零售领域的深入布局。通过整合线上线下资源，亚马逊不仅扩大了其在生鲜电商领域的市场份额，也提升了客户体验，增强了品牌忠诚度。收购全食超市后，亚马逊利用其强大的物流网络和数据分析能力，优化了全食超市的供应链管理，提高了运营效率。亚马逊 Prime 会员服务与全食超市的结合，为会员提供了更多的优惠和便利，进一步巩固了亚马逊在高端市场的竞争优势。

（2）亚马逊云服务（AWS）。亚马逊通过云计算服务平台 AWS，为全球客户提供了灵活、可扩展和可靠的云解决方案。AWS 的客户遍布各个行业，包括制造业、零售业、游戏、金融等，这表明亚马逊在提供电子商务基础设施方面具有强大的竞争力。AWS 的成功不仅为亚马逊带来了可观的收入，也推动了亚马逊的技术创新和市场领导地位的巩固。

资料来源：亚马逊收购全食超市 [EB/OL]．（2017-06-24）[2024-03-24]．https://www.thepaper.cn/newsDetail_forward_1715695．

（二）阿里巴巴

阿里巴巴（Alibaba）是我国最大的电子商务集团，总部位于杭州。阿里巴巴旗下拥有多个电子商务平台，包括 B2B 平台——阿里巴巴国际站和 1688.com、C2C 平台——淘宝、B2C 平台——天猫等。阿里巴巴通过独特的跨境电商生态系统，帮助全球中小企业进行国际贸易，连接了来自世界各地的买家和卖家。阿里巴巴还通过数字化技术和大数据分析，为商家提供定制化的营销和服务方案，助力他们在电子商务领域取得成功。

阿里巴巴是中国电子商务的领军企业，其全球化战略和创新模式为跨国电子商务提供了宝贵的经验。阿里巴巴在电子商务领域的几个关键实践经验如下。

（1）全球化战略与布局。阿里巴巴自创立之初就致力于帮助我国中小企业"走出去"，通过构建全球电子商务平台，阿里巴巴推动了全球贸易的便利化和效率提升。阿里巴巴的全球化战略包括跨境及全球批发商业、零售商业、物流服务等，通过这些业务板块，阿里巴巴不仅促进了中国商品的全球销售，也为全球消费者提供了更多的选择。阿里巴巴通过菜鸟网络提供一站式物流服务与供应链管理解决方案，这是其全球化战略布局的重要组成部分，为全球化战略的实施提供了支撑与保障。

（2）新零售模式。阿里巴巴推出的盒马鲜生是新零售商业模式的代表，通过线上线下融合，提供了全新的购物体验。消费者可以在店内选购商品，也可以通过App在线下单，享受快速配送服务。盒马鲜生的模式不仅提高了零售效率，也通过数据分析和个性化服务，增强了顾客黏性，为阿里巴巴在零售领域带来了新的增长点。

资料来源：王锐，袁慰. 盒马3.0：从新零售先锋到零售新生态构建者[EB/OL].（2022-09-28）[2024-04-23]. https://www.gsm.pku.edu.cn/__local/3/42/07/FF098E78E5C38BA15DF1B5D6910_81F969CB_1914E7.pdf.

通过以上案例分析可以看到，无论是亚马逊还是阿里巴巴，它们都通过不断创新和优化其电子商务模式，成功地在全球市场中占据了领先地位。这些实践经验不仅为其他企业提供了宝贵经验，也为整个电子商务行业的发展提供了推动力。这些成功的跨国公司案例展示了电子商务在全球范围内的实际运作情况。它们通过不断创新和优化，利用电子商务平台实现了对全球市场的覆盖，为消费者提供了更多的选择和更便捷的购物体验，同时也为商家提供了更多的商机和增长空间。

第四节　跨国公司技术转让

一、技术转让概述
（一）技术转让的含义

技术转让是指一个实体或组织将其拥有的技术、专利、工艺或知识产权等有形或无形的技术资产转让给另一方的复杂过程。这个过程包括将技术在新的环境、市场或国家中应用，以促进知识的传播、推动商业扩张或实现合作发展的目标。技术转让通常通过合同、许可协议或其他法律手段进行，旨在促使技术的有效利用和商业化，实现双方利益最大化。这涉及充分考虑法律、商业和文化因素，以确保成功的技术交流和合作。

美国哈佛大学的洛杉矶·罗斯伯姆（S. Roseberm）认为，技术转让是指"技术在与其起源不同的环境中被人获得、开发和利用"。而斯潘塞（Speser）强调："技术转让，无论是简单还是复杂，都是为了有计划地、合理地在完成特定工作时对技术和信息进行的有目的的移动。"

科恩兹（Kornz）提出，技术转让必须涉及引进方对引进技术的吸收，强调了技术转让不仅是技术知识和相关机器在空间中的简单转移，而是涉及技术在新环境中的全面获得、开发和利用的有机统一过程。这些观点的侧重点虽然略有不同，但共同强调技术转让是一个有计划、合理且有机统一的过程，与一般的技术传播有本质的区别。

（二）技术转让的特点
1. 跨境传输

技术转让跨越地理、文化及市场界限，使全球范围内资源优化配置、技术广泛传播与适应性融合成为可能。它既助力发达国家的技术在发展中国家的应用，又推动企业在不同市场间扩展业务、构建全球化网络，促进产业国际化。

2. 明确规划与目标导向

技术转让活动具备明确的目标设定、详尽计划及战略意图。发起方预设技术范围、目标市场、合作对象等具体目标，并严谨筛选合作伙伴，确保其技术接纳力、市场竞争力及诚信度。合同中清晰界定双方权责、技术使用范围、知识产权归属等条款，以保障交易有序、目标达成及权益保护。

3. 知识产权核心

技术转让涉及专利、商标、著作权等知识产权的转移。合同须明确规定知识产权归属、使用条件及保护措施，确保双方权益安全，防范法律风险，构建稳定合作关系。其中，专利权的有效性、商标的连续性、著作权的使用权限及保密义务等均为关键内容。

4. 技术与信息流动

除技术知识转移外，技术转让还伴随大量相关信息与经验的交流。合同需明确技术知识、信息资源（如技术文档、研发报告、测试数据）的范围、传递方式与频率，以及双方在培训、咨询服务、技术支持、信息更新等方面的义务，确保对技术全面理解、有效应用及持续创新。

5. 吸收与适应

成功的技术转让要求接收方能有效吸收并适应新技术。合同应规定详细的培训计划、生产流程调整支持、管理体系变革指导，以及双方在技术吸收全过程中保持沟通的义务，确保技术顺利融入并提升接收方的运营效能。

6. 法律合规

技术转让全程须严格遵守国家与国际法律法规。合同须合法规范知识产权归属与使用、设定保密义务、明确培训与信息交流机制、适当支持接收方、调整生产流程及合法指导管理体系变革，确保交易合法、公平、透明，保障双方权益。

（三）跨国公司技术转让的影响因素

跨国公司在进行技术转让时应考虑多种因素，包括知识产权的法律差异、文化差异、政治稳定性、经济环境等多个层面。

1. 知识产权的法律差异

跨国公司在技术转让中需深入研究目标国的知识产权法规，确保合规性，关注专利、商标、著作权法差异对转让合法性和知识产权保护的影响。

2. 文化差异

文化差异对技术转让过程中的团队协作、沟通、培训与技术吸收有重大影响。跨国公司需理解和尊重不同工作文化、沟通方式及管理风格，并据此制定战略，如文化敏感性培训、开放沟通渠道等。

3. 政治稳定性

政治动荡可能导致法规频繁变化、合同不确定性及公司资产运营风险。跨国公司需密切关注法规动态、评估政治稳定性，制定应对策略以确保技术转让的合法性与可持续性。

4. 经济环境

目标国的经济状况与市场需求直接影响技术转让速度、效果及商业机会。跨国公司需深入理解目标国经济形势、市场趋势，适时调整技术转让策略以适应市场需求变化。

5. 法规与许可

遵守目标国法规与许可要求是技术转让合法、顺利进行的前提。跨国公司需了解知识产权、商业秘密、出口管制等相关法规，确保转让行为合规。

6. 人才流动

关键技术人才流动对知识传递与技术成功应用至关重要。跨国公司需通过激励机制、培训计划、有效沟通等措施保障人才顺利参与技术转让。

7. 市场竞争

深入分析目标市场竞争格局、竞争对手、市场需求与趋势对技术转让策略制定至关重要。跨国公司需了解竞争地位、市场需求波动、新兴技术影响，以灵活调整策略，满足市场需求，抢占市场先机，建立战略合作关系以增强竞争优势。

通过综合考虑这些因素，跨国公司能够更好地制定战略，确保技术转让顺利进行，实现双方利益的最大化。

二、跨国公司技术转让的定价和支付

（一）技术的定价

技术的价格是指为取得技术使用权而支付的、转让方可以接受的使用费的货币表现。与一般商品的价格不同，普通商品价格涉及商品所有权的转移代价，而技术价格是指将技术使用权授予受让方所需支付的费用。从转让和受让双方的不同立场及提供的技术内容出发，技术价格也可以被称为补偿、酬金、收入、收益、提成费、使用费、服务费等。因此，技术价格可被理解为是上述各种含义的综合体。

在技术转让中，技术价格的确定通常会考虑双方的协商和交易条件，以确保对技术的使用得到公正的回报。补偿涵盖了对技术转让方的投入、研发成本及技术的市场价值。酬金和提成费则反映了受让方使用技术所带来的经济效益，是一种按使用量或销售额计算的报酬。使用费和服务费则是根据技术转让方提供的服务或支持而确定的费用。

1. 技术价格

技术价格是对技术所能产生的经济效益进行衡量的标准。该价格的确定与技术所带来的经济价值息息相关，通常随着技术能够产生的经济效益的增大而上升；反之则下降。这种关系表明技术价格的设定是根据技术的潜在经济收益进行评估的。

在技术转让中，双方通常会就技术价格展开协商，考虑到技术转让对受让方的实际贡献及未来可能带来的利润。如果一项技术能够显著提升受让方的生产效率、市场竞争力或创新能力，那么其价格往往会相应较高；反之则可能较低。

技术价格的灵活性体现了技术交易的复杂性，因为技术本身的价值往往取决于各种因素，包括市场需求、行业前景、技术独特性等。通过在技术价格的制定中充分考虑这些因素，技术转让双方能够更好地达成公平、合理的协议，确保技术交易的可持续性和互利性。因此,技术价格的设定是技术转让交易中的关键因素,直接影响双方的权益和合作的成功。

2. 技术价格的构成

技术价格的构成通常涵盖三个方面,即技术的研发成本、转让过程中的各项费用及预期获得的利润。这三个部分构成了技术价格的综合表现,使技术转让在经济交易中具备了独特的计价方式。

(1) 技术的研发成本。技术的研发成本包括技术提供者为研发特定技术所投入的所有成本,如科研人员及管理人员的工资、培训费、办公费等。这一部分成本通常占据技术价格的60%～70%。技术的研发成本直接反映了技术的独特性和创新性,对技术价格的设定起到了基础性的作用。

(2) 转让过程中的各项费用。这指的是在技术转让交易中技术转让方所发生的各项费用,如人员往来和准备资料等。这些费用在技术转让的过程中发挥着推动作用,同时也是技术价格的重要组成部分。

(3) 预期获得的利润。这指的是技术转让方在许可国或第三国转让合同技术而失去的市场份额中可预期获得的利润。这一部分反映了技术转让方对技术的价值和市场潜力的合理期望,也是确保技术转让交易可持续的重要因素。

(二) 技术价格的影响因素

技术使用费的确定受到多个因素的影响,从技术转让方和受让方的不同角度考虑,这些因素涵盖了交易的各个方面。

1. 从转让方角度来看

(1) 直接费用。即技术转让方为完成技术转让交易所实际支出的费用,包括合同签订前的准备工作费用、派遣谈判人员的费用、差旅费等。这些直接费用会在一定程度上影响技术使用费的确定。

(2) 技术所处的生命周期。技术生命周期的不同阶段对使用费的设定产生影响。对于生命周期较短的技术而言,使用费可能较高;对于成熟阶段的技术而言,使用费可能相对较低。

(3) 技术适用目的和范围。技术转让方对技术的适用范围和目的的要求不同,可能影响使用费的确定。一般而言,技术适用范围越广,技术使用费越高。

(4) 技术转让方之间的竞争。技术转让市场的竞争程度会影响技术使用费的水平,竞争激烈时,技术使用费可能较低。

2. 从受让方角度来看

(1) 技术的经济效益之大小。技术使用费与技术的经济效益直接相关,经济效益越高,技术使用费可能越大。

(2) 需要技术转让方提供的技术协助数量。如果技术受让方需要更多的技术协助,可能需要支付更高的技术使用费。

(3) 对技术独占性的要求程度。要求技术独占使用的程度会影响到使用费的高低,独占性要求越高,使用费会越高。

(4) 技术带来的经济效益。技术带来的经济效益越大,技术受让方愿意支付的使用费会越高。

此外，技术转让方承担的担保责任和技术受让方对技术的吸收能力也是共同影响技术使用费估值的因素。这些因素共同影响了技术使用费的设定，确保了技术转让交易在经济效益和双方权益方面的平衡。

（三）技术价格的作价原则

1. 利润分成原则

利润分成原则即"LSLP 原则"（Licensor's Share on Licensee's Profit），是国际上被广泛认可的技术许可方作价原则。根据这一原则，技术许可方在将技术转让给被许可方时，应分享由该项技术所带来的利润。为了实现这一分享，被许可方需要将一部分收入或利润作为技术使用费的形式支付给许可方。

提成率是衡量许可方分享利润的百分比，通常以一个固定的比率表示。提成率有两种常见的计算公式。

提成率 = 供方在受让方利润中的份额 ×（受让方的销售利润 ÷ 受让方产品销售价）

提成率 =（支付给技术供方的使用费 ÷ 产品的净销售额）×100%

通过计算提成率、进行技术单元核算及各项差价分析，可以相对准确地估算出技术使用费的合理水平。这一方法在专利技术价值评估中起到了重要的参考作用。

前文中提到了一些提成率的惯例，这些惯例为评估技术使用费的合理水平提供了有用的参考。利润分成原则的应用有助于确保技术许可交易的公正性和合理性，使双方在技术转让过程中能够共享技术所带来的经济收益。

2. 许可方作价原则

在许可方评估欲转让的技术时，需要考虑收回多种成本，以确保技术转让交易的公平性和经济合理性。以下是许可方在评估过程中考虑的主要成本。

（1）收回转让技术的直接成本。

基本费用：包括基本设计、生产流程、维修保养方法、质量控制规程、试验方法等合同所需的全部技术资料编制费。

特别设计费：为满足被许可方的特殊要求而修改基本设计所支出的费用。

技术文件费：涉及纸张、人工等的费用。

派遣专家费用：包括派遣专家进行技术座谈、培训等所需的费用。

技术服务费用：用于许可方进行技术服务和技术指导的费用。

机动系数：考虑各种因素的机动性费用。

（2）收回部分开发成本。根据技术开发费用的分摊情况，许可方从被许可方的使用中回收部分开发成本的金额。

（3）机会成本。机会成本的大小取决于许可方对销售市场前景的估计，涉及对各种替代值的估算，因此其估算具有一定的幅度。

（4）各种税收和费用。许可方需要考虑所承担的各种税收和费用，以确保考虑到所有相关的财务影响。

（5）分得利润。考虑从技术转让交易中分得的利润。

（6）打击竞争对手和领先市场需求。如果许可方的目标是打击竞争对手、领先占据被许可方所在国的市场，或者出于追求专利技术成为行业事实标准的需要，这些战略性因素也需要考虑在内。

（四）技术使用费的支付方式

1. 固定费用支付

这是一种常见的支付方式，其中技术使用费以固定金额或固定比例的销售额支付。无论被许可方的销售额如何变化，支付给许可方的技术使用费都保持不变。这使双方的财务规划都较为稳定。

◆ 章内案例 5-5　固定费用支付方法

假设公司 A 拥有一项先进的生产技术，而公司 B 希望在其业务中采用这项技术以提高生产效率。双方达成技术转让协议，其中规定技术使用费的支付方式为固定费用。

（1）协议内容。公司 A 同意将其先进的生产技术授予公司 B 使用，以提高 B 的生产能力和产品质量。技术使用费将以每年固定金额的形式支付，无论公司 B 的销售业绩如何。

（2）固定费用支付的优势。

稳定财务计划：对于公司 A 来说，固定费用支付提供了可预测的收入，有助于稳定财务计划。无论公司 B 的销售业绩如何，公司 A 都能够获得稳定的技术使用费。

降低风险：对于公司 B 来说，以固定费用支付的方式降低了因销售业绩波动带来相关的风险。即使市场条件不佳，公司 B 也能够确保负担得起技术使用费。

（3）案例分析。

第一年，公司 A 和公司 B 签订了技术转让协议，规定年技术使用费为 100000 美元。

第二年，尽管公司 B 的销售额翻了一番，达到了 200 万美元，但年技术使用费仍然是 100000 美元，确保了公司 B 的成本控制。

第三年，由于公司 B 成功应用技术提高了生产效率，销售额增至 300 万美元。然而，年技术使用费仍然是 100000 美元。

通过这个案例，固定费用支付方式使技术转让双方能够在合作期间更为稳定地规划业务和财务，减少了双方在市场波动下可能面临的不确定性和风险。这种支付方式适用于希望保持稳定收入和成本的公司，同时在长期合作中建立可靠的伙伴关系。

2. 销售提成支付

销售提成支付是一种常见的激励机制，可以激励销售团队更积极地推动产品或服务的销售。在技术使用费中设置销售提成是一种有效的方式，特别是在技术转让的情境下。下面通过一个案例来说明这个过程。

◆ 章内案例 5-6　技术转让的销售提成支付

（1）公司背景。XYZ 公司开发了一项先进的技术，并希望将其推广到全球。为了加速市场渗透，XYZ公司决定采用许可方案，允许其他公司使用其技术。为了激励被许可方更积极地推动销售，XYZ公司决定设置为销售提成支付。

（2）销售提成设置。XYZ公司与被许可方签订协议，其中规定了销售提成的具体设置。按照协议，将被许可方销售的产品或服务的一定比例作为销售提成支付给技术提供方（XYZ公司）。

（3）计算方式。假设销售提成率为10%。如果被许可方销售了总额为100000美元的产品，那么销售提成将为10000美元（100000美元×10%）。

（4）优势。

激励销售团队。销售提成是一种强大的激励工具，可以激励被许可方的销售团队更加努力地推动产品销售，因为他们能够直接从销售业绩中获得经济回报。

分享商业成功。许可方通过销售提成分享了被许可方商业成功的一部分。这种合作模式可以建立更紧密的合作关系，因为双方的利益是相互关联的。

市场渗透加速。由于被许可方有经济激励去积极销售产品，公司可以更快地渗透市场，推广其技术。

（5）注意事项。

清晰的合同条款。协议中需要清晰地定义销售提成的计算方式、支付周期等细节，以避免未来发生纠纷。

监控和报告机制。公司需要建立有效的监控和报告机制，以确保销售数据的准确性，从而正确地计算销售提成。

灵活性。在协议中留有一定的灵活性，以应对市场变化和不同地区的销售情况。

通过支付销售提成，公司可以与被许可方建立更紧密的合作关系，促使双方共同追求业务成功。

根据联合国贸易和发展组织的调查统计，提成费一般以产品净销售价格为计价基数，不同行业之间的提成率差异较大，提成率的范围为0.5%～10%，绝大多数行业的提成率为2%～6%，如表5-3所示。

表5-3 国际分行业提成率统计

行业	提成率	行业	提成率
石油化工	0.5%～2%	制药	2.5%～4%
日用消费品	1%～2.5%	汽车	4.5%～6%
机械制造	1.5%～3%	光学及电子产品	7%～10%
化学	2%～3.5%	电气	3%～4.5%
木材加工	3.5%～5%	精密仪器	4%～5.5%

据安永会计师事务所对50种行业约2500家企业的4000份专利协议的研究，以销售额计算专利费的比例最高（23%）；基于净销售额的专利许可交易的提成率为3%，5%的企业占比为47%，提成率为0%～2.9%和6%及以上的比例分别占20%和33%。

以利润作为提成基础指的是以被许可方生产的产品销售后所获利润为基础，按约定的百分比计算提成费。联合国工业发展组织曾对印度等国家引进技术的价格进行统计分析后提出，利润分享率在16%～27%较为合理，并建议不超过30%。

3. 净利润提成支付

技术使用费也可以与被许可方的净利润挂钩。许可方可以要求将一定比例的被许可方净利润作为技术使用费。这种方式可以确保许可方分享被许可方经营活动的实际盈利。

◆ 章内案例5-7　净利润提成支付

假设公司A拥有一项先进的生产技术，而公司B希望获得这项技术的许可以改进其产品制造过程。公司A可以与公司B签订技术许可协议，其中包括净利润提成支付的条款。

（1）技术许可协议条款。

基础技术使用费。公司B每年支付给公司A一定金额的技术使用费，作为技术许可的基本费用。

净利润提成支付。公司A有权要求公司B支付一定比例的净利润作为额外的技术使用费。这个比例可以在合同中明确定义，通常为净利润的一定百分比。

计算方式。净利润的计算可能包括扣除一些特定费用，以确保提成是基于公司B的实际经营活动带来的净盈利。计算公式可以在合同中详细说明。

支付频率。净利润提成可以每季度、半年或每年支付一次，具体支付频率应在合同中明确规定。

（2）案例分析。公司B在第一年获得了公司A的技术许可，并在应用新技术后取得了显著的生产效益。公司B在第一年的净利润为1000万元。根据技术许可协议，公司A有权要求公司B支付5%的净利润作为额外的技术使用费。

计算额外技术使用费：

额外技术使用费＝净利润×提成比例＝1000万元×5%＝50万元

因此，在第一年结束时，公司B需要支付给公司A的技术使用费为：

基本技术使用费＋额外技术使用费＝100万元＋50万元＝150万元

这种净利润提成支付方式使公司A与公司B共享了公司B由于技术许可而实际取得的净利润增长，从而激励公司A提供更先进、更有效的技术，并鼓励公司B更好地运用这项技术以实现更高的盈利。

4. 入门费与提成费相结合支付

这种方法是指技术被许可方在接受技术转让时要先向许可方缴纳入门费，此后定期再向许可方缴纳提成费。入门费（Initial Payment）指许可方为约束被许可方严格履行合同收取的定金，也是对许可方提供资料、披露技术秘密、传授技术的报酬。

入门费加提成费支付方式是受让方签订的技术转让合同生效或确认出让方已开始执行合同后，先向技术出让方支付一笔入门费，等项目投产后按合同协定逐年支付提成费。入门费实为总提成费中的初付部分，支付入门费后，提成费应相应减少。通常入门费一般为技术价格的15%左右。入门费支付应在技术合同经双方政府批准生效后进行。

三、跨国公司技术转让与保护方式

（一）跨国公司技术转让的主要方式

全球各国在政治、经济、科技领域的不均衡发展，以及技术供应方与接收方各自国情、技术应用目的及技术水平的差异，导致国际技术转让呈现多元化的模式与路径。在国内，技术可通过企业间合作实现传播；而在国际舞台上，技术转移主要通过以下几种方式进行：国际商品贸易、国际技术贸易、对外直接投资、国际科技合作、国际科技交流、国际技术援助等。其中，跨国公司主导的国际技术转让主要采用前三种途径。

作为历史最悠久的贸易形态，国际商品贸易亦承载着技术跨国转移的功能。区别于常规商品贸易，在含有技术转让性质的国际商品贸易中，技术无形地蕴含于进口的原材料与生产设备之中，使进口国能从购入商品中获取外来技术。尤其是在进口商品引发国内仿制的情况下，进口国可消化吸收并应用制造此类商品的先进技术，提升自身技术水平。同样，商品出口亦能为出口国带来技术获取契机。出口企业通过参与国际贸易，有机会了解新产品信息，同时，国外进口商也是重要的技术情报来源。部分国际贸易公司能在与海外买家的交往中获取产品生产图纸、技术规格等资料，了解竞品的生产技术、技术规格详情，以及对自家出口产品设计、品质、技术水平的反馈意见，从而直接获取无偿技术信息。例如，在加工贸易特别是来样加工模式下，我国企业通过剖析国外样品的性能，吸收并运用其中的先进技术。

国际商品贸易不仅影响特定商品的生产流程，还能改变投入要素特性，由此产生的效益远超单纯优化资源配置带来的短期收益。国际贸易促使出口商与进口商同步掌握全球新产品的涌现与工艺革新，应用这些新技术、新工艺、新材料能提高生产效率、降低成本，从而赢得更大利润，迫使厂商积极跟进与适应新技术，持续研发新产品，以在激烈的市场竞争中保持领先地位。

1. 国际技术贸易

国际技术贸易是随着世界科学技术的进步而迅速发展起来的。与商品贸易相比，技术贸易有着不同的特点，国际技术贸易主要以技术许可的方式进行，而且技术贸易的标的不同于以实实在在的可见的商品为标的的商品贸易，它通常以专利权、商标权、专有技术或知识产权等无形商品为标的。国际技术贸易既可以在跨国公司内部进行，也可以在跨国公司与公司外的企业之间进行。

（1）跨国公司技术贸易的特点。跨国公司技术贸易历经数十年的发展，其特征鲜明地反映了全球化与技术创新的潮流。

技术创新与研发合作。跨国公司日益重视全球研发与创新，借助国际技术贸易在全球范围内寻觅合作伙伴，携手推进技术研发与创新，驱动科技进步。

知识产权管理。在国际技术贸易中，跨国公司尤为重视知识产权的保护与管理。涉及技术许可、专利转让等形式的交易需审慎处理知识产权问题，以防范侵权与不正当竞争。

复杂的法规环境。由于国际技术贸易涉及多国多地，需应对各异的法规、法律与标准。跨国公司必须熟知并遵循各国法规，确保技术贸易的合法性与可持续性。

技术适应性。不同国家与地区的市场需求、文化差异及法规环境可能影响技术在国际市场上的适应性。跨国公司需根据具体情况调整技术，以满足各类市场需求。

战略合作与联盟。跨国公司通过战略合作与联盟推动国际技术贸易，包括与本土企业、科研机构及其他跨国公司建立伙伴关系，实现技术共享与协同创新。

（2）跨国公司国际技术贸易的主要方式。跨国公司在进行国际技术贸易时，会采用多种方式，具体选择通常取决于技术属性、市场需求、合作关系等因素。

技术许可协议。跨国公司通过技术许可协议赋予其他公司使用其专有技术的权利。在此类协议中，被许可方支付技术许可费以换取技术使用权，尤其适用于快速拓展市场的情况。

技术转让。跨国公司可直接将技术转让给其他公司，使其在特定区域或领域内使用该技术。技术转让可能包括专利、设计、工艺等全方位交付。

合资企业。跨国公司可与本土企业组建合资企业，共同开发与应用技术。此时，技术通常作为跨国公司对合资企业的投入之一。

技术服务与咨询。跨国公司提供技术服务与咨询，向其他公司输送技术支持与专业知识，涵盖培训、技术咨询、远程支持等多种形式。

战略联盟。跨国公司与其他公司结成战略联盟，共同研发与分享技术，可通过合作研究项目、联合投资等方式实现。

跨国公司内部转移。跨国公司可在总部或子公司之间转移技术，以满足不同市场或地区的需求。内部转移可通过内部许可、技术服务等方式进行。

特许经营。跨国公司通过特许经营模式将其品牌与技术引入他国。特许方在支付特许费的同时，可使用跨国公司的品牌、商业模式与技术。

在选择国际技术贸易方式时，跨国公司需考量法律法规、知识产权保护、市场条件、文化差异等因素，确保技术的有效传播与商业成功。同时，合同与协议的制定是保障双方权益的关键手段。

2. 对外直接投资

跨国公司对外直接投资已成为国际技术转让主渠道，为东道国带来技术转让收益，受到了发展中国家的欢迎。跨国公司通过对外直接投资，向海外子公司注入资金、设备及专利、专有技术等，涵盖生产、管理、营销等领域。

（1）独资或控股子公司的内部技术转让。内部技术转让是跨国公司技术转移的核心方式，与对外直接投资紧密相连。技术先进程度与投资规模、持股比例正相关：投资大、持股多、技术先进且限制性条款少；反之，技术落后且限制多，尤其是关键技术严格限制使用。设立独资企业，跨国公司旨在保护技术、防止泄露，企业按母公司体系运行，技术创新与母公司紧密关联，与东道国同行交流少。全资或控股子公司进行内部技术转让，通过交易或技术折价入股，实现技术独家使用、综合效益获取，避免向无关企业转让技术的高成本和风险。

（2）对非控股合资企业的技术入股和技术转让。跨国公司通过技术资本化（技术折价入股），将工业产权、专有技术作为出资投入东道国合资企业，实现技术转让。合资经营中，跨国公司可从技术资本化投资中获利润，或与投资分离，签技术转让协议，收取使用费或提成费。此外，还向合资企业转让管理、组织、营销等技术。与独资企业相比，东道国人员在合资企业更直观地接触生产过程，技术外溢明显，但跨国公司仅在技术成熟、专有度低、控制权损失小且能严防技术扩散时倾向合资。对于东道国而言，技术资本化投资面临技术老化问题，技术价值随时间递减。

（3）在东道国的研发投资。跨国公司研发投资指在全球进行基础研究至产品商业化各环节投资，对生存、发展、盈利及竞争力至关重要，所以大型跨国公司高度重视。在 20 世纪 80 年代之前，跨国公司主要在母国研发，子公司负责应用及改良。近年来，研发活动日益国际化，部分公司构建全球研发体系，发达国家、新兴工业化国家及发展中大国成为研发投资热点。对外研发投资旨在获取先进技术，利用东道国低成本资源，构建全球研发网络，抢占市场，实现全球系统化投资战略，更关注东道国科研环境及高新技术产品市场前景。

跨国公司海外研发机构主要有两种形式：①海外子公司设立研发机构，如飞利浦各子公司；②母公司在海外设立研发实验室、研究所、开发公司，如壳牌在全球 8 国设立了 12 个实验中心。

（4）海外企业的人力资源投资。人力资源投资即人力资本投资，指跨国公司对海外企业员工进行技术和管理培训，因技术涵盖管理技能和组织技巧，所以也是技术转让方式。工业经济时代，资本要素稀缺，经济增长依赖资本积累；知识经济时代，增值动力转向知识创新，人作为知识载体，人力资本蕴含无限创新潜能，跨国公司竞争实质为人才竞争。因此，跨国公司深化人力资源管理，多实施全球性人力资源开发战略，旨在全球建立知识与人才优势。

人力资本投资是积累创造性资产的重要形式，也是创造其他资产的手段，是提升国际竞争力的关键因素。大部分跨国公司为员工制订培训计划并提供设施，如欧洲商学院 IMI 和 IMEDE 最初为雀巢和埃尔肯企业培训中心。

（5）非股权安排（投资）等其他形式。非股权安排是指无股权投资，通过与东道国企业签订管理、技术或销售等合同取得控制权，是跨国公司对外直接投资的重要形式，包含对东道国企业的技术转让。我国的合作经营企业大多具有此类投资特性。对东道国高科技企业进行风险投资、在高科技产业设立直接投资企业，也是跨国公司通过投资进行技术转让的途径。此外，将东道国企业（如客户、供应商）纳入跨国公司产品价值链也可实现技术转让。

在全球一体化进一步加深的背景下，推动发展中经济体融入全球价值链的政策需关注国际生产的非股权形式，如合约制造、服务外包、订单农业、特许经营、许可经营、管理合约等合约关系。这些形式正被跨国公司广泛用于协调东道国公司业务活动，不再强调拥有东道国企业股份。

（二）跨国公司对外直接投资转让技术的特点

跨国公司通过对外直接投资转让技术有以下特点。

（1）对外直接投资是成本最低、效率最高的一种技术转让方式。通过对外直接投资进行内部转让，跨国公司能够控制技术的独家使用。由于内部转让双方的根本利益一致，遵守相同或类似的管理准则和操作规程，并可进行充分有效的信息和人员交流，因而通过投资进行的技术转让成本低且速度快，而且还可以避免受外部市场的影响，节约各种市场交易成本。

（2）转让的技术多为核心技术，能够提高东道国子公司的竞争力。对于次新或处于生命周期成熟阶段的技术，跨国公司多通过许可证贸易转让给发展中国家，以获取使用费收入。而对于核心技术，由于研发投入大，风险较高，跨国公司只愿意转让给海外的全资子公司或控股公司。拥有最新技术的跨国公司海外子公司能够借助技术优势，提高自己在东道国的竞争力。

（3）转让的技术适合当地消费者的需求。跨国公司通过投资转让技术，会考虑到东道国原有的技术水平和技术消化与吸收能力。只有适应东道国消费者需求水平和需求层次的技术转让，才对东道国具有吸引力。

（4）将技术在内部无偿（或以优惠价格）转让，以支持子公司发展。跨国公司通过投资形式将技术转让给子公司，是出于全球战略角度的通盘考虑，是为了获取全球利润的最大化。通过将基础性研发成果转让给子公司，有利于子公司研发机构迅速实现技术的商业化，将技术转化为产品，从而支持子公司的发展。

（5）以技术换市场。与单纯的技术转让只获取技术使用费不同，结合投资行为的技术转让往往采取资本化的形式投资入股，能够绕开东道国的技术进口限制，有时还能获得东道国"以市场换技术"外资政策的支持，扩大在东道国的市场份额，实现"以技术换市场"。

（三）跨国公司技术保护策略

保持长期技术优势是跨国公司跨国运营的基石。跨国公司对新技术采取的保护手段主要包括专利保护、内部保密及商标注册。

1. 专利保护

专利是由法律赋予并可依法行使的一种权利，实质上是发明人通过公开其发明，换取在一定期限内对该发明的独家使用权。专利保护范围局限于申请国家或地区，有效期通常为10～20年。自工业革命以来，专利保护备受推崇，成为大多数发明者和企业首选的保护方式。当前，专利制度依然是跨国公司捍卫技术优势的核心手段。在全球化技术管理背景下，跨国公司专利政策呈现如下特征。

（1）构建全球专利网络。第一，跨国公司从整体战略角度对其全球专利进行统筹布局，以基础专利（Basic Patent）锁定核心技术，确保母公司对关键技术的绝对控制；第二，通过增补专利、改进专利和附属专利等，形成覆盖使用方法、应用技术、改进技术等外围技术的国际专利网。

（2）集中管控海外专利。跨国公司母公司对所有海外子公司研发的相关联专利进行集中管理，确保技术垄断权的统一行使。

（3）结合技术密度与竞争优势。在技术密集型产业中，跨国公司尤其注重将专利带来的国际技术垄断利益与公司竞争优势紧密结合，以强化技术壁垒。

2. 内部保密

企业内部保护是指通过在公司内部对新技术进行严格保密，以实现对技术的垄断。这是一种非法定的、企业自发的保护方式，具有灵活性、广泛性和持久性的特点。跨国公司通过内部规章制度、保密协议、员工培训等方式，确保关键技术不对外泄露，以维持技术竞争优势。

3. 商标注册

商标是一种区别商品或服务来源的独特标识，旨在区分某一组织的商品或服务与同类商品或服务。商标权通常由法律赋予并具有永久性，有助于维护企业产品声誉和市场影响力。通过注册商标，跨国公司能有效防止他人冒用或混淆其品牌，保护品牌形象和市场地位，同时也是提升消费者忠诚度的重要手段。

四、跨国公司技术转让策略

跨国公司在全球范围内的技术转让活动是其全球战略的重要组成部分，主要采取以下策略。

（一）以技术投资和建立子公司为前提进行技术转让

跨国公司通过技术投资和与当地企业建立合资企业的方式，绕过目标市场的关税壁垒，扩大商品输出。在合资企业中，跨国公司持有较大股份时，更愿意分享其先进技术。此外，跨国公司通过建立子公司扩大其影响力和控制市场，尤其是在产品和技术具有强大竞争力时，为了防止技术泄露，主动向子公司转让技术。目前，跨国公司内部的技术转让占据了主要比例，通过这种纵向垂直的技术转让形式，母公司向子公司提供新技术，子公司则负责技术适应当地市场并反馈信息，形成技术传输和反馈的闭环。

（二）重化工行业倾向于成套设备和技术的转让

在化工、石油和炼油等行业中，跨国公司更倾向于通过成套设备和技术的转让来获取更高利润，而不是单独出售产品。例如，日本的财团在向中国和中东产油国转让炼油厂时，采取了成套设备和技术的转让策略。这种策略适用于技术基础薄弱、资金和经营能力有限的发展中国家，跨国公司通过人员培训、技术转移、市场扩张和研发外包等方式，帮助发展中国家提升技术水平。

（三）对先进国家采取交叉许可政策，向发展中国家转让过剩技术

随着技术的快速发展，跨国公司采用交叉许可策略，实现技术的相互交流和利用。发达国家的技术已较为成熟，而发展中国家仍在技术发展阶段，跨国公司利用这一差异，向发展中国家转让过剩技术，延长技术的生命周期。这种策略不仅有助于跨国公司获取先进技术，也促进了发展中国家的技术进步。

通过这些策略，跨国公司能够在全球范围内优化技术资源配置，实现技术利益最大化，同时推动全球技术的发展和传播。

◆ 案例一　葛兰素史克在华转移定价

（一）案例介绍

葛兰素史克（GSK）在全球设立了众多分支机构和生产基地，形成了复杂的企业网络。其中，中国子公司GSKCI拥有多个关联企业，为转移定价提供了便利条件。GSKCI

通过两种主要方式实施转移定价。

（1）进口成品药转移定价。GSKCI首先在中国进行市场调研，根据药品类型和竞品情况确定初步价格。在此基础上，加上其他款项，形成最终价并上报总部全球价格转移中心。该中心进一步加入总公司利润，计算出出厂价（口岸价），并申请国家发展改革委单独定价，获批后药品以口岸价进入中国市场。

（2）关联企业间原料再加工转移定价。GSKCI向英国总部下单采购原料，总部将订单转至塞浦路斯子公司生产。根据整体利润要求，各个环节的关联企业均在交易价格中嵌入所需利润，原料经意大利分公司包装后运至中国苏州分公司加贴标签，最终形成高昂的销售价格。

资料文献：胡冰璇.跨国公司在华转移定价行为研究——以葛兰素史克为例[D].海口：海南大学，2017.

（二）讨论题目

（1）转移定价的含义与特点。
（2）转移定价的实施形式。
（3）转移定价的实施目标。
（4）葛兰素史克在华转移定价的实质。
（5）葛兰素史克在华转移定价的特点。
（6）中国应对跨国公司转移定价的策略。

（三）案例分析

1. 转移定价的含义与特点。

转移定价是跨国公司设定的内部交易价格，应用于母子公司、关联企业间商品、劳务、技术转让和资金借贷等交易。此价格不受市场供需和竞争原则的影响，由跨国公司根据战略目标和整体利益最大化原则自行决定，具有隐蔽性、破坏性、垄断性和非完全竞争性等特点。

2. 转移定价的实施形式

转移定价的实施形式包括进出口业务"高进低出"或"低进高出"、投资时"低价高报"、支付超额特许权使用费、支付超额费用、资金借贷时"高息借入"或"低息（免息）借出"，以及利用避税港进行转移定价。

3. 转移定价的实施目标

旨在降低整体所得税税负、减轻关税和预提税负担、获取税收优惠和出口津贴、控制市场与增强竞争力、规避价格管制和利润汇回管制、降低外汇风险、美化业绩、维持地方关系、调节利润、自由调配资金等。

4. 葛兰素史克在华转移定价的实质

（1）进口成品药。在定价过程中叠加中国子公司和英国母公司利润，通过国家发展改革委审批后以不正常价格进入中国市场。

（2）进口原料再加工。全球研发、生产、包装、销售网络多次进行关联交易及转移定价，推高最终销售价格。

5. 葛兰素史克在华转移定价的特点

（1）定价脱离同类平均价格水平。初始定价虽基于市场调研，但后续环节因不合理因素导致定价偏离正常水平，使中国市场承受高药价，利润流向母公司，挤压在华子公司的利润。

（2）手段隐蔽。转移定价通过正常销售贸易实施，各环节均有合法合同支撑，隐蔽性强，常规监管难以察觉。

6. 中国应对跨国公司转移定价的策略

（1）完善招商政策。取消超国民待遇，实行国民待遇，构建服务与创新并重的招商体系。

（2）完善法律法规。细化转移定价监管规定，强化关联申报与同期资料管理，推进预约定价安排，建立价格信息系统，扩大税收情报交换协定签署范围。

（3）加强避税监管。筛选避税嫌疑企业，深入调查转移定价，科学确定调整方法。

（4）完善税收监管机制。通过"申报—审计—反避税"纵向征管模式，加强部门间横向协作。

（5）协调税制与其他法律制度。与《中华人民共和国会计法》《中华人民共和国公司法》《中华人民共和国反垄断法》《中华人民共和国反不正当竞争法》等相协调。

（6）加强国际税务合作。签署更多国际税收协定，强化税收情报交换工作。

◆ 案例二 海尔集团研发全球化战略

（一）案例介绍

在全球化进程中，许多跨国公司为了适应全球环境、获取新技术优势、充分利用全球技术资源，纷纷将研发机构布局海外。尽管中国企业的研发全球化程度相对较低，但海尔集团在这方面展现出了明显的领先态势。自2005年起，海尔步入全球化品牌战略阶段，致力于在海外市场打造自主品牌，构建本土化设计、制造和营销的"三位一体"体系。

海尔集团研发全球化战略主要分为以下两期。

（1）第一阶段（1998—2005年）。通过直接投资在印度尼西亚、菲律宾、马来西亚设立海外冰箱和空调生产线，随后在美国设立工厂和设计中心。

（2）第二阶段（2005年至今）。在全球范围内构建研发体系，至2018年年底已建成10大研发中心、HOPE开放式创新平台、29个海外生产基地、108个工厂及14万个销售网点，形成了线上线下相融合的开放型创新生态系统。

海尔集团能够在短时间内在全球高端家电市场中取得重要地位，得益于其全球化战略、开放型创新体系、研发全球化实践及用户与全球资源的无缝对接。

资料来源：[1] 何勤勤. 国际化战略与企业研发创新能力：国际经验与中国例证 [D]. 重庆：四川外国语大学，2017.

[2] 高翔. 中国企业研发国际化现状及对策 [J]. 智富时代，2019（2）：3-4.

（二）案例讨论

（1）研发全球化的内涵与目的。

（2）研发全球化的具体实施路径。

（3）海尔集团研发全球化的经验与启示。

（三）案例分析

1. 研发全球化的内涵和目的

研发全球化是指企业突破母国边界，通过多种方式将研发活动延伸至海外，其特征包括创新资源的全球获取、国际化创新人才、国际化的技术创新网络等，是经济一体化进程中的重要趋势之一。研发全球化旨在拓展增量市场，满足本地化产品研发、跨境并购引发的海外研发中心需求，以及与外包生产配套的研发活动等。

2. 研发全球化的具体实施路径

（1）合作研发。与海外企业、高校或研究机构合作。

（2）离岸研发外包。承接或发包离岸研发服务。

（3）跨国研发联盟。与海外伙伴缔结研发战略联盟。

（4）海外研发机构。设立独资或合资的研发机构。

（5）并购海外研发机构。通过并购获取海外研发资源。

（6）全球招聘研发人员。直接雇用国际研发人才。

（7）利用在华外资研发机构。借助外国企业在中国的研发力量。

3. 海尔集团研发全球化的经验与启示

（1）选择适合自身的全球化路径。海尔集团初期选择在欧美等市场设立研发中心，坚持海尔品牌，采用绿地投资模式开展全球化。这一模式适用于具有先进技术、较强研发能力且面临较大文化差异的企业，此类企业在具备核心竞争优势的情况下，能在国际市场上发挥优势，提升国际竞争力。

（2）构建全球研发信息网络与创新平台。海尔集团在全球化研发过程中，注重整合国际资源，如在全球多地设立信息网络中心以支持全球化研发。

（3）坚持品牌与研发一体化战略。海尔集团以客户满意度为核心，选择发达国家为突破口，以高品质、低价格、优质服务吸引消费者，提升在发达国家的市场份额和品牌地位。进入全球化品牌战略阶段后，海尔集团明确在海外坚持自主品牌，建立"三位一体"研发和制造体系，提升产品品质和品牌影响力。

（4）坚持基础研究、应用研究与高科技产业一体化。相较于中国企业普遍以应用驱动型创新为主，海尔集团在各研究中心、设计中心的体系下，形成了基础研究、应用研究与高科技产业化"三位一体"的格局。海尔集团在基础研究、高新技术研究和产业化方面均有创新成果，形成自主知识产权，持续保持竞争优势，有效应对市场激烈竞争和新兴商业模式的挑战。

◆ 思考题

（1）描述跨国公司内部贸易的主要特征，并举例说明。

（2）讨论跨国公司转移定价策略的实施形式及目的。

（3）分析跨国公司进行技术转让的主要动因。

（4）简述跨国公司在电子商务领域面临的挑战及应对策略。

（5）讨论跨国公司如何通过电子商务提升全球竞争力。

（6）如何评价跨国公司通过技术转让实现技术优势的战略？

运营管理篇

第六章
跨国公司组织与人力资源管理

▶ **学习目标**

类别	内容
重点掌握	跨国公司的法律组织形态；跨文化管理的策略与方法
掌握	跨国公司组织结构选择的影响因素；跨国公司人力资源管理
理解	跨国公司组织结构设计的原则；跨国公司的管理控制体制
了解	跨国公司组织规模的极限；跨国公司组织结构调整趋势

第一节 跨国公司的法律组织形态

跨国公司的组织形态有两层含义：一是法律结构，即法律组织形态，主要涉及母公司与国外各分支机构的法律和所有权关系、分支机构在国外的法律地位、财务税收的管理等方面；二是组织结构，即行政或管理组织形式，主要职能是提高企业的经营管理效率，优化企业资源配置，以求取得最佳的经济效益。下面简要介绍跨国公司的法律组织形态和管理组织形态。

一、法律组织形态

跨国公司的法律组织形式有母公司、分公司或子公司、联络办事处及附属企业。

（一）母公司

母公司又称总公司，通常是指掌握其他公司的股份，从而实际上控制其他公司业务活动并使它们成为自己的附属公司的公司。从上面的定义来看，母公司实际上是一种控股公司。但严格来讲，母公司并不等同于只掌握股权而不从事业务经营的纯控股公司，许多实力雄厚的母公司本身也经营业务，是独立的法人，有自己的管理体系，因而应属于混合控股公司（控股兼营业公司）。母公司通过制定大的方针、政策、战略等对其世界各地的分支机构进行管理。

（二）分公司

分公司（Branch Company）是母公司的一个分支机构或附属机构，在法律上和经济上没有独立性，不是法人。分公司没有独立的公司名称和公司章程，只能使用母公司的名称和章程；分公司的全部资产都属于母公司，没有独立的财产权，所以母公司对分公司的债务承担无限责任；分公司的业务活动由母公司主导，分公司只是以母公司的名义并按照母公司的委托开展业务。分公司一般包括生产型与销售型两种类型。

在东道国设置的分公司可能是以下任一情形：①外国公司在东道国的常设机构或办事处；②对外直接投资者与一个或一个以上第三方的非法人合作或合资经营企业；③外国居民（法人或自然人）直接拥有的土地、建筑物（政府机构拥有的建筑物除外）及不可移动的设备和物品；④外国投资者（法人或自然人）在其本国以外的国家和地区经营了至少一年的可移动设备（如船舶、飞机及油气开采设备）。

1. 设立分公司的有利之处

（1）设立手续比较简单。只需缴纳少量登记费就可取得所在国家和地区的营业执照。

（2）可享受税收优惠。由于分公司不是独立核算的法人，与母公司同属一个法律实体，所以分公司在国外的纳税一般少于子公司。另外，许多国家的税法规定，如果国外分公司发生亏损，其亏损额可在母公司税前利润中扣除，而且外国分公司汇出的利润一般不作为红利，因此无须缴纳利润汇出税。

（3）便于管理。母公司通过直接领导分公司的管理人员而全面控制分公司的经营活动。

（4）在某些方面受东道国的管制较少。东道国对分公司在该国家和地区以外的财产没有法律上的管辖权，因此，分公司在东道国之外转移财产比较方便。

2. 设立分公司的不利之处

（1）对母公司的不利影响。分公司在登记注册时须披露母公司的全部业务活动和财务收支状况，有可能泄露母公司的业务保密。而且，母公司要对分公司的债务承担无限责任。分公司在终止或撤离时只能出售其资产，而不能出售其股份，也不能与其他公司合并，这对母公司来说也是不利的。

（2）对分公司的不利影响。分公司在业务上总是受到母公司的支配，难以发挥创造性。分公司在东道国被当作"外国公司"看待，没有东道国的股东，因此在当地开展业务有一定的困难。

（3）对母国的不利影响。设立国外分公司会引起母国税收的减少，而母国对分公司的法律保护也较少。

（三）子公司

子公司（Subsidiary Company）是指按当地法律登记注册成立，由母公司控制但在法律上是一个独立的法律实体的企业机构。子公司自身就是一个完整的公司，其独立性及法人资格主要表现在以下几个方面：子公司有独立的公司名称、章程和行政管理机构；子公司有能独立支配的财产，有自己的财务报表，独立核算自负盈亏；子公司可以以自己的名义开展业务，进行各种民事法律活动，包括起诉和应诉。根据 UNCTAD 出版的《世界投资报告》（2005），子公司是指另一个实体直接拥有超过一半的股东表决权，有权指派或撤换设在东道国的大多数行政、管理和监督人员的法人企业。

1. 设立子公司的有利之处

（1）有利于开展业务。由于子公司在东道国是以"本国"公司的身份开展业务，所以受到的限制比较少，比分公司更能有效地开拓当地市场。

（2）融资比较便利。子公司可以独立地在东道国银行贷款，可以在当地的证券市场上融资，其偿债范围只限于子公司的资产。

（3）有利于进行创造性的经营管理。由于有较大的自主权，子公司在经营管理上可以发挥其创造性。

（4）有利于收回投资。子公司在东道国终止营业时，可灵活选择出售其股份、与其他公司合并或变卖资产的方式收回投资。

（5）有利于国际避税。如果在国际避税地设立子公司，则有利于母公司开展避税活动。

2. 设立子公司的不利之处

（1）手续比较复杂。因为子公司在东道国是一个独立法人，所以设立手续比较复杂，费用较高。

（2）行政管理费用较高。在国外设立子公司必须建立符合东道国公司法所规定的行政管理机构，还必须研究东道国的法律法规，这就增加了子公司的行政管理费用。

（3）经营管理方面存在一定困难。子公司需要公开自己的财务状况，这必然会增加子公司的竞争压力。对于与当地合资的子公司，其在东道国的经营活动常会受到当地股东的制约。

（四）联络办事处

联络办事处（Liaison Office）是母公司在海外建立企业的初级形式，是为进一步打开海外市场而设立的一个非法律实体性的机构，属于分公司范畴。联络办事处一般只从事收集信息、联络客户、推销产品之类的工作，开展这些活动并不意味着联络办事处在东道国正式"开展业务"。联络办事处不能在东道国从事投资生产、接受贷款、谈判签约及履约之类的业务。与分公司相同的是，联络办事处不是独立的法人，登记注册手续简单；与分公司不同的是，联络办事处不能直接在东道国开展业务，不必向所在国政府缴纳所得税。

（五）附属企业

附属企业是指母公司在东道国另一法人企业中拥有该企业最少10%、最多不超过50%的股东表决权，该东道国企业即为母公司的附属企业。

二、管理组织形态

跨国公司因其庞大的规模、广泛的经营地域、众多的分支机构、丰富的产品种类和业务内容，必须构建一套高效能的管理组织架构，以提升行政效率，有效利用资源，实现全球范围内的利润最大化。以下详述跨国公司常用的七种管理组织形态。

（一）国际业务部

跨国公司设立国际业务部（International Division），专司母国以外的所有业务，具有全面管理权限。国际业务部可能以子公司形式存在，其总裁常由母公司的副总裁兼任。此形式优点在于集中、强化国际业务管理，提升员工国际视野和业务能力。然而，它可能导致国内业务与国际业务分离，资源分配不均，部门间对立，且在国际业务部壮大后，可能与其他部门配合困难，影响整体运营效率。

（二）全球性产品结构

全球性产品结构下，跨国公司按产品设立全球产品部，全权负责其产品在全球范围内的规划、管理和控制。优点在于强化产品技术、生产、信息的统一管理，减少国内外业务差异。缺点是可能造成过度分权，导致各产品部各自为政，公司难以对全局性问题进行集中管控，且可能造成机构重叠，浪费资源。

（三）全球性地区结构

全球性地区结构以地区为单位设立分部，直接向公司总裁汇报。分为地区—职能式和地区—产品式。优点是强化地区分部作为盈利中心的地位，有利于制定适应本地市场需求的营销策略，激发分部积极性与创造性。缺点是可能导致"地方主义"，过分关注地区业绩而忽视公司整体战略和利益，不利于产品多元化和跨地区研发合作。

（四）全球性职能结构

全球性职能结构围绕生产、销售、研发、财务等主要职能设立全球性职能部门，各职能副总裁向总裁负责。如财务部门对全球财务事宜负责。优点是明确职责，提高效率，利于严格规章制度执行及成本利润核算。缺点是不利于开展多种经营和产品多样化，且增加地区间协作难度。

（五）全球性混合结构

全球性混合结构结合两种或三种组织结构特点，如职能、地区、产品结构，以适应企业特需或业务重点，具有较高的灵活性。优点是可根据需要选择适宜结构。缺点是组织不规范可能导致管理脱节、冲突，部门间业务差异大，合作协调困难。

（六）矩阵式组织结构

矩阵式结构将职能主线与产品或地区主线交叉结合，形成纵横交错的管理结构。基层经理同时接受产品副总裁和地区副总裁领导。优点是强化部门间合作，增强整体实力和子公司应对复杂环境的应变能力，保持母公司对子公司的有效控制。缺点是打破传统统一管理原则，易引发管理层冲突，组织结构变得复杂，利益关系不易协调。

（七）跨境电子商务组织结构

跨境电商组织通常包括公司总部、地区市场共享服务、当地市场三层。总部负责全球战略、营销、产品策划；地区市场共享服务由总部提供网络基础设施，负责运营；当地市场负责供应链管理、本土化服务及处理法律事务。此结构有利于整合资源，实现全球与本土化平衡。

三、跨国公司设立子公司和分公司的考虑

在激烈的市场竞争中，跨国公司始终面临着如何最大化经济效益的问题，因此在选择组织形式时需要慎重考虑。子公司和分公司在税收待遇等方面都有各自的优势，而世界各国对这两类公司在税收等方面的规定存在差异。这为企业或跨国公司设立附属企业提供了灵活的选择空间，因此出现了在不同国家和地区分别设立子公司或分公司的现象。

（一）设立子公司的好处

1. 独立法人实体

子公司通常被视为独立的法人实体，拥有自己的法人身份。这使子公司能够独立承担法律责任，签署合同，并在法律上对其经营活动负责。

2. 灵活的经营管理

子公司相对于总公司拥有更大的业务自主权，可以更灵活地根据当地市场的需求进行经营管理。这种灵活性使子公司能够更好地适应不同国家和地区的经济、文化和法规环境。

3. 独立的财务状况

子公司拥有独立的财务状况，其资产和负债与总公司分开记录。这有助于更清晰地了解子公司的经济状况，也方便财务管理和编制财务报告。

4. 独立的经营策略

子公司能够根据自身市场和竞争情况灵活制定经营策略，更好地适应当地市场的特点，提高竞争力。

5. 税收优势

在一些情况下，子公司可能享有相对独立的税收待遇，有助于降低整体税负。

总体而言，设立子公司有助于跨国公司更好地拓展业务，实现本地化经营，同时降低了法律和经济风险。

（二）设立分公司的好处

1. 集中管理和控制

分公司作为总公司的分支机构，实现了业务的集中管理和控制。总公司可以直接监督和管理分公司的运营，确保各个分支机构能够更好地执行总体战略。

2. 统一法律实体

分公司与总公司被视为一个法律实体，这意味着它们共享相同的法人身份。在法律责任承担上，总公司承担整个组织的责任，简化了法律程序和法律责任的管理。

3. 统一财务报告

分公司的财务状况通常被整合到总公司的财务报表中，使总公司更容易全面了解整个企业的财务状况，有助于其更有效地进行财务规划和管理。

4. 一致的经营策略

由于分公司被视为总公司的延伸，其经营策略和战略通常是一致的。这有助于确保在不同的国家和地区开展的业务保持一致性，增强品牌统一性。

5. 协同效应

分公司之间可以实现协同效应，共享资源和经验。总公司可以有针对性地配置资源，使各分公司能够均受益于整个企业的发展。

第二节　跨国公司的组织结构

一、跨国公司组织结构的设计原则

跨国公司组织结构的设计复杂且关键，需要综合考虑多个因素。组织结构的设计原则分为一般原则和特殊原则。

（一）一般原则

1. 全球一体化原则

强调在全球范围内实现战略协同与统一，确保公司整体利益最大化。公司通过设定全球战略愿景和目标，确保各地区和子公司与母公司整体战略一致，包括品牌形象、产品标准、管理流程等。如谷歌（Alphabet Inc.），母公司统一管理多个子公司，实现全球资源协同，推动各领域战略一体化。

2. 灵活性原则

要求组织结构具备适应不同文化、法规和市场需求的灵活性。跨国公司通过灵活的组织设计，能在保持整体战略一致的同时，灵活应对各地差异性和多样性。如赛默飞世尔科技（Thermo Fisher Scientific Inc.），其生命科学和实验室服务部门可根据各地需求灵活调整产品与服务。

3. 战略一致性原则

保证各地区和部门组织结构与公司总体战略方向一致，确保所有业务活动服务于战略目标。如联想集团（Lenovo Group Ltd.），通过全球一体化管理，确保子公司在各业务领域与整体战略保持一致，构建跨国团队，实现全球战略统一执行。

4. 信息流畅原则

强调构建有效信息技术系统，促进各地区和部门间信息流通，支持快速决策与协同工作。如微软（Microsoft），通过云计算平台 Azure、协同办公工具 Microsoft Teams 等实现全球信息共享与协同，快速响应市场变化，加强团队合作，推动创新与业务增长。

5. 人才发展原则

注重在全球范围内培养和发展适应不同文化和市场需求的人才。通过建设拥有多元化技能和经验的团队，提高公司对全球化业务环境的适应力。如谷歌提供跨文化培训，培养员工理解和适应不同地区工作环境的能力，构建创新且适应性强的团队，推动全球可持续发展。

（二）特殊原则

1. 本地化原则

人力资源和决策层面适应本地需求与法规，提升本地市场接受度。通过灵活调整人力资源管理和决策，深入了解并适应各地文化与法规环境，增强本地市场竞争力。如麦当劳，虽在全球统一品牌与菜单，但针对不同地区推出了符合本地口味的产品，设立了本地子公司以适应市场。

2. 文化融合原则

在公司内促进全球一体化与多元文化的和谐共存，营造开放包容的工作氛围，增进员工跨文化协作与理解，提升全球团队协同效应与创新能力。如宝马集团，鼓励跨文化合作，让跨国领导团队共同制定与执行全球战略。

3. 法规遵从原则

确保全球经营活动中严格遵守各地法规，降低法律风险。建立完善的法律合规体系，有效管理全球法律事务，维护企业声誉与可持续经营。如谷歌，设立各国法务团队确保业务活动符合当地法规要求，以降低法律风险，确保在全球合法经营。

4. 市场导向原则

根据产品特性与市场需求调整战略与组织结构，快速响应市场变化。强调灵活性与敏捷性，依据不同地区市场状况调整战略与组织结构，精准满足客户需求，保持竞争力。如苹果公司，始终关注全球市场动态，根据产品特性和市场需求灵活调整战略，从个人电脑转向移动设备，成功进入手机市场并保持科技行业领导地位。市场导向使苹果公司能灵活应对全球市场变化，推出符合消费者期待的产品，保持各地市场份额，顺应科技发展与消费趋势，为企业利润持续增长奠定基础。

二、跨国公司组织结构类型

跨国公司的组织结构类型通常反映了其在全球范围内开展业务、管理不同地域子公司、协调资源分配及应对市场挑战的战略安排。以下是几种常见的跨国公司组织结构类型。

（一）职能型组织结构

职能型组织结构（Global Functional Structure）按照专业功能（如研发、生产、销售、财务等）在全球范围内进行集中化管理。各职能部门在总部设有全球主管，负责制定全球范围内的统一政策、标准和流程。子公司或区域办事处按照职能线接受指导，执行总部制定的全球战略。这种结构有利于专业知识和最佳实践的集中共享，适用于产品或服务标准化程度高，需要全球协调一致的企业。

（二）区域型组织结构

区域型组织结构（Global Regional Structure）是指公司按地理区域划分，每个区域设立区域总部，负责区域内所有子公司的运营。区域总部根据当地市场特点制定适应性的战略和运营计划，并对区域内资源进行整合和调配。这种结构有利于对各地市场的深入了解和快速响应，适用于市场差异较大、需要地方化经营策略的企业。

（三）产品型组织结构

产品型组织结构（Global Product Structure）根据产品线或业务单元进行组织，每个产品部门负责其产品在全球范围内的研发、生产和销售。这种结构有利于集中资源发展特定产品，确保产品在全球范围内的统一形象和市场定位，适用于产品种类多样、技术复杂、市场竞争激烈的企业。

（四）矩阵型组织结构

矩阵型组织结构（Global Matrix Structure）结合了职能型、区域型和产品型组织结构的特点，员工既向职能经理报告，也向区域经理或产品经理报告。这种结构形成了纵横交错的责任关系，旨在实现职能专业化与市场适应性之间的平衡，适用于业务复杂、需要高度跨部门协作的企业。矩阵结构可能包括以下几种形式。

（1）职能—地区矩阵。员工同时向职能上级和所在地区上级汇报。

（2）职能—产品矩阵。员工同时向职能上级和所负责产品线的上级汇报。

（3）多维度矩阵（又称多维矩阵或立体矩阵）。员工同时受到职能、产品、地区等多个维度上级的指导。

（五）网络型组织结构

在网络型组织结构（Global Network Structure）中，公司被视为一个松散的网络，由核心企业和一系列外部合作伙伴（如供应商、分销商、外包服务商等）组成。核心企业专注于核心竞争力，其他功能通过灵活的合作关系外包给网络中的其他成员实现。这种结构强调灵活性、敏捷性和资源的高效利用，适用于高度依赖外部资源、快速响应市场变化的企业。

（六）混合型组织结构

一些跨国公司可能采用上述多种结构的组合，形成一种适应其特定业务需求和市场环境的混合型组织结构（Hybrid Structure）。例如，企业可能在总体上采取职能型组织结构，但在特定区域或产品线上采用矩阵型或网络型组织结构，以兼顾全球一致性与本地适应性。

跨国公司在选择组织结构时，会考虑公司的战略目标、业务复杂性、市场多样性、文化差异、技术要求等因素，旨在构建既能有效管控全球业务，又能灵活应对各地市场挑战的组织架构。随着全球商业环境的变化和数字化技术的发展，跨国公司的组织结构也在不断演变，更加倾向于扁平化、网络化和灵活化的形态，以提升决策速度、创新能力及市场竞争力。

◆ **章内案例6-1　联合利华跨国战略下的组织结构**

联合利华于1930年由荷兰人造黄油公司与英国利华兄弟制皂公司合并而成。联合利华的冰激凌、冷冻食品、茶饮料、调味品、人造奶油和食用油产量居世界前列。联合利华是全球最大的洗涤用品、洁肤产品和护发产品生产商之一。

随着联合利华生产规模的扩大，以前的管理组织结构已经难以适应内部管理和外部管理的需要，2005年2月，全球CEO帕特里克塞斯考上任将全球三大业务整合，进行统一的人事管理、办公及财务运营，所以采用了混合式组织结构。这种结构灵活性强，易于公司内部进行全方位的资源配置，有利于集中资源优势，强化重点。但是由于其组织结构非规范化，使企业内部协调管理成本较高，而且企业运行中可能会发生经营脱节和目标冲突的现象。

联合利华在中国采取的是典型的混合结构，综合考虑了地区、产品、职能等单一结构的优点，力求从各个生产经营活动方面更加贴近中国消费者，提供更高标准的产品和服务，支持"本土化"战略的推行。图6-1为联合利华中国组织结构。

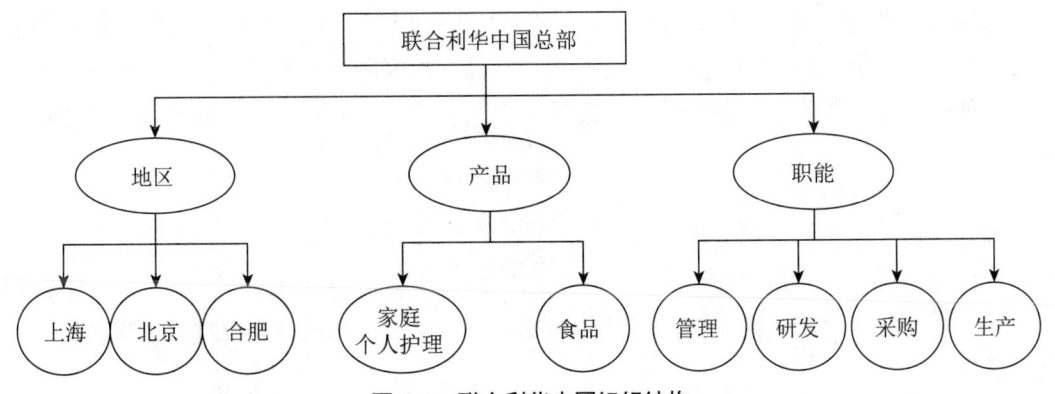

图6-1　联合利华中国组织结构

资料来源：世界500强跨国公司的组织结构案例[EB/OL].（2016-11-17）[2024-4-23]. https://www.hrsee.com/?id=184.

三、跨国公司组织结构选择的影响因素

跨国公司组织结构的选择受到多方面因素的综合影响。

（一）跨国经营战略

跨国公司的组织结构应与其跨国经营战略紧密契合。根据企业发展阶段及战略定位，有如下几种典型组织结构。

（1）跨国初级阶段。设立国际业务部门集中管理少量海外子公司，便于对有限资源进行有效管控。

（2）实行多国战略。设立地区分部，适应当地市场需求，有效管理分散业务。

（3）初步实行全球战略。以产品为中心设立部门，实现全球资源整合与标准化管理。

（4）全球战略全面发展。采用混合式结构，兼顾全球协调与本地适应性，应对双重市场挑战。

表 6-1 为全球趋同战略和国际多元化战略二者的组织结构选择。

表 6-1　全球趋同战略和国际多元化战略二者的组织结构选择

组织结构方面	全球趋同战略	国际多元化战略
总部结构	集中式总部，强调全球一体化	分散式总部，允许各地区相对独立
决策过程	集中决策，强调全球标准化	区域决策，允许各地区适应本地需求
产品或服务定制化	通常较低，强调全球标准化	较高，以适应本地市场需求
营销策略	通用全球营销策略	本地市场制定化营销策略
人力资源管理	集中式人力资源管理	区域或国家级的人力资源管理
创新和研发	集中研发，强调全球标准化	分散研发，以适应各地本地需求
风险管理	集中风险管理	分散风险管理

（二）跨国经营程度

跨国经营程度（市场份额、销售额、国际业务贡献等）影响组织结构选择。程度越高的公司，可能需要更复杂、更灵活的结构，如设立地区团队、专业化部门及强化全球一体化管理；反之，程度较低的公司，可能倾向于简单结构，如单一国际业务部或少数地区分部。

（三）国际市场环境

国际市场环境（政治稳定性、法律法规、文化差异、经济条件、市场需求与竞争、技术发展、社会责任等）对组织结构的选择有深远影响。公司需考虑如何在全球环境下保持灵活性、合规性，适应多元文化，应对经济变化，满足市场需求，利用技术进步及履行社会责任等。

（四）公司技术模式

技术模式（自动化、无线信息传输、内部网络、统一软件平台等）强化组织结构的机械性（协调各职能）与有机性（员工自主完成工作）。技术进步推动柔性自动化、无形资

产价值提升及产品标准化理念，影响组织结构的选择。

（五）公司组织规模

组织规模影响结构复杂性与管理难度。大型跨国公司倾向于多层次、复杂的结构以协调全球业务；小型公司偏好简化、扁平结构以提高灵活性与决策速度。

（六）公司管理人员

管理人员的经营理念、业务素质与环境感知适应能力影响组织结构选择。创新、冒险倾向的管理层可能选择分权结构，保守、谨慎的管理层可能偏爱集权结构。

（七）公司组织文化

追求全球一体化的公司可能选择统一、集中的结构；注重本土化与多元文化尊重的公司可能采用分散、灵活的结构。组织文化还影响员工参与度、团队协作及满意度，设计结构时需考虑文化差异对全球沟通协作的影响。

四、跨国公司组织规模的极限

跨国公司的规模与其经济效率并非简单的正比关系。尽管规模扩大可以带来诸多收益，但伴随而来的组织成本制约了规模扩张。理论上，跨国公司存在一个规模极限，超出该极限，组织成本将显著增加。以下是企业在扩张过程中可能遇到的问题。

（一）激励弱化或扭曲

跨国公司通过内部上下级或不同下级间的经济协调来管理，但这种方式可能导致绩效评价困难，激励机制难以激发长期高效动力。下级雇员可能追求短期考核达标，而非企业长远利益，甚至出现"搭便车"现象。这些问题导致管理者需投入大量的精力监督，增加了激励功能弱化或扭曲的成本。

（二）信息损失或失真

跨国公司庞大的组织结构导致信息在自下而上的传递中部分损失，且下级雇员可能存在故意扭曲信息以优化自身利益的情况，造成决策误判。即使借助先进技术，信息失真问题仍难消除。

（三）注意个人或部门利益

表现为"影响力成本"（中层经理及下级为个人利益影响高层决策）、"部门利益"（各部门追求局部利益损害公司整体利益）及"内部矛盾"（部门间利益冲突导致协调成本增加）。这些现象构成组织成本，挑战跨国公司的有效运营。

企业最大有效规模并非固定值，其受到技术进步、企业家素质及组织创新等因素的影响。企业在追求规模扩张时，应综合考虑这些因素，以确定适宜的规模，避免因规模过大而产生高昂的组织成本。

五、跨国公司组织结构调整趋势

跨国公司组织结构调整趋势反映了在全球化、数字化、技术创新等大背景下，企业为适应市场变化、提升竞争力而进行的内部变革。以下是一些显著的组织结构调整趋势。

（一）扁平化与去中心化

随着信息通信技术的发展，企业内部沟通效率提高，决策链缩短，传统的多层级组织逐渐被扁平化结构取代。这种结构减少了管理层次，扩大了管理跨度，提升了决策速度和执行效率，增强了组织的灵活性和响应能力。跨国公司越来越倾向于将决策权限下放，赋予前线团队和子公司更大的自主权，以便更快地响应当地市场变化。通过建立跨职能、跨地域的项目组或任务小组，实现跨部门、跨地区的协作，减少对总部的依赖。

（二）网络化与平台化

组织结构从传统的垂直链条转变为由多个节点（如子公司、合作伙伴、供应商、客户等）构成的动态网络。这种结构强调资源的共享、协同与互惠，促进了内外部资源的高效整合与利用。企业通过构建内部或外部平台，如数字化协作平台、创新平台、知识共享平台等，打破组织边界，促进信息、知识、资源的流动与共享，激发创新活力，提升组织的整体效能。

（三）模块化与敏捷化

组织被划分为相对独立、功能明确的模块（如业务单元、项目团队、专业小组等），这些模块可以根据市场需求快速组合、调整，实现资源配置的动态优化。模块化有助于企业灵活应对市场变化，快速响应客户需求，同时也有利于内部的专业化分工与协作。借鉴敏捷开发的理念，组织结构向更灵活、迭代、快速响应变化的方向转变。通过引入敏捷团队、短期项目周期和持续反馈与改进机制，企业能够在充满不确定性和快速变化的市场环境中保持竞争优势。

（四）数字化与智能化

组织结构适应数字化转型的需求，设立专门的数字化部门或团队，负责推动企业信息化建设、数据分析、数字营销等工作。同时，数字化技术被广泛应用到组织管理中，如远程协作、在线会议、数字化流程管理等，改变传统的办公模式和决策方式。随着人工智能、机器学习等技术的发展，企业开始构建智能化组织，通过自动化、智能化工具提升决策效率，优化工作流程，提升员工生产力。智能化组织还强调数据驱动决策，通过实时数据分析、预测模型等手段，提高决策的精准性和前瞻性。

（五）本地化与跨文化融合

在坚持全球一体化战略的同时，尊重并适应各地市场特点，实施本地化策略。这包括设置地区总部或区域中心，赋予其一定的决策权限，以及组建具备本地市场知识和文化理解的团队。在组织内部倡导多元文化融合，通过跨文化培训、文化交流活动等方式，增强员工的跨文化沟通与协作能力，构建包容、开放的企业文化，以适应全球化运营的需求。

（六）合作与联盟

跨国公司通过与其他企业、研究机构、初创公司等建立合作关系，共同进行研发、创新活动，共享资源，分散风险，加速创新成果的商业化进程。企业之间形成非股权合作的联盟关系，共同开发市场、共享技术、协调供应链等，以增强各自的市场竞争力。

第三节　跨国公司人力资源管理

在全球化背景下，跨国公司越发认识到人力资源管理在提升企业竞争力中的关键乃至决定性作用，尽管人力资源管理的重要性日益突出，但发展历程相对较短，仍处于起步阶段（Laurent，1986）。Adler 和 Baetholmew（1992）研究显示，该领域在北美公司中是全球化进程中发展最慢、国际化程度最低的职能之一。鉴于此，跨国公司亟须提升人力资源管理水平，以应对全球竞争。

跨国公司人力资源管理涉及在全球范围内有效组织、引导和发展员工，以满足各国业务的需求，包括招聘、培训、绩效、薪酬及跨国调动等维度。

一、外籍人员招聘

选聘和员工晋升是人力资源管理的重要内容。跨国公司在选聘和晋升员工时，应注意以下几个问题。

（1）系统化与正式化的招聘过程对跨国公司至关重要，旨在确保全球招聘活动公正透明。跨国公司需明确选聘程序与标准，保证人才选拔的一致性与客观性。具体包括：①系统化招聘程序需涵盖招聘周期全部步骤，如计划制订、广告发布、简历筛选、面试、候选人评估及录用，每个环节应有明确流程与时间表，确保招聘高效有序；②正式化招聘标准应明确职位描述，列明技能、经验和资格要求，确保对所有候选人的评估标准统一；③借助招聘管理系统等技术工具，可追踪招聘活动、管理候选人信息、提升招聘效率，并通过数据分析优化招聘策略。

（2）当地法规和社会环境是跨国公司在海外子公司招聘时的重要考量。面对各国不同的劳动力市场、法规规定与社会文化，公司须深入了解并严格遵守当地法规，同时适应当地社会环境。具体包括：①了解并遵守当地法规是确保招聘合规的基础，涉及雇用合同、工资标准、工时规定等当地独特的劳动法规与就业法律，以规避法律风险与纠纷；②适应当地社会环境需考虑文化、价值观、职业习惯的差异，确保所招人才能顺利融入当地工作环境并与团队协调一致。为此，公司可采用定制化招聘策略，针对不同地区的特点调整招聘流程、面试问题及员工福利、培训计划等。

（3）雇用与提升本地员工是跨国公司在全球招聘与管理中的关键考量。各国法规普遍要求企业优先雇用和提拔本国员工，既是履行企业社会责任、促进本地经济发展的表现，也是提高企业本地社区融合度的有效方式。具体包括：①雇用和提拔当地员工是企业履行社会责任、推动本地经济发展的重要途径，全球大多数国家均有法规要求企业在招聘和晋升时优先考虑本地员工，以保护本国劳动力权益、缓解外国企业对本地就业市场的冲击，促进本地员工职业发展；②在欧盟国家，企业在雇用与提拔方面有较大灵活性，对非欧盟国家移民，需符合居留许可证或工作证要求，以平衡劳动力市场需求与供给，保护外国劳动者权益，但有些企业在选人用人时还是更多考虑本地员工；③某些国家要求企业初期雇用一定比例本国员工，以促进技能传承、本地人才培养和社区融合，后续逐步提高本地员工比例，最终实现完全本地化雇用；④雇用与提拔本地员工不仅是法规要求，更是企业积极履行社会责任的表现，有助于建立良好的企业形象，提高本地市场的可持续发展能力。

二、培训与开发

培训与开发是跨国公司人力资源管理的关键组成部分，旨在提升员工的技能、知识、态度，以适应全球化业务环境的挑战。与跨国公司人力资源管理相关的培训与开发有如下方面。

（一）跨文化培训

由于跨国公司涉及多个国家和文化，跨文化培训（Cross-Cultural Training）是至关重要的。该培训旨在帮助员工理解不同文化间的差异，提高跨文化沟通和协作的能力。培训内容可能包括文化礼仪、沟通风格、价值观差异等。

（二）职业发展培训

为了吸引和留住优秀的员工，跨国公司需要提供职业发展培训（Career Development Training）。这种培训可以包括制订个人发展计划、提供职业规划建议、培养领导能力等方面，以帮助员工在职业生涯中取得成功。

（三）技能培训

技能培训（Skills Training）是为了提高员工在特定领域的专业知识和技能。这可能包括培训关键岗位上的员工，以确保他们具备完成工作所需的最新技能和知识。技能培训可以涵盖行业标准、新技术、软件应用等方面。

（四）领导力培训

在跨国公司中，领导力培训（Leadership Training）是要确保管理层具备领导多元化团队的能力。培训内容包括领导力原则、团队建设、跨国沟通等方面。

（五）语言培训

由于跨国公司可能涉及多种语言，语言培训（Language Training）是确保员工能够有效沟通的重要环节。这包括学习公司主要经营语言及在多语言环境中的沟通技巧。

（六）软技能培训

软技能培训（Soft Skills Training）旨在提高员工的人际关系、沟通、解决问题和创新能力等软技能。有助于跨国公司中员工协作、适应变化及处理跨文化团队中的挑战。

三、绩效管理模式

绩效管理是一种持续的沟通过程，旨在提升员工及组织绩效，增强员工职业能力与积极性。其主要内容包括明确绩效目标、识别工作不足、制订改善计划、评估管理效果、选择有效管理方式。在实施中需考虑员工个体差异、组织战略及市场环境。其中，3P模式（职位评估、绩效考核、薪酬分配）与4P模式（职位评估、绩效考核、薪酬分配、素质管理）是常用的人力资源绩效管理模式。

（一）3P人力资源绩效管理模式

在众多的人力资源绩效管理模式中，3P人力资源绩效管理模式以其综合性和实用性而备受青睐。这一模式主要由职位评估（Position Evaluation）、绩效考核（Performance Appraisal）和薪酬分配（Pay Distribution）三个方面共同构成了现代企业的人力资源管理框架。

1. 职位评估

职位评估是3P人力资源绩效管理模式的第一要素，其重点在于对不同职位进行客观、系统的评估。这一过程涉及对职位的工作内容、责任、资格要求等方面的全面审查。通过职位评估，企业可以清晰地了解各个职位在组织中的价值和作用，为绩效考核和薪酬分配提供了基础。

2. 绩效考核

绩效考核是 3P 人力资源绩效管理模式的核心环节，旨在对员工的工作表现进行定量和定性的评价。通过设立明确的绩效指标和标准，管理层能够全面了解员工在工作中的表现，识别其优势和不足。绩效考核为制订个性化的发展计划和提供针对性的培训奠定了基础，同时也为薪酬分配提供了客观的数据支持。

3. 薪酬分配

薪酬分配是 3P 人力资源绩效管理模式的最后一环，通过对员工的职位、绩效和市场薪酬水平进行综合考虑，确定合理的薪资水平。这一过程需要平衡内部公平性和外部市场竞争力，确保员工的薪酬与其贡献和市场价值相符。薪酬分配作为人力资源管理的重要组成部分，直接影响员工的积极性和工作动力。

3P 人力资源绩效管理模式通过整合职位评估、绩效考核和薪酬分配三个环节，促使企业建立起科学、公正的人力资源管理机制。这一模式强调了从职位到员工再到薪酬的有机链接，有助于提高组织的整体绩效，激发员工的工作热情，进而推动企业的可持续发展。

（二）4P 人力资源绩效管理模式

在 3P 人力资源绩效管理模式的基础上，近年来涌现出了一种更加全面的管理模式，即 4P 人力资源绩效管理模式。与 3P 人力资源管理模式相比，4P 人力资源管理模式在绩效管理中增加了素质管理（Personality Management）这一重要环节，通过全面考察素质管理、职位评估、绩效考核和薪酬分配四个方面，为企业提供更加全面的绩效评估视角。

1. 职位评估

职位评估作为管理模式的基础，旨在对不同职位进行系统、客观的评估。通过详细审查职位的职责、资格要求等方面，确保对各个职位的理解一致和全面。

2. 绩效考核

绩效考核是 4P 人力资源绩效管理模式的核心，通过设定明确的绩效标准，对员工的工作表现进行全面评价。绩效考核不仅关注工作成果，还应包括对员工素质、团队合作等方面的评估，为制订个性化发展计划提供依据。

3. 薪酬分配

薪酬分配环节旨在通过综合考虑职位、绩效、市场薪酬水平等因素，确定员工合理的薪资水平。确保薪酬的内部公平和具有外部竞争力，激发员工的积极性和工作热情。

4. 素质管理

素质管理是 4P 人力资源管理模式中的创新要素，强调在素质测评的基础上构建企业战略和组织结构适配的素质模型。通过对员工素质的全面提升，实现员工从"终身雇用"向"终身可以雇用"的转变，为企业构建多技能员工队伍提供支持。

4P 人力资源绩效管理模式通过聚焦职位、绩效、薪酬和素质四个关键方面，为企业提供了更加全面的人力资源管理视角，有助于实现员工和企业的共同发展。

四、薪酬管理

跨国公司人力资源管理中的薪酬管理是一项复杂且重要的工作，需要全面考虑不同国家、文化和市场的多元因素。跨国公司实施薪酬管理时需要深入思考：薪酬差异和公平性

（Pay Equity）。在全球范围内，相同职位的薪酬水平可能存在较大差异。跨国公司需确保员工在相同职责和能力的情况下能够获得公平的薪酬报酬。这需要深入了解当地薪酬水平和行业标准，以制定具有公正性的薪酬政策。

（一）薪酬本地化策略

薪酬采用本地化策略（Localization Strategies）可以确保薪酬体系符合当地文化、法规和市场情况，包括调整基本工资、福利和奖金等方面，以适应当地的生活水平和员工期望。

（二）国际派遣薪酬政策

针对派遣到其他国家工作的员工，跨国公司需要制定专门的国际派遣薪酬政策（International Assignments Compensation），包括支付特殊津贴、提供住房津贴、考虑汇率波动对薪酬的影响等因素。

（三）绩效奖励和激励机制

在全球范围内实施一致的绩效奖励和激励机制（Performance Rewards and Incentives）可以激发员工的工作动力，包括定期的绩效评估、奖金制度、股权激励计划等，以确保员工的表现与公司目标一致。

（四）合规性和法规遵从

合规性和法规遵从（Compliance and Regulatory Compliance）是指不同的国家有着不一样的劳动法规和税收政策，因此，跨国公司需要确保其薪酬管理符合当地法规。这可能牵涉雇用合同、税收扣缴、社会保险等方面的合规性。

（五）员工福利和生活质量

除了基本薪酬，考虑员工福利和生活质量（Employee Benefits and Quality of Life）也是至关重要的，包括提供全球一致的员工福利计划，以及关注员工工作与生活的平衡。

（六）薪酬透明度和沟通

保持薪酬透明度和沟通（Compensation Transparency and Communication）有助于提升员工满意度和信任感。跨国公司应建立清晰的薪酬结构，并定期与员工分享薪酬政策和加薪计划。

通过综合考虑上述因素，跨国公司可以制定全球一致、公正、合规且具有竞争力的薪酬管理策略，确保其人力资源在全球范围内保持均衡和有竞争力的薪酬水平。

五、跨国家调动

跨国家调动是跨国公司人力资源管理的一项重要实践，涉及将员工从一国调至另一国，以满足全球业务需求、促进员工专业发展及全球知识经验共享。跨国家调动涵盖了工作适应、社会适应、受请人选及人员调回等层面。

（一）工作适应

1. 职业发展机会

跨国家调动为员工提供了丰富的职业发展平台，使其在全球范围内能够接触不同领域，积累多样化的经验和知识，拓宽职业视野，提升综合素质。

2. 跨文化工作体验

在异国工作，员工将亲历迥异的工作文化与业务环境，增进对多元文化背景下的工作模式、商业规则、沟通风格等的理解与接纳，提高在跨文化团队中的协作与适应能力，这对于培养跨国公司全球视野、提高国际竞争力具有重要意义。

（二）社会适应

1. 文化适应

跨国调动员工面临融入新文化社会环境的挑战。跨国公司应提供必要的文化适应培训与支持，包括语言学习、风俗习惯介绍、文化敏感性训练等，帮助员工尽快适应并融入新的生活环境，建立良好的人际关系，降低文化冲突与压力。

2. 团队协作

在新的国家，员工需适应当地特有的团队协作方式与沟通风格。跨国公司可通过组织团队建设活动、跨文化沟通培训等方式，促进新旧团队成员间的互动与理解，构建和谐高效的跨文化工作团队。

（三）受请人选

1. 选拔与评估

跨国公司需建立科学的选拔与评估机制，确保选出适合跨国调动的员工。评估时应综合考量员工的专业技能、语言能力、文化适应性、家庭状况、个人意愿等因素，确保调动决策的合理性与有效性。

2. 培训与支持

为确保员工顺利过渡到新的工作环境，跨国公司应提供必要的技能培训、工作交接指导、跨文化适应辅导等支持。培训内容应涵盖新岗位职责、工作流程、公司政策、当地法律法规等方面，确保员工具备在新环境中胜任工作的能力。同时，提供持续的心理支持与生活援助，帮助员工应对在异国生活中的种种挑战。

（四）人员调回

1. 职业生涯规划

跨国公司应与员工共同制订清晰的职业生涯规划，明确跨国调动的时间节点、调回条件及调回后的职业发展路径。确保调回安排与员工个人职业目标相吻合，避免人才流失，同时为公司的长远发展储备人才。

2. 知识转移

在人员调回时，跨国公司应确保有效进行知识转移，鼓励员工分享在国际工作中积累的经验、技能、客户关系、市场洞见等宝贵资源，通过研讨会、报告会、内部培训等方式，将这些知识传授给本地团队，提升公司整体业务水平与国际竞争力。同时，调回员工的跨国工作经验也为公司本土化战略提供了重要参考，有助于公司更好地理解和适应全球市场，优化资源配置，实现全球化与本土化战略的深度融合。

跨国公司人力资源管理的跨国家调动是一个复杂而全面的过程，它不仅关系到员工个体的职业发展和适应能力，也涉及公司战略的成功执行。通过有效的工作适应、社会适应、受请人选和人员调回策略，公司可以更好地利用全球人才资源，实现全球业务的协同发展。全球人才流动管理不仅有助于公司的业务拓展，还有助于员工具有全球化视野和在职业上得到更好的发展。

◆ 章内案例 6-2　从跨国公司的国际化经验学习海外人力资源管理

激励员工为组织目标而努力。英特尔公司在招聘过程中，并不是选择学历最高、成绩最好的人，而是选择个人价值观与企业核心价值观一致的人，只有这样的人才能与企业共同成长，发挥最大潜能，共同实现企业远景目标。

将人力资源策略与当地的文化相结合。西门子公司作为大型的跨国公司，比较重视不同文化对人力资源决策的影响，对于外派员工在绩效考核方面，为了保持考评的公正性，考评者由东道国的上级、下级、同级或客户，以及母公司的上级组成。

选拔培养高素质的人力资源管理人员。美国电话电报公司（AT&T）、宝洁、通用电气、微软等在外派人员出国前提供多种跨文化与语言培训以跨越"文化休克"，使之更快适应当地生活。

根据当地的政策调整人力资源策略。由于各国劳工政策存在差异，跨国公司的海外子公司需要根据不同的政策环境对某些策略进行相应调整。美国跨国公司在英国和爱尔兰的海外子公司，执行母公司人力资源政策较为容易，而在其他欧洲国家，如德国、瑞典等，由于政策环境和人力资源传统与美国母公司的差异较大，所以不得不接受当地的政策。

员工"本地化"成为大多数跨国公司的选择。美国电话电报公司和其他很多美国跨国公司在国际项目中会降低外籍员工数量，雇用更多的当地人。AT&T 经过对比发现，使用外籍员工的成本是雇用当地人员的 3 倍。GM 同样得出结论：一个为期 3 年的海外项目需要为外籍执行官及其家属支付接近 100 万美元，约是当地执行官的 2 倍；与当地的管理者相比，外籍管理者的失败比例也较大。近年来，越来越多的跨国公司的海外子公司使用当地的经理人来进行管理，最典型的例子就是在墨西哥的美国跨国公司将外籍管理人员全部替换成当地的管理人员，主要原因是外籍管理人员与墨西哥员工存在很多冲突，墨西哥工会抵制以美国籍经理为代表的美国文化。

资料来源：从跨国公司的国际化经验学习海外人力资源管理 [EB/OL].（2021-08-27）[2024-4-23]. https://zhuanlan.zhihu.com/p/404304597.

第四节　跨国公司的管理控制体制

一、跨国公司管理控制的必要性

跨国公司在全球范围内拥有广泛的业务网络，面对多元文化、法规复杂的环境，有效的管理控制体制显得尤为重要。管理控制不仅仅是确保公司运营顺利的手段，更是推动战略实施、保护企业利益、提高运营效率的关键要素。

（一）确保战略一致性

跨国公司通常制定全球战略，而这些战略需要在各个国家和地区得到一致贯彻。管理控制体制通过制定明确的指标和目标，确保各个分支机构的行动与总体战略一致，从而协同推动公司的整体发展。

（二）提高运营效率

管理控制体制通过设定标准流程、制定规范管理手段，可以实现对全球运营的有效监督。这不仅有助于减少资源浪费，降低成本，还能够提高生产力和运营效率。

（三）风险管理

跨国公司面临着来自各个方面的复杂风险，包括政治、法律、汇率等层面。管理控制体制能够通过建立风险评估机制、监控系统，及时发现和应对潜在的风险，确保公司的可持续经营。

（四）信息透明度

在分布于全球的各个分支机构中，信息的透明度对于整体管理至关重要。管理控制体制通过建立信息系统、报告机制，确保关键信息能够及时传递给决策者，提高公司对市场变化的应变能力。

（五）统一企业文化

统一的企业文化是跨国公司凝聚力的来源，而管理控制体制可以通过规范化的管理手段，促进企业文化在全球范围内的一体化，增强员工的凝聚力和忠诚度。

以跨国公司 B 为例，该公司通过建立全球信息系统，实现了对全球各地分支机构的实时监控。通过设定统一的运营标准和管理流程，公司 B 成功提高了生产效率，降低了运营成本。同时，公司 B 通过建立全球风险管理团队，及时制定应对措施，降低了政治和汇率风险的影响。

二、组织结构的设计与组织管理控制

跨国公司在全球范围内开展业务，为了有效管理和掌控各个分支机构，组织结构的设计与组织管理控制显得至关重要。

（一）组织结构的设计

1. 分散与集中相结合

跨国公司的组织结构通常呈现出分散和集中相结合的特点。总部负责制定全球战略、核心决策，而分支机构负责执行本地市场的运营。这种结构旨在在全球范围内实现整体一体化和增强本地适应性，以满足各个市场的独特需求。

2. 跨文化团队

为了更好地适应不同国家和地区的文化，跨国公司在组织结构中通常设立跨文化团队。这样的团队可以更好地理解并处理来自不同文化背景的员工之间的沟通和合作问题，促进信息的流通和分享。

3. 横向协作机制

在组织结构设计中，横向协作机制是加强各分支机构之间合作的关键。通过设立跨国团队、项目组等横向协作的机制，促进不同地区之间的协同工作，实现全球资源的最优配置。

（二）组织管理控制

1. 制定明确目标与指标

为了确保各个分支机构在全球战略中协同合作，管理控制体制需要制定明确的目标与指标。这些目标应该能够体现公司的整体战略，并能够在各个国家和地区得到有效传导和执行。

2. 建立信息透明度

信息的透明度对于管理控制至关重要。通过建立全球信息系统，确保各个分支机构的关键信息能够及时传递给总部，从而使决策者能够更好地了解各地市场的状况，及时调整战略。

3. 跨国风险管理

跨国公司需要面对多元的风险，包括政治、法律、汇率等。管理控制体制需要建立跨国风险管理机制，通过风险评估和监控系统，及时发现并应对潜在风险，保障公司的可持续经营。

4. 跨文化管理培训

由于分支机构分布在不同文化背景的国家，跨文化管理培训是管理控制体制中的一项关键措施。培训能够提高员工的文化适应能力，减少因文化差异导致的管理问题。

以跨国公司 A 为例，该公司通过设立跨文化团队，成功将来自不同国家的员工整合到一个高效协作的团队中。在组织结构设计上，公司 A 实行分散和集中相结合的管理方式，通过全球信息系统建立了高效的信息传递机制。在组织管理控制上，公司 A 制定了明确的目标和指标，通过跨国风险管理机制有效应对各种风险。

三、企业决策的集中与分散

在跨国公司的运营中，管理控制体制的设计涉及企业决策的集中与分散。图 6-2 为企业决策的集中与分散。

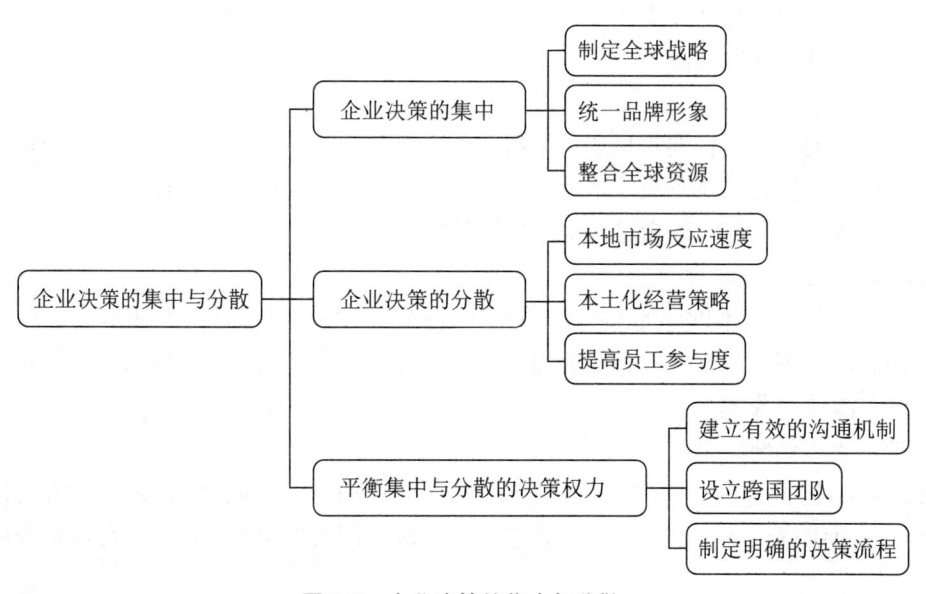

图 6-2　企业决策的集中与分散

（一）企业决策的集中

1. 制定全球战略

在全球化竞争中，制定全球战略是企业决策的首要任务。通过将决策权力集中在总部，企业能够更好地制定整体战略，确保在全球范围内实现协同发展，避免局部决策导致不协调的局面。

2. 统一品牌形象

决策的集中有助于统一品牌形象。企业可以通过总部的集中决策确保品牌在全球范围内的一致性，从而提高全球市场的认可度和可信度。

3. 整合全球资源

通过集中决策，企业可以更好地整合全球范围内的资源，包括人才、技术、资金等。这有助于实现规模经济，提高全球资源的有效利用率。

（二）企业决策的分散

1. 本地市场反应速度

在面对本地市场的变化时，分散决策权力能够提高企业对当地市场反应的速度。分支机构更能够准确了解和把握本地市场的动态，灵活应对市场变化。

2. 本土化经营策略

分散决策有助于实施更符合本土化的经营策略。不同国家和地区存在差异，通过分散决策权力，企业可以更好地根据本地市场的需求进行定制化经营，提高产品和服务的适应性。

3. 提高员工参与度

分散决策权力有助于提高员工的参与度。在本地市场，员工更能理解当地文化和市场的特点，通过给予他们决策权力，可以激发员工的创造力和团队凝聚力。

（三）平衡集中与分散的决策权力

1. 建立有效的沟通机制

为了平衡集中与分散的决策权力，企业需要建立高效的沟通机制。确保总部与分支机构之间信息畅通，以便及时了解全球各地市场的状况。

2. 设立跨国团队

通过设立跨国团队，将总部和分支机构的员工组成一个有机的整体。这有助于在全球范围内树立共同的目标，实现决策的集中与分散的有机结合。

3. 制定明确的决策流程

企业需要制定明确的决策流程，明确哪些决策应该集中在总部，哪些可以在分支机构层面决策。这有助于提高决策的效率和透明度。

四、对国外子公司的管理与控制

在跨国公司的运营中，对国外子公司的管理与控制是一个关键性的议题。跨国公司由于在全球范围内拥有多个子公司，其管理控制体制需要兼顾全球整体性和本地适应性。对国外子公司的管理与控制旨在实现全球范围内的协同发展，同时充分考虑各地市场的特殊需求。有效的管理控制体制可以确保公司在全球范围内的战略一体化和业务协调。

（一）管理与控制原则

1. 全球一体化战略

跨国公司需要确立全球一体化的战略，以确保各国子公司在整体目标下实现协同发展。这需要明确的战略愿景和全球业务目标。

2. 本地适应性

考虑到各国市场的差异性，管理与控制体制应该具有足够的本地适应性。子公司在本地市场的决策权和业务灵活性需要得到充分尊重。

3. 信息共享与透明度

建立信息共享与透明度的机制，确保总部与各国子公司之间有及时、准确的信息交流。这有助于全球决策的制定和执行。

（二）管理与控制实践

1. 制定全球标准与流程

确立全球标准与流程，包括财务报告、业务流程、人力资源管理等。这有助于在全球范围内实现统一的标准，提高运营效率。

2. 跨国团队建设

建设跨国团队，使总部团队和各国子公司的团队能够紧密协作。通过团队建设，可以更好地理解各国市场的需求和挑战。

3. 定期审核与评估

建立定期的审核与评估机制，对各国子公司的运营情况进行全面评估。这有助于及时发现问题并采取有效的纠正措施。

（三）管理与控制挑战

1. 文化差异

文化差异可能导致管理与控制的困难。公司需要制订培训计划，帮助员工更好地适应跨文化工作环境。

2. 法规合规

各国的法规合规要求可能存在较大差异，公司需要建立合规团队，确保各子公司的经营活动符合当地法规。

跨国公司的管理与控制体制对于整体业务的成功至关重要。跨国公司通过明确的管理与控制原则，实施全球一体化战略和增强本地适应性，并通过制定全球标准、建设跨国团队和定期审核与评估等方式，更好地应对跨国经营中的挑战，确保在全球范围内实现协同发展。

五、跨国公司管理控制的基本步骤

在跨国公司的管理控制体制中，实施有效的控制是确保全球业务协调和战略一体化的关键。控制的基本步骤包括一系列具有策略性和操作性的措施，以保障公司在全球范围内的业务稳健运营。以下是跨国公司管理控制体制的基本步骤。

（一）设定目标和标准

策略性控制的第一步是明确整体业务目标和标准。跨国公司需要在全球范围内制定一致的战略目标，并为各国子公司设定相应的业务标准。这确保了一体化战略的一致性。

（二）确立控制责任

分配控制责任是确保各级管理团队能够履行其职责的关键。在跨国公司中，总部和各国子公司的管理层需要明确各自的控制职责，以实现整体协调。

（三）设计控制系统

设计操作性的控制系统，以确保各个业务单元和流程在实际运营中符合设定的标准。这可能包括财务控制、质量控制、风险管理等多个方面的操作性措施。

（四）实施控制措施

将控制措施付诸实施，确保各国子公司在日常运营中遵循设定的标准和流程。这可能涉及培训员工、推行新的操作流程、引入先进的信息技术系统等。

（五）监测和测量

监测和测量是保持控制有效性的关键。跨国公司需要建立有效的监测机制，定期评估各个业务单元和流程的执行情况，确保达到预期的目标和标准。

（六）反馈与调整

基于监测结果，进行反馈与调整。跨国公司需要建立反馈机制，及时获取各业务单元和子公司的反馈信息，如果发现问题，及时进行调整和改进。

（七）进行审计

定期进行内部审计和检查，确保控制系统的有效性和符合法规要求。内部审计可以发现潜在问题，并提供改进建议，从而保障公司的整体运营。

（八）增强透明度

为确保整个管理控制体制的透明度，跨国公司需要建立透明的报告和沟通机制，确保总部能够全面了解各国子公司的运营状况，及时做出决策。

跨国公司在管理控制体制中采取了一系列相互关联的策略性和操作性措施。通过设定明确的目标和标准、分配控制责任、设计操作性的控制系统、实施控制措施、监测和测量、反馈与调整、进行审计及增强透明度，跨国公司可以有效地管理其全球业务，确保在全球范围内实现一体化战略。

第五节　跨国公司的跨文化管理

一、跨文化管理的概念与特点

跨文化管理是指在跨国公司或组织中，针对来自不同文化背景的员工、客户、合作伙伴及利益相关者，实施有效协调、沟通、激励与控制的管理过程。它旨在克服文化差异带来的障碍，构建和谐的工作环境，优化资源配置，提升组织绩效，确保在全球范围内实现企业战略目标。跨文化管理的核心理念是理解和尊重多样性，通过灵活适应和整合各种文化元素，形成包容性强且富有竞争力的企业文化。

跨文化管理具有以下显著特点。

一是复杂性。跨文化管理需要处理的不仅是传统的管理问题，还涉及深层次的文化差异。这些差异涵盖价值观、信仰、习俗、沟通风格、决策模式、领导方式、工作伦理等多个方面，使管理情境更为复杂。此外，随着全球化进程的推进，企业可能需要应对数十种乃至上百种不同文化背景，进一步提升了管理的复杂度。

二是特殊性。跨文化管理关注的重点在于对跨国企业中拥有不同文化背景的人的管理。相较于一般管理涵盖的生产、人事、财务、营销等领域，跨文化管理更专注于研究如何跨越文化边界，解决因文化差异引发的冲突与误解，促进跨文化团队的有效协作。

三是共同性。尽管存在文化多样性，跨文化管理强调在遵守国际惯例和尊重文化多样性的前提下，寻求人类共同性的管理原则和方法。这意味着，尽管具体的管理实践可能因文化背景不同而有所调整，但依然存在普适性的管理理念和工具，能够应用于广泛的跨文化情境。

四是协商性。在跨文化环境中，直接移植一种文化模式或强行推行单边意志往往难以奏效。因此，跨文化管理倾向于采用协商的方式，鼓励各方在"求同存异"的原则下，通过对话与交流，找到共识，解决冲突，形成既能尊重各自文化特性又能推动组织目标达成的解决方案。例如，企业家和职业经理人要做到勤拜访，即要经常到合作伙伴所在地和他们见面，当面交流澄清积累的问题和讨论解决方法，再做一些有助关系发展的活动。

五是动态性。文化并非静止不变，而是随时间推移和环境变化演进的。跨文化管理需要具备敏锐的洞察力，及时捕捉文化动态，灵活调整管理策略以适应不断变化的文化背景。这要求管理者具备较高的文化敏感性和适应性，能够在动态环境中持续学习与创新。

六是系统性。跨文化管理是一个系统的、全方位的过程，涉及组织架构、人力资源、沟通机制、决策制定、领导风格、激励机制、冲突管理等诸多方面。它要求企业构建一套全面的跨文化管理体系，确保各个环节都能够有效地应对文化差异，形成协同效应。

七是战略导向性。跨文化管理不仅是日常运营层面的实践，还是企业全球化战略的重要组成部分。它关系到企业能否在全球范围内有效调动资源，实现市场开拓、品牌建设、技术创新等战略目标。因此，跨文化管理需要与企业总体战略紧密结合，服务于企业的长期发展。

跨文化管理是一个兼具复杂性、特殊性、共同性、协商性、动态性、系统性和战略导向性的管理领域，要求管理者具备深厚的文化素养、开阔的国际视野和高超的跨文化沟通与协调能力，以确保在全球化背景下实现企业的高效运作与持续发展。

二、跨文化管理的重要性

跨文化管理在当今全球化的商业环境中扮演重要角色，其重要性体现在以下几个方面。

（一）导向作用

跨文化管理通过塑造和传播统一的企业价值观、使命和愿景，为跨国公司的员工提供清晰的行为导向和价值导向。这种导向有助于确保员工在全球各地的子公司中遵循共同的道德准则、工作标准和业务目标，即使在迥异的文化背景下也能保持行动的一致性，推动企业战略的有效执行。

（二）约束作用

共同的企业文化在跨国公司中起到软约束作用，它界定了企业行为的边界，明确了哪些行为有利于公司发展，哪些行为应予避免。这种内在约束机制增强了员工的自律性和责任感，提升了团队的凝聚力，使企业在面对复杂文化环境时具备更强的适应能力和抵御风险的能力。

（三）凝聚作用

强大的企业文化能够跨越地域、民族和语言的界限，将来自不同文化背景的员工紧密地联结在一起，形成一个目标一致、团结协作的集体。这种凝聚力量有助于消除文化隔阂，激发员工对企业的忠诚度和归属感，促进跨国公司内部的和谐稳定与高效运作。

（四）激励作用

跨文化管理通过构建积极向上的企业文化，激发员工的内在动力，促使他们自觉地将个人职业发展与企业的长远目标相结合。这种精神激励能够提升员工的工作积极性、创新性和持久性，为企业的持续发展注入源源不断的活力。

（五）推动可持续发展

企业文化作为一种无形资产，能够塑造品牌形象，增强企业的市场竞争力。尽管它不能直接创造经济效益，但通过影响员工态度、行为和客户关系，间接作用于生产、销售、消费等环节，对企业的经济效益产生深远影响。良好的企业文化能够赋予企业强大的生命力和扩张力，支撑其在激烈的国际竞争中实现可持续发展。

（六）促进母公司与子公司协调发展

通过跨文化管理，跨国公司能够构建一套适用于全球子公司的发展战略和管理模式，确保各子公司在遵循共同价值观和战略目标的同时，充分发挥各自的地域优势和文化特色，实现母公司与子公司之间的优势互补与协同效应。

（七）应对文化差异挑战

在全球化进程中，文化差异对跨国公司的市场选择、产品定位、营销策略、组织架构、人才管理等方面产生了深远的影响。有效的跨文化管理能够帮助企业识别并妥善处理文化差异，降低文化冲突，提升跨国经营的适应性和成功率。

（八）提升企业国际竞争力

在全球市场中，具备卓越跨文化管理能力的企业能够更好地理解、适应并利用不同文化市场的特性，制定出更具针对性的战略，提供更符合当地消费者需求的产品和服务，从而在国际竞争中取得优势地位。

（九）促进全球资源整合与共享

跨文化管理有助于跨国公司打破地域和文化的壁垒，实现全球范围内的知识、技术、人才等资源的有效整合与共享，提高资源利用效率，为企业的创新发展提供强大支撑。

跨文化管理对于跨国公司的战略实施、内部治理、员工激励、品牌形象塑造、国际市场开拓、资源整合及全球竞争力提升等方面具有不可替代的作用。

◆ 章内案例 6-3 TCL 并购阿尔卡特跨文化管理失败

TCL 创立于 1981 年，是亚洲彩电市场最强厂商之一。阿尔卡特公司创建于 1898 年，领跑于电信系统和设备及相关的电缆和部件领域，向客户提供语音、数据和视频应用，服务遍及全球 130 多个国家。改革开放不久，阿尔卡特就在中国积极开拓市场，和中国电信业开展合作。TCL 看中阿尔卡特在欧洲市场的品牌和销售网络，想通过发挥销售、采购、生产及研发等方面的协同效应，使自己占领国际手机市场，成为全球手机领域的知名制造商。

2004年9月，TCL与法国阿尔卡特公司合资成立了TCL & Alcatel Mobile Phone Limited手机合资公司（T&A），从事手机生产及销售业务，总部设在中国香港。TCL集团持有合资企业55%的股份，阿尔卡特公司持有余下的45%的股份。这是我国手机行业在21世纪初最大的企业并购案，也是中国手机企业第一次参与国际范围内的"整军运动"。然而，2004年第四季度，T&A亏损2.38亿元，2005年第一季度亏损3.78亿元。2004年TCL在国内的手机销量下降了23.3%，毛利润同比下降了58.6%。由于T&A的巨额亏损，这次并购案的主决策人引咎辞职。他的一些老部下也相继离开了TCL，造成了大量的人才流失。2005年5月7日，TCL正式宣布它以换股的形式收购阿尔卡特所持有的45%的股份，独自承担4亿元亏损，自此，合资公司解体。研究分析表明，文化差异是TCL并购阿尔卡特失败的关键诱因：TCL在并购前没有全面考虑到双方在文化上的差异，而对于这些差异，双方也没有积极主动地寻找双赢的办法去解决。

（1）追求各自的企业发展目标。TCL和阿尔卡特合作建立合资公司，但它们有着各自的企业发展目标。阿尔卡特拥有较为先进的研发和销售体系，而这正是TCL所迫切需要的。TCL看中阿尔卡特的技术水平，希望借此来提升自己品牌的竞争能力。但是阿尔卡特同意建立合资公司，只是为了减轻亏损，寻求东山再起的机会。TCL和阿尔卡特在企业发展目标上的文化价值追求有极大的差距，即使在合资后，两家企业仍旧在为自己的企业谋福利，以自家企业利益为重。

（2）强制推行TCL文化。TCL的文化一向鼓励内部企业家精神，高层用人的标准是用有创新精神、敢于冒险的人。合资公司成立以后，TCL从惠州选派30人空降到阿尔卡特，沿用以往的经营决策方式对阿尔卡特整合。这种不符合阿尔卡特风格且又不进行调整的独断行政手段，无法使空降人员树立威信，也不能使阿尔卡特员工信服，导致一些阿尔卡特员工离职。

（3）无视管理制度的冲突。阿尔卡特强调为员工创造宽松和有序的工作环境，按照计划好的程序做事，工作和休息有明显的界定，注重管理的人性化。而TCL的管理文化近乎军事化，任务一旦下达就必须立即完成，否则就需要加班。完全不同的管理体制和管理文化只能使矛盾更加激化。

由此可见，企业间并购前除了要了解双方的财务状况和公司运营，还需要了解对方公司的文化、价值观和管理风格，注意双方文化差异所带来的影响。建立有效的跨文化沟通机制，对员工进行跨文化培训，建立有利于企业并购后知识整合的企业文化。

资料来源：TCL并购阿尔卡特跨文化管理失败案例的启示[EB/OL].（2022-11-13）[2024-4-23]. https://zhuanlan.zhihu.com/p/583122435.

三、跨文化管理的策略与方法

跨文化管理作为跨国公司应对全球化挑战的核心工具，旨在协调不同文化背景下的人员、事务与环境，克服文化差异带来的冲突，构建和谐高效的国际运营体系。针对跨文化管理的复杂性、特殊性、共同性和协商性特点，企业应采取一系列针对性策略与方法，以确保在全球化进程中实现有效的跨文化沟通、协作与整合。

（一）本土化策略

本土化策略是跨国公司在全球运营中，以"思维全球化，行动当地化"为核心理念，旨在充分理解和适应不同东道国的文化环境，实现与当地市场的深度融合与高效运营。该策略的具体实施措施包括以下几个方面。

1. 人力资源本土化

人力资源本土化是本土化策略的重要基石，其核心在于充分利用当地人才资源，以增强企业对当地市场的敏锐洞察与高效适应。具体举措如下。

（1）优先招募与培养当地人才。在招聘过程中，优先考虑具备当地文化背景、语言能力和市场理解的本土人才，尤其是在关键管理岗位上，以确保决策层能够准确把握市场脉搏，制定贴近当地实际的商业策略。

（2）建立完善的晋升与激励机制。建立公平透明的晋升通道，鼓励本土员工积极参与决策过程，提升其职业发展空间。同时，通过绩效奖励、股权激励等手段，激发本土员工的工作积极性与创新精神，形成多元文化视角的领导团队。

（3）开展持续教育与培训。定期开展针对本土员工的跨文化沟通、领导力提升、行业知识更新等方面的培训，不断提升其综合素质，使之更好地融入全球运营体系，同时保持对本土市场的深度洞察。

2. 产品与服务本土化

产品与服务本土化旨在确保企业提供的产品与服务充分满足当地消费者的偏好、需求与文化审美，从而提升市场竞争力。具体措施如下。

（1）市场调研与消费者洞察。深入研究当地消费者的购买习惯、生活方式、价值观等，精准把握其需求，为产品设计与服务优化提供数据支持。

（2）产品定制与改良。根据调研结果，对产品功能、外观、包装等进行针对性调整，使其更符合当地市场审美和使用习惯。对于服务模式，亦应考虑引入符合当地消费者期待的交付方式、售后服务等。

（3）营销策略制定与品牌传播。制定符合当地文化背景和媒体环境的营销策略，运用本土化的语言、符号、故事等元素进行品牌传播，构建能引起消费者情感共鸣的品牌形象。

3. 管理与运营本土化

管理与运营本土化旨在确保企业的内部管理机制、决策流程与沟通方式与东道国的商业惯例、法律法规及社会规范相契合，以减少文化摩擦，增强与当地利益相关者的合作关系。具体措施如下。

（1）适应制度与流程。审查并调整企业的规章制度、业务流程、决策机制等，使之符合东道国的法律法规要求，尊重并融入当地的商业文化与行业规范。

（2）调整沟通风格与领导风格。倡导开放、包容的沟通氛围，鼓励多元观点的交流与碰撞。领导者应具备跨文化领导力，既能理解并尊重不同文化背景员工的价值观与工作方式，又能有效引导团队达成共识，协同工作。

（3）参与社区活动与履行社会责任。积极参与当地社区活动，履行企业社会责任，通过赞助公益项目、环保行动、教育支持等方式，提升企业在当地的社会形象，增强与当地政府、社区及公众的信任度。

（二）多元文化相容策略

多元文化相容策略旨在构建一个尊重、理解和接纳多元文化的工作环境，通过文化间的互动与融合，激发创新活力，提升组织效能。具体途径如下。

1. 文化平行相容

文化平行相容强调不同文化间的互补与共生，允许子公司在保持母国文化核心价值的同时，充分展示并发挥其自身文化特色，共同服务于公司战略目标。具体做法如下。

（1）文化对话与交流。定期举办跨文化研讨会、分享会等活动，鼓励员工分享各自的文化背景、工作经验与见解，增进文化间的理解和尊重。

（2）跨文化团队建设。组建多元文化背景的项目团队，利用各自的文化优势，协同完成工作任务，提升团队解决问题的能力与创新思维。

（3）案例学习与标杆借鉴。分享成功实施文化融合的内部或外部案例，学习借鉴其最佳实践，如美国麦当劳和肯德基在中国市场中巧妙融合中美文化元素，打造符合中国消费者口味与审美的产品与服务。

2. 文化隐去与和平相容

在文化冲突较为明显或可能影响组织和谐的情况下，采取文化隐去与和平相容策略，旨在暂时搁置或淡化可能导致冲突的主体文化特征，聚焦于文化间的共通之处与微小差异，以避免不必要的摩擦，维护组织和谐。具体措施如下。

（1）中立文化空间创建。在办公场所、团队活动、公司庆典等场合，设计和营造中立、包容的文化氛围，减少特定文化符号的过度凸显，强调共通的企业价值观与目标。

（2）冲突调解与管理。建立有效的冲突识别与调解机制，通过沟通、协商、调解等方式，及时化解文化冲突，引导员工关注共同目标，而非关注文化差异。

（3）文化敏感性培训。加强员工的文化敏感性培训，增强对不同文化背景同事的理解与接纳，学会在尊重差异的基础上寻求合作，共同推进组织目标的实现。

（三）文化混合型管理

文化混合型管理旨在融合母国与东道国文化的优点，创建一种新型企业文化，作为公司内部行为规范与决策指导，实现全球视野与本土智慧的有机结合。具体做法如下。

1. 主导文化选择

根据公司战略定位、市场特点及母子公司间的文化差异，明确主导文化的选择，如美国文化主导型、中国文化主导型或中美文化混合型，以确保文化导向的一致性与清晰度。主导文化的选择应充分考虑以下因素。

（1）战略匹配度。主导文化应与公司长期发展战略、核心竞争力及市场定位相吻合，支持企业在全球范围内的有效运营与持续发展。

（2）市场接受度。主导文化应易于被东道国市场所接纳，有助于提升品牌形象，提高客户忠诚度，促进市场拓展。

（3）内部认同度。主导文化应得到母子公司员工的广泛认同与接纳，有助于提升员工士气，增强团队凝聚力，避免文化冲突。

2. 公司文化创新

在确定主导文化的基础上，进行公司文化的创新设计，提炼母国与东道国文化的精华，结合公司发展战略，创建独具特色的公司文化体系，使之成为全体员工共同的价值导向与行为准则。公司文化创新的具体步骤包括：

（1）文化要素提炼。深入挖掘母国与东道国的文化内涵，提炼出具有共同价值、能够跨越文化差异的核心要素，如诚信、创新、客户导向、团队协作等。

（2）文化融合设计。将提炼出的文化要素有机融合，形成具有包容性、适应性和前瞻性的新型企业文化框架，包括使命愿景、核心价值观、行为规范等。

（3）文化落地实施。通过内部宣传、教育培训、制度建设、激励机制等手段，将新型企业文化落实到企业运营的各个环节，使之成为指导员工行为、塑造企业形象、驱动企业发展的强大动力。

（四）共享价值观管理

在具有多元文化背景的跨国公司中，共享价值观管理是一个重要的环节，旨在通过构建和推广共同认可的价值观，强化员工对企业目标与使命的共识，降低文化差异引发的冲突。为了实现这一点应采取以下措施。

1. 平等对话与理解

公司应当搭建平台，促进员工之间的跨文化沟通，鼓励来自不同文化背景的员工就各种议题进行开放、坦诚的对话。在这个过程中，充分尊重每一种文化的价值和贡献，让员工能够在互动中增进对他者文化的理解与接纳，发现和挖掘文化之间的相似性和共享价值观。

2. 共同价值观塑造与传播

通过对不同文化的深入研究和对比分析，找出超越文化界限、适用于全球范围的核心价值观，如诚信、创新、客户服务至上、团队协作、责任担当等，并将其内化为公司的核心理念。这些价值观应渗透到公司的政策制定、工作流程、绩效考核、日常管理和企业文化建设的方方面面，确保每一位员工都能明白并践行这些共享价值观，使之成为大家在日常工作和人际交往中的行为准则。

（五）跨文化培训与教育

跨文化培训与教育是提高跨国公司员工跨文化素质、拓展全球视野、提升跨国协作效率的关键措施，主要包含以下几个方面。

1. 文化知识培训

为员工提供系统的跨文化教育，涵盖各国及地区的风俗习惯、宗教信仰、商业习俗、法律规范等内容，使员工具备在国际环境中工作所需的跨文化知识，更好地适应和融入异国文化环境。

2. 语言能力培养

大力推行语言学习计划，鼓励员工学习和熟练掌握公司业务所在地的语言，这不仅能改善沟通效果，避免因误解而引发的误会，还能增强员工在当地市场的亲和力，提升企业品牌形象。

3. 实战模拟与体验

通过安排员工参加海外工作轮岗、实地考察、短期实习、文化交流活动，或者在公司内部进行角色扮演、案例研讨等活动，让员工有机会亲身体验不同文化环境下的工作场景，从而提高解决跨文化问题的实际操作能力，积累宝贵的跨文化沟通与协作经验。

（六）建立灵活的组织结构与决策机制

1. 权力下放与分布式决策

跨国公司应当在保证总体战略一致性的同时，适当下放决策权限给各海外子公司或区域分支机构，以便于后者灵活应对当地市场动态，迅速做出适应性调整。这种方式不仅可以提高响应速度，也能更好地调动当地员工的工作积极性和创造性，确保公司在全球范围内的战略得到有效执行。

2. 跨文化团队建设

在组建项目团队时，注重挑选具有多元化文化背景的成员，以充分利用各自文化背景带来的独特视角和资源优势，促进团队创新能力的提升和解决问题能力的提高。通过跨文化团队的合作，员工可以在实践中不断深化对其他文化的理解，进一步增进文化间的融合与和谐，最终实现跨国公司内部多元文化的和谐共生与协同发展。

跨文化管理的策略与方法涵盖了从人力资源、产品服务、组织架构到价值观塑造、培训教育等各个方面，旨在通过深度本土化、多元文化融合、共享价值观塑造及持续的跨文化教育与培训，构建一个既能尊重和利用文化多样性，又能有效协调全球运营的高效管理体系。

四、跨国公司跨文化管理发展动态

随着全球化进程的加速与数字化技术的广泛应用，跨国公司面临的跨文化管理环境正在发生深刻变革。面对日益复杂的全球市场格局与多元化的员工队伍，跨国公司正不断创新跨文化管理实践，以应对新的挑战与机遇。

（一）数字化赋能跨文化沟通与协作

在数字化浪潮下，先进的通信技术、协作平台与数据分析工具正逐渐成为跨国公司跨越地理、语言与文化障碍的有效手段。远程会议、在线协作软件、实时翻译工具等技术的应用，使跨国团队能够跨越时空限制，高效地进行跨文化沟通与项目协作。此外，大数据与人工智能技术也被用于分析员工行为、识别文化差异、预测潜在冲突，为制定更具针对性的跨文化管理策略提供科学依据。例如，通过监测社交媒体、电子邮件等数字足迹，企业可以深入了解不同文化背景员工的沟通偏好与工作风格，进而优化团队结构与沟通流程。

（二）跨文化领导力的培养与提升

面对多元文化团队，具备跨文化领导力的管理者成为企业成功的关键。越来越多的跨国公司开始重视对高层管理人员的跨文化领导力培训，强调培养其文化敏感性、包容性与适应性，以更好地引领多元文化团队实现战略目标。此类培训不仅涵盖理论知识的学习，还注重通过模拟演练、案例分析、实地考察等形式，提升领导者处理文化冲突、激发跨文化创新、构建包容性企业文化的能力。

（三）ESG（环境、社会、治理）理念融入跨文化管理

随着可持续发展与社会责任议题在全球范围内受到广泛关注，跨国公司越来越重视将ESG理念融入跨文化管理。企业不仅关注经济效益，更关注在不同文化背景下如何实现环境友好、社会公正与良好治理。这包括在跨文化团队中推广环保意识，尊重并保护当地文化遗产，践行公平贸易原则，以及建立适应不同文化背景的合规管理体系等。通过将ESG理念嵌入企业文化与战略规划，跨国公司力求在全球运营中实现经济、社会与环境的三重底线平衡，提升其在全球市场的声誉与竞争力。

（四）强化本土化战略与全球一体化的平衡

面对日益激烈的全球竞争，跨国公司既要深化本土化战略，以更好地融入当地市场，也要保持全球一体化的高效运营。为此，企业不断探索如何在尊重与适应东道国文化的同时，有效整合全球资源，实现跨地域、跨文化的协同创新。一方面，通过加强本土人才的培养与任用，确保决策层能够深刻理解并响应当地市场的需求与文化特质；另一方面，借助先进的信息技术与管理工具，构建全球统一的知识共享平台，促进跨国团队间的知识交流与创新合作，实现全球资源的优化配置。

（五）文化智能与人工智能的融合应用

新兴的文化智能（Cultural Intelligence，CQ）理论与实践正逐渐与人工智能技术相结合，助力跨国公司提升跨文化管理效能。文化智能是指个体或组织理解和适应不同文化环境的能力，包括认知、行为、动机和策略四个维度。通过开发基于AI的CQ评估工具、培训系统和决策辅助软件，企业能够更精准地识别和应对跨文化挑战，提升员工的跨文化能力，优化跨文化决策过程。例如，AI驱动的CQ培训平台可以根据员工的个人文化背景和工作需求，提供个性化的学习路径和实时反馈，加速跨文化技能的提升。

跨国公司跨文化管理的发展动态呈现数字化、领导力聚焦、ESG融入、本土化与全球一体化平衡及文化智能与人工智能融合等鲜明特征。这些动态反映了跨国公司在全球互联、价值共创的时代背景下，对跨文化管理理念与实践的持续创新与深度变革，旨在构建更具包容性、适应性和可持续性的全球运营体系。

◆ 案例一 工业互联网成跨国公司组织管理新形态

（一）案例介绍

全球工业互联网正处于产业格局塑造的关键节点与规模化扩展的关键时期，各国尤其是发达国家竞相围绕核心技术、标准、平台等方面展开战略布局。美国与德国在此领域中处于领先地位，前者视工业互联网为先进制造业基石，通过其主导的工业互联网联盟（涵盖38个国家和地区的270余家企业）致力于成为全球工业互联网发展的中心；后者则将其视为"工业4.0"战略的核心支撑，集合领军企业推动标准化进程、技术研发与试验工作，对全球工业互联网发展起到了显著推动作用。

跨国企业敏锐地捕捉到这一趋势，积极构建"国际品牌、高端产品、先进平台"的三位一体竞争优势，使工业互联网平台成为全球竞争的焦点，呈现爆发式增长态势，至今已超过150个。例如，通用电气的Predix平台覆盖了风电、航空等领域，吸引了2万开发

者，开发出160种应用程序；墨西哥水泥公司作为全球顶尖水泥制造商之一，通过搭建企业级平台，实现了内部流程与数据整合，处理了信息与流程孤岛问题，并将平台延伸至整个产业链，形成了生态系统，吸引2万余名生态伙伴入驻，该平台将从订单到收款的全流程整合，为客户提供一体化、无间断的优质服务。

面对全球制造业格局调整，中国工业经济正处于从数量规模型向质量效益型转变的关键阶段。在面临发达国家制造业高端回流与新兴市场低端产业转移的双重压力下，中国亟须加速工业互联网的创新步伐，以推动工业经济从依赖规模和成本优势转向追求质量和效益优势，实现新旧动能的有效接续，构建中国制造业新的竞争优势，抢占未来发展的制高点。在2020年《政府工作报告》中，工业互联网建设再次被列为重要议题，并从"打造工业互联网平台"升级为更为全面的"发展工业互联网"，彰显了国家对该领域建设支持力度的持续增强。

在行业趋势引导与国家政策驱动下，众多中国制造业企业积极投身工业互联网建设，商业模式正由单纯的"产品销售"向"产品+服务"模式转变。以三一重工为例，其推出的"根云"工业物联网平台已在全球45个国家和地区运行，为各行各业提供基于物联网与大数据的云服务，以此拓宽业务边界。上海电气于2019年9月构建了"星云智汇"工业互联网平台，并成立了专注于人工智能与大数据技术的上海电气慧程智能系统有限公司，旨在提供包括咨询、设计、实施、售后在内的全方位智能系统工程与集成服务，实现工业互联网对外赋能。徐工集团旗下汉云工业互联网平台已对接建筑施工、高端装备、新能源等70多个行业。截至2019年年底，华为在全球建立了13个面向企业市场的Open Lab，从联合解决方案创新、市场营销、人才培养、财务、供应链管理、IT系统等方面为合作伙伴提供有力支持，持续提升合作伙伴的业务能力，实现与华为的互利共赢。

据前瞻产业研究院数据，2018年中国工业互联网市场规模达到5300亿元以上，同比增长14%。随着AI与5G技术的广泛应用，工业互联网有望进一步催化产业发展，预计将以15.2%的复合年均增长率持续增长。

资料来源：[1] 路虹. 工业互联网风起 [N]. 国际商报，2019-10-30（08）.
[2] 孟妮. 以工业互联网推动制造企业转型升级 [N]. 国际商报，2020-05-27（03）.
[3] 徐晓兰. 疫情"压力测试"助工业互联网勃兴 [N]. 国际商报，2020-03-11.

（二）讨论题目

（1）何为工业互联网？
（2）为何要发展工业互联网？
（3）工业互联网如何推动工业经济转型与发展？
（4）如何发展工业互联网？

（三）案例分析

（1）工业互联网是指将互联网技术深度融入工业生产制造全过程，形成一个能够支持生产转型升级、生产智能化、高质量产品定制及制造服务融合的综合平台。它是新一代信息技术与制造业深度融合的产物，是工业实现数字化、网络化、智能化发展的关键基础设施。工业互联网通过全面联接人、机、物，实现全要素、全产业链、全价值链的深度融合，从而构建全新的工业生产制造和服务体系，成为推动工业经济转型升级的重要依托。

总之，工业互联网是在"互联网+工业"框架下，针对工业客户的需求和痛点，提供针对性解决方案，成为制造企业转型升级的必经之路，同时也是数字经济发展的重要一环。

（2）发展工业互联网具有多重意义。

第一，推动数字经济发展。在互联网生态下，信息快速流动和透明化促使商业模式不断创新，人的数字化、物的数字化及企业经营的数字化有助于精准匹配供给与需求，大幅提升社会再生产流通效率。因此，引导企业加速数字化升级，把握危机中的机遇，深入推动数字化转型，有助于数字经济迅速崛起。

第二，数字经济增长。据统计，2018—2022年全球数字经济复合增长率高达36%，预计到2022年，全球数字化GDP将达到46万亿美元，占全球经济总量的46%。

第三，数字化转型投资驱动。2019—2021年，直接投入数字化转型的资金预计将达到5.5万亿美元，这将极大地刺激工业互联网市场需求。

第四，数字化转型差距扩大。研究显示，数字化企业能保持销售额年均10%以上、利润年均12%以上的增长，而非数字化企业则表现平平甚至下滑。在此背景下，洞悉客户需求、创新企业能力、构建新技术架构、营造行业新生态，成为企业在新竞争时代制胜的四大战略。许多企业选择利用云计算、移动技术、大数据分析、社交网络和物联网等数字技术，推动业务模式和生态系统变革，其中，以人工智能、物联网、云计算为核心的新一代信息技术与工业融合的工业互联网成为首选。

（3）工业互联网通过以下机制推动工业经济转型升级。

第一，构建与改造场景。数字化对现代社会的渗透主要通过构建新场景与改造现有场景两种途径实现。在生产环节，工业互联网结合5G、云计算、大数据、人工智能等前沿技术，在供需对接、物资统计、产能优化、云排产、云检测等方面展现出独特优势。它不仅将线下业务迁移至线上，实现流量快速聚集、用户精准服务和持续运营，还通过对企业的数字化改造，深度挖掘工业数据资源价值，构建以数据为中心的生产体系，充分发挥数据价值，推动制造业企业生产模式革新，实现提质、增效、降本。

第二，云计算、大数据、AI辅助决策。这些技术能够凭借强大的算力和算法，有效辅助企业进行生产决策。

（4）发展工业互联网应遵循以下策略。

第一，贯彻深度融合理念。数字化转型始于消费场景，但随着深入发展，应通过数据、算法、产品、技术和经验的融合，推动产业链上下游无缝对接、供需精准匹配，使工业互联网步入快速发展轨道，最终实现全要素、全产业链、全价值链的全面联接。具体包括技术融合（如云计算、大数据、人工智能、区块链等与实体经济深度融合）、产业融合（制造业服务化与服务业制造化趋势）、组织创新（开放式研发设计和生产模式）、要素重组（数据、创新要素和生产要素的全球流动与配置，以及供应链、产业链的全球化分工合作）。

第二，重视基础设施建设。在数字化转型过程中，基础设施与基础要素至关重要。政府作为公共服务的提供者，为提升服务效率与质量，会加快基础设施的数字化改造和公共服务的数字化转型。以5G、工业互联网内外网、标识解析体系、工业互联网平台、安全态势感知平台、工业互联网大数据中心等为代表的信息基础设施，为工业互联网提供了坚实的物质载体和技术支撑。因此，在2020年《政府工作报告》中强调加强新型基础设施建设，发展新一代信息网络，拓展5G应用，为工业互联网发展打下坚实基础。

第三，强化数字产权保护。数据作为工业互联网创新发展的基础要素，其性质界定、权利归属、开放共享、市场准入、行业监管等直接影响工业互联网的活跃度。我国应加快数据信息保护立法，提升保护强度和实效，为数据信息的收集、归属、共享、利用、保护创造公平、公正、透明的环境，兼顾数字信息的利用与安全、经济效益与社会效益。

第四，加快多领域应用推广。工业互联网通过对企业数字化改造，挖掘工业数据价值，构建数据驱动的生产体系，推动中小企业生产模式升级，形成大企业建平台、中小企业上平台、用平台的协同发展格局，实现大中小企业融通发展。政府和企业应从技术层面（如云基础设施、时间敏感网络、边缘计算等）和商业模式层面（如企业SaaS服务、企业金融服务、企业在线征信、5G工业模组等）进行创新，持续推动制造业数字化转型。

第五，发挥溢出效应。企业不仅要关注内部运营和同行竞争，还要具备全局视野，利用工业互联网寻找资源能力互补的外部合作伙伴，实现"集团作战、共创价值"。管理者应从企业战略思维上升到工业互联网系统模式思维，通过"赋能"和"使能"利益相关者，提升整个工业互联网系统的竞争力。工业互联网企业应着眼于更高层面，从赋能单个企业提升到赋能整个产业、赋能区域经济发展，并确保成效落地。大型核心企业需树立工业互联网生态系统思维，吸引中小微企业向生态"核心平台"聚拢，重构价值创造逻辑、衡量标准和分配方式，提升整个生态系统的竞争力和盈利水平；具有一定规模的企业则应加快整合，加强自律，减少恶性竞争。

第六，政府加强金融支持。政府应加大对工业互联网建设特别是制造业企业的金融支持力度，如为"工业互联网+5G"在建和新开工项目提供资金保障，既助企业解决眼前困难，又推动其转型升级。同时，鼓励工业互联网企业探索将工业互联网平台所采集的大数据作为"动产"进行质押融资，缓解因抵押物不足和信息不对称引发的融资难题。

◆ 案例二 耐克虚拟型组织结构

（一）案例介绍

著名的耐克不用一台生产设备，却缔造了一个遍及全球的帝国。为实施虚拟化生产，耐克将设计图纸交给处于世界各地的生产厂家，让其严格按图纸式样生产。随后由耐克贴牌，并通过该公司的行销网络将产品销售出去。耐克的这一战略，不仅充分利用当地廉价的劳动力，极大地节约了人工费用，而且节约了大量的生产投资及设备购置费用，从而能保证耐克最大限度地整合各地资源，这种模式充分实现了优势互补的作用。这也是耐克运动鞋之所以能以较低的价格与其他名牌产品竞争的一个重要原因。

资料来源："虚拟组织案例分析——以耐克公司为例"[DB/OL].（2018-10-06）[2024-04-23]. https://max.book118.com/html/2018/1005/6114104141001221.shtm.

（二）讨论题目

（1）本案例中，耐克采用了何种组织结构？其内涵是什么？有何特点？
（2）结合案例分析该组织结构的优势。
（3）该组织架构对中国企业有何启示？

（三）案例分析

1. 耐克采用的组织结构、内涵及特点

本案例中，耐克采用了虚拟型组织结构。其内涵是一个由市场机遇驱动、由各组织核心能力构成的集合体，突破传统部门与组织界限，依据项目目标需求灵活整合各类资源，形成"无边界"合作模式。这种组织结构具有以下特点。

（1）功能专门化。各参与方专注于自身核心能力的发挥，如专注于产品设计、研发、品牌建设和市场营销等战略环节，而代工厂则专精于生产制造。

（2）运作方式合作化。组织成员基于共同项目目标，跨越组织边界进行紧密合作，通过契约、协议等方式明确权责，实现资源共享与协同作业。

（3）存在方式离散化。组织成员在地理上可能分布广泛，各自保持相对独立的实体存在，通过信息技术、物流网络等手段实现远程协作与信息共享。

2. 耐克采用虚拟型组织结构的优势

（1）资源高效利用。通过与代工厂建立虚拟组织关系，耐克能够充分利用对方在劳动力成本、规模化生产、专业化技术等方面的既有优势，无须大规模投资自建生产线，降低了运营成本。

（2）强化核心竞争力。耐克将非核心的生产环节外包，得以集中精力发展产品设计、研发、品牌塑造等战略环节，进一步巩固和提升自身的核心竞争力。

（3）快速响应市场。虚拟型组织结构具有较强的灵活性和适应性，能够快速整合各方资源应对市场变化，加速新产品上市速度，提升市场反应速度和竞争力。

（4）风险分散。通过与多家代工厂合作，耐克在一定程度上分散了生产风险，如供应中断、成本波动等，增强了企业抵御风险的能力。

3. 耐克的虚拟型组织结构对中国企业的启示

（1）聚焦核心业务。企业应明确自身的核心竞争力，将有限资源集中投入最具价值的战略环节，如产品创新、技术研发、品牌建设等，而将非核心业务通过合作、外包等方式交给专业伙伴。

（2）构建合作伙伴网络。企业应积极寻求与产业链上下游及跨界合作伙伴建立长期稳定的合作关系，通过构建虚拟组织结构，实现资源共享、优势互补，共同应对市场挑战。

（3）提升信息化与数字化能力。在虚拟组织结构中，信息沟通与协同工作至关重要。中国企业应不断提升信息化、数字化水平，利用现代信息技术实现远程协作、实时信息共享，确保组织运作的高效与顺畅。

（4）强化契约精神与风险管理。虚拟组织结构依赖于清晰的契约关系和有效的风险管理。中国企业应注重合同管理，明确各方权责，同时建立健全风险预警与应对机制，确保合作项目的顺利进行。

◆ 案例三　正略钧策集团组织结构创新

（一）案例介绍

北京正略钧策咨询集团股份有限公司（以下简称正略钧策）是一家提供全方位管理咨询服务的企业，服务范围涵盖战略规划、人力资源、品牌营销、流程优化、物流采购、财务管理、集团管控、信息化建设、管理培训、企业文化塑造、风险管理、高级人才服务、组织改革、业绩提升、研发创新、政府绩效管理、产业转型、管理外包等领域。作为中国最具影响力和国际化程度的咨询品牌之一，正略钧策在高速发展的过程中，尤为重视组织结构的创新与优化，以此驱动企业持续成长与竞争力提升。

（1）确立以合伙人为核心的组织模式。自2006年起，正略钧策启动了一场以小组织创新为标志的内部变革，确立了以合伙人为基本单元的组织管理模式。这一变革举措对正略钧策的快速发展起到了关键推动作用。

第一，合伙人作为经营主体。明确公司各项运营活动围绕合伙人个体展开，每个合伙人都被视为公司最基础的经营实体，各自承担独立的经营指标与考核目标，强化其责任意识与自主经营动力。

第二，调整合伙人组织层级与定位。原有的合伙人组织被重新定位为公司内部的中层业务组织，由原先的一级组织调整为各业务部门下属的二级小组织，旨在更紧密地衔接战略规划与执行层面，提升组织运作效率。

第三，构建合伙人组织资源配置体系。在销售、运作、市场推广、人力资源等关键职能领域，为合伙人组织设计了详细的资源配置方案，确保其在公司整体战略框架下获得必要的支持，保障组织运营的高效与顺畅。

（2）实施组织复制与裂变，实现优胜劣汰。正略钧策遵循一套严谨且富有活力的组织重建机制，通常以三年为一个周期，对现有组织架构进行系统性评估与调整。每到第三个年头，公司会将所有组织单元整合到表现优异的"优胜组织"之中，随后根据新组织中合伙人的实际情况，重新划分小组织，开启新一轮的组织竞争与"赛马"过程。这种围绕成功组织进行复制与裂变，并通过竞争淘汰机制持续优化组织结构的做法，构成了正略钧策组织再造的核心原则。

资料来源：吕谋笃．以组织创新打造企业发展动力机制[N]．国际商报，2011-10-21（A3）．

（二）讨论题目

（1）企业组织结构的创新方向有哪些？
（2）企业组织实现新陈代谢的主要措施有哪些？
（3）组织结构在新陈代谢过程中应注意哪些问题？

（三）案例分析

（1）企业组织结构创新主要体现在两个方向：一是对不同组织进行叠加，融合多元文化基因；二是将大组织划分为小组织，提升组织的可衡量性和效率。

第一，组织叠加。在组织设计中，引入并融合如中国家庭文化中以父子关系为主轴的包容性、权威性，以及成员间的团体归属感、荣辱感和和谐特性，能够赋予组织强大的活力，有效激发管理者的主动性。如德胜洋楼、海底捞等企业，其组织结构创新便在一定程度上融合了家庭与企业的特性。

第二，划分为小组织规模。面对大组织由于缺乏有效衡量手段导致个体积极性低、整体效率不高的问题，将大组织划分为小规模、可衡量的工作单元，有利于激发员工积极性，营造积极的团队氛围。正略钧策的合伙人制度、华为的铁三角模式、海尔的自主经营体等都是在这一方向上进行的有益探索。

（2）实现组织结构创新后，为了保持组织动力的持久性，构建组织新陈代谢功能至关重要，定期更换组织领导和打通员工晋升通道是两项基本措施。

第一，更换组织领导。长期固定的组织领导可能导致部门间隔阂加深、"山头主义"盛行，同时阻碍下属员工的成长空间，降低员工的工作积极性。适时更换组织领导，可以打破僵化格局，激发组织活力。

第二，打通员工晋升通道。为员工提供明确的职业发展路径，不仅能激发其上进心，还应为晋升后的员工配备相应资源，使之成为组织领导者。在组织成长压力的驱动下，老员工及领导层保持危机感，推动组织持续进步。正略钧策以三年为一个周期进行组织重建，通过更换组织领导、畅通员工晋升通道，实现组织结构的新陈代谢。在这一过程中，采用"赛马"机制进行组织重组，复制成功组织、裂变发展，同时淘汰未达成目标的组织，实现优胜劣汰。

（3）在进行组织结构新陈代谢的过程中，企业需特别关注建立良好的退出文化，确保员工能够以平和心态离开组织，相关政策公平合理，文化导向正确。为退出员工寻找合适出路，或在利益上给予适当照顾，有助于维护组织的稳定与和谐，同时也为组织的持续创新与新陈代谢创造良好环境。

◆ 案例四 华为公司国际人力资源管理

（一）案例介绍

近十多年来，华为的国际化进程显著加速。2000年，华为的海外销售额首次突破了1亿美元的大关。2005年，华为的海外销售额首次超过了国内市场的销售额。2011年，华为实现了高达324亿美元的全球销售额，其中海外市场的贡献占据了约三分之二的比例。在全球化的同时，华为的员工队伍也日益多元化，目前全球员工总数约为14万人，其中在某些市场本地员工的比例甚至超过了90%。

在本土化战略方面，华为在印度的表现尤为突出，为其他中资乃至外资企业树立了良好的榜样。自1999年进入印度市场以来，华为在班加罗尔建立了其海外首个，也是目前规模最大的研发中心。该中心目前拥有超过2700名员工，其中仅有40余名员工来自中国，其余98%以上的员工均为印度本地人才。这一举措不仅展现了华为对当地市场的重视，也体现了其在全球范围内推动本土化人才战略的决心。

资料来源：新华. 国际面孔看华为的国际化 [N]. 国际商报，2012-12-11（A7）.

（二）讨论题目

（1）跨国公司人力资源管理政策有哪些类型？
（2）华为采取的是哪种类型的人力资源管理政策？该政策有何特点？

（3）该类型政策有何优点和缺点？

（三）案例分析

1. 跨国公司人力资源管理政策的类型

跨国公司人才资源管理有民族中心（母国中心）、多元中心、全球中心、混合政策等类型。

2. 多元中心国际人力资源管理政策及特点

华为作为一家全球领先的跨国公司，其人力资源管理政策倾向于全球中心与混合政策相结合的模式。华为强调全球统一的战略方向、企业文化与核心价值观，同时注重对当地市场的适应与融入。

特点如下：

（1）全球视野与统一标准。华为推行全球统一的人力资源管理体系，包括绩效管理、薪酬福利、人才培养、职业发展等，确保全球员工遵循相同的核心理念和标准。

（2）本地化适应。尽管坚持全球一致性，华为也会根据当地法律法规、文化差异和市场特性，对人力资源政策进行适当调整，如在薪酬结构、福利待遇、招聘方式等方面体现地域特色，以增强在当地市场的吸引力和竞争力。

（3）人才国际化与本土化并举。一方面，华为大力推动人才国际化，通过全球招聘、海外派遣、国际化培训等方式培养具有全球视野的领导力人才；另一方面，重视本土人才的培养与任用，尤其是在关键市场设立本地化的人力资源管理团队，确保更好地理解和适应当地市场。

（4）创新驱动与知识共享。华为鼓励创新思维，倡导知识管理与共享，通过搭建全球知识平台、开展跨文化沟通与合作项目，促进全球员工之间的知识交流与经验分享，提升整体组织能力。

3. 该类型政策的优点与缺点

（1）优点。消除与当地的语言、文化差异和障碍，降低当地敏感政治环境的影响，低工资成本吸引高质量人才，保证管理人员的相对稳定。

（2）缺点。存在与总部的理念、策略一致性问题，以及与跨国公司集团其他部门、子公司的沟通问题。子公司管理人员晋升受到限制，人员当地化不利于总部人员获得国际经验。

◆ 思考题

（1）描述跨国公司的法律组织形式，并解释不同形式之间的主要区别。

（2）讨论跨国公司组织结构选择的主要影响因素，并给出实例说明。

（3）简述跨国公司绩效管理模式的基本内容，并比较3P模式和4P模式的主要差异。

（4）描述组织结构设计与组织管理控制的关键要素，并解释它们对跨国公司运营的重要性。

（5）阐述跨文化管理的策略与方法，并讨论其在全球化背景下对企业成功的意义。

第七章
跨国公司营销管理

▶ **学习目标**

类别	内容
重点掌握	①国际市场营销组合策略；②跨国公司研发策略的主要内容；③跨国公司产品策略的标准化与本地化；④跨国公司销售策略的全球统一品牌形象与差异化市场定位
掌握	①国际市场的选择和定位；②跨国公司的目标市场营销调研；③跨国公司的定价策略与渠道策略
理解	①国际贸易体系及其对跨国公司营销的影响；②国际市场营销环境的组成及其重要性；③跨国公司如何决定是否进行国际化
了解	①跨国公司在国际市场营销中面临的主要挑战；②跨国公司如何通过营销策略适应不同文化环境

第一节 国际市场的选择和定位

以全球市场为目标的跨国公司，往往要面向世界市场做出自己的生产和营销决策。据估计，跨国公司有20%～50%的利润来自国际市场。相对于国内市场而言，国际市场更为复杂，东道国可能存在政府不稳定和汇率频繁变动、严格的政府政策和管制、关税和非关税贸易壁垒、腐败和官僚主义等因素。因此，跨国公司在决定进行国际市场营销之前，必须考察国际贸易体系及国际营销环境以决定是否进行国际化，决定进入哪些市场。之后，再进行目标市场营销调研，并根据进入的市场制定相应的营销策略。

一、考察国际贸易体系及国际营销环境

跨国公司在决定是否进行国际化经营之前，必须透彻了解国际贸易体系及国际营销环境，后者包括经济环境、政治和法律环境、文化环境等。

（一）国际贸易体系
1. 世界贸易组织

世界贸易组织（WTO）是国际贸易体系的核心组织，致力于促进贸易自由和减少贸易壁垒。成员国通过谈判达成协议，以降低关税、取消非关税壁垒，并制定贸易规则。

2. 区域贸易协定

许多国家通过签署区域性贸易协定（如欧盟、北美自由贸易协定等）促进区域内的贸易。跨国公司可以通过参与区域性贸易协定获得更有利的市场准入条件。

3. 贸易壁垒

贸易壁垒包括关税和非关税壁垒，了解目标市场的贸易政策和法规对于制定市场准入策略至关重要。

4. 货币和汇率

汇率波动对国际贸易有直接影响，了解目标市场的货币政策和汇率风险是国际业务决策的重要考虑因素。当向其他国家进行销售时，跨国公司面临着各种各样的贸易限制，其中最常见的是配额、外汇管制、限制性的产品标准等非关税措施。公司必须了解以世界贸易组织为代表的多边主义及以各种区域贸易协定（如欧盟、东盟等）为代表的区域主义会如何影响公司的营销决策。

（二）国际市场营销环境

国际市场营销环境包括经济环境、政治环境、法律与法规环境、竞争环境、文化环境等。

1. 经济环境

在跨国公司的经济环境中，一些因素直接影响着企业的国际市场战略和运营。以下是关于经济环境的几个关键方面。

（1）汇率风险。跨国公司面临着来自不同国家货币的汇率波动的挑战。这可能对公司的收入和成本产生重大影响。为有效管理汇率风险，企业需要实施全面的风险管理策略，包括使用金融工具进行套期保值，以减轻汇率波动对财务状况的不利影响。

（2）购买力和市场规模。了解目标市场的经济状况、人均收入和消费趋势对于制定正确的产品定价和评估市场规模非常重要。公司需要适应不同国家的购买力水平，以确保产品在市场上具有竞争力。此外，深入了解目标市场的规模有助于确定市场潜力和制定适当的市场份额目标。

（3）通货膨胀率和利率。跨国公司需要密切关注目标市场的通货膨胀率和利率，因为这些宏观经济指标会对企业的财务状况和市场策略产生直接影响。高通货膨胀率可能会影响成本结构，而高利率则可能增加融资成本。企业应制定适应性强的战略，以有效因应宏观经济环境的变化。

通过全面了解和适应经济环境的这些方面，跨国公司可以更好地应对不同国家和地区的挑战，确保在国际市场中取得持续的成功。这需要定期的市场调研和灵活的战略调整，以适应经济环境的动态变化。

2. 政治环境

在跨国公司的政治环境中，要高度关注政治稳定性及政府政策和法规对企业运营的影响。

（1）政治稳定性。政治因素对国际市场的稳定性产生直接影响。政治动荡、政府权力转变或政治冲突可能对企业在某个国家的运营造成不利影响。跨国公司应通过政治风险评估来预测潜在的不稳定因素，以制定应对策略并灵活调整运营计划。

（2）政府政策和法规。跨国公司需要深入了解并遵守各个国家和地区的政府政策和法规，包括贸易政策、税收政策、劳动法、环境法等。合规性是企业在国际市场长期成功的关键。建立专门的法规合规团队，及时更新并遵守相关法规，有助于降低法律风险，确保企业在国际市场的合法经营。

通过深入了解和适应政治环境这两个方面，跨国公司可以更好地规避政治风险，确保企业在国际市场的顺利运营。这需要定期监测政治动向，与政府机构和利益相关者保持紧密联系，并采取相应的战略调整，以适应政治环境的动态变化。

3. **法律与法规环境**

跨国公司需全面了解并遵守目标市场的法律法规，以确保合规经营。

（1）贸易法律和法规。熟悉目标市场的贸易法规，包括关税、配额、贸易协定等方面的规定。确保公司的国际贸易活动符合当地法律的要求，需要建立专业的贸易法律团队，密切关注相关法规的变化，并及时调整公司的进出口策略。

（2）知识产权保护。知识产权涵盖专利、商标、著作权等方面。跨国公司应关注目标市场的知识产权法规，确保其创新和研发成果得到充分保护。建立健全知识产权管理体系，与专业律师和专业机构合作，对侵权行为采取及时有效的应对措施。

（3）消费者保护法。了解和遵守各个国家和地区的消费者保护法规对维护公司声誉非常重要。消费者保护法涵盖产品质量、广告宣传、退换货政策等方面。跨国公司需要确保产品和服务的合规性，建立透明的沟通机制，迅速回应消费者投诉，并制定符合当地法规的市场营销策略。

通过积极遵守法律和法规，跨国公司可以降低法律风险，保障企业在国际市场上的合法权益。定期更新法律法规知识，加强内部培训，建立专业法务团队，以确保公司在全球范围内的合规性。

4. **竞争环境**

在竞争环境中，跨国公司需要通过深入地进行竞争对手分析及市场份额和结构的研究，制定差异化的市场战略。

（1）竞争对手分析。深入了解目标市场中的竞争对手才能制定有效的市场战略。企业应该识别竞争对手的优势和弱点，包括产品特性、价格策略、分销渠道、市场影响力等方面。通过市场调研、竞品分析和监测竞争对手的动态，企业可以更好地制定反应灵活、差异化的市场战略，以取得竞争优势。

（2）市场份额和市场结构。分析目标市场的市场份额和结构有助于企业确定自身在市场中的地位。了解市场中主要参与者的份额、市场领导者和新兴竞争者的地位，以及市场的整体结构，有助于企业更好地理解市场的潜在机会和威胁。基于这些分析结果，企业可以调整定位，优化产品组合，并制定更为精准的市场营销策略。

通过深刻理解竞争环境，企业能够更好地适应市场动态和变化，及时调整战略，保持竞争力。与此同时，建立灵活的监测体系，定期评估竞争对手的动向，有助于企业在市场中保持主动地位。企业还可以通过建立战略联盟、创新和优化业务流程等手段，不断提升自身的国际市场竞争力。

5. 文化环境

在文化环境中，跨国公司必须灵活适应不同语言和文化环境，确保产品和市场营销策略的本地化。同时，深入了解不同文化中的消费者习惯和行为也很重要。

（1）语言和文化差异。跨国公司在不同国家和地区经营时，必须处理语言和文化的多样性。这包括正确翻译和本地化产品标签、广告和宣传材料，以确保其传递的信息符合当地文化和语境。建立多语言支持团队，采用文化敏感的沟通方式，有助于树立企业的良好形象。

（2）消费者习惯和行为。了解不同文化中的消费者习惯和行为有助于企业成功进入市场。文化差异可能影响产品的受欢迎程度、购买决策、品牌忠诚度等。通过深入的市场研究，企业可以调整产品设计、包装、定价和促销策略，以更好地迎合目标市场的消费者需求。

通过对文化环境的综合理解，跨国公司可以建立更加全球化的品牌形象，避免文化冲突，并提高产品在目标市场的接受度。在制定全球战略时，公司需要确保其产品和服务能够在不同文化中引起积极的共鸣，从而在国际市场中取得成功。同时，建立本地化的市场团队，能够更深入地理解和把握目标市场的文化特点，有助于企业更好地与当地消费者互动。

二、决定是否进行国际化

决定是否进行国际化是一个涉及多维度考量的战略抉择，需要对市场分析、公司资源与能力、法律法规、政治经济稳定性、文化差异、风险管理等核心因素进行全面审视与评估。

（一）市场分析

1. 市场需求评估

深入探究目标国际市场的消费需求是决定是否进行国际化的重要一环。企业需系统收集与分析目标市场的消费者行为、消费习惯、偏好、购买力等相关数据，明确市场需求特征及发展趋势。在此基础上，评估市场规模、成长性、市场饱和度等关键指标，确保市场容量充足，具备足够的盈利空间和商业潜力。同时，企业应识别目标市场中尚未被充分满足的细分需求或潜在的蓝海市场，为产品定位、市场开拓提供精准导向。

2. 竞争态势分析

清晰把握国际市场的竞争格局是制定有效竞争策略的基础。首先，企业需识别主要竞争对手，包括直接竞品供应商、潜在替代品供应商及潜在进入者，分析其市场份额、品牌影响力、产品特性、价格策略、营销网络、技术研发等各方面实力。其次，通过SWOT分析、五力模型等工具，揭示决定市场成功的关键因素，如行业壁垒、客户需求敏感度、供应商议价能力、替代品威胁等。最后，结合上述分析结果，企业可有针对性地构建差异化的竞争策略，如产品创新、价格定位、渠道优化、品牌建设等，以实现市场突围与可持续发展。

（二）公司资源与能力

1. 财务资源

充足的财务实力是支持企业顺利推进国际化进程的基石。企业需详细评估现有的财务状况，包括流动资金、长期资本、盈利能力、偿债能力等，确保其具备足够的资金支持进行从市场调研、产品开发、市场推广、生产制造、物流配送到售后服务等国际化全链条的运作。同时，企业需科学规划资金使用，合理安排投资节奏，防范资金链断裂风险，并积极寻求多元化的融资渠道，如国际金融机构贷款、发行国际债券、吸引国际投资者等，以增强财务弹性与抗风险能力。

2. 人力资源与技术能力

适应国际市场需求的人才队伍与技术储备是企业成功进军海外市场的关键。企业需审视现有的人力资源结构，评估人才在语言能力、跨文化沟通、国际市场营销、国际商务谈判、国际法律法规等方面的专业素质与实践经验。同时，企业应关注技术研发能力，评估现有技术是否符合国际标准、是否有能力快速响应国际市场需求变化、是否有能力进行技术创新以保持竞争优势。如存在短板，企业应及时进行人才培养、引进与技术升级，以确保在全球竞争中立于不败之地。

（三）法律法规

全面理解并严格遵守目标国家和地区的法律法规、贸易政策、行业标准等是企业规避法律风险、树立良好国际形象的前提。企业需深入了解目标市场的知识产权保护、反垄断、消费者权益保护、环境保护、劳工权益、税收、外汇管理等相关法律法规，确保各项经营活动合法合规。同时，企业需关注国际法律法规的变化，及时调整内部管理制度与流程，确保始终与国际规则接轨。

（四）政治经济稳定性

1. 政治环境

考察目标国家的政治稳定性有助于企业预见潜在的政治风险，适时调整战略。企业需关注目标国家的政局稳定性、政策连续性、政府效率、腐败程度、社会治安等情况，评估其对投资环境的影响。对于政治风险较高的地区，企业需制定应急预案，如多元化投资、购买政治风险保险等，以降低风险敞口。

2. 经济状况

评估目标国家的经济状况与发展趋势有助于企业判断其对自身发展的影响。企业需关注宏观经济指标如 GDP 增长率、通货膨胀率、失业率、国际收支状况等，了解产业结构、市场规模、消费水平、投资环境等微观经济信息，结合国际经济形势、贸易政策变动等因素，预测目标市场的经济前景，为投资决策提供依据。

（五）文化差异

考量企业能否适应目标市场的语言与文化，确保产品与营销策略的有效本土化，是企业成功融入海外市场、赢得消费者认可的关键。企业需深入了解目标市场的价值观、宗教信仰、风俗习惯、审美偏好、消费心理等文化因素，对产品设计、包装、广告宣传、客户服务等方面进行针对性的调整，实现产品的文化契合与情感共鸣。同时，企业需尊重当地文化，避免文化冲突，积极参与当地社区活动，塑造良好的企业公民形象。

（六）风险管理

全面识别与评估国际化过程中可能遭遇的各类风险，包括汇率风险、政治风险、市场风险、法律风险、供应链风险、人才流失风险等，是企业有效应对风险、保障国际化战略顺利实施的前提。企业需建立风险识别与评估机制，定期进行风险评估，量化风险发生的可能性与影响程度，制定应对策略与应急预案。

（七）国际化战略选择

第一，根据公司目标与资源状况，理智选择出口、合资、并购、绿地投资、特许经营、战略联盟等国际化路径。企业需综合考虑市场进入壁垒、竞争态势、自身优势、风险承受能力等因素，选择最适合自己的国际化模式。同时，企业需制定明确的国际化战略目标、战略步骤、资源配置计划等，确保战略的可操作性。

第二，保持对国际市场的持续监测，灵活调整战略以适应市场变化。企业需建立市场情报收集与分析系统，密切关注市场动态、竞争态势、政策环境、消费者行为等的变化，及时调整产品策略、价格策略、渠道策略、促销策略等，以应对市场挑战与机遇。同时，企业需建立战略评估与调整机制，定期对国际化战略的效果进行评估，根据评估结果进行必要的战略修正与优化。

三、决定进入哪些市场

跨国公司在国际化前通过市场细分，旨在深入了解潜在市场，以精准选择目标市场。需求差异分析有助于产品或服务的定制化，而竞争环境评估有助于识别并选择有利的差异化机会。可达性考量确保产品在目标市场有效传达，而成长潜力分析保证选择具有可持续发展前景的市场。战略性的细分过程可为企业提供更有针对性的市场定位，增强其在国际市场的竞争力。

（一）市场细分

在企业国际化战略中，市场细分是一个关键步骤，其目的是将整个市场划分为更小、更具体的目标受众群体，以更好地满足其独特需求。这个过程需要综合考虑多个因素，其中最重要的因素包括需求差异、竞争环境、可达性和成长潜力。

首先，需求差异的考量是基于对不同消费者群体需求的精准识别，以确保企业能够提供符合各个细分市场需求的产品或服务。这需要深入了解目标受众的特点和偏好，以制定有针对性的营销和产品策略。

其次，竞争环境的分析对于选择合适的细分市场至关重要。企业需要评估细分市场中的竞争程度，并选择竞争相对较小或具有差异化机会的领域，以获得市场竞争优势。

再次，可达性是指企业能够通过何种方式接触和服务目标市场，包括销售渠道和营销手段的选择。确保产品或服务在细分市场中能够有效传达和传递给目标受众，是成功进入市场的关键因素。

最后，考虑不同细分市场的成长潜力是确保企业选择具有发展前景的市场的重要考虑因素。这需要对市场的经济和行业增长趋势进行深入的分析，以确保企业能够在未来取得可持续的业务增长。

市场细分是企业国际化战略中的战略性决策，通过综合考虑需求差异、竞争环境、可达性和成长潜力等因素，企业能够更加精准地选择目标市场，提高在国际市场中的竞争力和市场占有率。这一过程需要深入的市场研究和全面的市场了解，以确保企业的战略能够切实贴合目标市场的实际情况。

（二）跨国公司选择目标市场应考虑的因素

目标市场（Marketing Targeting）是指跨国公司决定为之服务的、具有相同需求或特征的购买者群体。跨国公司究竟应当选择哪种营销策略进入目标市场？这通常要对公司内部和外部相关因素进行充分考量，其中主要因素有企业自身规模、产品的同质性、国际市场的差异性、产品生命周期和竞争对手策略等。

1. 企业自身规模

在跨国公司选择目标市场时，企业规模是决定性因素之一。规模决定了企业在目标市场中的资源投入、市场渗透力及管理效率。大型企业往往受益于规模效应，享有成本优势，更强的风险承受力，且更易于构建全球供应链。同时，品牌知名度和技术创新能力与企业规模紧密相关，影响市场接纳度和产品竞争力。全面剖析企业规模各维度，有助于企业在国际市场上找准定位，制定更具针对性和可行性的战略，最大程度利用规模优势，提高目标市场的竞争力。

2. 产品的同质性

跨国公司在选择目标市场时，必须充分考虑产品的同质性。产品的同质性指市场上是否存在类似或相同类型的产品，对制定营销策略和构建竞争优势具有重大意义。

在同质性高的市场上，企业需采取差异化策略凸显产品的独特价值，与竞品区分开来，可能涉及品质、品牌、创新或服务等方面的差异化。若产品的同质性低，企业可能更易通过价格竞争获取市场份额，此时成本效益和生产效率优势尤为重要。

综上所述，产品同质性是影响市场竞争策略的关键变量，企业应依据目标市场同质性水平，灵活调整定位和营销策略，确保产品在竞争激烈的市场中脱颖而出。

3. 国际市场的差异性

跨国公司在选择目标市场时，务必关注国际市场的差异性，包括文化、法律法规、经济、社会、技术等层面的差异性。文化差异影响产品接受度和市场需求，企业需了解并适应目标市场文化特质，确保产品和营销策略与当地文化相融合。法律法规差异对经营有直接影响，企业需熟知目标市场法律环境，确保经营活动合法合规，降低法律风险。经济差异（如购买力、货币稳定性）直接影响产品定价和市场需求。社会差异（如消费者行为、生活方式）影响产品定位和推广策略。技术水平和创新能力差异影响产品在不同市场的竞争力。全面考虑国际市场的差异性，企业能更好地适应不同的市场环境，制定精准的市场定位和营销策略，提高其在国际市场中的成功率。

4. 产品生命周期

产品生命周期（引入、成长、成熟、衰退）是跨国公司选择目标市场时的关键考量因素。各阶段决定了企业在不同市场环境下应采取的策略。

（1）引入阶段。评估目标市场初期接受度，通过品牌建设与市场份额获取确立产品地位。

（2）成长阶段。加大资源投入力度，满足市场需求，包括扩大生产、巩固品牌地位。

（3）成熟阶段。面对激烈竞争，企业需思考如何保持市场份额，可借助创新、降价或差异化延长产品生命周期。

（4）衰退阶段。审慎决策，考虑是否继续参与市场、调整战略或逐步退出。全面考虑产品生命周期，企业能制定长远市场战略，合理规划定价、推广和营销策略，灵活应对各阶段市场需求与竞争环境，提升目标市场竞争力，实现市场成功。

5. 竞争对手策略

了解竞争对手策略是跨国公司选择目标市场时的关键因素。分析竞争对手在目标市场的角色、定位策略，企业可明确自身差异化定位，避免直接竞争，寻找适合的市场空间。

综合考虑竞争对手各项策略，企业能全面了解目标市场竞争环境，制定精准、有针对性的战略，提升市场竞争力。这种综合性战略规划有助于企业适应市场的动态变化，实现持续的市场成功。此外，国际市场上竞争对手的营销策略也影响跨国公司国际市场营销策略的选择。例如，若竞争对手采用无差异营销策略，企业采用差异化策略较易成功；反之，若竞争对手采用差异化策略，企业采用无差异营销策略将处于竞争劣势。

四、目标市场营销调研

营销调研（Marketing Research）是指有系统地设计、收集、分析和提交有关组织具体营销情况的数据报告的过程。其主要目的在于帮助公司理解消费者的满意度和购买行为，预测市场潜力和市场份额，以及评估定价、产品、分销和促销行为的效果。在国际市场这个复杂多变的环境中，无论是在数量上、质量上，还是在范围上，从事国际营销的跨国公司对信息的需求更为巨大。在当今信息技术异常发达的背景下，参与国际营销的跨国公司必须高度重视国际市场上的营销调研，以便及时获取足够、必要的信息，从而保证营销决策的准确性和及时性。只有通过有效的营销调研，企业才能在国际市场中做出明智的战略决策，适应不断变化的环境，提升竞争力。

（一）营销调研的内容与要求

国际市场营销调研的内容主要包括对目标市场微观环境分析与目标市场宏观环境分析、营销调研的具体要求等。

1. 目标市场微观环境分析

目标市场微观环境分析聚焦于顾客调研、竞争对手分析、分销渠道调查和合作伙伴潜力评估四大要素。

（1）顾客调研。揭示消费者需求、喜好与购买行为，精准定位产品或服务，增强市场吸引力。

（2）竞争对手分析。全面认识市场竞争格局，包括市场份额、定价策略、产品特性等，为制定差异化竞争策略提供参考。

（3）分销渠道调查。明晰产品或服务在目标市场的销售路径，优化供应链，提升销售效率。

（4）合作伙伴潜力评估。识别合作机会，扩大市场份额，实现资源共享。

微观环境深入分析使企业全面理解目标市场，为制定精准市场战略提供有力支撑，提升市场竞争力。

2. 目标市场宏观环境分析

目标市场宏观环境分析涵盖政治经济、社会文化、科技因素与法律法规四大领域。

（1）政治经济分析。探究目标市场的政治稳定性、经济状况与法规环境，评估对企业经营的潜在影响。

（2）社会文化研究。确保产品或服务符合当地文化特色，满足消费者的需求。

（3）科技因素调研。顺应科技发展与创新趋势，保持技术竞争力。

（4）法律法规合规性。了解并遵守目标市场法律法规，降低法律风险，维持经营稳定性。

宏观环境全面分析帮助企业深刻理解目标市场的外部环境，为战略决策提供依据和指导。

对目标市场的微观与宏观环境进行综合调研，企业得以全面掌握市场特点、机会与挑战。微观环境调研（顾客、竞争对手、分销渠道、合作伙伴）为企业提供精准定位、制定差异化竞争策略的关键信息；宏观环境分析（政治经济、社会文化、科技、法律法规）则帮助企业深刻理解外部环境对业务的影响，降低法律风险，确保合规，精准把握市场机会与挑战，为制定针对性与可行性强的市场策略奠定基础。这种深入调研不仅为战略决策提供依据，也为企业在复杂多变的国际市场中取得成功打下坚实根基。

3. 营销调研的具体要求

在进行营销调研时，需要遵循以下几个具体要求以确保研究的质量和实用性。

（1）真实性。调研的数据和信息必须是真实可信的，能准确地反映市场的实际状况。确保所采用的数据来源可靠，需采用科学的调研方法，以避免出现误导性或失真的信息，从而建立对市场的准确认知。

（2）完整性。营销调研需要涵盖所有必要的方面，确保收集的信息充分且全面。不能忽略任何关键信息或市场细分，以免在制定营销策略时遗漏重要的因素，从而保障决策的全面性和有效性。

（3）可比性。调研数据的可比性是确保能够对不同时间点或地区的数据进行有效比较的关键要求。采用统一的研究方法和指标有助于确保数据之间的一致性，提供更具比较价值的信息，为企业制定战略提供更可靠的基础。

（4）适时性。营销调研需要在适当的时间内完成，以确保信息的时效性。由于市场状况随时变化，及时获取最新的数据有助于企业更灵活地应对市场动态，做出即时决策，保持竞争力。

通过遵循这些具体要求，企业可以更可靠地依据调研结果制定战略，提高对市场的洞察力和应变能力，从而更好地适应市场的变化并实现营销目标。

（二）营销调研的目标类型

营销调研的目标包括 8 个类型。

（1）顾客调研目标。通过深入了解顾客的需求、偏好和购买行为，帮助企业更好地满足目标市场的消费者，提高产品或服务在市场中的接受度和满意度。

（2）竞争对手分析目标。通过对竞争对手进行深入研究，包括市场份额、定价策略和产品特点等，为企业制定差异化的竞争策略提供基础，提高市场竞争力。

（3）分销渠道调查目标。通过考察目标市场的分销渠道，了解产品或服务的销售路径，以优化供应链和提高销售效率，确保产品能够迅速、有效地到达消费者手中。

（4）合作伙伴潜力目标。评估与潜在合作伙伴的合作可能性，以扩大市场份额、实现资源共享，促进业务发展，建立更加稳固的业务网络。

（5）政治经济分析目标。调查目标市场的政治稳定性、经济状况和法规环境，以了解对企业经营的潜在影响，降低法律风险，确保企业在国际市场中的合规性。

（6）社会文化趋势目标。研究目标市场的文化、社会趋势和消费者行为，确保产品或服务能够符合当地的文化特点，提高市场适应性，增加产品在市场中的吸引力。

（7）科技因素调研目标。分析目标市场的科技水平和创新趋势，以适应科技发展对行业的影响，确保企业在技术上保持竞争力，推动产品不断创新。

（8）法律法规合规性目标。确保了解并遵守目标市场的法律法规，以降低法律风险，确保企业在国际市场中的合规性，维护企业的声誉和稳定运营。这些调研目标类型共同构成了全面深入的市场调研，为企业制定全面有效的市场战略提供了坚实的基础。

（三）营销调研的具体步骤

营销调研是一个系统性的过程，涉及多个关键步骤，如图7-1所示。

确定研究目标 → 设计研究方案 → 数据采集与数据分析 → 撰写调研报告 → 制定营销策略 → 监测与调整

图7-1　营销调研的具体步骤

一是确定研究目标。明确需要解决的问题，明确研究的目标和范围，包括了解目标市场的消费者需求、竞争格局、产品定位等。

二是设计研究方案。制订详细的研究计划，选择合适的研究方法，确定研究的时间和地点，以及确定研究的样本和调查对象。

三是数据采集与数据分析。执行研究计划，采集相关数据。先通过问卷调查、访谈、市场观察等方式进行数据采集。随后，对采集到的数据进行深入分析，提取关键信息，识别市场趋势和潜在机会。

四是撰写调研报告。整理和归纳研究结果，撰写详尽的调研报告。报告应包括研究方法、数据分析、关键发现和建议等内容，以支持后续决策制定。

五是制定营销策略。基于调研结果，制定切实可行的营销策略，包括产品定位的调整、目标市场的重新界定、价格和推广策略的制定等。

六是监测与调整。启动市场策略后，定期监测市场反馈和业绩。根据实际情况进行调整，确保策略的有效性和适应性。

这一连贯的流程有助于企业全面了解市场状况、制定有效策略并及时调整以适应市场变化。

五、决定如何进入国外市场

公司一旦决定要在某个国外市场进行销售，则必须考虑最佳的进入方式。一般的选择有出口、建立合资企业及直接投资，如图7-2所示。

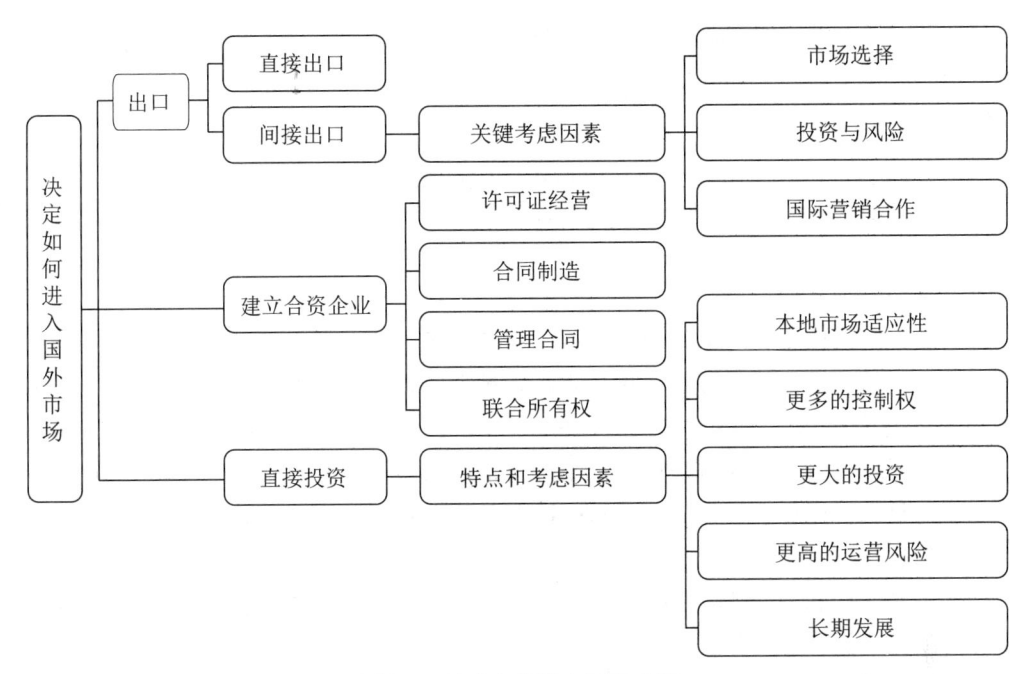

图 7-2 决定如何进入国外市场

（一）出口

出口（Exporting）是最传统的国际市场进入方式之一。企业可以选择将产品直接出口到目标市场，借助贸易中介或建立自有的出口渠道。这种方式的风险相对较低，但对于市场掌握程度有一定的要求。出口是企业进入国际市场最为便捷的方式，主要分为直接出口和间接出口两种形式。

1. 直接出口

企业可以通过设立海外销售分支机构，实施直接出口策略。这种方式允许企业在目标市场设立实体，直接管理销售、分销和促销活动。此外，企业还可以派遣本土销售人员到海外，深入了解市场并开发新的商机。直接出口能够更好地掌握市场，但需要较大的投资。

2. 间接出口

通过独立的国际营销中间商实施间接出口，是一种风险相对较小的方式。企业可以选择与国外的分销商或中介机构合作，让其负责产品的销售和分销工作。这种方式通常需要较少的投资，但可能降低对目标市场的掌控程度。

关键考虑因素如下。

（1）市场选择。在选择出口方式时，企业需要充分考虑目标市场的特点、需求和竞争状况，以确定最适合的出口策略。

（2）投资与风险。直接出口可能需要更大的投资，但也提供更多的市场控制权。间接出口风险相对较小，但企业需要仔细选择合作伙伴，确保其能够在市场上有效推动产品。

（3）国际营销合作。建立国际合作伙伴关系是成功出口的关键。选择可靠的中介商或分销商，与之建立稳固的关系，有助于提高产品在国际市场中的销量。

通过灵活选择合适的出口方式，并根据具体市场情况进行调整，企业能够更好地拓展国际业务，提高全球市场份额。

（二）合资企业

建立合资企业（Joint Venturing）是企业进入国际市场的一种方式。这有助于其分享风险、获取本地资源和知识，并提高在目标市场的接受度。但需要谨慎选择合作伙伴，并签订清晰的合作协议。

1. 许可证经营

许可证经营（Licensing）是制造商进入国际市场最简单的合资方式，是指公司同国外市场上的被许可方达成协议以进入国外市场。被许可方支付一笔费用或者提成，从而获权使用公司的生产流程、商标、专利、商业机密及其他有价值的项目。许可证经营的缺点是，公司对于特许的企业控制较少。如果许可证经营特别成功，那么意味着公司放弃了这些利润，而且当合同终止时，会发现自己培养了一个强有力的竞争对手。

2. 合同制造

合同制造（Contract Manufacturing）是指公司与国外的制造商签订合同，让它们为自己生产产品或者提供服务。

3. 管理合同

管理合同（Management Contracting）是指本土企业为那些提供资金的国外企业提供管理的专业知识。本土企业出口的不是产品，而是管理服务。管理合同是一种低风险的进入国外市场的方式，而且在一开始就能产生收益。

4. 联合所有权

联合所有权（Joint Ownership）是指公司同一个外国投资者共同建立一个本土企业，共同拥有企业的所有权和控制权。公司购买当地企业的一部分股份，或者与当地企业共同出资组建一个新的合资公司，建立联合所有权的合资企业可能是出于经济或者政治上的原因。

（三）直接投资

直接投资（Direct Investment）是一种积极主动的国际市场进入方式，通过在目标市场直接投资设立子公司或办事处，以更积极的方式进入当地市场。这种方式相比于其他出口方式，使企业具有更多的本地市场适应性和更大的控制权。

直接投资的特点和考虑因素如下。

（1）本地市场适应性。直接投资使企业更好地适应目标市场的本地文化和商业环境。建立本土实体有助于更精准地定位产品或服务，提高市场适应性。

（2）更多的控制权。通过直接投资，企业可以获得更多对业务运营和决策的控制权，包括生产、销售、市场营销等方面。这种控制权有助于企业更灵活地应对市场变化。

（3）更大的投资。直接投资通常涉及更大规模的资本投入，包括建设生产设施、雇用本地员工、推动营销活动等。企业需要考虑并准备应对这些更大的投资风险。

（4）更高的运营风险。由于直接投资需要更深度的参与，因此也伴随着更高的运营风险。企业需要在本土市场了解法规、竞争环境和其他因素，以降低潜在的风险。

（5）长期发展。直接投资通常是一项长期发展的战略，企业需要有足够的战略眼光和资源，以支持在目标市场的可持续发展。

六、目标市场营销策略

跨国公司在选择目标市场时可以采用多种营销策略，其中主要包括无差异营销策略、差异化营销策略、集中营销策略和微观营销策略四种。

（一）无差异营销策略

无差异营销策略又称全局市场策略，是一种面向多个市场推广同一种产品或服务的策略。在这种策略下，企业将忽略不同市场的差异性，通过统一的市场推广和产品定位来满足全球范围内的需求。这种策略适用于产品或服务具有广泛适用性、市场需求相似的情况。企业通过保持一致的品牌形象和产品特性，实现规模经济并简化营销管理，提高整体效率。虽然这种策略可以降低运营成本，但在面对不同文化、法规和市场偏好的挑战时，也需要谨慎权衡。

（二）差异化营销策略

差异化营销策略是企业在全球市场中通过调整产品、价格、推广等方面的元素，以满足不同目标市场的独特需求和偏好。通过独特的特色和定位，企业旨在使其产品在目标市场中与竞争对手区分开，赢得特定的市场细分客户。这种策略强调个性化和定制化，以提供与竞争对手不同的价值主张，建立品牌独特性。

在实施差异化营销策略时，企业可能会进行产品创新，提供独特的功能或设计，以满足不同市场的独特需求。定价策略可能会反映产品或服务的高附加值，与市场中其他产品形成差异。推广活动则侧重于突出产品的独特卖点，建立独特的品牌形象。

通过差异化营销策略，企业可以赢得更为忠诚的客户群体，建立品牌的独特地位，并在市场中取得竞争优势。这种策略要求企业深入了解目标市场的文化、偏好和需求，以确保差异化元素能够切实地满足客户的期望，从而实现市场份额的长期增长。

（三）集中营销策略

集中营销策略是企业专注于满足特定市场细分需求的一种策略。在这种策略下，企业将其有限的资源和精力聚焦在特定的市场细分上，以确保对目标客户群体提供高度专业化和定制化的产品或服务。

这种策略常见于资源有限或产品特殊的情况，使企业能够更有效地满足特定群体的需求。通过深度了解目标市场的特点、偏好和需求，企业能够更精准地定位自己的产品或服务，提高市场适应性。

集中营销策略强调深度而非广度，通过深入挖掘特定市场的机会，建立与目标客户之间更为密切的关系。企业在这个细分市场上通常能够更好地理解客户的痛点，并提供更加契合其需求的解决方案。这种策略的成功关键在于对目标市场的深刻理解和专业化服务的提供，从而在有限的市场领域内取得竞争优势。

（四）微观营销策略

微观营销策略注重在市场上更细小的细分中寻找机会，通过将更多的注意力集中在满足特定细分市场的高度特定需求上，实现更个性化的市场定位和服务。这种策略的核心理念是深度理解并满足特定客户群体的独特需求，以建立更紧密的关系并提供有针对性的解决方案。

微观营销的关键在于对目标市场的深刻洞察，以确保企业能够更准确地了解特定细分市场的需求和趋势。通过个性化的产品定位、定价策略和推广活动，企业能够更好地满足独特的客户需求，从而在细分市场中建立竞争优势。

◆ 章内案例 7-1　百事可乐：主打营销本土化

多元化品牌战略：看一下百事可乐母公司的网站不难发现，百事可乐的产品组合不仅在饮料中用途广泛，还有零食和营养品系列。它拥有从立体脆（Doritos）、Aquafina 和激浪（Mountain Dew）到桂格麦片（Quaker Cereals）在内的众多品牌，为其目标市场提供多样化的产品。百事可乐与菲多利的合并使百事可乐进入零食市场，使其成为全球最大的零食公司之一。收购佳得乐帮助它占领了体育领域，现在佳得乐是其第四大收入来源。收购 Wimm-Bill-Dann Foods 三分之二的股份帮助百事可乐在俄罗斯饮料行业占据主导地位。

广告宣传策略：百事可乐在广告中使用的叮当声和朗朗上口的标语，既能宣传产品价值，又能提升品牌形象。从一开始它就积极使用这些标语，例如"百事可乐一炮打响"，取得了惊人的成功。如今，音乐广告成为百事可乐的标杆广告方式，将品牌标识与令人难忘的短语或曲调联系起来。随着时代的发展和社会环境的变化，年轻人已经不像以前那般有耐心，2012 年百事可乐换掉了它的主题，变成"Live For Now"（渴望就现在），强调活在当下。七年后，百事可乐希望把所要倡导的价值观更具象一点，主题变为"For the love of it"，为了自己热爱的一切全力以赴，在更换 slogan 的同时，百事可乐与 Now United 组合打造了同名广告歌。

独特的音乐营销：以音乐为沟通介质，百事可乐一直与年轻人并肩，勇于尝试创新的品牌表达，2023 年"百事校园最强音"结合了时下最新潮也备受年轻人关注的元宇宙元素，将赛事体验注入新鲜与活力；邀请的 TangoZ、Bridge 等音乐人也正好切中了当下年轻人中人气超高的嘻哈风格……既彰显着百事可乐善于捕捉潮流热点的属性，又反映出百事拥抱新鲜事物、拥抱多元音乐文化的年轻姿态。

变化多端的营销策略：为迅速抢占市场，百事可乐采取直销模式，在促销上推出了"瓶盖兑奖"等促销方式。

突破重点的销售策略：百事可乐在中国各城市市场上两极分化明显，不过这也是百事可乐期望的结果，抓住可口可乐"广撒网的弱点"，集中兵力在重点城市实行中心突破。

DTC 模式：DTC 模式是直接面向消费者，就是不通过传统模式下的中间商、经销商，而直接由产品制造商对接消费者。DTC 模式可以大幅降低销售渠道成本，同时由于品牌直接和消费者对接，可以更直接地感受到消费者的需求变化。

资料来源：[1] 百事可乐营销策略：激发您灵感的 8 种策略 [EB/OL]. （2022-11-13）[2024-4-23]. https://squeezegrowth.com/zh-CN/pepsi-marketing-strategy/.

[2] 肖明超. 百事可乐百年营销变迁史 [EB/OL]. （2020-03-03）[2024-4-23]. https://zhuanlan.

zhihu.com/p/110509128.

[3] 艾菲．拆解百事十年音乐营销：如何与 Z 世代共创时代强音 [EB/OL]．（2023-07-28）[2024-4-23]. https://socialbeta.com/article/108946.

[4] 百事企业案例分析 [EB/OL]．（2020-06-09）[2024-4-23]. https://zhuanlan.zhihu.com/p/147026892.

第二节　国际市场营销组合策略

国际市场营销组合策略涵盖研发策略、产品策略、销售策略、定价策略和渠道策略等方面，以确保企业在国际市场中能够有效地推广产品或服务。

一、跨国公司的营销组合策略

跨国公司的营销组合管理包括市场定位、产品、价格、渠道和推广等方面的整体策略。

（一）市场面选择策略

1. 差异化市场面策略

跨国公司可以选择差异化市场面策略，即通过在不同市场推出定制化产品或服务，以满足当地消费者的特定需求。这需要深入了解每个市场的文化、偏好和购买力，以确保产品或服务的差异化特点能够吸引目标消费者。

2. 全球一体化市场面策略

一些跨国公司采用全球一体化市场面策略，即在全球范围内提供一致的产品和品牌形象。这种策略强调全球市场的统一性，通过统一的品牌形象和市场传播活动实现全球市场的一致性。

3. 本地化市场面策略

本地化市场面策略强调在每个目标市场中开展本土化的营销活动，包括广告、促销、社交媒体和其他宣传手段的本地化调整，以更好地适应当地文化和市场环境。

4. 多元化市场面策略

采用多元化市场面策略的公司在不同市场采用不同的策略。例如，在一些发达市场强调品质，而在新兴市场注重价格竞争力。这种策略能够更好地满足不同市场的差异化需求。

可口可乐是一家成功的跨国公司，采用无差异营销策略，将同一种产品推向全球市场。其市场面选择策略注重构建全球品牌形象，通过统一的广告和包装设计，满足全球范围内消费者对可口可乐品牌的一致认知。这种策略使可口可乐在不同文化的地区都能取得成功，成为世界领先的饮料品牌之一。

（二）销售渠道选择策略

1. 直接销售渠道

跨国公司可以选择通过直接销售渠道，如公司自营的实体店、在线商店或电话销售，直接与消费者进行交易。这种方式有助于跨国公司更好地控制销售过程和树立品牌形象。

2. 间接销售渠道

通过与分销商、代理商或零售商合作，跨国公司可以采用间接销售渠道。这种策略有助于扩大销售覆盖范围，快速进入市场，并利用合作伙伴的本地经验和资源。

3. 多渠道销售

采用多渠道销售策略意味着公司同时利用直接和间接销售渠道，以最大程度地覆盖不同的市场和消费者群体。这种策略在满足不同消费者购买习惯的同时，增加了销售的灵活性。

4. 在线销售渠道

随着数字化时代的发展，采用在线销售渠道变得越来越重要。公司可以通过自有的电子商务平台或合作伙伴的在线零售平台，迅速覆盖全球市场，提高产品的可访问性。

5. 社交媒体销售渠道

利用社交媒体平台作为销售渠道，通过社交媒体广告、购物功能等形式，与消费者直接互动，推广产品并促成销售。这对于年轻的、数字化的市场而言尤为有效。

6. 专业渠道

针对特定行业或领域，跨国公司可以选择建立专业渠道，与行业内的专业经销商或服务提供商合作，以深化产品在特定市场的影响力。

在选择市场面和销售渠道策略时，跨国公司需要根据不同国家和地区的市场特点、文化背景和消费者行为做出灵活而有针对性的决策。整合市场面和销售渠道选择策略，使其与公司整体战略相一致，有助于提高全球市场的竞争力。

二、跨国公司的研发策略

企业需要在研发阶段考虑国际市场的需求和趋势，确保产品或服务能够满足不同国家和地区的特定需求。研发策略应包括对本地化、国际标准和技术趋势等的深入了解。

（一）本地化需求

处理本地化需求时，企业在产品研发阶段需充分考虑目标市场的文化、语言和法规差异，从产品特性、包装设计、广告语言等方面进行调整，以确保产品或服务与当地消费者需求、生活习惯及文化背景高度契合。

第一，产品特性。根据当地消费者需求与习惯，灵活调整产品功能、规格、颜色及设计风格，深入了解并迎合目标市场的特殊偏好，以提高市场接受度。

第二，包装设计。遵循当地文化审美标准，对产品包装的颜色、图案、文字和标识进行适配性调整，使之在零售环境中更具吸引力，符合消费者文化背景与品位。

第三，广告语言。选择符合目标市场口味和文化特点的广告，避免引发误解或冲突，有助于增强品牌认同感，提升广告效果。

本地化需求要求企业全方位了解并尊重目标市场差异，通过细致地调整产品特性、包装设计及广告语，更好地满足当地消费者期待，提升国际市场竞争力，实现卓越的本地化适应性。这种对当地细节的高度重视有助于塑造强大品牌形象，增强消费者对产品或服务的认可与信赖。

（二）国际标准合规性

确保国际标准合规性是企业全球化进程中不可或缺的关键环节，需采取综合性措施来保障产品在全球范围内的合法性和可销售性。

研发团队需深入理解各个国家和地区的法规与标准（如产品安全、环保、质量认证等），与法律和合规团队紧密协作，严格遵守当地法规的要求。

（1）在产品设计与制造过程中考虑合规性问题，包括材料选择、生产工艺、产品标签与包装，确保产品在设计和制造阶段即符合国际标准，避免上市后因法规问题遭受限制或罚款。

（2）建立法规更新监测体系和产品设计、生产流程的及时调整机制，确保产品全生命周期内持续符合标准。

（3）与行业协会、专业组织保持联系，参与行业讨论、培训和合规研讨会，及时了解最新法规动态，分享最佳实践。

总之，国际标准合规性在企业全球化进程中举足轻重。通过研发阶段考虑法规要求、持续监测更新、与专业机构保持紧密联系，企业能有效确保产品在全球市场的合法性、可靠性与可销售性。这种合规性的维护不仅能降低法律风险，更能提升企业在国际舞台上的信誉度与竞争力。

（三）技术趋势和创新

在全球视野下关注行业技术趋势与创新，对于企业研发策略至关重要。紧跟新兴技术发展，跟踪竞争对手创新动态，是确保产品具有国际竞争力的核心。

企业应持续关注人工智能、物联网、区块链等新兴技术的应用与进展，将其融入产品设计与开发中，提升产品先进性与市场吸引力。通过分析竞争对手研发投入、产品发布与技术创新情况，企业能准确把握市场格局，适时调整研发策略。可通过专利分析、参加行业展会、与同行交流等方式保持技术领先地位。积极参加行业组织与标准制定机构，洞悉并影响行业技术发展方向，确保产品符合国际最新技术标准。

关注技术趋势与创新，不仅是企业研发策略的一部分，还是保持市场竞争力的关键。持续更新技术知识，灵活应对新兴技术变革，企业能更好地满足市场需求，拓展国际市场份额，确保在激烈竞争中取得成功。对技术趋势的敏感性是企业创新与可持续发展的重要保障。

（四）多元化研发团队与国际合作

构建多元化研发团队是企业在国际市场取得成功的关键战略。团队成员有着不同的文化背景与专业领域，可以提供多元视角与创新思维，能更好地理解和适应国际市场的多样性。融合不同经验和观点的企业能全面考虑产品设计与开发，确保全球适应性。

国际合作引入不同地区的专业知识、技术经验与市场洞察，为研发注入新动力，合作分享最佳实践，提升团队效率与创新水平，加快响应市场需求，缩短产品上市时间，增强国际市场竞争力。国际合作能使企业克服文化和语言差异，通过有效沟通促进团队协同工作。

多元化团队与国际合作战略，不仅有助于企业满足不同市场的需求，也为企业在全球范围内的持续创新与发展提供有力支持。

(五)敏捷研发方法

采用敏捷研发方法是企业在国际市场成功的重要战略。其灵活性与快速迭代特性,使企业能敏锐应对市场变化,确保产品及时满足国际市场的需求。

快速迭代与反馈循环。将开发过程划分为短周期迭代,团队能迅速调整产品设计与功能,适应国际市场实际需求。迭代方式使企业灵活应对市场动态,随时做出必要调整。

团队协作与开放沟通。团队成员紧密合作、信息共享,深入理解国际市场变化与挑战。通过频繁会议与反馈机制,快速响应市场需求,提高研发效率。

客户参与。将客户纳入研发过程,精准理解客户期望与反馈,精准满足国际市场需求。客户参与降低产品开发风险,确保产品上市后市场欢迎度高。

敏捷研发方法使企业灵活、快速适应国际市场变化,通过持续迭代、团队协作与客户参与,提升产品市场适应性,提高国际市场竞争力。这种灵活性与敏捷性是企业在不断变化的国际市场中取得成功的关键因素。

三、跨国公司的产品策略

(一)标准化与本地化

在跨国公司的产品策略中,标准化与本地化的权衡是关键的战略考量。标准化有助于提高效率、降低成本,并确保产品在全球范围内保持一致性。然而,由于不同的国家和地区存在文化、法规和消费者差异,完全的标准化并不总是可行的。因此,跨国公司需要在标准化和本地化之间找到平衡点。

标准化的优势在于规模效益,通过统一的设计、生产和供应链流程,公司可以提高效益和生产效率。这对于一些通用性较高的产品,尤其在技术标准和制造流程相对一致的领域,是非常有效的策略。因此,对于受本地文化、法规和消费者行为影响较大的产品,采用本地化策略是至关重要的。本地化调整包括产品的设计、功能、包装、市场推广和定价策略等。这有助于使产品更好地适应当地市场的独特需求,提高产品在本地市场的接受度和竞争力。

(二)全球品牌管理

在跨国公司的产品策略中,全球品牌管理是确保品牌在全球市场上成功的关键因素。

1. 品牌一致性的重要性

统一的品牌形象有助于在全球范围内建立和巩固品牌认知度。消费者在不同地区对于品牌一致性的感知有助于提高对品牌的信任感。一致的品牌形象可以在各个市场传递相同的价值观和品牌故事,加强品牌与消费者之间的情感联系。

2. 品牌标识与标准化

统一的品牌标识,如统一的标志、标语和颜色,是确保品牌一致性的关键。跨国公司需要制定明确的品牌标准,以便在全球范围内保持一致。

品牌标准化有助于在各地市场传递相同的品牌价值和信息,减少引起混淆或误解的因素。

3. 本地化的灵活性

尽管品牌要保持一致性,但跨国公司也需要在一些方面保持本地化的灵活性。这包括在广告、促销和市场推广中针对当地文化和语境对品牌进行适当的调整。

本地化的灵活性有助于品牌更好地融入当地市场，避免因文化差异而引起的误解或冲突。

4. 数字化品牌管理

随着数字化媒体的兴起，跨国公司可以利用数字平台来管理全球品牌。这包括在社交媒体上维护一致的品牌声音、在全球范围内推广品牌故事，以及确保在线和离线渠道的一致性。

5. 品牌监测与反馈

建立有效的品牌监测机制，通过监测社交媒体、市场调研等手段，了解消费者对品牌的反馈。及时获取反馈有助于调整品牌策略，确保品牌在全球市场上持续符合消费者期望。

通过全球品牌管理，跨国公司可以建立一个在全球范围内强大、一致和有信任度的品牌形象。这有助于提高消费者的品牌忠诚度，增加市场份额，并在全球市场中取得竞争优势。品牌一致性的维护需要公司在战略层面有明确的规划，并在执行层面具备强大的协调和监管机制。

◆ 章内案例 7-2　亨氏 × Lick

来自美国的番茄酱食品品牌 Heinz（亨氏）是名不虚传的"跨界联名王"。

2023 年，为了让更多的消费者能够沉浸在 Heinz 带来的"红色世界"中，Heinz 联合油漆品牌 Lick，推出了一系列番茄酱颜色的油漆产品。在联名活动期间，消费者可以从 Lick 官方购物渠道和合作专区中购买定制的油漆产品。

这款产品被取名为"HTK 57"（取自 57 种品牌广告口号缩写），限量售卖 570 罐。

通常情况下，品牌之间跨界联名营销活动主要有两种用途。

一是提升产品的实用性，直接提升销售量。

二是增强品牌合作之间的"娱乐性"，重视品牌联名活动带来的长期品牌声量，提升品牌价值。

显然，Heinz 和 Lick 的做法是后者。

创意传播机构 Here Be Dragons 的创始人 Paul McEntee 指出，品牌合作的成本效益要比单方面购买数字媒体广告产生的效益多出 25 倍。而品牌跨界合作的关键在于营造更多的品牌氛围感。

消费者也许不会把自己的家涂成"番茄酱"的颜色，但他们会好奇是否真的有人那么做，这将有利于 Heinz 和 Lick 在社媒平台上驱动生成更多相关的创意内容，吸引更多的流量，丰富自己的品牌形象，同时潜移默化地增强消费者对合作双方品牌的印象。

资料来源：5 个案例预见 2024 海外品牌创意营销趋势 [EB/OL].（2024-03-05）[2024-04-23]. https://www.cifnews.com/article/155769.

(三) 市场调研和适应性

市场调研和适应性在跨国公司产品策略中扮演着重要的角色，以确保产品在不同国家和地区能够成功推广和销售。

1. 深入市场调研

跨国公司需要深入了解每个目标市场的独特特征，包括文化、社会习惯、消费者行为和趋势。通过定量和定性的市场调研，公司可以获得关键的市场洞察，为产品策略的制定提供有力支持。考虑市场规模、增长潜力、竞争格局和市场分割等方面的因素，以便更好地理解目标市场的商业环境。

2. 需求定制和产品适应性

基于市场调研的结果，跨国公司需要对产品进行定制，以满足不同市场的需求，包括对产品功能、设计、包装和定价等方面的调整。跨国公司可以采用不同的产品版本或特殊款式，以适应不同文化和消费者群体的偏好。

3. 法规和标准遵从

跨国公司必须了解并遵守每个目标市场的法规和标准。这包括产品质量认证、安全标准和其他相关的法规要求。确保产品在当地市场上合法、安全，并符合所在国家或地区的质量标准。针对不同地区的法规要求，可能需要对产品的材料、制造过程和标识进行相应的调整。

4. 文化敏感度和本土化

跨国公司在市场调研中应考虑文化敏感度。产品的广告、包装、市场推广等方面需要考虑目标市场的文化背景，以避免可能的文化冲突和误解。本土化策略有助于产品更好地融入当地市场，提高产品在当地的接受度和认可度。

5. 竞争分析

在市场调研中，了解竞争格局、竞争对手的优势和劣势，有助于企业调整产品策略，制定更具竞争力的价格和推广策略。

通过深入的市场调研，跨国公司能够准确地把握不同市场的机遇，制定更具针对性的产品策略，提高产品在全球范围内的市场适应性和市场竞争力。这种灵活性和适应性是在全球市场中成功的关键因素。

(四) 供应链管理

供应链管理在跨国公司的产品策略中扮演着重要的角色，特别是在确保产品可靠性和效率方面。

1. 全球供应链优化

跨国公司需要建立高效且透明的全球供应链系统，包括供应商选择、生产计划、物流和库存管理等各个环节的优化，以确保产品能够按时交付到各个市场。通过采用先进的供应链技术和信息系统，跨国公司可以实现对全球供应链的实时监控和管理，提高生产计划的准确性，降低库存成本，并提高交付的及时性。

2. 风险管理和韧性供应链

全球供应链可能面临诸多风险，如自然灾害、政治不稳定、贸易摩擦等。跨国公司需要实施风险管理策略，建立韧性的供应链系统，才能迅速适应外部环境的变化。多元化供应商和分散化生产基地是降低风险的策略之一。跨国公司可以灵活调整供应链网络,以应对突发事件和市场波动。

3. 成本效益和可持续性

跨国公司需要平衡供应链的成本和效益。通过优化物流、采购和生产过程,可以降低整体供应链成本,提高公司的竞争力。同时,考虑可持续性因素也越来越重要。采用可持续的供应链管理实践,包括使用环保材料、减少能源消耗和降低碳足迹,有助于满足其日益增长的可持续发展需求。

4. 定制化和个性化供应链服务

随着市场需求的个性化和定制化趋势增强,供应链也需要更加灵活。公司可以考虑实施个性化供应链服务,以满足不同市场的特殊需求,提供更具差异化的产品和服务。

个性化供应链服务还包括灵活的交付选项,如加急订单、定制化包装和灵活的物流解决方案,以满足不同市场的需求。

通过全球供应链的优化,跨国公司可以实现产品生命周期的管理,降低运营风险,提高生产效率,并更好地满足全球市场的多样化需求。这需要公司在全球范围内建立紧密的供应链伙伴关系,整合信息和资源,以实现整个供应链的协同和协调。

(五)国际标准合规性

国际标准合规性在跨国公司的产品策略中涵盖了对各国法规和标准的全面了解和遵守。

1. 法规和标准的多样性

不同国家和地区存在各种各样的法规和标准,涵盖了产品的安全性、质量认证、环境影响等方面。跨国公司需要建立强大的法规团队,以深入了解每个目标市场的法规和标准。

考虑到法规和标准的不断变化,公司还需要建立机制以便及时更新法规和标准。

2. 产品安全与质量认证

在确保产品安全性和质量认证方面,公司需要符合各个国家和地区的特定要求,包括通过认证机构获得相应的认证,以证明产品符合特定标准。

产品的设计、制造步骤和原材料的选择都可能受到法规和标准的影响,因此需要在研发和生产阶段考虑这些因素。

3. 文化和语言

法规和标准不仅在技术层面上存在差异,而且在文化和语言方面也有所不同。跨国公司需要考虑到这些差异,确保法规的遵守不会受到文化差异的影响。

在产品标签、使用说明和警告信息等方面,需要进行本地化调整,以确保消费者能够清晰理解并正确使用产品。

4. 法律风险管理

了解并遵守国际法规和标准可以降低法律风险。不符合当地法规可能导致罚款、产品召回或法律诉讼,对企业的声誉和财务状况造成严重影响。

跨国公司需要建立严格的合规审查程序,确保所有产品在上市前都经过充分的法规检查,并在产品生命周期中不断监测并调整以适应法规的变化。

5. 持续监测和更新

法规和标准是不断演变的，跨国公司需要建立持续监测和更新机制。这可能包括与法规机构、行业组织和专业咨询机构的合作，以及通过定期培训确保员工了解最新的法规。

通过全面了解和遵守各国的法规和标准，跨国公司可以降低法律风险，确保产品在全球市场上的合法性、安全性，并提高企业的信誉度。在法规合规性方面的投资不仅是对企业长期成功的保障，也是对消费者健康与安全的责任担当。

（六）文化敏感度

文化敏感度在跨国公司产品策略中是一个不可忽视的方面，关系到企业能否成功进入国际市场。

1. 本土化产品设计

在产品设计阶段，跨国公司需要考虑目标市场的文化差异，包括产品的外观、颜色、图案等方面的设计，以确保产品能够在当地市场引起共鸣。了解目标市场的审美标准和消费者喜好，可以帮助公司设计出更受欢迎的产品。

2. 广告和宣传的文化定制

广告和宣传活动应该基于目标市场的文化背景进行定制。语言、图像和符号的选择都应考虑到文化的差异，以避免可能产生的误解和文化冲突。跨国公司可以考虑与当地的广告代理商合作，以确保广告内容更符合当地的文化。

3. 销售渠道和购物体验

跨国公司需要了解不同国家和地区的购物文化和习惯。销售渠道、购物体验和售后服务都应该根据当地文化进行调整。考虑到在线销售的增长，跨国公司还需要确保电子商务平台的用户界面和购物流程符合当地用户的使用习惯。

4. 尊重文化价值观

文化敏感度也涉及尊重当地文化的价值观和信仰。跨国公司需要避免使用可能被视为具有冒犯性或不尊重的图像、语言或符号。在涉及敏感话题的产品或广告中，跨国公司需要进行审慎的文化评估，以避免引起争议或负面反应。

5. 文化培训和多元化团队

跨国公司的员工应该接受文化培训，以理解和尊重不同的文化。这有助于员工更好地适应国际市场，并提高与当地客户和合作伙伴的沟通效果。

建立多元化团队，来自不同文化背景的成员可以为公司提供更全面的文化见解和创新思维。

（七）全球研发团队

建立全球研发团队是跨国公司产品策略中的一项关键举措，具有促进全球产品创新和提高产品质量的重要作用。

1. 多元化专业知识

全球研发团队能够汇集来自不同地区、不同文化和不同专业领域的知识。这样的多元化团队可以为公司带来不同的视角和创新思维，有助于解决复杂问题和应对不同市场的挑战。不同地区的研发人才可以使企业提高对本地市场的了解，确保产品更好地符合当地需求和消费者习惯。

2. 全球协同创新

全球研发团队可以实现实时的协同创新。通过先进的通信技术和协作平台，团队成员可以跨越时区和地域，在全球范围内紧密合作，共同推动产品研发和创新。这种协同创新模式可以加速产品开发周期，使公司更迅速地满足市场需求。

3. 本地化研发

在全球范围内建立本地化的研发中心，有助于更好地适应当地的技术环境和产业生态系统。本地化研发中心可以更深入地了解当地创新趋势和技术动态，为公司在该地区的产品推出提供有力支持。同时，本地化研发也有助于满足一些国家和地区对本土技术研发的法规要求，提升公司在当地的可持续发展能力。

4. 全球标准和质量控制

全球研发团队可以协同工作，共同制定和实施高标准的产品开发和质量控制流程。统一的标准有助于确保产品在全球范围内具有一致的品质水平，提高公司整体的品牌信誉度。

5. 人才流动和培训

全球研发团队的存在促使人才之间的流动和交流。员工有机会在不同地区的项目中工作，积累丰富的经验，提升全球团队的整体素质。公司还可以通过制订培训计划，确保全球团队的技术和知识保持最新，以适应不断变化的技术和市场需求。

四、跨国公司的销售策略

跨国公司的销售策略是为了在不同国家和地区实现市场份额的增长，提高品牌知名度，并确保在全球范围内取得可持续的销售业绩。以下是跨国公司的综合性销售策略。

（一）全球统一品牌形象

在追求国际市场份额的战略中，维持一致的品牌形象和价值主张显得尤为关键。全球统一的品牌形象意味着无论消费者身处何地，都能够在品牌中感受到相同的理念和价值，包括统一的标志、核心信息传递及对品牌的共同承诺。

通过确保品牌在不同地域之间的一致性，企业能够建立起全球性的品牌认知度，不仅有助于提高品牌信任度，还能够让消费者更容易识别和理解品牌所代表的价值。这是构建品牌全球影响力、赢得消费者忠诚度的关键步骤。

通过统一品牌形象，企业还能够有效传递其核心价值观，建立起在全球范围内的企业形象。这不仅有助于消费者更深入地理解品牌的理念，还能够在市场中赢得更多的支持和认可。通过全球统一的品牌形象，企业在国际竞争中能够凸显其独特性，并在不同文化背景下保持一致的品牌承诺，从而实现更为长远的全球市场战略。

（二）差异化市场定位

在跨国公司的销售策略中，差异化市场定位扮演着关键的角色。这一战略要求企业根据不同国家和地区的文化、消费者行为及市场需求的独特性，灵活调整产品定位，以更好地满足当地市场的差异化需求。

在执行差异化市场定位时，企业需要深入了解目标市场的文化差异，其中包括消费者的习惯、偏好及对产品的态度。通过针对性的市场研究，企业能够精准洞察不同文化对产品的不同期望,从而在产品设计、推广和销售策略上做出相应的调整。此外,差异化市场定位还要求企业关注当地市场的消费者行为。不同地域的消费者可能有不同的购买习惯、决策路径和对产品特性的关注点。通过深入了解这些特点,企业可以优化产品特性、包装设计及销售渠道,以更好地迎合当地消费者的独特需求。

差异化市场定位并非简单的产品调整,而是对销售策略的整体优化。通过差异化市场定位,企业能够更好地适应不同市场的多样性,提高产品在全球范围内的市场接受度,并最终实现可持续的销售增长。这一战略旨在让企业的产品在全球范围内更具针对性,更好地迎合各地市场的独特需求,从而在国际竞争中占据有利位置。

(三)全球定价策略与多渠道销售

在追求国际市场份额的过程中,企业需要制定一种灵活的全球定价策略,同时采用多渠道销售的方式,以确保产品在全球范围内具有竞争力。

1. 全球定价策略

企业在制定全球定价策略时,需要充分考虑各个国家和地区的经济状况、竞争格局和消费者购买力。通过灵活调整产品价格,企业能够更好地适应当地市场的需求,确保产品在各地市场中都具有竞争力。这需要企业对全球市场有深入的市场研究,准确地把握不同市场的定价敏感度,从而实现在全球范围内的灵活定价。

2. 多渠道销售

多渠道销售策略旨在整合直接销售、零售、分销、在线渠道等多种销售途径,以满足不同地区消费者的购物习惯和渠道偏好。通过采用多渠道销售,企业可以全面地覆盖不同市场,为消费者提供更灵活的购物选择。这需要企业建立强大的供应链和物流体系,确保产品能够快速、高效地流通到各个销售渠道。

通过全球定价策略的灵活调整和多渠道销售的整合,企业能够更好地适应国际市场的多样性,提高产品在全球范围内的市场渗透力和竞争力。这一综合策略不仅能够确保产品在不同地区具有价格竞争力,还能够满足消费者多样化的购物习惯,实现全球市场覆盖。

(四)本地化销售团队

跨国公司在追求全球市场份额时采用的关键销售策略之一是建立本地化销售团队。这一策略的特点是在每个目标市场建立销售团队,确保团队成员具备当地语言和文化背景。本地化销售团队的优势体现在多个方面:首先,团队能够深刻理解当地文化,通过更贴切的沟通建立起与客户的信任关系;其次,对当地市场的独特需求和趋势的了解使销售团队能够更灵活地调整销售策略,提高市场适应性;最后,通过提供更个性化、符合当地需求的服务,提升客户满意度。

这一策略适用于当地具有文化多样性、市场复杂性,且追求更佳销售效果和客户满意度的市场。通过在全球范围内建立本地化销售团队,跨国公司能够实现更为精准和贴心的销售服务,从而增强企业在各地市场中的竞争力,进一步提升客户体验。

(五)全球数字化推广

在跨国公司的销售策略中,全球数字化推广是一项关键战略,通过多种数字化营销手段全面推动品牌推广和产品销售。这一战略旨在充分利用互联网和数字平台的力量,以更广泛、更精准地触达全球受众。

在社交媒体方面，企业可以通过主流全球性社交媒体平台，如 Facebook、Instagram、Twitter 等，定向投放广告、分享有吸引力的品牌故事和内容，从而扩大品牌知名度。社交媒体的互动性质也为企业提供了与全球客户直接交流的机会，建立更加紧密的品牌关系。

搜索引擎营销是通过搜索引擎的优化和广告投放，确保企业产品在消费者搜索时能够脱颖而出。这涉及全球性的关键词策略和本地化的搜索引擎优化，以确保品牌在线上的可见性。电子邮件营销则是通过发送定制化的电子邮件内容，包括产品信息、促销活动和个性化的营销信息，直接与潜在客户和现有客户互动。这种直接的沟通方式可以在全球范围内建立品牌与客户之间更紧密的联系。全球化内容战略涉及制定适应不同地区和文化的营销内容，需要考虑到不同地区的文化习惯、语言差异和市场需求，以确保推广活动能更好地迎合当地受众。

（六）客户关系管理

跨国公司的销售策略中，客户关系管理（CRM）扮演着关键的角色。通过建立全球性的 CRM 系统，企业能够协调、优化客户关系，全面跟踪客户需求、购买历史和反馈信息，从而提升客户忠诚度和全球市场份额。

全球 CRM 系统的建立使企业能够在全球范围内实现对客户关系的集中化管理，包括整合不同地区的销售数据、客户反馈、服务记录等信息，形成全景式的客户画像。通过分析这些数据，企业能够更好地了解客户的需求、偏好和行为，有针对性地调整销售策略。

通过 CRM 系统，企业能够及时响应客户的需求。无论客户在哪个地区，销售团队都可以获取客户的购买历史，了解其偏好，预测可能的需求变化，并通过个性化的服务满足客户期望。这种个性化的互动有助于提升客户满意度和忠诚度。

客户反馈是 CRM 系统中一个重要的组成部分。企业可以通过全球 CRM 系统收集、分析客户的反馈和意见，及时了解市场的动态和产品的表现。这有助于企业及时调整销售策略，改进产品或服务，保持与客户的紧密关系。

在全球市场中，建立 CRM 系统也有助于协同不同地区的销售团队。通过共享客户信息、销售经验和最佳实践，全球各地的销售团队能够更好地合作，实现更高效的销售流程。

（七）培训与发展

跨国公司的销售策略中，培训与发展是至关重要的一环。通过为销售团队提供全球性的培训和发展机会，企业能够确保团队成员具备对全球市场所需的深刻了解、产品知识和高效的销售技能，以更好地应对不同地区的挑战。

培训计划的制订需要考虑到全球市场的多样性。培训内容包括对不同文化、法规、市场趋势的学习，以及针对不同产品或服务的销售技巧和沟通技能的培训。培训内容应该具有灵活性，以适应不同地区市场的需求。通过全球性的培训，销售团队能够更好地理解企业的全球战略和目标，能够努力与目标保持一致，并在销售过程中传递出这种一致性，提升客户信任感。培训不仅要关注产品和市场知识，还应该注重销售团队的发展，包括领导力、团队协作能力、解决问题的能力等方面的培养。培养全球化的销售领导团队，有助于更好地协调不同地区的销售活动，共同实现全球销售目标。

为销售团队提供晋升机会和专业发展计划，可以激发销售人员的积极性，提高其对企业的忠诚度。同时，有针对性的发展计划可以确保企业始终拥有高素质的销售专业人才。在全球市场中，团队培训与发展是跨国公司销售成功的基石。通过不断提升销售团队的综合素质，企业才能更好地适应全球市场的复杂性，取得更显著的业绩。

五、跨国公司的定价策略

跨国公司在全球范围内运营，面临着多样化的市场需求、复杂的成本结构及多变的竞争环境，因此在制定定价策略时，通常会采用一系列灵活且具有针对性的方法，以实现利润最大化、市场份额增长和品牌价值提升。以下列举并详细阐述九种常见的跨国公司定价策略。

（一）标准化定价

标准化定价策略主张在全球范围内对某一产品或服务设定统一的价格，旨在简化管理流程、降低执行成本，并保持品牌形象的一致性。

当跨国公司提供的产品或服务在性能、品质、设计等方面几乎无地域差异，消费者对其价值认知趋于一致时，采用全球统一价格有助于消除消费者因价格差异产生的疑虑，增强品牌的公信力。

在某些行业中，各国或地区的市场需求、消费者偏好、法律法规等因素较为接近，不存在显著的价格敏感性差异。此时，标准化定价可以避免因价格混乱导致的市场混乱，确保公司在全球市场中维持稳定的利润水平。

实施标准化定价策略时，跨国公司需密切关注全球市场动态，定期评估定价的一致性是否依然符合市场环境，必要时需进行适度调整。

（二）本地化定价

本地化定价策略强调根据不同国家和地区的市场条件、竞争格局及消费者购买力，制定个性化的价格。

全球各地消费者的购买力、对产品价值的认知及对价格的敏感度存在显著差异。本地化定价能让企业灵活应对这些差异，确保产品在各市场中既具有竞争力又能实现盈利。

不同市场的竞争程度、竞争对手定价策略及替代品的存在情况各异。本地化定价有助于企业根据特定的市场竞争环境，制定出既能应对竞争压力又能吸引目标消费者的合理价格。

实施本地化定价时，企业需要深入研究各目标市场的微观经济环境、消费者行为及竞争对手动态，确保定价策略的精准性和有效性。

（三）区域性定价

区域性定价策略是在全球市场中划分若干区域，在区域内采用相似的定价策略，以实现一定程度的价格一致性，同时考虑不同区域的差异。

部分区域具有相似的经济和文化背景。某些地理相邻或经济联系紧密的国家和地区，其消费者购买力、市场成熟度、消费观念等可能存在共性。区域性定价有助于企业针对这类相似市场制定相对统一但又具有一定差异化的定价策略，既能节省管理成本，又能适应各区域的独特性。

区域内部贸易活跃。在某些区域内部，商品和服务的流通较为频繁，消费者对区域内价格差异较为敏感。采用区域性定价有助于消除区域内价格差异引发的消费者不满，维护品牌形象和市场秩序。

实施区域性定价时，企业需要准确划分市场区域，深入理解各区域市场的共性和特性，制定既能体现区域特点又能保持一定一致性的定价策略。

（四）弹性定价

弹性定价策略是指根据市场需求、竞争状况及企业战略目标，灵活调整产品或服务价格，包括但不限于实施促销、折扣、捆绑销售、分级定价等手段。

在高度竞争的市场环境中，企业需要通过灵活的价格策略快速响应市场变化，吸引消费者，抢占市场份额。

某些行业或产品受季节性、周期性、突发事件等因素影响，市场需求和供应状况波动明显。弹性定价策略可以帮助企业及时调整价格，适应供需变化，优化库存管理，保障利润水平。

实施弹性定价时，企业需要建立完善的市场监控机制，实时捕捉市场信号，快速决策并执行价格调整，同时确保价格变动与品牌定位、消费者期望及长期战略目标相一致。

（五）捆绑定价

捆绑定价策略是将多个产品或服务组合在一起，以一个相对更具吸引力的整体价格进行销售，旨在提高交叉销售机会，提升客户价值。

当企业拥有丰富的产品线或服务组合，且各产品或服务之间存在互补性或协同效应时，通过捆绑销售可以刺激消费者购买更多产品，提高单个客户的消费额，同时降低单个产品的边际成本。

捆绑定价可以向消费者传达"打包优惠"的信息，使他们感受到购买组合产品的性价比更高，从而增强购买意愿。此外，捆绑销售还能简化购买决策过程，提高购买便利性，进一步提升客户满意度。

实施捆绑定价时，企业需要精心设计捆绑组合，确保组合内的产品或服务能够满足消费者的多元化需求，同时计算出既能吸引消费者又能保证利润的合理捆绑价格。

（六）溢价定价

溢价定价策略是指设定高于市场平均水平的价格，强调产品或服务的高品质、高附加值，以强化品牌形象，吸引高端客户，提高高端市场份额占比。

当企业的产品或服务在市场上具有明显的差异化优势，如独特的技术、设计、品牌声誉、优质服务等，消费者愿意为其支付更高的价格。溢价定价能够突出这些优势，塑造高端品牌形象，吸引追求品质的消费者。

在某些细分市场，消费者对价格的关注度低于对品质、品牌、服务等其他因素的关注度，他们愿意为获得更优质的产品或服务支付额外的费用。针对这类市场，企业可以通过溢价定价策略实现利润最大化。

实施溢价定价时，企业需要确保产品的品质、服务和品牌形象能够支撑其设定的高价，同时通过有效的营销传播，向消费者传达高价背后的价值，以说服他们接受并认同溢价。

（七）动态定价

动态定价策略是根据实时的市场信息、需求状况和竞争格局，持续调整产品或服务价格，以快速响应市场变化，最大限度地优化价格策略。

在某些行业或市场中，供求关系、消费者偏好、竞争格局等要素变化迅速，企业需要灵活调整价格以适应市场变化，抓住商机，规避风险。动态定价能够帮助企业实时调整价格策略，保持价格与市场状况的同步。

大量的市场数据和先进的数据分析技术能够帮助企业精准把握市场需求、竞争状况和消费者行为，从而制定出更精准、更及时的价格策略。

因此，企业需要建立完善的数据收集与分析系统，实时监控市场动态，快速做出价格调整决策，并确保动态定价的透明度和公平性，避免引起消费者反感。

（八）心理定价

心理定价策略是通过巧妙设定价格，利用消费者的心理感知和行为规律，激发其购买欲望，提升销售效果。常见手法如设定为99.99美元而非100美元，利用消费者对整数价格的敏感性，使价格看起来更低。

在零售和消费品市场，消费者面对大量同类商品，价格成为其决策的重要依据之一。心理定价能够通过影响消费者对价格的认知，引导其做出购买决策，提高销售额。

在一些消费者对价格敏感但对产品品质要求不高的市场，心理定价策略可以有效降低消费者对价格的抗拒，提高购买转化率。

实施心理定价时，企业需要深入研究消费者心理，了解其对价格的敏感点和认知规律，合理设定价格点，避免过度利用心理定价导致消费者对品牌信任度下降。

（九）生命周期定价

生命周期定价策略是根据产品在其生命周期不同阶段（引入期、成长期、成熟期、衰退期）的市场需求、竞争状况和成本结构，设定相应的价格策略。

对于具有明显生命周期的产品，如电子产品、时尚产品等，其市场需求、竞争状况和成本结构在不同阶段会有显著变化。生命周期定价能够帮助企业根据不同阶段的特点，制定出适应市场需求、应对竞争、保证利润的价格策略。

对于需要频繁调整价格以应对市场变化的产品，生命周期定价提供了一套系统的定价框架，帮助企业有条不紊地进行价格管理。

实施生命周期定价时，企业需要准确识别产品所处的生命周期阶段，预测下一阶段的市场变化，提前做好价格调整准备，并确保价格调整与品牌定位、营销策略、渠道策略等其他营销要素相协调。

六、跨国公司的渠道策略

跨国公司在拓展全球市场时，选择合适的销售渠道至关重要。以下列举并详细阐述八种常见的跨国公司渠道策略。

（一）直接销售

直接销售是指跨国公司直接与最终消费者互动，完成销售过程，从而对销售过程、品牌形象和客户关系拥有更直接的掌控。该策略适用于以下情境。

（1）品牌高度认知。当企业品牌具有较高的知名度和市场影响力，消费者对品牌有强烈认同感时，直接销售能够充分发挥品牌优势，提升消费者购买信心。

（2）产品定位高端。对于定位高端、价格较高的产品，直接销售可以为消费者提供更专业的销售服务，满足其对个性化咨询、定制化服务的需求，增强产品价值感。

（3）在线平台销售。互联网时代，许多跨国公司选择通过官方网站、电商平台等在线渠道直接销售产品，以触达全球消费者，实现24小时不间断销售，降低销售成本。

实施直接销售时，企业需建立完善的销售服务体系，包括销售团队、客服团队、物流配送、售后支持等，确保为消费者提供优质的购物体验。

（二）间接销售（分销）

间接销售即通过分销商、代理商或批发商将产品引入市场，旨在扩大市场覆盖面，降低销售和分销成本。该策略适用于以下情境。

（1）面向大规模市场。对于规模庞大、地域分散的目标市场，通过分销网络可以快速覆盖广泛的销售点，提高市场渗透率。

（2）产品适用于多个渠道。当产品适合在多种零售业态（如超市、专卖店、电商平台等）销售时，分销模式能够利用不同销售渠道的优势，实现产品在不同消费场景的广泛销售。

（3）需要本地市场专业知识。在陌生或复杂的市场环境中，与熟悉当地市场规则、消费者习惯的分销商合作，能够降低市场进入门槛，提高市场开拓效率。

实施间接销售时，企业需选择合适的分销伙伴，建立有效的合作关系，设定合理的分销政策，监控分销商的销售表现，确保分销网络的健康运行。

（三）合作伙伴关系

企业通过与其他企业建立战略合作伙伴关系，共同推动产品销售，可以借助合作伙伴的资源和网络，加速市场渗透。该策略适用于以下情境。

（1）借助当地企业影响力。在进入新市场或面对强大竞争对手时，与当地有影响力的合作伙伴联手，可以快速提升品牌知名度，抵抗竞争压力。

（2）在新兴市场建立存在感。对于尚未充分开发、市场潜力巨大的新兴市场，与当地企业合作能够快速建立起销售网络，了解并适应当地市场特点。

实施合作伙伴关系策略时，企业需寻找与自身业务互补、价值观相符的合作伙伴，签订清晰的合作协议，明确双方权利义务，共同制订市场开拓计划，确保合作效果。

（四）在线销售和电子商务

企业利用在线平台和电子商务渠道销售产品，实现全球覆盖、全天候开放，为消费者提供便捷的购物体验。该策略适用于以下情境。

（1）产品适合在线销售。对于体积小、便于运输、易于描述的商品，或者数字化产品（如软件、电子书等），在线销售能够充分发挥其便利性优势。

（2）公司有强大的电子商务基础。当企业拥有成熟的电商平台、丰富的在线营销经验、高效的物流配送能力时，能够充分发挥电子商务的优势，实现高效、低成本的销售。

实施在线销售和电子商务策略时，企业需建设功能完备的电商平台，优化购物流程，提供安全的支付方式，完善售后服务，同时运用数字营销手段吸引和留住消费者。

（五）零售合作

通过与零售商合作，将产品放置在其销售点，提高产品在零售市场的可见性，增加销售机会。该策略适用于以下情境。

（1）面向广泛消费者市场。对于面向大众消费者、产品线丰富的企业，与零售商合作能够快速覆盖广泛的消费群体，提高品牌曝光度。

（2）需要接触实体零售店。对于某些产品（如家电、家具、服装等），消费者倾向于在实体店试用、比较后再购买，与零售商合作能够满足消费者的购物习惯。

实施零售合作时，企业需选择与自身品牌定位、产品特性相匹配的零售商，制定合理的供货政策，提供必要的销售支持，定期评估合作效果，调整合作策略。

（六）自有零售店

全球范围内设立自有零售店，直接掌握零售环境，为消费者提供更好的品牌体验。该策略适用于以下情境。

（1）拥有足够资源。开设并运营自有零售店需要投入大量的人力、物力、财力，只有具备充足资源的企业才能成功实施。

（2）品牌实力强大。在全球多地设立自有零售店，要求企业品牌具有较高的知名度和影响力，能够吸引消费者主动前往。

实施自有零售店策略时，企业需精心选址，打造独特店铺形象，提供优质购物体验，同时与线上渠道、分销渠道等形成联动，实现全渠道销售。

（七）特许经营

将品牌授权给特许经营者，在特定地区运营，利用当地经营者的知识和资源，适应当地市场。该策略适用于以下情境。

（1）特定市场。对于文化差异大、市场环境复杂、法律法规特殊的市场，通过特许经营可以借助当地经营者的本土化优势，降低市场进入风险。

（2）需要考虑本地文化和业务理解。特许经营者通常对当地市场有深入理解，能够更好地适应当地消费者需求和商业环境，提升品牌在当地的适应性和接受度。

实施特许经营策略时，企业需制定严格的特许经营协议，对特许经营者进行严格筛选和培训，定期监督其经营表现，保护品牌声誉。

（八）跨渠道整合

综合运用多种销售渠道，实现跨渠道整合，最大程度覆盖市场，满足不同消费者的购物偏好。该策略适用于以下情境。

（1）面向多元化市场。在全球化背景下，消费者购物习惯日益多元化，跨渠道整合能够满足不同消费者在不同场景下的购物需求。

（2）希望灵活应对市场变化。市场环境瞬息万变，跨渠道整合能够使企业灵活调整销售策略，快速响应市场变化，保持竞争优势。

实施跨渠道整合时，企业需建立统一的后台管理系统，实现各销售渠道的数据共享和协同运作，提供无缝衔接的跨渠道购物体验，同时制定合理的渠道冲突解决机制，确保各销售渠道的和谐共生。

跨国公司在选择渠道策略时，需全面考虑产品性质、目标市场、竞争环境、当地文化等因素，构建出能够覆盖全球市场、适应消费者需求、抵御竞争压力、实现盈利目标的全球销售网络。各种渠道策略并非孤立存在，而是可以根据具体情况灵活组合、互相补充，形成强大的渠道竞争优势。

第三节　跨国公司数字营销

一、数字营销概论

（一）数字营销的定义与演变

1. 数字营销的核心要素与特征

数字营销作为一种现代化的营销模式，充分利用数字技术和网络平台的力量，将产品或服务的推广、销售、客户服务及客户关系维护等环节有机融合，呈现鲜明的核心要素与特征，极大地改变了传统的营销格局，为企业在全球范围内实现高效、精准、互动、多元、可测与可优化的营销活动提供了广阔舞台。

（1）技术驱动。互联网和移动通信技术能够让营销信息迅速传播，不受地理限制，同时智能手机的普及让营销活动能够随时随地与消费者互动。大数据技术帮助企业分析用户行为、交易记录等，揭示消费者的需求和购买意图。人工智能技术，特别是机器学习和自然语言处理，进一步提升了用户画像的精准度，实现了营销信息的个性化推送。

（2）数据导向。数字营销以数据为导向，通过分析用户行为数据来精准洞察消费者需求。企业通过追踪用户在不同平台上的行为，构建用户行为数据库，并据此制定营销策略。数据驱动的决策不仅用于战略层面，也用于营销活动的具体执行，如优化广告创意和页面布局。

（3）互动性与即时性。数字营销具有强烈的互动性和即时性，打破了传统营销的单向传播模式。消费者可以通过社交媒体等平台直接与企业互动，企业也能实时响应消费者反馈，快速调整营销策略。

（4）多元化渠道。数字营销利用多元化的传播渠道，如搜索引擎、社交媒体、电子邮件、移动应用和内容平台等，构建全方位的消费者网络。这些渠道能帮助企业精准捕获潜在客户，并实现深度用户触达。

（5）可测量与可优化。数字营销的效果易于测量和优化。通过专业工具如 Google Analytics，企业可以追踪营销活动的关键指标，并将效果可视化。基于数据分析，企业能够及时改进营销策略，通过 A/B 测试等方法找出最优解，确保营销活动的高效运作和投资回报率的持续提升。

2. 数字化趋势下的营销变革历程

随着互联网技术的飞速发展和数字化时代的到来，营销方式经历了翻天覆地的变化。从20世纪90年代初的萌芽阶段，到21世纪初的发展阶段，再到2010年后的成熟阶段，数字营销不断演进，为企业带来了前所未有的机遇和挑战。

在萌芽阶段，互联网的商业化刚刚起步，企业开始探索如何利用这一新兴平台进行产品推广。网站和电子邮件成为最初的营销工具。企业通过建立自己的网站来展示产品和服务，同时利用电子邮件与客户保持联系，进行直接营销。这一时期的数字营销还相对原始，缺乏精准的目标定位和个性化推广。

进入21世纪，随着互联网的普及和移动通信技术的进步，数字营销进入了快速发展阶段。搜索引擎优化（SEO）和搜索引擎营销（SEM）成为企业获取网站流量的重要手段。同时，社交媒体的兴起为企业提供了与消费者直接互动的新渠道。品牌可以通过社交媒体平台发布信息、与用户沟通，建立起更加紧密的客户关系。移动互联网的普及也使移动营销成为可能，企业开始尝试通过手机应用和短信服务等方式接触移动用户。

2010年后，数字营销进入了成熟阶段。大数据、云计算和人工智能等先进技术的融入，使营销活动更加智能化和个性化。企业能够通过分析用户数据，实现精准的广告投放和个性化推荐。社交媒体、内容营销和短视频营销等新型营销形式的快速发展，极大地提升了用户的参与度和互动性。品牌故事和用户体验成为营销的核心，企业通过创造有价值的内容来吸引和留住用户。

◆ **章内案例7-3　法国电信 × 法国足球联合会**

来看一则颇有"玄机"的品牌广告。

在大段蒙太奇镜头结束后，屏幕上出现了"Only Les Bleus can give us these emotions"（只有高卢军团才能给我们这些情感）的标语。

紧接着，剧情出现了反转——"But that's not them you've just seen"（但那不是你刚刚看到的他们）。视频显示，这则广告前面几十秒的所有男性球员画面都是通过视觉特效和人工智能深度换脸技术，将男性面孔叠加到法国女队员身上，毫不费力地凸显了体育运动中的性别偏见，甚至是公然的性别歧视。

来自Orange France（法国电信）的广告在2023年的欧美营销市场引起热议。广告商与法国足球联合会（FFF）合作，用来宣传2023年在澳大利亚和新西兰举办的国际足联女足世界杯。

AI技术正在快速渗透到营销及广告的方方面面，甚至正在创造一种新的潮流。例如，OpenAI发布的文生视频模型Sora，能将文字描述生成长达60秒的高质量视频，包含多角度镜头、充满感情的角色和高度拟真的细节。未来将从更多维度看到AI技术为品牌营销带来更多惊人的创意支持。

资料来源：5个案例预见2024海外品牌创意营销趋势[EB/OL].（2024-03-05）[2024-04-23]. https://www.cifnews.com/article/155769.

3.跨国公司在数字营销中的角色与重要性

跨国公司在全球化经济中起着至关重要的作用，而数字营销是它们在全球市场竞争中的重要武器。数字营销不仅帮助跨国公司在全球范围内扩大市场影响力，还使它们能够更加高效地进行品牌建设和客户关系管理。

首先，数字营销使跨国公司能够轻松跨越地理界限，通过互联网和移动通信技术，直接与全球消费者进行互动和沟通。这种无界限的营销方式大大降低了市场进入的难度和成本，使跨国公司能够迅速在新兴市场或遥远地区建立品牌知名度和占有市场份额。

其次，跨国公司通过数字营销平台，如社交媒体、多语言网站和在线广告，能够在保持全球品牌一致性的同时，针对不同地区的文化特点和消费者偏好进行本土化调整。这种灵活的营销策略有助于跨国公司在不同市场中建立与当地消费者的共鸣，提高品牌接受度和市场适应性。

再次，数字营销工具，如客户关系管理系统和数据分析平台，使跨国公司能够有效地管理和分析全球客户数据。通过这些工具，公司能够对客户进行细分，提供更加个性化的服务和产品，从而增强客户满意度和忠诚度。

最后，数字营销为跨国公司提供了实时的市场洞察和决策支持。通过分析全球范围内的营销数据，公司能够快速捕捉市场动态、消费者行为和竞争对手动向，为全球战略规划和市场调整提供数据支持。这种基于数据的决策方式，提高了跨国公司在全球市场中的竞争力和应变能力。

（二）跨国公司数字营销的法律与伦理考量

1. 国际数据隐私法规

在数字化时代，跨国公司在开展全球数字营销活动时，必须面对并严格遵守各国的数据隐私法规。这些法规的出台，反映了全球范围内对于个人数据保护的日益重视，同时也对企业的数据处理活动提出了更高的要求。

首先，跨国公司在进行数字营销时，必须确保其活动遵循用户同意的原则。这意味着公司必须向用户清晰地说明其数据收集的目的、范围和处理方式，并在此基础上获得用户的明确同意。

其次，数据最小化原则要求跨国公司仅收集实现特定营销目的所必需的个人信息。这有助于减少数据泄露的风险，并保护用户的隐私。同时，公司应定期审查其数据收集活动，确保不会无意识地收集不必要的个人信息。

数据安全是另一个关键领域。跨国公司需要采取有效的技术和组织措施来保护用户数据，防止数据丢失、滥用或未经授权的访问。这可能包括使用加密技术、实施访问控制和定期进行安全审计等措施。

再次，跨国公司必须尊重用户的个人数据权利，包括访问、更正和删除个人信息的权利。用户还应有权反对某些类型的数据处理活动，并要求数据可携带。公司应提供便捷的渠道，让用户能够行使其权利，并确保及时响应和处理用户的请求。

最后，跨国公司在遵守国际数据隐私法规的同时，还需要考虑到不同国家间法律的差异性。这要求公司在全球范围内实施统一的隐私政策和数据处理流程，同时要求适应特定地区的法规并进行适当调整。

2. 互联网广告标准与合规要求

在数字营销领域，互联网广告是连接品牌和消费者的重要手段。然而，随着互联网广告的普及和用户对隐私保护意识的提高，广告标准与合规要求变得越来越重要。

首先，广告内容规范是互联网广告合规的基础。各国都有关于广告内容的法律法规，要求广告必须真实、公平、合法，不得进行虚假宣传或误导消费者。跨国公司在制定广告策略时，需要确保广告内容符合目标市场的法律法规，避免因违反规定而受到处罚或损害品牌形象。

其次，广告格式与标记也是互联网广告合规的关键。为了提高广告的透明度和易于识别性，互联网广告联盟和行业协会等组织制定了一系列的标准。例如，广告内容应明确区分于非广告内容，使用"广告""赞助"等标记来提示用户。

再次，用户跟踪与个性化广告是互联网广告合规的一个重要方面。随着数据隐私保护法规的加强，用户对在线跟踪和个性化广告的关注度越来越高。跨国公司在使用用户数据进行个性化广告投放时，必须尊重用户的隐私偏好，并提供选择退出的机制。

最后，跨国公司在进行互联网广告活动时，还需要考虑到不同国家间法律法规的差异性。这要求公司在全球范围内实施统一的广告合规政策，同时适应特定地区的法规要求。

3. 跨文化敏感性与社会责任议题

跨国公司在进行数字营销时，面对的是多元文化背景下的全球消费者。因此，跨文化敏感性成为企业必须重视的关键议题。

在内容创作方面，跨国公司应采取包容和多元化的策略，确保营销信息和广告创意不仅不会冒犯任何文化传统和价值观，而且能够与当地消费者产生共鸣。这可能涉及对广告语言、图像、色彩、符号等元素的精心选择和设计，以及对营销信息的本土化调整。

社区参与是跨国公司展现其社会责任的一个重要方面。通过在社交媒体和其他在线平台上积极参与本地化对话，企业不仅能够更好地了解和满足当地消费者的需求，还能够展现其对当地社会议题的关注和贡献。这种参与有助于建立企业与消费者之间的信任关系，并提升品牌形象。

绿色营销是跨国公司履行社会责任的一个重要领域。随着全球对环境保护和可持续发展的重视，企业在数字营销中应积极推广环保理念，实施可持续的营销实践。这包括减少能源消耗，例如，通过使用云技术和虚拟活动来替代传统的物理活动；倡导电子化，减少纸张和其他实物材料的使用；通过内容营销传播环保知识和实践，引导消费者采取更加环保的生活方式。

二、跨国公司数字营销战略

（一）全球市场分析与目标设定

1. 全球数字经济态势与行业趋势

在制定跨国公司数字营销战略时，首要任务是对全球数字经济的总体格局与发展趋势进行全面审视。这包括对以下几个方面的深入研究。

（1）全球数字经济规模与增速。关注全球数字经济总量的增长情况，以及各主要国家和地区数字经济占GDP比重的变化趋势，以评估全球市场潜力及各区域的数字化成熟度。

（2）技术发展动态。跟踪互联网、移动通信、云计算、大数据、人工智能、物联网、区块链等关键技术的发展与应用情况，预测其对未来数字营销环境的影响，如可能催生的新营销模式、工具或平台。

（3）消费者行为变迁。研究全球范围内消费者数字化生活方式的演变，如在线购物习惯、社交媒体使用、移动支付接纳程度、内容消费偏好等，以了解消费者在数字空间中的行为规律及价值诉求。

（4）行业数字化转型。分析所在行业的数字化进程，包括竞争者数字化战略、新兴数字业态、数字创新案例等，以洞悉行业未来走向及潜在机遇与挑战。

2. 目标市场的选择与进入模式

基于对全球数字经济态势的深入理解，跨国公司应系统地筛选与确定目标市场，须考虑以下因素。

（1）市场规模与增长潜力。优先选择数字经济规模大、增长速度快、消费者数字化程度高的市场，以确保营销投入能获得可观回报。

（2）市场成熟度与竞争状况。考察市场内数字基础设施建设、消费者数字素养、法规政策环境、竞争对手分布等，判断市场进入难度及成功概率。

（3）文化适应性与本地化需求。考虑目标市场的文化特性、消费者价值观、语言习惯等，评估数字营销内容与方式的本土化要求。

在目标市场选定后，确定合适的市场进入模式，市场进入模式如下。

（1）直接进入。设立本地分支机构，自建营销团队，直接运营数字营销活动，适用于对目标市场有深入理解和资源投入的企业。

（2）合作进入。通过与当地企业合作（如合资、代理、分销等），借助合作伙伴的市场经验和资源快速打入市场，降低风险。

（3）平台入驻。利用全球或区域性的电商平台、社交媒体平台等已有的数字生态系统，低成本、高效率地触达目标消费者。

3. 数字营销目标与企业整体战略对接

数字营销目标应紧密围绕企业整体战略，确保营销活动服务于企业长期愿景与短期业务目标。具体对接策略包括如下内容。

（1）战略一致性。数字营销目标应与企业总体市场定位、品牌建设、产品开发、客户服务等战略方向保持一致，形成合力推动企业整体发展。

（2）KPI设定。明确可量化、可追踪的数字营销关键绩效指标，如网站流量、社交媒体粉丝增长、转化率、客户获取成本、客户生命周期价值等，确保营销活动效果可衡量。

（3）资源匹配。根据数字营销目标分配相应的人力、财力、技术资源，确保战略落地。同时，定期评估资源使用效率，动态调整资源配置以优化营销效果。

（4）跨部门协作。建立跨职能团队（包括市场营销、产品研发、IT、数据分析等部门）的协同工作机制，确保数字营销战略在企业内部得到有效执行与支持。

通过上述步骤，跨国公司能够在全球视野下精准定位数字营销目标市场，把握市场动态，制定适应各地特点的进入策略，并确保数字营销活动与企业整体战略紧密衔接，驱动企业在全球数字市场竞争中取得优势。

（二）跨国品牌数字化建设与管理

1. 品牌一致性与本土化平衡策略

在全球化背景下，跨国公司面临既要保持品牌核心价值的一致性，又要适应不同市场本土化需求的挑战。在数字化建设与管理中，品牌一致性与本土化平衡策略尤为重要。

（1）品牌核心价值与视觉识别体系。确立并坚守品牌的核心价值、使命、愿景及视觉识别元素（如标志、色彩、字体等），确保在全球所有数字化触点上保持一致，塑造鲜明、统一的品牌形象。

(2) 本土化语言与文化适应。针对不同市场，翻译并优化品牌信息、营销文案、网站内容等，使之符合当地语言习惯和文化背景。同时，考虑当地消费者的审美偏好、价值观、社会习俗等，对视觉元素、广告创意等进行适当调整，确保品牌信息在传达过程中既不失原意，又能引起当地消费者的共鸣。

(3) 市场差异化策略。根据各地区消费者需求、竞争环境、法规政策等差异，制定有针对性的市场定位、产品组合、价格策略、促销活动等，确保品牌在当地市场具有竞争力。同时，灵活运用本土化的数字营销工具和平台，如当地热门社交媒体、搜索引擎、电商网站等，以贴近目标消费者。

(4) 全球团队与本地团队协作。建立有效的全球团队与本地团队沟通机制，确保总部对全球品牌战略的把控，同时赋予本地团队一定的决策权限，使其能灵活应对本土市场变化，实现品牌一致性与本土化需求的动态平衡。

2. 数字品牌资产的创建与维护

数字品牌资产是品牌在数字环境中积累的价值资源，包括域名、社交媒体账号、在线内容、用户数据、搜索引擎排名、网络口碑等。有效创建与维护数字品牌资产需关注以下方面。

(1) 域名与线上平台建设。注册并保护与品牌相关的顶级域名，构建专业、易用的官方网站及移动端应用等线上平台，作为品牌在网络空间的官方门户。

(2) 高质量在线内容生产。定期发布与品牌定位相符的博客文章、视频、图像、研究报告等有价值内容，提升品牌专业形象，吸引并留住目标受众。同时，利用 SEO 优化技术，提高内容在搜索引擎中的可见度。

(3) 社交媒体运营。在各主流社交媒体平台上建立并活跃官方账号，发布品牌新闻、互动活动、用户故事等内容，与消费者建立直接联系，增强品牌亲和力与社交影响力。

(4) 用户数据管理。合法、合规地收集、存储、分析用户数据，了解消费者行为、偏好、需求，为个性化营销、产品改进、客户服务提供数据支持。同时，严格保护用户数据安全，维护品牌信誉。

(5) 网络口碑监测与管理。运用舆情监测工具，及时发现并回应消费者在线评价、媒体报道、社交媒体讨论等，积极处理负面信息，放大正面声音，塑造良好的网络口碑。

3. 数字危机管理与声誉保护

在数字化环境中，品牌危机可能迅速发酵并扩散，对品牌形象造成严重影响。有效的数字危机管理与声誉保护应包括如下内容。

(1) 危机预警系统。建立涵盖社交媒体监测、舆情分析、消费者反馈等多渠道的危机预警系统，及时发现潜在危机迹象。

(2) 危机应对预案。预先制定涵盖不同类型危机的应对预案，包括危机识别、响应速度、信息发布、危机沟通、问题解决、后续跟进等环节，确保在危机发生时能迅速、有序地应对。

(3) 透明沟通。在危机期间，保持与公众、媒体、监管部门等利益相关方的开放、诚实，及时沟通、阐明事实、承担责任、展示解决方案，重建信任。

(4) 声誉修复与重塑。危机过后，通过持续改进产品或服务、强化内部管理、开展公益活动、发布正面信息等方式，逐步修复并提升品牌声誉。

三、跨国公司数字营销战术与执行

（一）数字营销组合与工具应用

跨国公司在制定并执行数字营销战术时，需结合自身业务特点与目标市场特性，灵活运用各类数字营销工具与手段，构建有效的营销组合。下面列举了主要的数字营销工具与应用策略。

1. SEO、SEM、内容营销、社交媒体营销

（1）搜索引擎优化（SEO）。优化官方网站、博客、产品页面等在线内容，提高其在谷歌、百度等搜索引擎的自然排名，吸引目标用户通过搜索查询主动找到企业。具体策略包括关键词研究、内容优化、网站结构优化、外部链接建设等。

（2）搜索引擎营销（SEM）。通过购买搜索引擎付费广告（如 Google Ads、百度推广等），将广告精准投放给搜索特定关键词的用户，实现快速、定向的流量获取。关键在于关键词选择、广告创意编写、竞价策略制定及效果跟踪与优化。

（3）内容营销。创造和分发有价值、相关性强的内容（如博客文章、视频、电子书、白皮书、教程等），吸引、获取和保留明确的目标受众，以驱动用户行为（如购买、订阅、分享等），而不只是单纯推销产品。内容营销策略涉及内容规划、创作、分发、推广及效果评估。

（4）社交媒体营销。利用 Facebook、Twitter、Instagram、LinkedIn、微信、抖音等社交平台，进行品牌推广、用户互动、客户服务、市场调研及销售转化。应用策略包括平台选择、内容策略、社区建设、影响力营销、广告投放、数据分析等。

2. 邮件营销、移动营销、程序化广告

（1）邮件营销。通过发送定制化的电子邮件，与潜在客户和现有客户保持联系，提供有价值的信息、推广产品、促进销售、增强客户关系。关键在于邮件列表管理、邮件设计与内容优化、发送时机与频率控制、自动化工作流设置及效果跟踪与分析。

（2）移动营销。针对智能手机和平板电脑用户，通过移动网站、移动应用、短信、移动广告等形式进行营销。应用策略包括移动优化、App 开发与推广、地理位置营销、移动支付集成、移动 CRM 等。

（3）程序化广告。利用自动化技术购买和投放广告，通过实时竞拍（RTB）系统，根据用户数据精准定位目标受众，自动调整出价与投放策略。程序化广告涵盖展示广告、视频广告、社交媒体广告、搜索广告等多种形式，涉及数据管理平台（DMP）、需求方平台（DSP）、供应方平台（SSP）等工具的使用。

3. 创新营销技术（AR、VR、AI、区块链）

（1）增强现实和虚拟现实（AR 和 VR）。利用 AR 和 VR 技术创造沉浸式营销体验，如 AR 产品演示、VR 虚拟商店、AR 游戏化营销等，提升品牌吸引力与用户参与度。应用策略包括 AR 和 VR 内容创作、平台选择、用户体验设计、效果评估等。

（2）人工智能（AI）。运用 AI 技术（如机器学习、自然语言处理、计算机视觉等）进行用户行为预测、个性化推荐、聊天机器人、语音助手、智能创意生成等，提升营销效率与效果。应用策略涉及 AI 技术选型、数据整合、模型训练、效果监控与优化。

（3）区块链。利用区块链技术实现营销数据的透明化、可追溯性及用户数据所有权回

归，提升品牌信任度，如通过区块链进行广告验证、反欺诈、用户奖励积分管理等。应用策略包括区块链平台选择、智能合约设计、数据接口开发、合规性考虑等。

跨国公司在实际操作中，需根据市场环境、目标人群、营销目标等因素，灵活组合上述各类数字营销工具与技术，制订并执行具有针对性的战术计划，持续监测与优化营销效果，确保在全球市场中取得竞争优势。

（二）跨国团队协作与资源整合

1. 全球与本地团队的角色分工、协作机制、文化融合与能力培养

（1）角色分工。全球团队通常负责制定整体战略、协调跨区域活动、共享最佳实践、监控全球绩效及研发标准化流程和工具。本地团队则更专注于执行适应当地市场特色的营销计划、管理本地供应商与渠道关系、收集并反馈本地市场情报、响应本地消费者需求。明确各自职责边界，确保全球一致性与本地适应性的平衡。

（2）协作机制。建立有效的沟通平台（如企业社交网络、视频会议工具、项目管理软件等），定期召开全球或区域会议，确保信息透明与及时共享。实行"中心—卫星"或"矩阵式"组织结构，确保决策权在必要时能够灵活下放或集中。制定跨团队工作流程，包括跨部门协作流程、跨文化沟通指南、决策审批流程等，确保协作效率。

（3）文化融合与能力培养。重视跨文化培训，增进团队成员对不同文化背景的理解与尊重，提升跨文化沟通与协作能力。通过轮岗、交流项目、远程协作等方式，促进全球与本地团队的经验交流与能力互补。建立全球知识管理系统，鼓励知识分享与创新扩散。

2. 跨地域项目管理、资源调度和技术支撑

（1）项目管理。采用敏捷或混合式项目管理方法，适应跨国项目的复杂性和不确定性。使用项目管理软件（如 Jira、Trello、Asana 等）进行任务分配、进度跟踪、风险管控。设定清晰的项目目标、里程碑、责任矩阵及关键绩效指标。实施跨时区的工作安排与会议调度，确保项目进度不受地域限制。

（2）资源调度。建立全球资源池，包括人力资源、财务资源、物资资源、技术资源等，实现资源的集中调配与优化使用。运用数据分析工具，对市场需求、项目需求、资源可用性等进行实时监控与预测，指导资源调度决策。制定应急资源调配方案，应对突发情况。

（3）技术支撑。借助云计算、大数据、人工智能等技术，实现数据的实时同步、远程协作、智能决策支持等功能，提升跨地域项目管理与资源调度的效率与效果。例如，使用云服务进行全球数据存储与访问，利用 AI 进行资源需求预测与调度优化。

3. 合作伙伴生态系统构建、管理与协同创新

（1）生态构建。识别并选择与公司战略目标、市场定位相匹配的合作伙伴，包括供应商、分销商、技术提供商、咨询机构、行业协会等，形成多元、互补的生态系统。明确各方在生态系统中的角色、权利与义务，签订合作协议，设立合作委员会或协调机制，确保合作的长期稳定。

（2）合作伙伴管理。建立合作伙伴评估体系，定期进行绩效评估、满意度调查、风险评估，确保合作伙伴的资质、能力、服务质量符合要求。提供必要的培训与技术支持，帮助合作伙伴提升能力，共同开拓市场。设立激励机制，如联合营销基金、业绩奖励、优先

合作权等，激发合作伙伴的积极性与忠诚度。

（3）生态协同创新。推动生态系统内部的信息共享、知识交流、联合研发等活动，促进协同创新。通过举办合作伙伴大会、设立创新实验室、共建行业标准等方式，培育开放、共赢的创新文化。利用数字平台（如合作伙伴门户、API接口、数据交换平台等）促进生态系统的数字化连接与交互。

◆ 案例　跨国IT公司在华营销策略：渠道为王

（一）案例介绍

中国IT市场经历巨变，跨国IT公司（如戴尔、EMC、惠普、IBM）的市场份额从2012年的近70%锐减至2016年的约17%，本土企业（如华为、新华三、浪潮、曙光）快速崛起。原因包括跨国公司业务剥离（如IBM x86服务器业务出售给联想）、本土企业产品优化、价格竞争力提升及政府支持国产IT产品采购。客户采购策略亦有转变，从追求高端品牌转向寻求集成化、定制化解决方案。

在这样的背景下，"渠道为王"成为跨国公司重振中国业务的关键战略。IT设备主要通过代理商销售，尽管渠道市场呈现高度分割、聚焦狭窄、效率偏低的特点，但其在云化、软件时代的作用日益凸显，代理商在设计、定制满足客户需求的多元素、多供应商系统中扮演关键角色。跨国公司需理解渠道期望，如品牌、技术支持、全套解决方案能力、价格及财务激励，而非仅关注产品线规模。

华为、戴尔、慧与等企业在选择与管理合作伙伴方面提供了以下借鉴。

（1）华为。专注八大垂直领域，招募具备行业知识的合作伙伴并提供培训，使其能提供解决方案而非仅销售产品。华为渠道大学提供了丰富的线上线下课程，与合作伙伴共享研发资源，获得了系统集成商在教育、解决方案建设、定价、技术支持和营销推荐等方面的高度评价。

（2）戴尔。认识到渠道的重要性，创建了综合性线上门户，为合作伙伴提供业务拓展、销售、营销、培训和认证资源，包括数字化工具支持标书制作、PPT创建、营销平台搭建和解决方案配置，赢得了系统集成商的好评。戴尔对合作伙伴进行优先级排序（注册、优先、卓越），升级后可享更多权益，如专业支持、高返利、发展基金、优惠退货和付款政策，引入新客户或销售新产品可得额外激励。

（3）慧与（原惠普拆分后的公司，主要收入来自中国渠道）。慧与认为清晰互动规则是良好伙伴关系的基础。对潜在合作伙伴设严格筛选流程，要求达到特定销售额和通过认证。慧与通过与销售商、服务提供商和系统集成商合作，提供定向支持、培训及公司销售管理数据库访问权。系统集成商对慧与在为销售重要产品和开发特殊市场的渠道合作伙伴提供标准和额外销售返利方面的评价最高。慧与按市场规模定制销售目标，小城市合作伙伴的返利门槛低于大城市。

综上所述，跨国IT公司应借鉴华为、戴尔、慧与等企业的经验，通过深入了解渠道期望、精心选择合作伙伴并实施有效的管理和激励机制，以"渠道为王"战略应对中国市场的挑战，实现业务增长。

资料来源：曾伟民，李舒. 跨国IT公司的在华营销策略：渠道为王[EB/OL].（2019-05-08）[2024-04-23]. https://www.tmtpost.com/3931481.html.

（二）讨论题目

（1）跨国IT公司在华面临的竞争环境有何特点？

（2）跨国IT公司为何需要以渠道为中心制定市场通路战略？渠道在营销中的作用是什么？

（3）结合案例，分析跨国IT公司如何应对中国市场客户需求的变化（从购买高端品牌硬件转向集成化、定制化解决方案）？

（三）案例分析

1. 跨国IT公司在华面临的竞争环境特点

（1）本土企业崛起。华为、新华三、浪潮、曙光等中资企业凭借技术创新、成本优势、市场响应速度及政策支持，快速抢占市场份额，给跨国公司构成强劲的竞争压力。

（2）市场结构变化。中国IT市场从原先由少数几家跨国公司主导转变为本土企业与跨国公司并存且本土企业占据优势的竞争格局，市场集中度下降，竞争更为激烈。

（3）客户需求转变。高科技行业客户不再局限于购买单一高端硬件产品，而是转向寻求集成化、定制化的解决方案，要求供应商具备更强的服务能力和解决方案提供能力。

（4）政策导向影响。中国政府鼓励采购国产IT产品，对跨国公司构成了政策壁垒，影响其市场拓展和业务发展。

2. 跨国IT公司为何需要以渠道为中心制定市场通路战略，渠道在营销中的作用

（1）渠道为市场接触点。在中国，大部分IT设备通过代理商销售，渠道是跨国公司接触大部分中国IT客户的主要途径。通过与各类IT代理商（如总经销商、转销商、系统集成商等）合作，跨国公司能够扩大市场覆盖，触及更多潜在客户。

（2）渠道提供增值服务。代理商不仅负责产品销售，还在设计、定制和组装满足客户需求的多种元件、多供应商系统中扮演关键角色，特别是在云化、软件主导的环境下，代理商的影响力和价值越发显著。它们能为客户提供集成化、定制化的解决方案，这是单纯的产品销售无法比拟的。

（3）渠道影响购买决策。贝恩公司调查显示，系统集成商在做出购买决策时，非常看重品牌、技术支持、全套解决方案能力、价格和财务激励。这意味着渠道合作伙伴的选择和管理直接影响到跨国公司产品在市场中的表现和客户接受度。

（4）渠道适应市场变化。面对中国市场客户需求从购买高端品牌硬件转向集成化、定制化解决方案的转变，渠道成为跨国公司有效应对这一变化、提供符合市场需求的产品与服务的关键载体。

3. 跨国IT公司应对中国市场客户需求的变化

（1）华为。通过专注于八大垂直行业，招募并培训掌握行业知识的合作伙伴，使其能提供行业针对性的解决方案，而非仅销售产品。华为渠道大学提供的丰富培训资源，帮助合作伙伴提升技术能力和服务水平，以满足客户对集成化、定制化解决方案的需求。

（2）戴尔。创建综合性线上渠道门户，提供数字化工具支持合作伙伴制作标书、创建PPT、建立营销平台和配置解决方案，提升合作伙伴提供定制化服务的能力。同时，通过

优先级排序和提供不同等级的权益与激励,鼓励合作伙伴引进新客户和销售新产品,适应市场对创新解决方案的需求。

(3)慧与。对合作伙伴进行严格筛选,确保其具备提供集成化、定制化解决方案的能力,并通过提供定向支持与培训,包括访问公司销售和管理数据库,提升合作伙伴的专业服务能力。慧与还按市场规模定制销售目标,确保合作伙伴能够灵活应对不同市场对解决方案的需求。

◆ 思考题

(1)国际市场营销环境包括哪些要素?它们对跨国公司营销策略有何影响?

(2)跨国公司在选择目标市场时应该考虑哪些因素?请列举并解释这些因素的重要性。

(3)简述营销组合策略的主要内容,并解释如何通过营销组合策略适应不同的国际市场。

(4)描述跨国公司在进行产品研发时需要考虑的关键因素,以及如何通过研发策略满足国际市场需求。

(5)讨论跨国公司在国际市场中如何平衡全球品牌一致性与本土化需求的挑战。

(6)跨国公司在制定数字营销战略时,如何结合全球市场分析与目标设定来优化其营销活动?

第八章
跨国公司财务与融资管理

> 学习目标

类别	内容
重点掌握	①跨国公司财务管理的目标与职能、内容与体制；②跨国公司FDI的经济评价指标；③跨国公司筹资方式、资本成本与战略；④跨国公司外汇风险管理
掌握	①运营资本管理的内容；②外汇风险管理的内容；③融资管理的内容
理解	①跨国公司财务管理体系的形成过程；②跨国公司财务管理目标的特点；③跨国公司财务管理的组织架构
了解	①跨国公司财务管理与国内企业财务管理的差异；②跨国公司对外投资的形式；③跨国公司资金来源及其影响因素

第一节 跨国公司财务管理概述

财务管理主要是指在一定的整体目标下，关于投资、融资和资金营运及利润分配的管理。跨国公司财务管理是跨国公司全球管理的核心内容之一。跨国公司财务管理与国内企业财务管理存在较大差异，主要原因在于跨国公司面临复杂的国际环境，主要表现为汇率风险、通货膨胀风险、税率的国际差异、货币管制、进入障碍及被没收的政治风险等。

一、跨国公司财务管理体系的形成

跨国公司财务管理体系的形成是一个逐渐发展和成熟的过程，它建立在经典财务学理论上。与一般财务管理相比，跨国公司财务管理的研究对象、适用背景和解决问题的方式都有所不同。随着科技革命的发展和电子计算机等先进技术的应用，财务管理方法开始向精确化发展，这一时期的财务学科逐渐走向成熟。在这一时期，财务学科的重要理论如"投资组合理论""资本市场理论""资本资产定价模型""期权定价模型"相继出现，为跨国公司财务管理的发展奠定了坚实的理论基础。特别是对衍生工具的研究，极大地推动了跨国公司财务管理中外汇风险管理的发展。

中国对跨国公司财务管理的研究起步较晚。随着改革开放政策的实施，中国企业开始走向国际市场，参与跨国经营，与跨国经营相关的财务管理活动日益增多。这要求企业不仅要运用跨国公司财务管理的理论知识解决问题，还需要掌握相关的实践技能。随着中国对外开放程度的不断加深，跨国公司财务管理的知识和实践在中国得到了广泛普及和应用。实践的深入不仅需要理论的指导，同时也促进了理论的进一步发展和完善。这一过程体现了理论与实践相互促进、相互发展的辩证关系。

二、跨国公司财务管理的目标与特点

（一）企业财务管理目标

1. 利润最大化

利润最大化作为企业财务管理的核心目标之一，要求跨国公司通过全球资源的有效配置、精准的市场定价策略及最大限度地发挥经济规模效应，以实现企业整体利润的最大化。在这一过程中，跨国公司必须应对全球各地市场的差异，包括不同的货币体系、文化背景、法律法规等。因此，追求利润最大化须具备灵活的全球战略，以适应多样化的国际商业环境。

然而，利润最大化的目标存在以下局限性。

第一，未考虑货币时间价值。易导致决策者过于注重短期收益，忽视了资金随时间推移的潜在价值，与现代企业"时间即价值"的理财观念相悖。

第二，忽视风险因素。可能导致企业盲目追求利润最大化，而忽略利润与所承担风险之间的平衡关系，从而增加企业的经营风险和财务风险。

第三，未考虑利润与投入资本的关系。无法准确衡量企业经营效率的高低，因为单纯的利润额并不能反映获取利润所需投入资本的多少。

随着财务管理理论的演进，利润最大化已不再被视为理想的财务管理目标。

2. 股东财富最大化

股东财富最大化是企业财务管理的一个重要目标，旨在通过提升股票价格和发放股息，使股东获得最大化的经济回报，并同步提升公司市值。跨国公司若要实现股东财富最大化，需充分考虑全球市场波动及各国经济环境，同时注重风险管理和国际投资组合的优化。

股东财富最大化目标同样存在以下不足。

第一，适用范围有限。仅适用于上市公司，对于未上市企业的股东权益，无法通过股票价格准确反映股东财富。

第二，可能加剧利益冲突。该目标仅关注股东利益，忽略了债权人、员工、社会公众等其他利益相关方的利益，影响公司长远发展。

第三，科学性存疑。股票价格受多种因素影响，将不可控因素纳入财务管理目标并不合理。

3. 企业价值最大化

企业价值最大化强调通过高效的投资决策和资本结构管理，提升企业整体的市场价值，包括股东权益的增值和市值的提升。跨国公司在追求企业价值最大化的过程中，需在全球范围内平衡各类市场和国家的风险与收益，确保企业在国际竞争中保持优势地位。在此过程中，企业需要综合考量各种复杂的国际商业因素。

企业价值最大化目标的局限性如下。

第一，导致过度关注短期财务表现。管理层过于重视短期财务绩效，而忽视企业的长期可持续发展。

第二，忽视非经济维度。企业通常侧重于经济价值的提升，而对环境责任、社会责任等非财务因素关注度不够。

第三，弱化风险管理。企业过度追求价值最大化可能导致对风险的管控力度不足。

第四，忽略非财务价值。企业过度聚焦于财务绩效，而未能充分考虑品牌价值、员工满意度、客户忠诚度等非财务指标对企业长期价值的贡献。

（二）跨国公司财务管理目标的特点

1. 高风险性

浮动汇率及汇率波动加剧跨国公司经营环境的不确定性，汇率波动使跨国生产、贸易、金融活动面临外汇风险，包括交易风险、经济风险、折算风险，影响跨国经营及国际投资收益与风险，导致财务损失。此外，各国政治稳定性差异、法律法规环境不同，亦为企业经营带来不确定性和风险。

2. 多元性

跨国公司通过对外投资等途径，构建了包含母公司、子公司、孙公司等多层结构的跨国企业联合体，拥有国际资本市场、东道国金融市场、母国市场及内部资金调度等多元融资渠道。然而，各国政府干预、社会经济技术因素导致国际资本市场分化，资本获取难度不同，为跨国公司带来机遇与挑战，促使企业从全球视角选择最优融资策略。

3. 层次性

跨国公司由母公司、子公司、孙公司等构成多层次企业联合体，形成复杂的委托代理关系。企业需设定符合整体利益最大化的总体财务目标，并在面对不同东道国政治、经济、法律环境时，各附属公司设定分部及具体财务目标。整体目标代表总部期望达成的状态；分部目标是针对某部分财务活动设定的；具体目标是在整体、分部目标约束下，对某一具体财务活动的设定。在复杂的全球经济环境中，跨国公司需从全局出发，优化资源配置，建立有效的财务控制系统，这对跨国公司而言既是新挑战，也是成功的关键所在。

4. 复杂性

跨国公司具有国际化、多样化、内部化、全球化的特点，利用竞争优势在全球配置、获取资源，实现超额利润。但各国政治、经济状况、货币汇率、税率、利率不同，对跨国公司生产经营产生不同程度的影响和风险。因此，跨国财务管理不仅要熟知本国环境，还需了解涉及国家的情况，使其相较于国内财务管理更为复杂。

跨国公司在财务管理目标上体现了各国的文化、法规，所处经济发展阶段的差异性。美国企业注重市场导向和股东回报，中国企业重视规模效应和国际品牌塑造，欧洲企业关注社会责任和产品品质。这些差异深刻地影响着企业经营策略和财务决策，要求企业在全球范围内更灵活地应对各种挑战。在全球化背景下，理解和适应各国财务管理目标差异成为跨国公司成功的关键要素之一。

三、跨国公司财务管理的组织架构

跨国公司的财务管理机构不仅是履行特定职能的部门,还是一个层级分明、职责清晰、紧密关联的整体组织体系。从顶层的公司总部,到各个分部、事业部,再到各个子公司,均设有相应的财务管理机构,各自承担着不同层面的财务管理任务,形成了上下连贯、协调运作的财务管理体系。在这个体系中,不同的财务管理组织形式得以体现。

跨国公司在构建财务管理活动体系时,通常可依据自身情况选取以下三种基本的组织形式。

(一)公司总部集中控制财务管理

在此种模式下,跨国公司于总部设立国际财务部,作为统筹全局财务业务的核心机构。海外分支不设独立的财务机构和财务人员,所有财务相关事务均由总部国际财务部统一管理。该部门由国际财务主管领导,职责涵盖所有国际财务业务,包括但不限于借款、信用管理、收款、资金运营、资金安全、投资项目评估等。国际财务主管向总公司财务副总裁汇报工作,后者负责公司整体的财务政策制定、外汇管理、子公司间资金调配等重大财务决策,并对国际财务部进行有效监管。同时,总公司还设置会计首长一职,领导会计室工作,具体负责资本预算与控制、财务结构规划、利润计划与分析、管理信息提供及日常会计操作等。

(二)分部或国际子公司实施财务管理

这种组织形式属于分权管理模式。总部仅提供宏观指导,具体的财务管理活动交由较低管理层级,如分部或国际子公司自行处理。在实际中,有的跨国公司赋予其国际部财务管理权限,有的跨国公司选择让国际子公司直接负责财务管理事宜。

(三)总部与分部共同负责财务管理

在这种模式下,公司总部,下属的国际部、地区分部或产品分部均设立财务管理部门,通过集权与分权相结合的方式,共同参与并管理各级财务工作。通常总部层面主要负责制定财务战略目标、政策、原则等重大财务决策;分部层面则专注于日常财务管理作业,对于可能影响全局的重大决策,需上报总部审批后方可执行。

跨国公司选何种财务管理组织形式,受诸多因素的影响,主要包括如下内容。

第一,公司规模及国际化程度。跨国公司规模大小及其国际化程度对组织形式和财务策略的选择起着关键作用。研究表明,国外销售额低于 500 万美元的小型跨国公司多倾向于采取让子公司独立自主的财务管理方式;国外销售额约在 2 亿美元的中型跨国公司,则往往选择高度集中的财务管理体制,密切关注各项财务活动对公司整体效益的影响;而对于国外销售额高达 10 亿美元的大型跨国公司,尽管倾向于采取较为分散的经营体制,但仍需接受总部的指导与监控。

第二,股权结构与技术水平。跨国公司的股权结构和生产力要素比重对其财务管理组织形式具有显著影响。股权集中或分散将产生不同的利益诉求。若其海外子公司多为独资经营,跨国公司通常采取更为集中的财务管理方式;反之,若子公司多为合资性质,财务管理则趋于分散。此外,技术密集型跨国公司,因其总部更多关注技术研发而非财务管理,故倾向于实施分散化的财务管理。相比之下,资金密集型或劳动密集型跨国公司,出于成本控制和资金高效利用的考量,更偏好采用集中化的财务管理。

第三，企业传统与经营管理体制。在欧洲跨国公司中，约85%的企业选择由公司总部统一管理和协调全球范围内的财务活动，这与其沿袭的母公司与子公司间紧密的"母子关系"模式密切相关。然而，美国跨国公司则有所不同，由于股权结构相对分散，且经营体制强调子公司的自主运营，因此，它们通常采取间接指导的方式影响子公司的财务管理，而非直接管理。

◆ 章内案例 8-1　海外财务管控体系建设

以国内某大型世界 500 强能源煤炭企业为例，该企业是以矿业、电力、高端化工、高端装备制造、新能源新材料、现代物流贸易为主导产业的能源产业国有资本投资公司。为优化债务结构、降低财务风险、积极响应国家"走出去"号召，该企业建立的海外全资子公司，成为其实施"走出去"战略的"先行军"。

由于并购企业的管理模式与集团不同，加之海外法律、税务、财务管控及办公模式的差异，集团对于海外子公司的管控力度较弱。该集团通过外派财务总监的方式，并结合海外子公司的业务特点和财务管控重点，编制了《海外财务负责人工作指导书》。

《海外财务负责人工作指导书》明确了海外财务负责人的主要职责，帮助海外负责人快速了解内外部环境要求，并建立了财务管理制度大纲，以支持海外财务管理的规范化、标准化。

资料来源：中国企业全球化新纪元系列白皮书之财税管理能力篇[EB/OL].（2022-09-13）[2024-04-23]. https://www2.deloitte.com/cn/zh/pages/international-business-support/articles/chinese-business-globalisation-whitepaper-series5.html.

四、跨国公司财务管理的主要内容

跨国公司财务管理是一项庞大而繁杂的任务，涵盖了筹资、投资、营运资金、税务及风险管理等方面。

（一）筹资管理

筹资是跨国公司财务管理的核心内容之一，筹资管理是指跨国企业根据自身生产经营情况和对外投资及资本结构调整需求，通过各种筹资渠道和资本市场，运用适宜的筹资方式，以经济、高效的方式筹集所需资金。筹资方式主要分为股权筹资和债务筹资。跨国公司筹资旨在满足资金需求、降低成本、控制风险，主要筹资手段包括国际股票发行、国际债券发行、国际租赁、国际贸易信贷、国际商业银行贷款及内部融资等。

跨国公司筹资的目标在于选择最适合的筹资方式，为跨国经营筹集充足资金，支持企业长期发展，服务于其跨国经营战略目标。由于资金来源不同及筹资方式下的资金成本、使用期限、财务风险及附加条件各异，财务管理人员需准确估算投资需求，合理配置资金结构，选择最佳筹资方案，以降低成本、防范风险。

（二）投资管理

跨国公司投资是指企业将筹集的资金用于国际经营活动，旨在获取高于国内的投资回报。按投资时间，投资分为长期投资（超过一年）和短期投资（不超过一年）；按投资方式，投资分为直接投资（如跨国公司在国外设立工厂、构建原材料或销售渠道等）和间接投资（以证券投资、国际借贷为主）。

评估跨国投资项目可行性需进行科学严谨的经济可行性研究，由于投资项目所在国的社会经济环境与国内存在差异，涉及变量更多、情况更复杂，故其投资管理具有特殊性。

（三）营运资金管理

营运资金是指跨国公司流动资产减去流动负债的净额。当流动资产等于流动负债时，流动资产资金来源于流动负债融资；当流动资产大于流动负债时，超出部分的"净流动资产"需由长期负债或所有者权益提供资金。两者差额反映企业的偿债能力。从跨国公司财务管理角度来看，营运资金管理应关注流动资产与流动负债两个方面，需处理好二者的关系。跨国公司内部存在大量投资、借贷、服务、买卖等引起的跨国资金流动，对这些流动资金的有效管理对资金配置和使用效率至关重要。

因此，跨国公司营运资金管理的目标是在总部统一协调下，使营运资本以最适宜的流量、流向和时机运行，最大程度地提升公司的整体效益。

（四）税务管理

税务管理是关乎公司盈利、合规及可持续发展的重要任务。面对各国和地区税收法规的差异，税务管理旨在最大限度地降低税负，同时确保合规运营。

公司需制订全球税收规划以降低在各个国家和地区的整体税负，包括在低税率国家设立子公司、利用国际税收协定、优化跨境交易结构等策略。由于跨国经营涉及跨国销售、采购、转让定价等，需确保这些交易严格遵循各国税收法规，避免税务纠纷。不同国家税收法规差异可能对重组交易的税负产生不同影响，公司需在交易期前后谨慎考虑税收策略，以最大化交易经济效益。

综上所述，税务管理在跨国公司财务管理中占据关键地位，通过精心设计全球税收规划、审慎处理跨境交易，确保合规经营并灵活应对税收法规变化，公司能在全球范围内有效管理税务风险，保障财务活动的合法、合规及高效性。

（五）风险管理

跨国公司在全球经济环境中运营，面临复杂多变的风险，风险管理因此成为财务管理不可或缺的部分。有效风险管理能降低潜在损失、增强企业韧性，确保其持续稳健的经济增长。

汇率风险是跨国公司难以回避的挑战，由于涉及多种货币交易，汇率波动直接影响盈利能力。通过使用远期合约、期权等工具，企业可有效管理和对冲汇率风险，减少外汇波动对财务状况的影响。市场风险同样是重大挑战，全球市场的不确定性可能影响公司的销售、供应链和市值。企业需采取多元化投资、灵活的市场策略及主动风险监测，以适应市场变化、降低市场风险。

此外，还需关注政治法律、供应链、技术和创新等风险。在跨国公司财务管理中，构建全面的风险管理策略是确保企业可持续经营的关键。通过采用多层次、多维度的风险管理方法，企业能更好地适应全球经济变化，在复杂多变的国际环境中保持财务健康。

第二节　跨国公司运营资本管理

一、财务管理的职能

跨国公司财务管理职能是其财务管理的核心内容。财务管理在企业管理中居于核心地位，而财务管理职能则是财务管理的关键要素。科学的财务管理职能对跨国公司业务发展起促进作用，反之则可能成为发展障碍。跨国公司财务管理职能分为以下三层。

（一）总部财务管理部门职能

作为跨国公司财务管理的核心与决策中心，总部财务管理部门由高层领导，职能全面且关键。其首要任务是制定并执行企业整体财务策略，确保与总部目标一致。支持产品线和区域组织经营活动，促进企业整体协同运作。

参与并购活动，推动企业成长和市场份额扩张，通过主导此类活动在全球寻找商机和增长点。内部审计确保组织活动符合规定程序，降低潜在风险，保障各公司合规运营，维护企业声誉，避免法律问题。

总部财务部门还掌控集团财务运作，监督财务流程、报表与预算，确保财务活动与战略一致，是保障公司财务健康与可持续性的关键。

（二）产品线财务管理部门职能

产品线财务管理部门在财务管理架构中扮演战略制定与执行双重角色，由财务总监与分析师组成，主要负责制定和执行产品线财务管理政策。包括制定转移定价策略，确保利润分配一致，促进产品线内部协作。

制定年度预算是其核心任务之一，设定合理财务目标，确保产品线财务稳健。通过经营情况分析，识别机会与风险，为未来决策提供支持。同时控制资本支出，确保资金有效使用，支持产品线在关键领域投资，符合企业整体战略。

（三）区域性财务管理部门职能

区域性财务管理部门在财务管理结构中为子公司提供关键财务服务，深入了解并研究管辖区域经营环境，制定相应融资服务和财政政策，支持子公司在当地市场运营。

派遣财务人员至子公司，提供全面的财务咨询服务，包括会计、融资、外汇管理、经营审计等，确保子公司获得充分财务支持与指导。作为服务中心，通过全方位财务服务帮助子公司适应当地经济法规环境，优化运营效率，实现跨国公司整体业务目标。

总之，跨国公司财务管理职能体系呈逐层递进结构，从总部财务管理部门至产品线财务管理部门再到区域性财务管理部门，各层级协同工作，构建统一高效的财务管理体系。总部财务管理部门为核心，由高层领导，负责集团财务策略与管理；产品线财务管理部门制定产品线财务管理政策，确保财务运作良好；区域性财务管理部门作为服务中心，为子公司提供全方位财务服务，助其合规运营，优化效率。

二、财务控制

跨国公司的财务控制是指公司对国外分支机构的财务监督和控制。其目的是对各经营实体的业务实绩进行财务监督和考核，在保证整个公司获得利益的前提下照顾各分支机构的利益，合理分配和使用公司资金。

（一）公司资金的合理分配与使用

跨国公司的经济活动中通常使用三种货币：分公司和子公司所在国的货币、跨国公司母国的货币、第三国的货币。究竟采用哪种货币，须根据公司的业务经营范围和性质来决定。但无论采用哪种货币记账，最终都必须以"公司货币"（公司母国的货币）编制合并财务报表，使整个跨国公司具有统一的核算标准和衡量业绩的标准。否则，当外汇汇率发生变动时，就会造成预算和实际业绩之间的差异。因此，不同货币之间的换算便成为跨国公司财务工作中最难处理的一个问题。

美国公司通常采用"公认会计原则"，即当期和非当期区分法及货币和实物区分法。所谓当期和非当期区分法，即公司资产负债表中的当期项目按制表日的汇率换算，非当期项目按项目发生时的汇率换算。所谓货币和实物区分法，即在公司资产负债表中，以货币形态表现的价值按制表中的汇率换算，以实物形态表现的价值按其发生时的汇率换算。以上两种换算方法在实际应用中，各个公司又不尽相同。美国要求各企业统一按职能货币换算法，向政府当局提交财务报告。职能货币是指企业通常用于处理经营活动中的应收、应付款项的流通货币及实现利润的货币，可分为以下三种。

第一，若子公司在业务上自主权比较大，与母公司财务往来关系不甚密切，则以子公司所在国的货币（通货膨胀率高的国家除外）为职能货币。这样，汇率变动不影响母公司的现金流动和投资净额。

第二，若子公司与母公司在经营上业务关系比较密切，则以母公司国货币为职能货币。这样，汇率变动会直接影响母公司的现金流动。

第三，子公司设在第三国的控股公司，以第三国货币为其职能货币。

由于采用以上三种不同的货币为职能货币，就产生了三种不同的汇率换算方法。

第一，当记账货币和职能货币均采用子公司所在国的货币时，汇率换算为：资产负债表按制表日的汇率换算，损益表按平均汇率换算。如果出现差额，作为"由换算引起的资本调整额"入账。

第二，当记账货币采用子公司所在国货币，而职能货币为母公司母国货币时，汇率换算为：资产负债表中货币形态表现的价值按制表日的汇率换算，实物形态的价值按其发生时的汇率换算，损益表按平均汇率和过去的汇率换算。如果出现差额，作为"利润或亏损"入账。

第三，当记账货币为子公司所在国的货币，而职能货币为第三国货币时，汇率换算分两步进行：先将资产负债表和损益表的货币单位换算成第三国货币（职能货币）；再将这些财务报表换算成母公司母国的货币。

（二）财务报告制度

跨国公司制定多种类型的财务报告，以满足不同层面和部门的需要。其中主要包括如下内容。

（1）综合性财务报告。该报告主要向母国政府报告，涵盖了公司整体的财务状况和业绩。这一报告是为了满足国家法规和监管的要求，向政府提供全面的财务信息。

（2）子公司财务工作报告。按照当地政府的指令要求，向所在国政府报告。这一报告主要关注子公司在当地的经营状况，确保遵守当地法规和规定。

（3）公司实际财务业绩报告。主要作为公司上层领导进行企业管理决策的依据。该报告涵盖了多个方面的财务信息，包括资产负债表、损益表、借款表、各种分析报告等。

（4）管理和考核国外分支机构财务工作的项目，包括实际业绩与预算的分析比较、投资收益率、营销报酬率、资产报酬率、资产与负债管理、股份红利的增长幅度、公司现金流量的增加等。这些项目有助于母公司对国外分支机构的绩效进行全面的管理和考核。

此外，针对不同需求，报告内容涵盖了资产负债表、损益表、借款表、应收账款分析、存货分析、资金分析、营销分析、通货膨胀影响分析、工资—成本分析、订单积压报告、外汇损益报告和外汇风险暴露报告12个方面，以提供详尽的财务信息。整体而言，这些报告的制定和分析有助于全面了解公司在不同层面和地域的经营状况，为决策提供有力支持。

三、筹资决策

筹资是指公司在跨国经营中筹集资金的活动。这是跨国公司财务管理的重要职能。

（一）资金来源

跨国公司需要的资金不仅数量庞大，而且涉及众多国家和多种货币。一般来说，跨国公司有六项主要的业务活动经常需要国际资金融通。它们是：借入短期资金，融通国际贸易；借入短期资金，以敷日常业务开支；借入中长期资金，购买固定资产；借入中长期资金，用以兼并其他公司；在全球范围内借贷资本，以使资本收益最大化；在外汇市场买卖外汇，以趋利避害。由此可见，跨国公司的资金来源既广泛又多样。其资金来源主要有以下四个方面。

1. 公司集团内部的资金

公司集团内部的资金是指母公司向子公司提供的资金，或子公司之间相互提供的资金。母公司通常为其国外子公司提供大量的资金，尤其是投入足够的股份资本，以保持对企业的所有权和控制权。其主要形式有以下两种。

（1）母公司向国外子公司提供贷款。贷款可以是实物形态，也可是货币形态，如提供机器设备、原材料、最终产品及资本化了的专利、工艺和管理等。采用贷款形式目的在于减少纳税，并避免对股息汇回的限制。因为大多数国家在计征税收时，将股息算作利润，而利息不算作利润，从而可以减少纳税。此外，当东道国外汇紧缺并实施外汇管制时，偿付利息比汇回利润享有优惠。

（2）母公司大量投资购买子公司的有价证券，以保证对子公司的拥有权和控制权。这种投资资金来源于母公司的未分配利润和折旧基金。

跨国公司集团内部的资金已成为西方公司重要的资金来源，其比重约占资金来源的50%。并且，其重要性随着国际金融市场利率的提高而提高，跨国公司就更加依赖于国外盈利的再投资。据对美国公司的抽样调查，1969年，300余家跨国公司60%的资金来源于集团内部；1975年，这部分资金约占50%；20世纪80年代后这一比例又上升到65%以上。

2. 公司母国的资金

跨国公司吸收外部资金是筹集资金的又一项重要措施。母公司可以利用其与母国经济发展的密切联系，从母国银行、金融机构和有关政府组织等获取资金。其具体途径有以下三条。

（1）母公司或子公司从银行和金融机构获取贷款，这是公司外部资金的主要来源。特别是在经济不景气的时候，银行和金融机构对工业与公司的贷款非常重要。例如，1982年，英国工业公司80%的外来资金由英国银行提供。

（2）母公司或子公司在母国资本市场上发行债券，这是公司传统的集资方式。传统的证券集资往往通过专门金融机构进行，例如，美国投资银行和投资信托公司、英国商业银行等都经办这类业务。

（3）母公司或子公司由母国有关政府机构或组织获取贸易信贷及鼓励对外直接投资等专款资金，这一类资金来源随着经济贸易保护主义的影响而拓宽。子公司从母国采购机器、设备、原材料和零部件等，可以获得母国银行提供的出口信贷。另外，母国政府为了鼓励公司对国外投资设立专门机构并拨给专款，支持在发展中国家的子公司。美国海外私人投资公司的主要任务是向设在发展中国家的美国公司发放贷款。原西德的德意志开发协会，对国外子公司提供贷款和股票投资。这类金融机构所提供的专款资金的利率，通常低于商业贷款的平均利率。

3. 东道国的资金

在公司集团内部，当公司母国资金的来源不能满足子公司的需求时，子公司东道国资金是补充来源，其中包括银行和金融机构的贷款、股票、债券等。由于跨国公司子公司遍布全球，各东道国经济状况差别极大，有的国家金融环境好些，有的差一些，有的则根本难以在当地融资，因此，跨国公司利用当地资金的情况不尽相同。

在发达国家，因各国金融环境的差异而采取不同的融资方式。在美国和加拿大，证券制是最重要的资金来源；在德国和英国，银行是提供信贷和借款的主要机构；在日本，银行业和证券业的职能相分离，银行是主要参与对公司提供短期和长期贷款及贸易信贷的机构。子公司在发展中国家融资往往比较困难，因为那里的资本市场很不发达，银行通常只提供短期贷款，且证券市场也很不健全。

4. 国际资金

当上述资金来源仍不能满足跨国公司的集资需要时，公司还可利用国际资金。除公司集团内部、总公司母国、子公司东道国以外的任何第三国或第三方提供的资金，都可称为国际资金。

国际资金的来源主要有以下三种。

（1）向第三国银行借款或在第三国资本市场出售证券或债券。向第三国银行借款，往往只限于在跨国公司子公司从第三国购买商品时，设法获取出口信贷。大多数发达国家都有像美国进出口银行那样的为出口融资的机构。一些发展中国家也开始为它们的产品出口提供融资业务。向第三国资本市场筹集资金，主要采取出售"外国债券"的办法，但采用这种方法筹资需要承担外汇风险。当前，四家最大的国际性债券市场是美国纽约美元市场、日本东京日元市场、德国马克市场及瑞士法郎市场。

（2）向国际资本市场借款。跨国银行是国际资本市场的大贷主。跨国公司借款的主要形式是以债券筹集中长期资金。其主要特点是：公司发行多种形式的债券，既有传统的固定利率债券，也有浮动利率债券。在各种债券市场中，欧洲债券市场越来越显示出它的重要性。

（3）跨国公司，尤其是在发展中国家进行投资活动的外国公司，从国际金融机构获取贷款。国际金融公司是另一个资金来源地，它是世界银行集团的一个成员，由124个国家政府组成，其宗旨是向其成员国，尤其是向经济落后的国家和地区重点建设项目投资的私人公司提供无须政府担保的贷款和投资，以促进国际和私人资本流向发展中国家。它鼓励私人公司投资。其方式有三种：①直接向当地企业投资，分享利润；②向这些私人公司贷款，期限为7～15年，利率略高于世界银行贷款；③以上两种方法兼而有之的投资，国际金融公司最多承担项目总成本的25%～30%，而且不介入项目的管理，以便调动私人公司的投资积极性。

（二）产权筹资和举债筹资

跨国公司筹资的方法很多，但可以归结为两个基本的类型，即产权筹资和举债筹资。如前所述，每类筹资方法取得资金的途径是多种多样的。产权筹资最明显的是在海外子公司初创时期，来自母公司的资金；此外，还可以来自其他公司，如合资企业或联营企业及海外子公司在投资地出售股票所得等。举债筹资的选择余地更大。这两类筹资分别形成了股本金和借入资本，即跨国公司的财务结构（或称资本结构）。

1. 筹资方法的选择

如何在产权筹资和举债筹资之间进行选择，并没有一个固定的模式。有的西方学者认为，决定性的因素是两种筹资方法的成本。人们总是选择成本较低的筹资方法。但大量的研究表明，海外子公司的筹资，不一定以资本成本作为决策的基础。在筹资决策中，其他因素也起着相当重要的作用。这些因素主要有政治风险、货币稳定性、外汇浮动和暴露风险、对汇付股利和偿还资本的控制、税收结构、国有化风险等。

产权筹资的主要优点是：对海外经营的控制有较大的灵活性；从成本较低的国家借入大量资金可以取得规模经济，增强公司的偿债能力。产权筹资的主要缺点是：外汇风险较大。例如，有些国家对汇付股利和偿还资本严加限制，因此跨国公司虽然有很多股本，但难以转移利润和所投资本。

举债筹资的主要优点是：由子公司支付的利息扣除税款，易于得到成本低的资金；偿还所借资本的风险小。举债筹资的主要缺点是：当子公司从国外借入资金时，外汇风险较大。

产权筹资和举债筹资的优缺点如表8-1所示。

表8-1 产权筹资和举债筹资的优缺点

来源（方法）	优点	缺点
通过东道国来源的举债筹资	①政治风险低；②支付利息扣除税款；③没有外汇暴露风险；④与当地企业和其他金融机构可能建立良好关系	①资本可供量有限；②对海外经营控制力较弱

续表

来源（方法）	优点	缺点
通过母国其他来源的举债筹资（母公司、其他子公司母国其他来源）	①支付利息扣除税款；②容易汇付利润和偿还资本；③易于得到低成本的资金	子公司外汇暴露风险较高
通过母公司来源的产权筹资	①可能增强海外子公司的借债；②母公司对子公司经营的控制能力较强；③易于得到低成本的资金	①较高的外汇暴露风险；②汇付利润和偿还投资资本的风险较高；③财产被没收和国有化风险较高
通过东道国来源的产权筹资	①外汇暴露风险低；②与东道国和当地利益集团比较一致	母公司对海外经营的控制力较弱

根据上述多种因素，跨国公司决定筹资来源和方法的基本方针如下。

（1）如果政治风险和外汇风险高，就通过东道国来源的举债筹资。

（2）如果对汇付利润和偿还投资资本的限制严格，就从母公司借入资金。

（3）如果子公司的数量迅速增长，就通过内部产权筹资。

2. 负债产权率

负债产权率，也称产权比率，是指企业负债总额与所有者权益总额的比率。这个指标用来评估企业资金结构的合理性，反映债权人与股东提供的资本的相对比例，同时也表明债权人投入的资本受股东权益的保障程度。产权比率的计算公式为：产权比率=（负债总额/所有者权益）×100%。

四、财务转移

财务转移是指跨国公司在全球范围内实施的一系列资金流动措施。这通常包括将各国子公司的利润、管理费、服务费等资金通过不同手段调拨至母公司或中心地点，同时通过平行贷款、对等购买等方式实现资金的集中和融通。这种全球性的资金调配具有多方面的目的和优势。

首先，通过将资金集中管理在安全地点，跨国公司能够降低资金流动的风险，提高整体的资金运作效率。其次，通过根据需要随时调配各子公司资金的余缺，跨国公司可以灵活应对不同市场和业务的资金需求，实现资金的最优配置，从而降低利息支出。再次，利用各子公司所在国的利率、汇率差异，跨国公司能够在资金调拨的过程中赚取利率和汇率的差额，优化资金的使用效益。最后，通过在母公司与子公司之间、子公司与子公司之间进行转移价格和利润分配，跨国公司可以实现更加灵活的全球资金管理，并进一步优化整体财务状况。

财务转移策略的制定需要符合各国法规和合理商业实践，确保其合法性和透明性。这种全球性的财务管理手段有助于跨国公司实现资金的高效运作，为企业的长期发展提供支持。

(一)财务转移手段

跨国公司的内部财务转移通常采取以下几种手段。

1. 集团内部互相贷款

跨国公司内部互相贷款是一种常见而合法的资金转移机制。这种方式并不引起新的税负成本，主要考虑市场利率和使用贷款的机会成本。在集团内部，如果在低税率国家的子公司向高税率国家的母公司提供贷款，并以较高的利率收费，这对整个集团更有利；反之，如果母公司向子公司提供贷款，收取利息，则与将利润以股利或非资本化方式返还给母公司的策略相似。这种内部贷款方式的灵活运用有助于优化资金结构，最大程度地减少整体税务负担，同时充分利用不同国家和地区的税收政策差异，为跨国公司提供灵活性的财务和成本效益。这种合法的财务策略有助于跨国公司在全球范围内实现资金的有效配置。

2. 汇回股利

将利润通过汇回股利的方式进行转移是一种常见但成本较高的手段。在这个过程中，东道国对子公司的利润先征收所得税，而汇回的股利还需缴纳预提税。同时，母国政府也对其相应的股利征税。由于各国的所得税税率、关税税率、汇率风险、外汇管制、财务需求、资本可用性及成本等因素存在差异，跨国公司在实施股利汇回策略时需要根据具体情况进行灵活调整，以降低整体税负成本。尤其是考虑到国际税制的差异，跨国公司可以通过制定差异化的股利汇回策略，既满足财务需求，又最大程度地减少税务负担。这种策略的巧妙运用有助于跨国公司在复杂多变的国际经济环境中实现资金的高效管理。

3. 改变内部贸易中的付款期限

一些欧美跨国公司采用改变内部贸易中的付款期限的策略，加速或推迟贷款的支付来进行资金调度。这一资金管理手段允许公司在内部交易中灵活调整支付时间，以满足短期的资金需求或优化资金利用效率。通过这种方式，公司可以更好地应对市场波动和不同业务周期带来的挑战。这种策略的成功实施要求公司具备对内部业务的全面洞察，以便在不影响业务运营的前提下进行巧妙的财务调度，确保资金的合理利用。

4. 支付专利使用费和劳务费

跨国公司具备自主制定专利使用费和劳务费价格的灵活性，通过这种方式进行资金转移。尽管这种方法可能涉及较多的预提税，但其在所得税方面可以获得更多的优势。特别是在股利汇回受到限制的情况下，这种策略具有较大的实际作用。公司可以通过巧妙地设定专利使用费和劳务费的价格，灵活地进行内部资金调度，实现更为有效的资金管理。这一策略要求公司在制定费用价格时充分考虑各地税收政策和法规，以最大程度地降低总体税负，并确保符合合规要求。通过巧妙地运用专利使用费和劳务费的定价机制，跨国公司能够灵活应对不同国家和地区的财务管理挑战，实现资金的有效流动。

5. 平行贷款

平行贷款是一种巧妙的资金调动手段，典型情况下是通过公司在不同国家之间的子公司之间相互贷款。例如，国家甲的 A 公司向国家乙的 B 公司的子公司贷款，同时国家乙的 B 公司向国家甲的 A 公司的子公司贷款。这种方式下，资金并未真正跨越国界，而是在各自的国家内循环。这样的操作使各子公司都能够获取所需的资金，同时实际利润则转移到了国家甲和国家乙的母公司手中。此外，对于支付的利息，各子公司通常也可以享受一定的免税优惠，增加了经济效益。

平行贷款的灵活性和税收优势使其成为跨国公司在资金管理中的一项常用策略。通过在不同国家间灵活运用平行贷款，企业能够有效地管理自身的资金流动，同时最大限度地减少潜在的税务负担。这种机制在实现资金平衡、避免资金外流的同时，为企业提供了更多的财务自主权。

6. 对等购买

对等购买是一种由母公司安排的跨国公司内部交易方式，通过安排两个子公司之间的产品销售和劳务提供，实现一方子公司获得收入，而另一方子公司获得所需的投入要素。这种模式的特点是不引发额外的税收成本，也不受政府的直接限制，但需要确保在交易中找到合适的交易对象，并达成适当的交易条件。

对等购买的灵活性使企业能够通过内部资源的有机流动来满足各子公司的需求，同时最大限度地避免了外部交易可能涉及的税务和法规问题。在实施对等购买时，企业还可以通过制定合理的转移价格等手段进一步优化内部交易，确保公平合理。

这一机制不仅有助于跨国公司实现内部资源的高效利用，同时也提供了更多的自主权，减少了外部环境对企业经营的影响。通过对等购买，企业可以更好地协调各子公司之间的运营，推动整个集团的协同发展。跨国公司内部各种资金的转移方法如表8-2所示。

表8-2 跨国公司内部各种资金的转移方法

转移方法	相关的内部流动	时间限制	有关税收	决策选择
向母公司贷款	支付利息和本金	不限	国内外公司所得税、国内预提税	贷款合同
向母公司支付股利	母公司对子公司预先投资	不限	国内外公司所得税、国内预提税	由子公司税后利润支付
产品转移价格调整	商品反向流动	不限	国内外公司所得税、关税	买卖合同
迟收早付、迟付早收	商品与劳务的反向流动	不限		买卖合同
劳务费与无形资产	劳务反向流动	不限	国内外公司所得税、国内预提税	技术管理合同
平行贷款	公司之间合同	不限	国内外公司所得税	贷款合同
相互购买	商品相互流动	不限	国内外公司所得税	易货协定
资产负债掉期业务	根据有关内容	不限	根据掉期安排	掉期协定

（二）转移价格

跨国公司进行财务转移，必然会产生商品、劳务和资金在公司内的移动，此移动应支付的价格即转移价格。本书的第五章曾指出,转移价格是公司的一种定价策略。下面从跨国公司财务管理的角度,对运用转移定价的目的作进一步阐述。

1. 税负效应

为了说明转移价格变化所产生的税负效应,现举一个简单的例子。假定子公司 A 生产电路板 10 万块,单位成本是 10 美元。这些电路板以单价 15 美元卖给子公司 B。后者再以单价 22 美元销售给不相关的客户。如表 8-3 所示,不管子公司 A 以什么价格卖给子公司 B,跨国公司两个子公司综合的税前利润都是 100 万美元。但是,因为子公司 A 的税率是 30%,子公司 B 的税率是 50%,子公司 A、子公司 B 合并的税后利润随所用的转移价格的不同而不同。表 8-3 为转移价格变化对税负的影响。

表 8-3 转移价格变化对税负的影响

单位:万美元

	子公司 A	子公司 B	A+B
低成本加成政策			
收入	150	220	220
商品成本	100	150	100
毛利	50	70	120
其他费用	10	10	20
税前收入	40	60	100
税负(子公司 A 的税率为 30%,子公司 B 的税率为 50%)	12	30	42
纯收入	28	30	58
高成本加成政策			
收入	180	220	220
商品成本	100	180	100
毛利	80	40	120
其他费用	10	10	20
税前收入	70	30	100
税负(子公司 A 的税率为 30%,子公司 B 的税率为 50%)	21	15	36
纯收入	49	15	64

在低成本加成政策下,子公司 A 卖给子公司 B 的单位转移价格是 15 美元,子公司 A 缴纳所得税为 12 万美元,子公司 B 缴纳所得税为 30 万美元,全部税负为 42 万美元,跨国公司总的纯收入是 58 万美元。如果改成高成本加成政策,单位转移价格是 18 美元,子公司 A 的税负提高到 21 万美元,而子公司 B 的税负降至 15 万美元,则跨国公司总的应缴税款为 36 万美元,纯收入为 64 万美元。换言之,由于提高了转移价格,少缴纳税款 6 万美元,相应地增加了等量的纯收入。

事实上,通过转移价格,利润可以从税收控制较严的地方转移到控制较宽的地方。例如,因投资成本和折旧费用高,某子公司可以免税。当然,这是一个极端的例子,但却能说明问题。如果总处于亏损的地位，那么其税负为零。总之，为了取得税负最小的目的，经验做法是：子公司 A 将货物卖给子公司 B。设 tA 和 tB 分别是子公司 A 和 B 的边际税率，则：

当 tA>tB 时，转移价格应尽可能低。

当 tA<tB 时，转移价格应尽可能高。

2. 降低关税

假定在上例中，子公司 B 在进口时必须按转移价格缴纳关税，税率是 10%，这样，提高转移价格就会增加子公司 B 应缴纳的关税。转移价格变化对所得税和关税的影响如表 8-4 所示。

表 8-4 转移价格变化对所得税和关税的影响

单位：万美元

	子公司 A	子公司 B	A+B
低成本加成政策			
收入	150	220	220
商品成本	100	150	100
进口关税（税率为 10%）	—	15	15
毛利	50	55	105
其他费用	10	10	20
税前收入	40	45	85
税负（子公司 A 的税率为 30%，子公司 B 的税率为 50%）	12	22.5	34.5
纯收入	28	22.5	50.5
高成本加成政策			
收入	180	220	220
商品成本	100	180	100
进口关税（税率为 10%）	—	18	18
毛利	80	22	102
其他费用	10	10	20
税前收入	70	12	82
税负（子公司 A 的税率为 30%，子公司 B 的税率为 50%）	21	6	27
纯收入	49	6	55

在低成本加成政策下，子公司 B 需缴纳 15 万美元进口关税。扣除关税，子公司 B 的所得税负降低了 7.5 万美元（比较表 8-4 与表 8-3 中的 A+B 栏）。跨国公司全部的所得税加上关税支出共 49.5 万美元。如果在高成本加成政策下，子公司 B 的进口关税增加至 18 万美元，而所得税降低了 9 万美元（比较表 8-4 与表 8-3 中的 A+B 栏）。跨国公司全部应缴关税加上所得税共 45 万美元。由于缴纳关税，高成本加成与低成本加成相比，纯收入差异减少至 4.5 万美元，但是，高成本加成政策在这里还是可取的。

运用转移价格来减税，有时也会发生一些相关的成本。如果转移价格太高，子公司 B 所在国家（购买国）的税务当局就会认为放弃了税收收入；如果转移价格太低，双方政府就会干预。子公司 A 所在国的政府认为，低的转移价格是避税；子公司 B 所在国的政府则会认为这是倾销。因此，各种罚款等费用形成的成本必然会随之发生。

3. 避免外汇控制

实行外汇控制的国家，为保持外汇收支平衡，须在外国公司汇出利润的时间和数量上加以控制。西方许多跨国公司运用转移价格，不仅是为了少纳税，而且是为了逃避外汇控制。假定 A 国的税率为 30%，则该国母公司向子公司 B 出售 q_o 产品时，每增加 1 美元价格，母公司就能从子公司 B 中返回 $0.7q_o$ 美元的冻结资金。如果价格从 P_o 变到 P_1，母公司可转移资金为 $0.7（P_1-P_o）q_o$。当然，由于费用增加，子公司 B 的现金余额和税负也会相应减少。

事实上，一些跨国公司以很高的转移价格向设在税率很低的发展中国家的子公司出售产品。如前所述，当 tA>tB 时，转移价格应尽可能低。所以，这种现象从追求纳税低的角度来看，似乎有些反常；但是，从避免外汇控制的角度来看，这种做法是合乎情理的。一些跨国公司宁愿多缴税，以此换取难以取得的资金。许多东道国认识到，如果要继续吸引国外投资，外国公司就必然要赚取利润。政府可以采取突然行动，或限制红利支付，或限制其他形式的利润偿还，以平衡国内外利益，但同时允许以隐蔽的转移价格形式汇回利润。所以，运用转移价格避免外汇控制，常常会被东道国政府所忽视，有时甚至会得到其默认。

4. 信用地位

子公司要在当地借入资金，母公司可以通过转移价格将利润流向该子公司，以增强其信用地位；否则，子公司可能因其报表收入过低而无法取得所需的资金。一般来说，母公司常被要求作为子公司借款的担保。

5. 避免外汇风险

跨国公司在业务活动中使用多种货币，且母公司一般在年终结算时才获得从子公司汇回的利润。为避免汇率变动而受到损失，跨国公司通过改变转移价格，提前或延迟付款，以减少因货币贬值而带来的损失或获取汇率差价的利益。例如，对汇价定得过低的国家的子公司，可要求其加速收回欠款，减少债务。如果预料到东道国实行货币贬值，母公司可要求子公司就地增加借款，并向母公司或位于货币坚挺国家的其他子公司提前付款；反之，则推迟付款。

转移价格会引起国际间的利益冲突和矛盾，这些冲突表现在跨国公司与本国政府、跨国公司与东道国、跨国公司之间及跨国公司内部各子公司之间的矛盾。各国政府都对转移价格采取相应对策，这些对策适当控制或缩小了运用转移价格的范围，但不能也不可能完全防止转移价格产生的负作用。转移价格也给企业评估和控制经营成果带来一定的困难，所以有的跨国公司设置两套账目：一套公开对外，用于遵守当地法律法规，进行财务披露和满足投资者需求等；另一套对内，以进行公司内部控制和成果评估。公司内各单位根据其资产额或成本，分享公司因转移价格而获得的利润。也有的跨国公司在预算中，既考虑了转移价格对内部各单位的影响，又以实际结果与预期计划相比较，以考核各单位的经营成果。

第三节 跨国公司 FDI 管理

我们知道，跨国投资与国内投资存在较大的差异，跨国投资项目通常涉及一种或多种外国货币、多种税率和税收制度及国外的政治风险。跨国投资还可能面临资本流动限制，这些限制可能阻碍资金在东道国的自由流动；同时，东道国政府可能对特定项目提供援助或对违规行为施加处罚，因此，跨国投资管理比国内投资管理要复杂。

一、跨国公司对外投资的形式

跨国公司在对外投资时，最基本的形式包括直接投资和间接投资。直接投资涉及在目标国家建立子公司、分支机构或合资企业，直接进入当地市场。而间接投资通过购买股票、债券或其他金融工具来获取目标国企业的所有权。这两种形式在划分角度和投资类型上存在差异，但都是跨国公司扩展国际业务的主要手段。

（一）跨国公司对外直接投资

按照国际货币基金组织（IMF）的定义，对外直接投资是指一国的投资者将资本用于他国生产经营，并掌握一定经营控制权的投资行为，即母公司或对外直接投资者与其所在国以外的另一国企业建立长期关系，持久地享有利益并控制该企业。跨国公司对外直接投资方式有新建投资和跨国并购两种，因前面章节已述及，此处不再赘述。

（二）跨国公司间接对外投资

跨国公司国际间接投资是指跨国公司仅以持有的能提供收入的股票或债券进行的投资。投资者不参与企业的经营管理，亦不享有企业的控制权或支配权。跨国公司间接对外投资包括国际权益投资和国际债券投资。

跨国公司国际权益投资主要是指跨国公司在国际市场上进行的股权投资，即跨国公司在本国或其他国家购买其他企业的股票，目的是获得较大的经济利益，但不取得经营权。跨国公司在国际市场上实行多元化投资比只在国内证券投资能获得更多的收益，即多元化投资可使跨国公司在相同的风险水平下产生较高的收益，或在相同的期望收益水平下风险较低。这符合证券多元化投资的基本原理：多元化的范围越广，收益越稳定，并且风险也越分散。证券多元化投资最简易的方法是购买国际多元化的共同基金。

世界债券市场包括本国债券市场、外国债券市场和欧洲债券市场三个部分。外国债券和欧洲债券又称为国际债券。外国债券是指一国借款者在另一国国内的资本市场所发行的并以发行地的货币作为计价货币的债券，一般是记名债券，受发行国政府管制。欧洲债券是指国际借款者同时在几个国家的资本市场上所发行的债券，计价货币是非发行地当地的货币，一般是不记名的，不受发行地政府管制。在国际资本市场上，影响最广、最有权威性的债券信用评级机构是美国的标准普尔公司和穆迪投资者服务公司。

布鲁诺·索尼克和伯纳德·内策林比较了 1970—1980 年不同投资策略的业绩，得出如下结论：①国际股票多元化的组合能比只持有国内股票的组合产生更好的风险或收益；②通过使用与相对的市场资本份额不一致的组合比例、投资于国际多元化的股票和权衡；③包括股票和债券的国际多元化组合比单纯的国际股票多元化组合有更低的风险债券组合，可以极大地改善风险或收益权衡。因此，最佳国际资产配置获得的投资收益可能是某一指数基金收益的2倍甚至3倍。

二、跨国公司FDI经济评价指标及特点

（一）跨国公司FDI经济评价指标

跨国公司投资项目是否可行，关键在于对投资项目进行科学的经济评价。对跨国公司投资项目的经济评价指标与国内投资指标是一致的，主要是净现值（NPV）和内部收益率（IRR）。

1. 净现值

计算公式：

净现值（NPV）= 未来现金净流量现值 - 原始投资额现值　　　　　　　（8-1）

即项目计算期内各年净现金流量的现值之和。

计算步骤：第一，测定投资方案各年的现金流量，包括现金流出量和现金流入量，并计算出各年的现金净流量。第二，设定投资方案采用的贴现率。第三，按设定的贴现率，将各年的现金净流量折算成现值。第四，将未来的现金净流量现值与投资额现值进行比较，若前者大于或等于后者，方案可行；若前者小于后者，方案不可行，说明方案的实际收益率达不到投资者所要求的收益率。

2. 内部收益率

内部收益率指的是资金流入现值总额与资金流出现值总额相等、净现值等于零时的折现率。如果不使用电子计算机，内部收益率需要用若干个折现率进行试算，直至找到净现值等于零或接近于零的那个折现率。

计算公式如下：

$$IRR = i_1 + NPV_1(i_2 - i_1) / NPV_1 + |NPV_2| \qquad (8-2)$$

其中，IRR表示内部收益率；i_1表示净现值为接近于零的正值时的折现率；i_2表示净现值为接近于零的负值时的折现率；NPV_1表示采用低折现率i_1时净现值的正值；NPV_2表示采用高折现率i_2时净现值的负值。

内部收益率的计算需要考虑原始投资、现金流量和项目期限等因素。若内部收益率高于最低报酬率，则说明该投资项目可接受；若内部收益率低于最低报酬率，则说明应当放弃该投资项目。

内部收益率是一项投资渴望达到的报酬率，该指标越大越好。一般情况下，内部收益率大于等于基准收益率时，该项目是可行的。投资项目各年现金流量的折现值之和为项目的净现值，净现值为零时的折现率就是项目的内部收益率。在项目经济评价中，根据分析层次的不同，内部收益率有财务内部收益率（FIRR）和经济内部收益率（EIRR）之分。

（二）跨国公司FDI经济评价的特点

与国内投资评价相比，跨国公司FDI经济评价具有如下特点。

第一，跨国公司投资评价涉及两个现金流量：一个是项目本身的现金流量，另一个是总公司的现金流量，这样才能对投资项目做出正确的评价。

第二，跨国公司投资评价必须考虑利率、汇率、税率和通胀率对现金流量的影响。跨国公司投资涉及不同国家，利率、汇率和通货膨胀率的不同导致跨国公司在各国的资本成本不同，因此，不能用加权资本成本来代替东道国的资本成本，必须考虑东道国资本成本对净现金流量的影响。

第三，跨国公司投资评价必须考虑各国管制政策。跨国公司投资涉及东道国对外汇管制和进出口管制等方面，这些管制政策具有不同的变动趋势，因此，跨国公司投资的现金流量受到东道国政府干预及金融市场财务功能的影响。

第四，跨国公司投资评价还必须考虑不同国家的风险情况。跨国公司投资面临东道国的政治风险、投资风险、筹资风险和外汇风险，这些风险对跨国公司的净现金流量也会产生影响。

投资项目经济评价还涉及主体选择的问题，即以子公司为主体还是以总公司为主体进行评价。以子公司为主体进行评价与国内投资评价基本相同，以总公司为主体进行评价，必须调整净现值。

三、跨国公司 FDI 评价方法

在跨国公司面临多个投资机会时，其评价方法是关键的，因为这直接关系到能否为股东创造最大利润的能力。评估和选择投资项目的过程涉及使用一系列指标，以确保对每个项目进行全面的分析。在对跨国公司对外直接投资项目进行可行性分析时，净现值法、调整净现值法等主要投资评价方法被广泛应用。

这些评价方法不仅仅是简单的财务指标，而是综合考虑了多方面的因素。通过净现值法，公司可以评估投资项目未来现金流的净现值，从而判断其经济可行性。调整净现值法则更进一步，考虑了不同国家的政治、经济和法律环境对项目的潜在影响，以提供更全面的评估。

在决策过程中，跨国公司需要权衡各种因素，包括市场前景、竞争环境、潜在风险等。这些评价方法为公司提供了科学的依据，有助于明智地选择最具前景和风险可控的投资项目。通过综合考虑财务和非财务因素，跨国公司能够最大程度地降低投资风险，同时最大程度地提高股东的利润回报。

因此，对于跨国公司而言，评价投资项目的方法不仅仅是简单的经济学计算，而是一项综合性的决策过程，需要全面考虑多个因素，以确保最终的投资决策符合公司的战略目标和股东价值最大化原则。

第四节　跨国公司的融资管理

随着全球资本流动的加速，跨国公司在资金筹集方面已超越国界限制，通过多元外部渠道实施融资管理。该管理旨在最大化资金获取，降低成本和风险，以实现最大利润。跨国公司的融资策略不再受限于单一国家，而是充分利用全球金融市场，确保资金的高效配置，从而推动企业的国际竞争力和长期可持续发展。

一、跨国公司资金来源

可供跨国公司选择的资金来源有两种：一是内部来源，二是外部来源。跨国公司在筹资时，通常内部资金是首选融资来源，只有内部资金缺乏时，才选择外部融资。在外部融资中，首先选择外部债务，最后才选择权益资金，如图8-1所示。

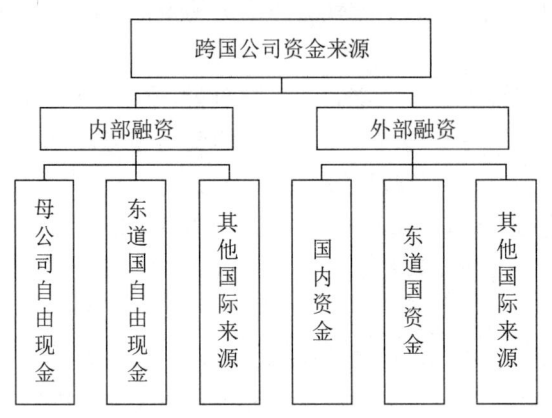

图8-1 跨国公司资金来源

根据对美国跨国公司对外投资资金来源统计，内部资金占37%，多数来源于留存收益；外部资金来源占63%，其中外部债务占47%，外部权益占16%。

（一）内部资金来源

跨国公司首选的资金来源是内部资金，因为它是公司自由现金流量，可以避开外部交易成本。内部资金来自公司经营期间积累的利润。

1. 母公司的自由现金流量

母公司的自由现金流量源于其在母国的经营活动所产生的现金流量。这部分资金来自跨国公司母公司内部未分配利润和折旧提成。这反映了母公司可供自由运用的资本，是企业内部潜在的可投资余额。自由现金流量的量化分析对于母公司的财务健康和战略规划至关重要，为公司提供了资本投资和分红决策的重要依据，同时也反映了企业在母国市场的盈利能力和财务稳健性。

2. 东道国的自由现金流量

东道国的自由现金流量源于其在当地的经营活动所产生的现金流。这一资金主要由东道国子公司内部未分配利润和折旧提成构成，反映了企业在东道国市场的盈利能力和财务状况。这种量化分析对于评估企业在东道国业务的经济效益、制订投资计划和决策资本分配至关重要。东道国的自由现金流量不仅为子公司提供了资本投资的依据，也为总公司制定全球财务战略提供了有力支持。

3. 其他国际来源

其他国际来源涵盖了跨国公司在其他国家经营活动所产生的现金流量。这涉及公司内部的转移价格，以及子公司向总公司支付的借款利息、租赁费、特许权使用费和管理费等。这些资金流向反映了公司跨国运营的财务交往，是跨国公司全球资金流动的一部分。通过对这些国际来源的分析，企业能够更好地了解全球经济活动对其财务状况的影响，为制定国际业务战略和资源配置提供有力支持。

（二）外部资金来源

当跨国公司无法依赖内部资金时，它们会转向外部资金来源。其中包括来自国际和国内的债务融资及权益资本。通过借助外部资金，跨国公司能够满足扩张、投资和经营需求，同时分散融资风险。这种多元化的资本来源为企业提供了灵活性，使其能够更好地应对市场波动和战略变化，从而支持其全球业务的可持续发展。

1. 国内资金

跨国公司与本国金融机构的密切联系使在本国筹集资金变得相对容易。主要渠道包括在母国市场上发行股票和债券，向母国政府、商业银行和金融机构贷款，以及获取专项资金。这种本土资金的获取方式不仅有助于支持企业在国内市场的运营和扩张，还为跨国公司提供了灵活性，以更好地适应本国金融环境的变化，为全球业务的发展提供强有力的财务支持。

2. 东道国资本

东道国资本可通过东道国银行或资本市场的债务或权益融资获得。在东道国市场筹集资金的方式主要包括发行股票或债券，特别是在合资企业中，倾向于通过发行债券而非股票来筹资。此外，跨国公司还可通过在东道国的金融机构贷款和采取合资经营方式来获取资本。这种多元化的东道国资本来源为企业在当地市场开展业务提供了灵活性，同时也反映了对本地经济可行性和资金市场的深刻理解。

3. 其他国际来源

在世界资本市场上，跨国公司可以通过多元的第三方资金渠道获取充足的资金，拓展选择机会。其他国际资金来源包括国际债券，分为外国债券和欧洲债券；全球权益发行，即在其他国家发行股票；金融市场借款；项目融资，采用建设—营运—拥有和建设—营运—转移两种合同模式。项目融资常应用于自然资源开发、收费公路、桥梁、无线通信和电力等领域。著名案例包括英吉利海峡隧道、欧洲迪士尼主题公园、英国北海福蒂斯油田项目等。这种多元化的国际资金来源为跨国公司提供了广泛而灵活的融资选择，支持其全球业务的发展。

◆ 章内案例 8-2　吉利收购沃尔沃

2010年，吉利完成收购沃尔沃项目，在这一过程中，吉利控股并购沃尔沃主要采取了三种融资方式：一是国内外银行的低息贷款，二是海内外投资者的权益融资，三是福特卖方融资。此外，还有企业债券融资和金融衍生品工具，如向高盛GSCP融资发行的可转换债券和认股权证。

吉利借助了国内和国外的双重力量，同时通过融资为自己留下了一条即使出现亏损也可以全身而退的路。一是将被收购方的收益作为担保，并成立吉利万源作为并购的运作公司；二是尽量争取国内外五年期低息银行贷款。一般来看，跨国并购整合的时间为3～5年，5年期的贷款正好可以为吉利整合沃尔沃品牌腾出时间。此外，并购价格调减机制也为吉利控股节约了3亿美元。

最终吉利以18亿美元成功收购瑞典沃尔沃轿车公司100%的股权，包括9个系列产品，3个最新平台，2400多个全球网络，人才和品牌及重要的供应商体系。用18亿美元的代价收购沃尔沃，不到当年福特收购价的三分之一。

资料来源：吉利收购沃尔沃：经典杠杆收购[EB/OL].（2021-03-01）[2024-04-23]. https://zhuanlan.zhihu.com/p/353827232.

二、跨国公司融资的资本成本

资本成本是指投资项目取得和使用资本时所付出的代价。取得资本所付出的代价，主要指发行债券、股票的费用，向非银行金融机构借款的手续费用等；使用资本所付出的代价，主要由货币时间价值构成，如股利、利息等。

跨国公司的资本成本主要包括债务成本、权益成本。

（一）跨国公司的债务成本

债务成本是跨国公司债权人对其持有的债券所要求的到期回报率，即贴现率。其计算公式为：

$$B = \sum_{t=i}^{T} \frac{CF_t}{(1+i_B)^t} \tag{8-3}$$

其中，B 表示债务市值；CF_t 表示承诺的未来现金流量；i_B 表示到期回报率；t 表示回报期的期限。

如果公司债务不是公开发行的，可以参照公开交易的债务到期回报率进行估计。使用到期回报率存在一定的风险，如果出现违约行为，会导致预期的现金流量小于承诺的现金流量，到期回报率大于承诺的回报率，会扩大债务成本。因此，高质量的债务是承诺现金流量与预期现金流量差别较小，低质量债务是承诺现金流量与预期现金流量差别较大。跨国公司可以聘请标准普尔公司或穆迪公司对其发行的国际债务进行评级，一般来讲，发行高质量债券的跨国公司会公布债券评级，发行低质量债券的公司不对债券进行评级或不公布债券评级。

（二）跨国公司权益成本

权益投资资本成本是指跨国公司股票持有者或以其他权益进行投资的投资者所要求的回报率。跨国公司一般用资本资产定价模型来计算。其计算公式为：

$$r_i = r_f + \beta_i (r_m - r_f) \tag{8-4}$$

其中，r_i 表示权益的预期收益率；r_f 表示无风险收益率；β_i 表示衡量资产的系统风险；$(r_m - r_f)$ 表示市场风险溢价。

β_i 是系统性风险系数，其计算公式为：

$$\beta_i = P_{im}（\sigma_i/\sigma_m）\tag{8-5}$$

其中，σ_i 表示股票回报率的标准差；σ_m 表示市场回报率的标准差；P_{im} 表示股票和相关市场指数之间的相关系数。

β系数是和一定市场组合联系在一起的，在全球一体化的金融市场上，跨国公司投资项目的风险取决于该项目相对于世界市场指数的β系数，因此，在选择资金来源时，应选择分散的投资组合。

三、跨国公司融资战略选择

跨国公司的融资战略涉及资金来源国和融资方式的选择。在决策中，公司需要权衡不同国家的条件和选择最适合的融资方式，以最大程度地满足资金需求、降低成本、管理风险，支持全球业务的可持续增长。

（一）资金来源国的选择

跨国公司在资金来源国的选择中，首要是本国，其次是东道国，最后才是其他国际来源。跨国公司需综合考虑因素如汇率、通货膨胀率和利率等，以最优化资金成本、降低风险，确保全球业务的资金流动稳健。

（二）融资方式选择

融资方式选择受金融市场结构影响。在完备的市场中，资产价值完全依赖于未来现金流量，与融资方式无关。而在不完备的市场中，跨国公司需考虑资本融资成本，高债务成本可能提高总成本。因此，最优资本结构是通过最小化成本、最大化公司价值来平衡债务和权益，确保在不同金融市场条件下达到最优化的融资结构。

第五节 跨国公司的外汇风险管理

随着全球经济一体化的发展，跨国公司对外投资的规模不断扩大，跨国公司与子公司之间在对外贸易、资本输出输入和国际资金融通等方面交易频繁。由于汇率波动具有经常性和不确定性，在跨国公司经营中，汇率波动就成为其主要的风险因素之一，因此，防范和规避外汇风险就成为跨国公司财务管理的主要内容。

一、外汇风险概述

外汇风险（Foreign Exchange Exposure）是指因外汇汇率变动，使跨国公司以外币计价的资产或负债的价值出现上涨或者下降的可能性。外汇风险可导致两种结果：获得利益（Gain）或遭受损失（Loss）。外汇风险可分为狭义的外汇风险和广义的外汇风险。狭义的外汇风险是指汇率风险和利率风险。广义的外汇风险包括利率风险、汇率风险、信用风险、会计风险和国家风险等。本章主要是从狭义的角度讨论外汇风险。

跨国公司在经营活动的过程、结果、预期经营收益中，都存在着由于外汇汇率变化而引起的外汇风险。在跨国经营活动中的风险为交易风险（Transaction Exposure），在跨国经营活动结果中的风险为会计风险（Accounting Exposure），在预期经营收益中的风险为经济风险（Economic Exposure）。

（一）会计风险

会计风险又称"折算风险"或"转换风险"，是指跨国公司为编制财务报表和合并外经营企业财务报表，将当地货币（LC）转化为本国货币（HC）时引起的风险。如果汇率较前一个报告期的汇率发生了变化，则以外币形式表示的资产、负债、收入、费用、利润和损失在折算或者重新报告时将会导致损益。例如，某跨国公司进口设备100万美元，当时的汇率为1美元兑换8元，折合800万元，记录为负债。在会计期末对外币业务账户金额进行折算时，汇率为1美元兑换7.5元，资产负债表上外汇资金项目的负债折合为750

万元，其中 50 万元就成为汇率变动而产生的账面损益。

会计风险的大小取决于三个因素：子公司所在地货币、国外业务所占的比重和采用的会计方法。子公司所在地货币相对本国货币越稳定，则折算风险越低；相反，则风险越高。国外业务所占的比重越大，折算风险就越大。各国都有自己的折算方法，折算方法不同，引起的折算风险也不同。

（二）交易风险

交易风险是流量风险，会带来跨国公司现金流量的改变，它发生在以外币计价的应收账款、应付账款中。这些风险包括：①以即期或延期付款为支付条件的商品或劳务的进出口，在货物装运和劳务提供后、在货款或劳务费用尚未收付前，外汇汇率变化所发生的风险；②以外币计价的国际信贷活动，在债权债务未清偿前所存在的汇率风险；③向外筹资中的汇率风险，即借入一种外币而需要换成另一种外币使用，则筹资人将承受借入货币与使用货币之间汇率变动的风险；④待履行的远期外汇合同，约定汇率和到期即期汇率变动而产生的风险。

（三）经济风险

经济风险是指由于意外的汇率变动导致跨国公司未来的经营性现金流量发生变化，从而影响跨国公司的市场价值。如跨国公司的生产成本、销售数量、产品价格等由于非意料到的外汇汇率的变动而发生改变，从而影响跨国公司的国际竞争地位，引起公司未来外币现金流量出现不确定性。如日本向美国出口汽车，当日元升值时，日本出口商可能会因为在美国市场上汽车价格上涨导致销售量下降，从而产生亏损。对于任何一家跨国公司来讲，只要其收入和成本受到币值变化的影响，就一定存在经营风险，即使所有现金流量均用本币表示的纯国内公司也是如此。

二、外汇风险的识别与计量

外汇风险主要是由汇率变动引起的，因此，对于跨国公司来讲，为更好地对外汇风险进行管理，除对外汇进行科学预测和保值外，还要确定外汇风险管理目标。跨国公司外汇风险管理的主要目标是充分运用有效信息，在管理成本一定的情况下，尽量减少汇率波动带来的现金流量的不确定性，降低经济损失。为达到外汇风险管理目标，风险管理应遵循如下一些原则：一是服从跨国公司总目标原则，即成本最低效益最大；二是全面考虑原则，即综合考虑跨国公司面临的各种风险；三是管理多样化原则，即对跨国公司不同的外汇风险采取不同的措施。

（一）交易风险管理

只要有外币交易就会存在交易风险。交易风险来自汇率变动前形成的用国外货币计量的应收账款、应付款项于汇率变动后进行清偿而形成的盈利或损失。对交易风险进行控制管理，使可能发生的损失尽量降到最低。

为控制交易风险通常可以使用合约保值、价格修正条款和价格策略等方式。

1. 合约保值

在远期市场、货币市场、期货市场和期权市场上进行的套期保值及互换协议等都属于契约性套期保值，这一类保值方法通称为契约性套期保值，也称合约保值，套期保值主要利用现货和期货市场的走势趋同（在正常市场条件下），因为这两个市场受同一供求关系的影响，所以二者价格同涨同跌；但是由于在这两个市场上的操作相反，所以盈亏相反，利用期货市场的盈利（亏损）可以弥补现货市场的亏损（盈利）。

2. **价格修正条款**

价格修正条款即在合同中规定汇率的上下限，当市场上实际价格超过上下限时，通过修正价格来降低汇率变动的不利影响。如当汇率变动超过 5% 时，按照当时的即期汇率重新确定价格；而汇率变动不超过 5% 的界限时，按照原来的价格支付。

3. **价格策略**

价格策略即利用远期汇率进行调整价格，如 2022 年 1 月 1 日中国某公司出口到欧洲的一批总价值为 30750 万元的货物，按照当时汇率价值为 2500 万欧元，预计 10 个月后收回货款。该公司同银行签订了 10 个月后卖出 2674 万欧元的远期合约，就可以在 2022 年 11 月 1 日收回 30750 万元。

（二）会计风险管理

当跨国公司合并财务报表将当地货币换成母国公司所在地的货币时，折算风险就产生了。对折算风险管理就是对资产负债表进行保值，即使资产负债表上各种功能货币表示的受险资产和受险负债的数额相等，使其折算的风险头寸为零。折算风险管理的方法有调整资金流量和签订远期合约。

1. **调整资金流量**

调整现金流量的原则是增加硬币资产，减少硬币负债。如预期当地货币升值，则增加按当地货币计值的有价证券在当地的赊销，减少当地货币的借款，延缓对母公司的股权支付等。调整现金流量的方法有加快付款或延迟付款。例如，按照付款合同规定，进口商必须用出口商所在国的货币进行支付，如果进口商预测本国货币相对于国外供应商的货币会升值，则推迟付款的时间越长越有利于自己的公司。总之，如果相互间是以弱势货币进行交易，应立即付款；如果是以强势货币进行交易，应推迟到付款日期才付款。

2. **签订远期合同**

远期合约是 20 世纪 80 年代初兴起的一种保值工具，是交易双方约定在未来的某一确定时间，以确定的价格买卖一定数量的某种金融资产的合约。合约中要规定交易的标的物、有效期和交割时的执行价格等内容。例如，一家美国跨国公司预计其英国子公司盈利 100 万英镑，为避免英镑贬值对母公司合并财务报表的负面影响，可以采取出售 100 万英镑远期合同的办法。远期合约存在的主要问题是在减少折算风险的同时，增大了交易风险。因为远期合约的损益是真实的，会计折算风险只是账面的；而且折算损失不可能从应税收入中扣除，而远期合约的收入要纳税。

跨国公司在规避会计风险时，应在有关法律允许的范围内，并在满足母公司及其分支机构最少流动资金要求的条件下，在跨国公司内部协调资金，以达到在利率高的国家存更多的钱，在难以获得信贷的国家中存更多的钱；尽可能多地拥有硬通货或强势货币，尽可能少地拥有软通货或弱势货币；尽可能少地拥有易受外汇管制的货币或者是在公司持有期内，预期会受外汇管制的货币。

(三) 经济风险管理

经济风险是实际发生的深度风险，对跨国公司的影响最大。经济风险不仅要考虑汇率波动带来的一时得失，更要考虑汇率变动对企业经营的长期动态效应。从长期来看，经济风险对跨国公司的竞争力产生直接影响，足以使跨国公司陷入某种困境。

跨国公司经济风险管理的目的在于汇率波动时保持现金流的稳定。跨国公司的汇率风险主要来自汇率变化对其竞争地位的影响，经济风险管理是一个长期的战略问题。跨国公司可以通过如下策略来管理经济风险。

1. 经济风险的营销管理

经济风险的营销管理主要从产品策略、市场选择、定价决策和促销决策几个方面进行。跨国公司经济风险管理的产品策略包括新产品的开发生产、旧产品的减产淘汰等方面。市场选择策略主要有国别选择和细分市场的选择，将有关国家的货币变动对未来收入的营销放在第一位。定价决策主要包括产品定价和国别定价策略。促销决策主要考虑汇率变动对广告、人员推销、营业推广和公共关系等的影响。

2. 经济风险的生产管理

经济风险的生产管理主要是尽可能地减少未来现金流出量的现值，提高项目资产的净值，因此，更多的是注重在产品生产过程中如何降低成本及对投入物上的外汇风险如何控制的问题。

3. 经济风险的财务管理

经济风险的财务管理主要是利用一些财务手段，通过对财务状况的调整来抵消汇率变动对现金流量的影响，构造一个合理的债务结构，使因汇率变动所导致的现金流入的减少可以被偿债成本的降低所抵消。

三、外汇风险管理选择

为了减少外汇风险，企业应根据汇率预测和风险类型，选择和运用一些行之有效的套期保值技术或方法。

（一）远期市场套期保值

套期保值就是指在外汇市场上经由期货合同，先行买进或卖出未来的外汇期货，以备到期时有确定数额的外汇（或能够收到确定数额的本国货币）支付给对方，或经由外汇现货市场先行借进外币，将其换成本国货币加以运用或生息，当本身所预期的外汇收入到期时，即以其归还此笔外币借款。在期货或现货外汇交易中，两种不同合约必须吻合，才能免去汇兑损失风险。它用抵消性安排来避免或减少风险，使某一外汇合同所失去的，能由另一种抵消性合同收回，所以也称为"对冲"。例如，某跨国公司在以现行汇率购进美元的同时签订合同，于3个月后在远期市场卖出同样数量的美元，如果美元贬值，公司持有的美元会遭到损失，但在远期销售时，可以把这笔损失赚回来；如果美元升值，则公司在远期交割时亏损，但手中持有的美元得益。总之，不论哪种情况公司都不会遭到损失。

（二）货币互换

跨国公司在许多国家设有分支机构，可以利用货币互换，作为套期保值的一种形式。

货币互换的典型做法是两种货币相交换,并在一定时期后,再重新换回。初期的货币互换,根据即期汇率进行。随后的货币再互换也依据同样的货币比价,而不考虑其间外汇汇率的变动。其优点是完全消除了外汇风险。这种安排可能涉及一些边际成本,主要是反映差别利率的差别费用。交易双方以确定的本金交换,并按议定的利率,以未偿还资本金额为基础,进行利息支付,因此会产生成本。

(三)外汇储备

跨国公司保留合理的外汇储备,然后利用这种储备去抵消外汇市场上无法预料的影响。与一般套期保值不同,外汇储备不是在市场上套期保值,而是利用本公司的资金,进行自我保护,以平缓外汇波动的不利影响。外汇储备在某些国家不失为好方法。有些国家的资本市场不发达,没有外汇远期市场,且通货膨胀较严重,货币易贬值,调节外汇储备就成为保护收益的必要手段。

(四)提前和延迟

在预测汇率将要变动时,加速或推迟应收应付账款的收付,可以减少风险,增加收益。如母公司预期其所在国货币将贬值,就要求它的子公司增加当地借款,并提前偿付母公司或其他货币地区子公司的应付款。同时,母公司和其他子公司对货币可能贬值的子公司的应付账款则推迟支付。这样,跨国公司可以减少在弱币国家的外汇风险。当然,外汇风险管理技术还有许多,如转移价格、平行贷款、资金经营活动多样化等。资金经营多样化包括资金来源、筹资、投资方式和方向等方面的多样化。多样化能使总体风险减到最低程度,因而在动荡的国际经济环境中,常被跨国公司采用。

四、风险管理措施

(一)经营多元化

经营多元化意味着公司在国际范围内分散其生产、销售地点及生产设施和原料来源,这本身就能减轻外汇风险对企业的冲击,因为当汇率的变动使企业的某些市场或生产基地受到影响时,企业的另一些市场或另一些生产基地可能因此而增加了竞争力,从而产生了一种中和现象,风险的负面影响得以抵消。另外,如果企业已经实现了多元化经营,企业就已拥有了这样的优势,那就是一旦预计到或面临着外汇风险,企业就可以通过比较不同销售市场的价格和不同区位要素成本的差异而做出针对性反应:改变要素来源组合,调整生产基地和不同子公司的生产任务,调整营销战略。

(二)财务方面的多元化

财务方面的多元化包括筹资多元化、投资多元化和赊账买卖多元化。如果国际汇率变动能够反映国际利率变动,财力雄厚、在国际金融市场有声誉的跨国公司就能够利用其与国际金融机构的紧密联系和遍布世界各地的分支网络,进行多元化筹资,既获得了低成本资金,也防范或降低了汇率风险。当企业的直接投资和间接投资多元化了以后,如果汇率变化,企业所承受的外汇风险可因有多种外汇收入而中和。类似地,跨国公司也易于安排赊账买卖多元化,使外汇风险得以防范。

◆ 案例一　某集团公司财务管理模式

（一）案例介绍

某集团公司新上任的财务总监，为提高公司财务管理效率，对公司财务部组织架构和管理模式进行调整。图 8-2 所示是财务部原组织架构和控制模式，图 8-3 所示是财务部新的组织架构和控制模式。

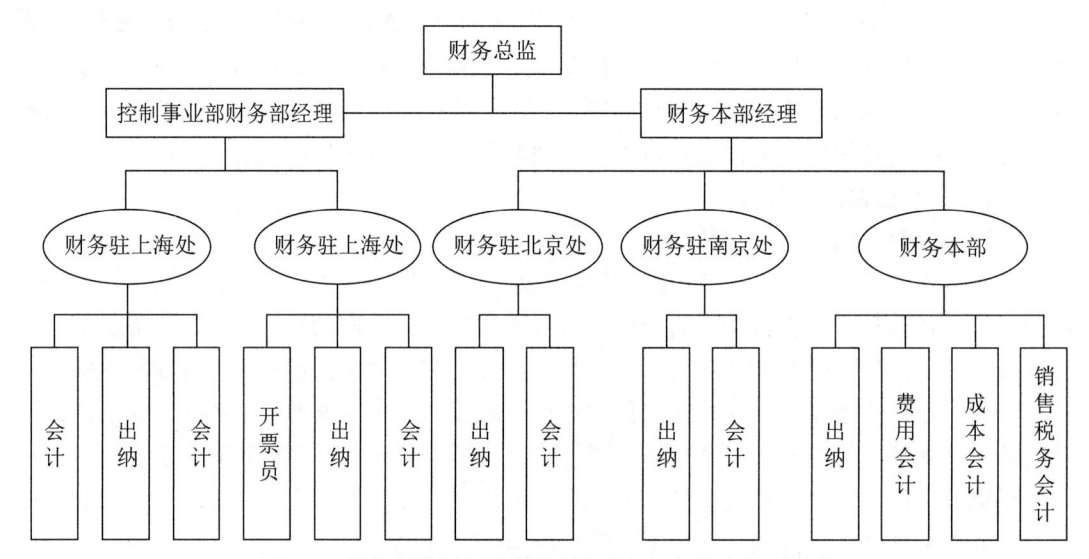

图 8-2　某集团公司调整前的财务部组织架构和控制模式

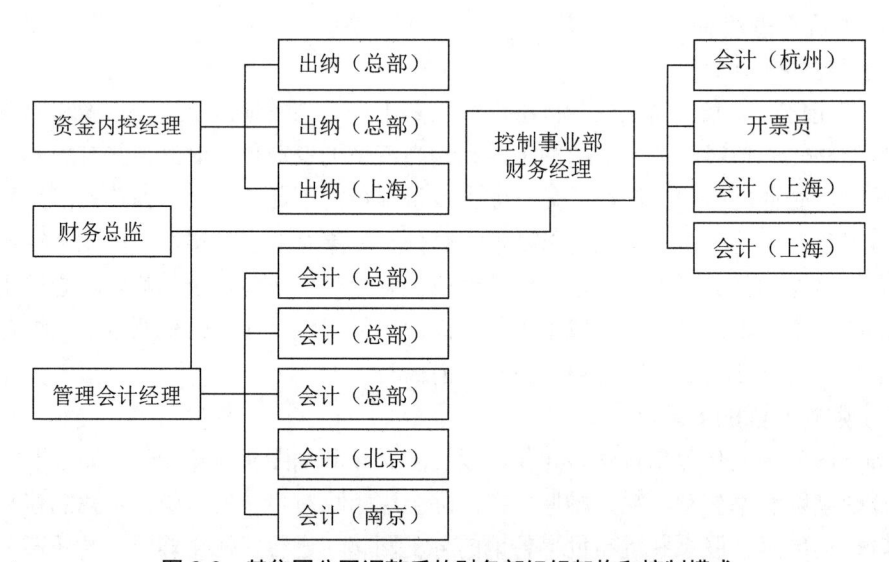

图 8-3　某集团公司调整后的财务部组织架构和控制模式

调整前的集团总部设有两个经理，名称不同，但各自管理的事务接近，相对注重财务经理的全面管理和全面培养。

在调整后的职能型财务部组织架构和管理模式中，从总部到各分支机构职能的划分比较清晰,以强化各职能的专业性,降低原分散状态下因财务经理建立小团体、信息过滤、配合不力或能力不足等而导致管理效率高低不均的问题。对比图 8-2 和图 8-3 可确定,此次调整的内容主要包括:

(1) 增设资金内控部,加强资金管理、政策研究、内部控制。

(2) 财务本部改为管理会计部,新招聘一名会计业务能力强的财务经理,加强会计报表、预算、财务分析的能力。

(3) 撤销北京、南京子公司出纳岗位,总部设置两个出纳岗,上海设置一个出纳岗,实现减员目的,同时腾出薪资额度给新招聘的财务经理。

资料来源:财智同学.新上任的财务总监,对财务部组织结构设计的调整 [EB/OL].(2020-03-07)[2024-04-23]. https://zhuanlan.zhihu.com/p/111540027.

(二) 讨论题目

(1) 何为分散性财务组织结构和管理模式?该模式有何优缺点?

(2) 何为职能型财务组织结构和管理模式?该模式有何特点?

(3) 该集团公司财务组织结构和管理模式调整可能会产生哪些效应?

(三) 案例分析

1. 分散性财务组织结构和管理模式

(1) 定义。分散性财务组织结构和管理模式指的是将财务管理决策权下放到各分支机构,使分支机构独立运营和管理各自的财务活动。

(2) 优点。该模式有利于实现财务信息的高度集中与专业化管理,提升分支机构响应速度,减少因集中管理导致的规模不经济现象,同时激发子公司管理人员的工作积极性。

(3) 缺点。该模式可能面临分支机构与总部目标不一致的问题,影响集团整体资源优化配置,且可能导致分支机构各自为政,增加总部监督与管理成本。

2. 职能型财务组织结构和管理模式

(1) 定义。职能型财务组织结构和管理模式指打破传统的会计主体界限,根据资金管理、财务管理、会计核算等职能进行组织架构设置和分工。

(2) 特点。该模式本质上强化了自上而下的集中管理,即强化财务总监的角色和作用,统一各职能领域的管理要求,缩小下属经理权限,深化其原有职能,同时削弱分支结构层面的财务决策权力。

3. 调整产生的效应

(1) 发挥总部财务专家优势,提升资金使用效率。通过将资金集中至总部管理和使用,充分发挥总部财务专家的专业能力和经验,实现资金使用的规模效益,提高资金余额的使用效果。

(2) 优化内部资源配置,助力公司统一战略实施。资金集中管理增强了总部对资金的控制力,削弱了事业部对资金的控制,有利于公司贯彻统一战略,如推进转型战略的实施。

(3) 提升团队管理效能。新模式通过扁平化改革,取消三级责任中心,淡化小组下属团队的概念,有利于财务经理加强对团队的管理控制。

(4) 兼顾财务人员管理效率与职业发展。取消业务模块区分,统一称为"会计""出纳",并引入业务序列晋升制度。一方面便于财务经理根据工作需求灵活分配任务;另一方面在职位体系基本不变的情况下为员工创造晋升空间,激励员工成长。

需要注意的是,新模式可能存在挫伤分支机构管理人员积极性、忽视分支机构局部利益、不利于开展本土化经营策略、可能忽视子公司实际经营业绩等问题。因此,应定期评估财务组织结构和管理模式的实际效果,根据公司整体经营战略、内部资源和外部环境的变化适时进行优化、调整与完善。

例如,在新模式下,控制事业部和财务部仍负责生产和销售产品、子公司会计核算与财务数据的统一管理及协助事业部进行信用管理。若未来事业部升级为独立的二级职能部门,现行方案需进一步调整。

◆ 案例二 跨国公司跨境资金池业务

(一)案例介绍

2019年3月15日,国家外汇管理局发布了《跨国公司跨境资金集中运营管理规定》,标志着我国对跨国企业集团跨境资金管理政策的进一步优化与放宽。该规定旨在为符合条件的跨国企业集团提供便利,允许其在境内外成员企业间灵活开展本外币资金的余缺调剂与归集业务,资金兑换遵循实需原则,旨在提升跨国公司资金使用效率,降低跨境资金管理成本,同时强化风险防控,营造更加开放、有序、透明的金融环境。

2020年2月14日,中国人民银行、中国银保监会、中国证监会、国家外汇管理局与上海市人民政府联合发布了《关于进一步加快推进上海国际金融中心建设和金融支持长三角一体化发展的意见》。该意见特别提出,在上海自由贸易试验区临港新片区内,将积极探索开展本外币合一的跨境资金池试点。此举旨在进一步推动金融创新,支持符合条件的跨国企业集团在境内外成员企业间实现本外币资金的集中管理,包括余缺调剂与归集操作,同时对跨境资金流动实行双向宏观审慎管理,旨在在风险可控的前提下,提升金融服务实体经济的能力,促进区域内资金要素的高效流动和合理配置。

紧随政策指引,2020年4月23日,上海临港经济发展(集团)有限公司(以下简称临港集团)在外汇管理部门的大力支持下,成功启用了本外币合一的跨境资金池业务,这也是自2019年8月上海自贸区临港新片区成立以来,该区域落地实施的首单跨境资金池业务,具有里程碑意义。作为上海自贸区临港新片区的重要开发主体之一,临港集团此次设立的跨境资金池涵盖了集团本部及其下属的境内外共20家成员企业,展现出集团内部资金管理的高度整合与协同。尤为值得一提的是,该资金池计划集中管理的外债额度高达91亿美元,彰显了临港集团在全球范围内优化资源配置、提升资金使用效率的决心,以及其作为大型跨国企业集团在跨境资金管理领域的领先实践。

资料来源:上海临港新片区首单跨境资金池业务落地 [EB/OL].(2023-04-26)[2024-04-23]. https://m.thepaper.cn/kuaibao_detail.jsp?contid=7148017.

(二)讨论题目

(1)跨国公司主要有哪些融资渠道?

(2) 何为跨境资金池业务？跨国公司为何需要跨境资金池业务？

(3) 跨境资金池业务对跨国公司经营和管理、上海金融中心建设有何意义？

(三) 案例分析

1. 融资渠道

(1) 企业内部资金来源。包括母公司提供的资金（如现金、资产注入、贷款、存货融资）及子公司自身的内部资金积累。

(2) 企业外部资金来源。主要包括国际商业银行贷款、国际股权融资（如发行股票、吸引外国投资者投资）、国际债券融资（如发行国际债券）等。

2. 跨境资金池

(1) 内涵。跨境资金池是跨国企业集团进行跨境资金集中运营管理的工具，允许集团在境内外非金融成员企业间进行跨境资金余缺调剂和归集。主办企业通常为中国境内注册、实际经营或投资、具有独立法人资格的成员企业（包括财务公司），由集团总部指定。

(2) 需求原因。跨国企业集团内部交易和财务活动复杂，对金融服务的需求超越了基础的结算和融资，期待金融机构能基于企业交易流程提供应收账款管理、资金归集、现金流改善等服务，以提高资金使用效率。因此，跨境资金池业务应运而生。其境内主账户既能归集境内资金对外放款，也能接收境外资金池成员借入的外债资金。

3. 意义

(1) 对跨国公司经营和管理。跨境资金池作为先进的资金管理工具，可将集团境内外盈余资金集中，提高内部资金运用效率，实现资金收益最大化。它使成员企业间实现盈余资金共享，减少对外融资及利息支出，同时方便境外资金合规、顺畅地流入境内，显著降低集团综合融资成本和提高跨境资金流动性管理效率。本外币合一的跨境资金池通过名义汇总不同币种资金，无须实际兑换即可实现内部融资，有利于利用全球市场资源，降低汇兑和融资成本，提高资金运营效率。此外，它还能扩大本币融资规模，推动金融科技应用，提升人民币在企业财资管理及国际化进程中的地位。

(2) 对上海金融中心建设。跨境资金池显著提高了跨国公司资金使用的自由度和便利度，与上海国际金融中心定位相吻合，有助于提升上海作为总部经济的跨境投融资便利化水平，增强金融中心的集聚与辐射功能，加快国际金融中心建设步伐。

综上所述，跨境资金池新政实现了跨国集团内部成员企业间、境内与境外、经常与资本项目、人民币与外币的"4个打通"，在满足企业正常经营的资本项目跨境收支需求的同时，以总部经济为重心推进跨境资金池业务，提升了监管效率，赋予企业更多便利，增强了市场主体的获得感。

◆ 案例三 美的集团汇率风险管理

(一) 案例介绍

美的集团作为深圳证券交易所上市的跨国企业，在越南、埃及、巴西、阿根廷、印度等国设有生产基地,全球拥有60余个海外分支机构,业务覆盖200多个国家和地区。面对跨国经营中不可避免的汇率风险,美的集团如何有效应对?

(1)美的电器汇率风险来源。收入结构与外汇交易风险。美的电器国内外收入分布显示,2014年国内收入占比约为60%,国际收入占比约为40%,且出口收入比例呈上升趋势。由于国际收入结算货币非人民币,公司面临显著的外汇交易风险。

资产配置与汇率折算风险。近年来,美的海外资产大幅增长,尤其集中在东南亚和南美洲等新兴市场,这些地区货币波动较大,给公司带来潜在的汇率折算风险。尽管汇兑损失占净利润比例相对较低(约10%上下),但绝对金额大,且随着人民币汇率双向波动加剧,规避汇率风险的重要性将持续提升。

(2)美的电器汇率风险管理方法。面对现有及预期加剧的汇率风险,美的采取金融工具和经营手段双管齐下,有效控制汇率风险在可接受范围内。

一是金融对冲。①外汇衍生品运用。鉴于人民币汇率波动及外汇衍生品市场状况,美的采用远期结汇、售汇、结汇与NDF(无本金交割远期外汇交易)售汇组合、外汇贷款与NDF售汇组合等方式对冲进出口业务外汇交易风险,降低汇率波动对公司财务业绩的负面影响。②套利收益。通过境内卖美元、境外NDF买美元实现稳定套利。自2009年制定《外汇资金业务管理办法》以来,公司外汇资金衍生品业务套保收益不断提升,基本完全抵消汇兑损失,对冲效果显著。③外汇资金集中管理。2013年获得国家外汇局外汇资金集中运营管理试点资格后,随着集团外汇交易规模扩大,2014年虽然汇兑损失达5.7亿元,但外汇衍生品对冲收益高达15.58亿元,得益于外汇资金集中管理模式及有效运用金融衍生工具对冲风险。

二是经营对冲(跨国多元化)。①资产配置多样化。通过在世界各地设立子公司和合资生产基地,实现销售收入币种多元化,为应对汇率波动提供更多操作空间。在汇率变动明显时,调整现金、存货、应收账款、应付账款结构,降低交易风险;南美、东南亚基地产品出口欧美,降低人民币升值对竞争力的影响,减轻经济风险。②内部自然对冲。根据子公司间关联性,通过收入、定价、成本自然对冲降低汇率风险。③外币融资渠道拓展。跨国多元化经营拓宽外币融资种类与渠道,通过发债、贷款、发行票据等国际融资方式增加贬值货币负债,调整资产负债表,降低融资成本,在一定程度上缓解汇率风险冲击。

资料来源:郭飞,肖浩,史永.为什么人民币汇率波动的影响不显著——基于美的电器的案例研究[J].管理世界,2014(10):163-171.

(二)讨论题目

(1)何为汇率风险?
(2)汇率风险有哪些类型?
(3)分析美的集团防范和降低汇率风险的具体策略。

(三)案例分析

1.汇率风险的定义

汇率风险(Foreign Exchange Risk)又称外汇风险,是指在不同货币之间的兑换或折算过程中，由于汇率在一定时期内出现预期外变动，导致国际经营主体的实际收益与预期收益或实际成本与预期成本发生偏差，从而可能产生损失或收益的现象。

2. 汇率风险的类型

（1）交易风险。在以外币计价的交易中，由于汇率意外变动，导致实际收益或成本与预期不符，可能造成实际经济损失。

（2）折算风险（会计风险）。跨国公司合并财务报表时，因不同货币间的汇率变动，造成账面经济损益的可能性。

（3）经济风险。汇率意外变动引发跨国经营环境变化，可能导致现金流变动，从而产生经济损益。

3. 具体策略

（1）降低交易风险。美的集团主要通过外汇及衍生品交易来管理交易风险，如表 8-5 所示。此外，集团在外贸合同中加入汇率波动条款，规范汇率风险管理。合同中包含人民币汇率波动条款，可根据长期升值或贬值调整产品价格；如遇短期内汇率剧烈波动，也会相应调整产品价格。

表 8-5　美的集团外汇及衍生品交易概况

外汇衍生品类型	业务	对冲目标
远期结汇	出口	锁定未来外汇兑人民币结汇汇率
远期结汇 + NDF 售汇	出口	国内远期结汇，国外 NDF 售汇，美元套利
远期售汇	进口	锁定未来外汇兑人民币售汇汇率
外汇贷款 + 人民币质押存款 + 远期售汇（NDF 售汇）	进口	远期或 NDF 售汇合约，锁定外汇贷款成本

（2）防范经济风险。

第一，多元化布局。美的电器在世界各地设立子公司和合资生产基地，实现销售收入币种多元化，降低汇率波动的交易风险。南美、东南亚生产基地除满足当地需求，还出口欧美，避免人民币升值影响竞争力，降低经济风险。但发展中国家货币波动大，可能增加整体折算风险。

第二，提高附加值。通过增值服务、产品创新、调整产量等方式提升总体利润，以此对冲汇率风险。提供融资、培训等服务，提升服务水平、推动企业升级，创造更大的收益，对包括汇率在内的成本上涨起到缓冲作用。

◆ 思考题

（1）简述跨国公司财务管理的目标与特点。

（2）跨国公司财务管理的主要内容有哪些？

（3）跨国公司财务管理的内容是什么？

（4）跨国公司筹资的来源及其成本是什么？

（5）简述外汇风险管理的主要方法。

（6）跨国公司在进行外汇风险管理时需要考虑哪些因素？

（7）描述跨国公司运营资本管理的职能和财务控制的主要内容。

（8）讨论跨国公司 FDI 管理中经济评价指标的作用及其在决策中的应用。

第九章
跨国公司全球价值链与物流管理

学习目标

类别	内容
重点掌握	①全球价值链的概念、特征及其在跨国公司中的作用；②跨国公司物流管理的关键环节和策略
掌握	①跨国公司融入全球价值链的战略选择；②跨国公司全球物流的发展阶段及其特征
理解	①全球生产体系的形成与发展；②跨国公司全球物流的新发展模式
了解	①国际化生产的不同阶段；②跨国公司全球价值链与全球物流的关系

第一节 全球价值链

一、全球生产体系的形成与发展

（一）国际贸易的演进与全球生产体系的初步形成

全球生产体系的形成与发展是一个漫长而复杂的历史过程，深受国际贸易的演进和各种历史事件的影响。这一过程的初起可以追溯到15世纪，当时自然经济和区域贸易是主导形式。

在15世纪以前，世界上的贸易主要以自然经济为基础，商品的生产和交换主要在本地进行，主要依靠自给自足，以局部的、封闭的方式存在。随着城市的兴起和交通工具的改进，区域性的贸易逐渐出现，但受制于地理条件，交易规模较小，只能局限于相对有限的地域。

"地理大发现"是全球生产体系形成过程中的一个重要节点。从15世纪开始，欧洲国家进行了一系列的航海探险，开拓了新的贸易航线，使世界各地的经济联系更加紧密。这一时期，以葡萄牙、西班牙为代表的欧洲国家发现了新大陆，建立了海外殖民地。这不仅推动了世界范围内的商品和文化交流，也促进了全球生产体系的初步形成。

第一次工业革命是全球生产体系发展的又一关键时刻。18世纪，工业革命在英国兴起，工业生产方式发生了彻底的变革。机械化、工厂制造大大提高了生产效率，商品大规模生产成为可能。这一技术变革加速了商品的生产和流通，拉动了国际贸易的发展。工业化的国家开始在全球范围内寻找原材料和市场，形成了更为复杂的国际分工体系。

在这一漫长的历史过程中,国际贸易和全球生产体系的演进相互交织,推动了人类社会的发展。从自然经济到区域贸易,再到全球化的生产网络,各个阶段的变迁都反映了人类生产力和科技水平的飞速发展。随着时间的推移,这一过程逐渐演变为今天复杂而高度互联的全球产业体系,对各国的经济、文化和社会结构都产生着深远的影响。

(二)国际化生产的不同阶段

国际化生产的不同阶段展示了全球生产体系在历史长河中的多层面演进。这一进程反映了制造业在西欧的重商主义政策推动下逐渐向国外拓展,并在第一次工业革命后逐渐扩大其地理区位,不断呈现国际化的趋势。

首先,西欧重商主义政策与国外生产的兴起,标志着国际化生产的初起。在这一时期,欧洲国家采用重商主义政策,通过国家干预和保护主义措施,鼓励本国企业在海外寻找资源和市场。这种政策导致许多国外生产基地的兴起,欧洲的商业帝国逐渐在全球建立,商品和资金开始跨越国界,形成了国际化生产的雏形。

其次,第一次工业革命后,制造业向国外生产延伸,进一步推动了国际化生产的发展。随着工业技术的飞速发展,生产方式和效率得到显著提升,制造业的规模和产能大幅度增长。为了获取更多的资源、降低成本、寻找更广阔的市场,制造业企业开始将生产基地扩展到国外。这一阶段,欧美企业在亚洲、非洲等地建立了生产设施,构建了跨国生产体系的雏形。

最后,国外生产的地理区位扩大与国际化趋势表现为国际化生产在地理上的更广泛分布。全球范围内的生产基地不再局限于少数发达国家,而是扩展到新兴市场和发展中国家。这种趋势的推动因素包括全球化通信和运输技术的进步、贸易自由化的推动及国际分工的深化。企业通过在全球范围内建立生产网络,实现了资源和市场的最优配置,形成了复杂而高效的国际化生产体系。

(三)全球对外直接投资的增长与国际经济一体化

随着时间的推移,全球对外直接投资经历了多个历史时期,其中包括"黄金时代"、两次世界大战期间和第二次世界大战后的阶段。这些时期的国际投资发展反映了国际经济一体化的不同阶段和特征。

1. "黄金时代":1870—1913年国际经济一体化的高峰

"黄金时代"被认为是国际经济一体化的高峰时期,跨越了1870—1913年。在这个时期,全球贸易、资本流动和人员流动均达到了前所未有的水平。国家之间建立了广泛的贸易网络,投资活动得到了推动,尤其是在欧洲、北美和一些亚洲国家。发达国家的企业开始在全球范围内建立生产基地,追求资源和市场的最优配置。这一时期,全球对外直接投资规模虽然相对较小,但呈现快速增长的趋势。

2. 两次世界大战期间的国际投资发展

两次世界大战期间,国际投资受到了世界局势的极大影响。战争爆发导致贸易的中断和经济的动荡,使国际投资活动大幅减缓。战争期间,一些国家采取了保护主义政策,限制了资本的跨境流动。然而,在战后的重建和恢复阶段,尤其是马歇尔计划的实施,为国际经济一体化创造了有利条件。

3. 第二次世界大战后的全球对外直接投资增长

第二次世界大战后，国际社会迅速进行了战后重建，并采取了一系列措施促进国际贸易和投资。这一时期，全球对外直接投资经历了快速增长的阶段。发达国家的企业在争夺全球市场份额和资源方面发挥了重要作用。多边贸易协定的签署，如《关贸及贸易总协定》（GATT）的成立，进一步推动了国际经济一体化的进程。

二、全球生产体系、全球生产网络及全球价值链

（一）跨国公司和国际分工演进

跨国公司和国际分工演进是全球经济一体化过程中的关键要素。它们在全球范围内展开业务，并在国际市场上扮演着重要的角色，推动了国际分工体系的演进。

1. 跨国公司的角色与推动力

跨国公司是在多个国家开展商业活动的企业，其经营涵盖了跨越国家边界的各个方面，包括生产、销售、研发等。它们通常以在不同国家设立的子公司、合资企业或分支机构的形式存在。这些公司之所以成为国际经济的主要参与者，是因为它们具有独特的优势和推动力。

首先，跨国公司能够充分利用全球资源。通过在不同国家投资和开展业务，它们能够获取当地的自然资源、劳动力和市场信息，实现资源的最优配置。这种全球资源配置的能力使跨国公司能够在国际竞争中保持竞争优势。其次，跨国公司推动了技术和管理经验的传播。通过在全球范围内设立研发中心、生产基地和销售网络，跨国公司能够将先进的技术和管理经验引入不同国家。这种技术和管理的传播有助于提升全球产业水平，促进各国在全球价值链中的地位。最后，跨国公司在国际市场上具有较强的竞争力。跨国公司通过规模效应、品牌优势和全球供应链的建立，能够更好地适应国际市场的需求，更灵活地应对市场波动。这种竞争力有助于促进国际市场的竞争与协作，推动国际分工的深化。

2. 国际分工的不同阶段

国际分工随着全球经济的发展经历了多个阶段。国际分工可以追溯到工业革命前夕，当时的分工主要体现在地理空间上的不同区域从事不同的生产活动，形成了初步的国际分工格局。

随着第一次工业革命的兴起，生产方式发生了变革，工业化国家开始在制造业领域崭露头角。这一时期，国际分工逐渐向制造业聚焦，工业化的国家通过向农业化的国家输出制造业产品，实现了生产过程的国际分工。

随着科技和交通运输的进步，全球范围内的分工逐渐扩大。20世纪后半叶，跨国公司崛起，全球供应链的建立使国际分工更加复杂。不同国家在全球价值链中承担着不同的角色，从简单的组装到高附加值的研发和设计，形成了更为细致和紧密的分工格局。

当前，随着信息技术的飞速发展，全球数字化经济的兴起推动了国际分工的新阶段。数字化技术的广泛应用使劳动力、资本和信息可以更加便捷地跨越国界，形成了全球性的协同合作网络。跨国公司在数字经济时代发挥着引领作用，推动着国际分工的不断演进。

（二）国际生产体系

国际生产体系是全球化背景下，跨国公司通过对外直接投资、贸易和其他合作方式，

在全球范围内组织和协调生产要素,实现资源的最优配置和全球价值的创造。其核心要素包括治理、全球价值链和地理配置。

1. 国际生产体系的核心要素:治理、全球价值链、地理配置

治理是国际生产体系的重要组成部分,涉及企业内部管理机制和企业之间的合作关系。在全球范围内,跨国公司需要通过有效的治理结构来协调不同国家、不同文化背景下的生产要素。这包括制定统一的战略、规范业务流程、确保信息共享和决策协同。治理机制的完善有助于提高全球生产网络的效率和灵活性。

全球价值链(GVC)是国际生产体系的另一个核心要素,强调了全球范围内各个环节的有机连接。GVC包括产品的设计、原材料的采购、生产制造、物流、销售和售后服务等一系列环节,每个环节都有可能在不同的国家和地区完成。通过在全球范围内搭建高效的价值链,企业可以充分利用各国的资源和技术优势,提高产品的市场竞争力和降低生产成本。

地理配置是指企业在全球范围内的投资和布局。跨国公司通过在不同国家设立子公司、生产基地和研发中心,将生产要素合理配置在全球范围内。这样的地理配置有助于降低生产成本、缩短供应链、减少风险,并更好地满足不同地区市场的需求。

2. 全球生产网络的形成与特点

全球生产网络是在国际生产体系内形成的一种组织形式,强调企业之间错综复杂和相互依赖的关系。在全球生产网络中,跨国公司通过股权或非股权方式将其控制下的子公司、合资企业、供应商、承包商等各方连接在一起。这种网络关系在国际范围内形成了庞大的经济群落,实现了全球范围内生产要素的高效整合。全球生产网络结构如图9-1所示。

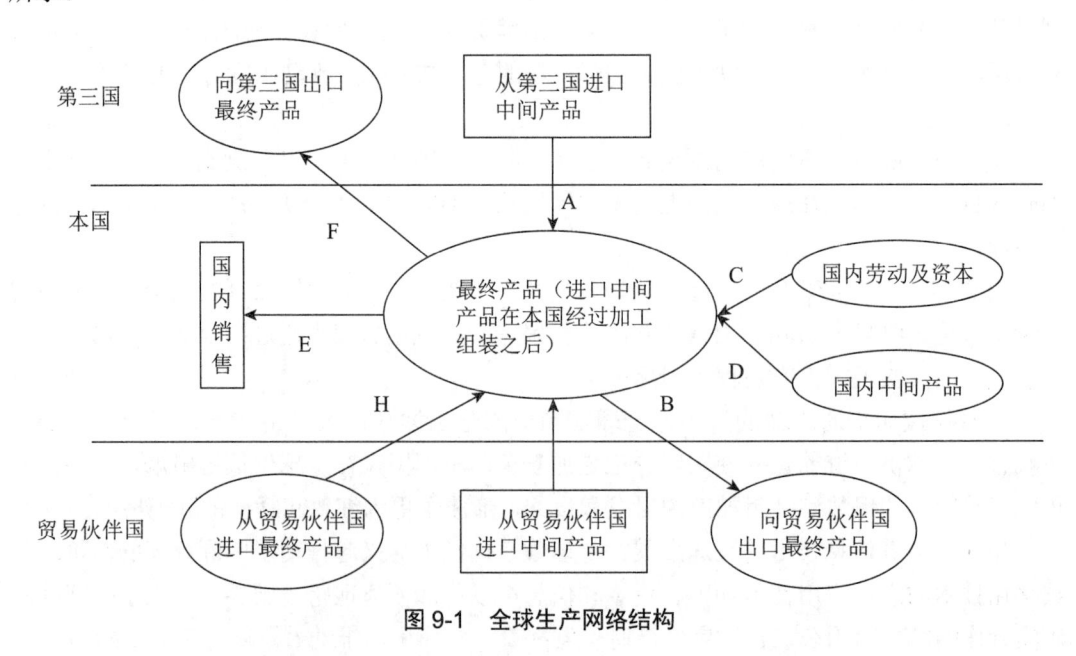

图9-1 全球生产网络结构

全球生产网络的特点是水平、倾斜和垂直的关系。水平关系体现在同一层级企业之间的合作,倾斜关系表示在全球生产网络中某些企业在价值链中占据更为重要的位置,垂直

关系则涉及不同层级企业之间的协同合作。这种错综复杂的网络关系使全球生产网络具有较大的灵活性和适应性。

3. 跨国公司在国际生产体系中的作用和影响

跨国公司在国际生产体系中扮演着关键的角色，其作用和影响体现在三个方面。

首先，跨国公司通过引入先进的管理经验和技术，推动了全球范围内的产业升级。它们在全球范围内建立研发中心、技术创新中心，通过技术创新提高产品附加值，推动了全球产业结构的优化。其次，跨国公司通过全球范围内的生产网络，实现了资源和市场的全球配置。这有助于提高生产效率，降低生产成本，同时也使企业更好地适应国际市场的变化。最后，跨国公司在国际生产体系中的影响还体现在对地方经济的拉动和对全球分工格局的塑造。跨国公司的投资和生产活动为当地提供了就业机会，促进了地方产业的发展。同时，跨国公司在全球范围内的布局也影响了不同国家和地区在全球分工中的地位，塑造了全球经济的格局。

（三）全球价值链

1. 价值链的演进：从波特到全球价值链

"价值链"一词最早由著名的经济学家迈克尔·波特（Michael Porter）于1985年提出，被定义为企业内部一系列相关活动，这些活动共同创造和提供一种产品或服务。波特的价值链模型主要关注企业内部的活动，强调通过这些活动的协同合作来提高企业的竞争优势。然而，随着全球化的深入发展，单一企业的边界变得模糊，产业链越发纵横交错，于是"全球价值链"逐渐崭露头角。

全球价值链是对波特价值链概念的拓展和延伸，突出了全球范围内不同企业之间的合作与关联。在全球价值链中，产品或服务的生产活动不再局限于单一的企业内部，而是跨越多个国家和地区，涵盖了更广泛的环节。这种演进反映了全球经济一体化的趋势，企业通过更广泛的国际合作，充分利用各地资源和优势，提高整个价值链的效率和降低成本。

2. 全球价值链的定义和范畴

全球价值链是指在全球范围内为实现商品或服务的价值而连接生产、销售、回收处理等过程的全球性跨企业网络组织。这一概念强调了企业间错综复杂和相互依赖的关系，以及产业链在全球范围内的拓展和连接。全球价值链的范畴包括原材料采集和运输、半成品和成品生产、分销，以及最终消费和回收处理的整个过程。它涉及所有参与者和生产销售等活动的组织、价值和利润的分配。

全球价值链的出现反映了全球产业分工的深化和扩展。企业通过在全球范围内建立合作伙伴关系，将不同环节的活动集中在各自最具竞争力的地区，从而形成高效的全球协同生产网络。这种组织形式使企业能够更好地适应市场需求的变化，同时最大化资源利用，提高产品的附加值。

3. 技术、生产和营销三大环节的价值增值比较

全球价值链中，价值增值的比较表现为技术、生产和营销三大环节的协同作用。这一协同作用形成了一种被称为"微笑曲线"的特殊形状，如图9-2所示。

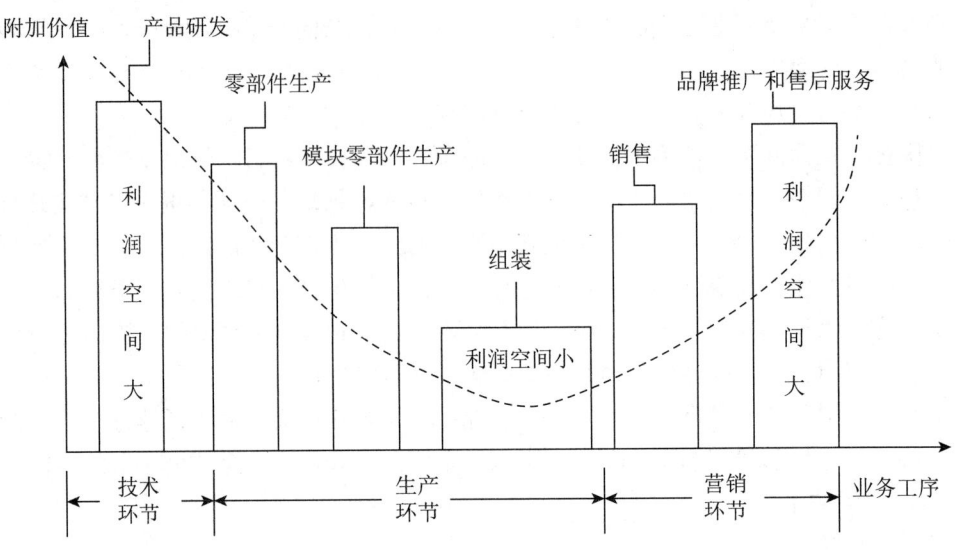

图9-2 价值增值"微笑曲线"

首先，在技术环节，包括研发、创新和设计等活动。这些环节的价值增值通常较高，因为技术创新是提高产品附加值和竞争力的关键。企业通过全球合作，能够充分利用不同地区的技术优势，实现更高水平的技术创新。其次，在生产环节，包括采购、生产、装配、测试、包装和库存管理等活动。这一环节的价值增值相对较低，因为这些活动通常更为标准化，竞争主要体现在效率和成本方面。通过全球化的生产网络，企业可以选择在成本相对较低的地区进行生产，从而降低生产成本。最后，在营销环节，包括批发、零售、品牌推广、售后服务等。这一环节的价值增值同样较高，因为市场推广和品牌形象的建设对产品的市场份额和溢价能力有着重要影响。通过全球范围内的营销活动，企业能够更好地满足不同地区市场的需求，提高品牌的国际知名度。

全球价值链的发展不仅凸显了企业间广泛的合作与关联，也表现在技术、生产和营销三大环节的协同作用上。通过在全球范围内优化资源配置和活动协同，企业能够实现更高水平的价值创造和竞争优势。

三、全球价值链治理与升级

（一）全球价值链治理

全球价值链治理是指通过非市场机制来协调价值链各个环节之间经济活动的过程，具体涉及资金、材料、人力资源在价值链中的分配与流动，以及"生产什么、如何生产、何时生产、生产多少、以何价格"等关键战略决策。治理主体通常是价值链中握有权力的核心参与者，他们制定规则并监督其他成员遵守。

全球价值链治理可以从立法、司法、执法三个层面展开。

一是立法治理。制定参与全球价值链的基本条件和规则，涵盖产品质量、价格、产品标准（如 ISO 9000）、环境标准（如 ISO 14000）、劳工标准（如 SA 8000）及行业标准等社会标准，为价值链运作设定框架。

二是司法治理。负责监督标准执行情况，监测参与者是否遵循既定规则，确保合规性。

三是执法治理。根据监督结果采取相应措施，如采用奖励与惩罚相结合政策，对违规行为进行纠正，对遵规行为给予激励。

关于全球价值链的具体治理模式，学者提出了多种分类方法。

一是二分法。将全球价值链分为购买者驱动价值链和生产者驱动价值链。在购买者驱动价值链中，大型零售商和品牌商设定产品标准和规则；在生产者驱动价值链中，掌握关键生产技术的跨国公司占据主导，通过投资引导市场需求，构建全球生产网络的垂直分工体系。

二是混合型全球价值链。结合购买者驱动和生产者驱动的特点，形成一种更为复杂的治理结构。

Sturgeon 的三类生产网络模型如下。

（1）层级型或领导型（日本、韩国）。总公司对海外分支机构实行较强控制，或由一个领导厂商协调各层次的供应商。

（2）关系型（德国、意大利）。治理基于网络主体间深厚的社会经济关系。

（3）模块型（美国）。供应商向领导厂商提供全承包服务，交易和沟通通过高度格式化的程序进行。

Humphrey 和 Schmitz 的四种类型治理模式如下。

（1）网络型。强调网络成员间的相互依赖和协作。

（2）准等级型。虽非严格的等级结构，但存在一定程度的权力集中和指令传递。

（3）等级型。具有明确的上下级关系和严格的命令控制。

（4）市场型关系。各成员间以市场交易为主，相对独立，竞争性强。

Gereffi 等的五种治理模式如下。

（1）市场型。基于市场交易，交易简单，供应商能力有限。

（2）模块型价值链。交易转换程度高，供应商提供特定模块，能力专业化。

（3）关系型价值链。依赖长期合作关系和互信，交易复杂。

（4）捕获型价值链。核心企业对供应商有较强控制力，交易稳定。

（5）层级型。核心企业直接管理多个生产环节，控制严密。

表 9-1 对比了购买者驱动价值链和生产者驱动价值链的特点，如控制资本类型、资本（技术）密集度、劳动力特征、生产一体化方式、控制企业类型、合同（外包）情况及供应商提供的产品形态，揭示了两类价值链在产业性质、资源配置、组织结构等方面的显著差异。代表性行业如汽车、计算机属于生产者驱动型，而服装、鞋子等属于购买者驱动型。

表 9-1 购买者驱动价值链和生产者驱动价值链的比较

	生产者驱动价值链	购买者驱动价值链
控制资本类型	产业	商业
资本或技术密集度	高	低
劳动力特征	技能、高工资	非技能、低工资
生产一体化	垂直、上下级	水平、网络松散

续表

	生产者驱动价值链	购买者驱动价值链
控制企业	制造业企业	零售商
合同或外包	中性和提高	高
供应商提供	部件或组件	产品
代表性行业	汽车、计算机、航空、电子机械	服装、鞋子、玩具、电子易耗品

(二) 价值链升级

价值链升级是指企业通过吸收购买商与生产商的知识和信息提升自身能力，并从低附加值活动向高附加值活动转移，以在全球生产活动中获取更高收益的过程。升级模式因行业、经济体投入产出特性及法治环境的差异而有所不同。全球价值链升级主要沿着以下两条路径发展。

一是同一价值链内增加要素投入，提升能力。

（1）工艺升级（Process Upgrading）。改进生产流程、技术或管理体系，提高生产效率和产品质量。

（2）产品升级（Product Upgrading）。开发更高端、技术含量更高的产品，满足市场需求。

（3）功能升级（Functional Upgrading）。扩展业务范围，从事研发、设计、品牌建设等高附加值活动。

二是从一个价值链转向另一个高回报价值链。企业跨越原有行业，进入具有更高收益潜力的新价值链。

综合以上观点，将企业升级类型归纳为工艺升级、产品升级、功能升级和链条升级。发展中经济体的企业可通过这四个途径提高竞争力，实现其全球价值链的升级。升级过程是企业主动参与的结果，升级路径和方式会因产业特性和国家基础差异而变化。价值链升级受到 GVC 的性质、结构、治理，主导企业的特征，及东道国与当地企业的特点等多种因素的影响。在实践中，发展中经济体往往易于实现产品升级和工艺升级，但面临着功能升级和链条升级的挑战，原因包括主导企业优势显著、全球价值链竞争动态激烈、东道国企业追求短期效益、价值链内部承包关系固化等。

(三) 价值链中经济租的产生与利益分配

价值链中经济租是指因企业在价值链特定位置所享有的超额利润，即超过其不在该位置时可能创造的利润。根据经济租的来源，可将其分为以下三类。

（1）价值链参与者租金。企业凭借自身独特禀赋产生的额外利润。

（2）参与者间关系租金。通过参与者共同专属性投资创造的超额利润，源于企业间交换关系，如网络组织中的网络租金（购买者驱动型全球价值链中的关系租金）。

（3）存在于价值链之外的租金。主要包括自然资源租、政策租、基础设施租、金融租。

全球价值链涵盖研发、设计、生产、物流、销售等环节，各环节附加值不同导致处于不同环节的企业收益也有所差异。全球价值链经济租主要有上述三种类型，决定经济租利益分配的因素有以下三种。

（1）参与企业创造的经济租类别。

（2）所依托价值链的自然资源及政策环境。

（3）在价值链中的角色定位。

通常，全球价值链的主导企业掌握着价值链的协调和管理权，通过不同治理模式确定参与企业的利益分配，且自身占据大部分租金。

第二节 跨国公司融入全球价值链

一、全球化时代下的企业战略演变

（一）传统生产模式的挑战

在全球化时代，传统的生产模式逐渐显露出无法满足日益增长的全球市场需求的短板。企业战略面临着前所未有的复杂性和挑战。这一挑战的核心表现在国际生产体系的简单分工已经不能有效地应对跨国公司在全球市场的需求。

过去，国际生产体系往往采用简单的分工模式，每个国家和地区负责生产某个产品或零部件，最终形成一个相对封闭的生产链条。然而，全球化的迅猛发展使市场需求变得更加多元化，产品的复杂性和多样性增加。传统的生产模式面对这一趋势显得力不从心，因为简单分工模式无法适应全球市场日益复杂的需求结构。

在这一背景下，全球价值链崛起成为企业获取竞争优势和降低生产成本的新兴模式。全球价值链的本质是将生产过程分解为不同的环节，这些环节可以在全球范围内完成。企业可以专注于自身核心竞争力，将非核心环节外包给全球范围内最具竞争力的伙伴。这种分工协作的方式使企业能够更加灵活地适应市场需求的变化，同时也能够更有效地降低生产成本。

（二）全球价值链的崛起

全球价值链的崛起对企业提出了新的战略思考。

首先，企业需要重新思考其在价值链中的定位。传统上，企业可能更加注重生产环节；但在全球价值链中，企业更多地关注创新、设计、营销等环节。企业需要通过技术创新、产品设计及在全球市场的精准定位寻找自身在价值链中的独特位置。

其次，全球价值链要求企业加强与全球合作伙伴的紧密协作。企业不再是孤立运作，而是与其他企业形成紧密的生态系统。合作伙伴之间需要建立高效的沟通和协作机制，共同推动整个价值链的优化和创新。

最后，企业在全球化时代还需要更加灵活地调整战略，因为全球市场的变化速度更快，竞争更加激烈。企业需要具备快速响应市场变化的能力，灵活调整产品组合、市场定位和生产布局，以迅速适应不断变化的全球商业环境。

二、参与全球价值链的战略选择

在参与全球价值链的战略选择方面，企业需要综合考虑对外直接投资（FDI）、贸易战略和非股权形式的合作模式等策略。每种策略都有其独特的优势与劣势，企业应根据自身情况和市场需求做出合适的选择。

（一）对外直接投资

FDI 是企业在全球范围内建立分支机构、子公司或进行并购的一种战略选择，旨在实现在全球价值链中的深度融合。这种策略的优势在于，企业可以直接参与目标市场的管理和运营，获得更多的市场信息和资源。此外，FDI 还能够提高企业在目标国家的市场份额，降低生产成本，并加强企业与当地供应商和合作伙伴的关系。

然而，FDI 也面临着一些挑战。一是企业需要对目标国家的法规、市场环境、文化差异等方面有深刻的了解，并应对不同国家之间的差异性。二是 FDI 需要较大的投资额和管理资源，对企业的财务状况和管理能力提出了更高的要求。因此，在选择 FDI 策略时，企业需要进行细致的市场调研和风险评估，以确保投资的可行性和收益。

（二）贸易战略

贸易是企业参与全球价值链的传统方式，企业可以通过贸易更灵活地响应市场需求，降低生产成本，提高效率。贸易战略的优势在于，企业可以选择性地与全球范围内的供应商和合作伙伴进行贸易，而无须直接投资于目标国家。这种方式可以使企业更加专注于自身的核心竞争力，以降低跨国经营的复杂性。

然而，贸易战略也存在一些劣势。一是企业需要面对国际贸易政策的不确定性，包括关税和非关税壁垒的影响。贸易政策的变化可能对企业的运营和盈利能力产生直接影响。二是贸易模式可能受制于全球供应链的不稳定性，特别是在面对地缘政治紧张局势或自然灾害等不可预测的因素时。

有的研究机构把以贸易参与价值链的方式分为内部一体化贸易（In-house Chain）、供应网络（Supply Network）、分包商（Subcontractor）和原材料生产商等，如表 9-2 所示。

表 9-2　以贸易方式参与全球价值链模式

类型	描述	案例
内部一体化贸易	子公司间贸易；企业集团内对产品进行开发、生产、销售和营销	医药公司；华为等通信公司
供应网络	在满足客户需求和采购方面有比较优势，如时尚物品或家居装修项目以自己的品牌销售 在许多国家安排订单有或多或少的连续性，了解终端市场消费者偏好，没有或只有很少生产设施	宜家家居；南非的连锁超市
分包商	或多或少地依赖一个或多个客户，投入生产，如汽车零部件、服装、呼叫中心服务	印度珠宝首饰或软件生产商；瑞典的安全带设备供应商
原材料生产商	谷物、木材的生产，石油开采及用于制造其他产品的金属的生产	加拿大石油生产商；马来西亚木材生产商

（三）非股权形式的合作模式

非股权形式的合作模式包括合同制造与服务外包、订单农业、许可经营、特许经营、管理合同和战略联盟合作经营等方式。这些合作模式使企业可以更加灵活地参与全球价值链，通过契约方式实现全球范围内的协作和资源整合。

这种合作模式的优势在于，企业可以选择性地合作，并灵活调整合作伙伴关系。非股权形式的合作不涉及直接的投资和管理，因此降低了企业的运营成本和管理费用。此外，通过战略联盟等形式，企业可以共享资源、风险和创新成果，提高整体竞争力。

然而，非股权形式的合作模式也存在一些挑战。由于合同关系的不确定性，企业需要建立有效的合同管理和风险控制机制，以防止在合作过程中的纠纷和利益分歧。此外，合作伙伴之间的利益不同和文化差异也可能影响合作的效果。

在选择参与全球价值链的战略时，企业需要综合考虑上述各种策略的特点，并根据自身的战略目标、核心竞争力和市场需求做出明智的决策。通过科学的市场调研、风险评估及合作伙伴选择，企业可以更好地适应全球化时代的竞争环境，取得持续的竞争优势。

◆ 章内案例9-1　全球价值链重构与跨国公司战略分化——基于全球化转向的探讨

跨国公司的战略会受到全球价值链的影响。在全球价值链重构的背景下，不同的跨国公司有不同的战略选择。有的跨国公司通过积极构造以自身技术为核心的开放竞争生态体系，加快数字化转型，以克服各种政治经济环境对其所处全球价值链和中国市场业务所造成的冲击，表现出了卓越的战略适应性。例如，丰田公司在全球汽车产业经济下行及多家同业跨国公司业绩明显下滑的不利环境下，保持了业绩平稳。面向未来的新技术竞争，丰田公司更是在电动汽车、无人驾驶、氢能源领域做了大量投入，并做出重大决策，向业界无偿提供所持有的关于电机、电控、系统控制等车辆电动化技术的专利使用权约23740项，其中包括燃料电池相关技术约8060项，以加快构建技术创新生态系统。在自动驾驶领域，过去五年丰田公司的投资已接近50亿美元。2019年，丰田公司加入了由百度主导的"阿波罗计划"自动驾驶开发联盟。再如，法国电力在全球战略布局调整中，致力于寻求最有增长潜力的区域或国家来开展业务，以实现最大可能的可持续增长。在核工业领域，法国电力是中国的长期伙伴。2019年9月，中法能源领域在华最大的合作项目——台山核电一期工程全面建成，建有两台三代核电技术的压水堆核电机组，每台机组的单机容量为175万千瓦，是世界上单机容量最大的核电机组。在欧洲经济相对低迷的情况下，法国电力在部分市场出售了海外资产，同时，也在继续为后续进入寻找转型探索切入点。2020年，法国电力正在探索与中国企业合作，将其开源工业软件应用于中国工业互联网与数字化市场。

资料来源：史丹，余菁. 全球价值链重构与跨国公司战略分化——基于全球化转向的探讨 [J]. 经济管理，2021（2）：5-22.

三、全球化时代下的企业治理结构

在全球化时代下，企业治理结构发生了重大变化，跨国公司在内部治理、与供应商关系的管理及与全球经济环境的互动等方面都面临着新的挑战和机遇。

（一）跨国公司的内部治理

在全球化时代，跨国公司的内部治理结构需要更加灵活和适应多元文化的特点。管理层级的调整成为关键，以确保信息的流通和决策的迅速执行。跨国公司可能会采用扁平化管理结构，减少决策层级，提高反应速度。此外，团队协作的加强也变得尤为重要，通过强化跨部门和跨地区的协作，促进信息的共享和创新的产生。信息技术的运用，如云计算、协同办公工具等，也成为优化内部治理的有效手段，使企业能够实现全球范围内的远程协作和实时信息共享。

（二）跨国公司与供应商关系的管理

全球化使跨国公司的供应链更加庞大和复杂，因此，有效管理与供应商的关系成为企业成功参与全球价值链的重要因素。企业需要建立稳固的合作伙伴关系，包括定期的沟通、共同的战略规划和风险共担机制。通过建立供应链的透明度，企业可以更好地了解整个价值链上的运作情况，从而更灵活地应对市场需求的变化。风险管理也变得至关重要，企业需要考虑供应链中可能出现的各种风险，如自然灾害、政治动荡、原材料价格波动等，并制订相应的风险应对计划。

（三）跨国公司与全球经济环境的互动

企业在全球经济环境中的互动需要更为敏感和灵活。对汇率风险的管理成为企业全球化经营中的一项关键任务，企业需要采取有效的货币避险策略，以降低外汇波动带来的不确定性。同时，全球宏观经济趋势的分析也对企业战略决策产生深远影响。企业需要不断关注全球市场的发展动向，预测未来的经济走势，以调整产品组合、市场定位和供应链战略。此外，对全球政治、法规变化的敏感性也增强了，这增加了企业在全球化时代的经营风险。企业需要密切关注各国政策的变化，及时调整经营策略，以适应新的法规环境。

在全球化时代，企业治理结构的调整不仅仅是一项内部管理问题，更是适应外部环境变化的战略调整。通过建立灵活的内部治理结构、加强与供应商关系的管理并及时应对全球经济环境的变化，企业可以更好地把握全球化带来的机遇，应对挑战，保持竞争力。

四、全球化时代下的企业社会责任

在全球化时代下，企业社会责任不仅涉及经济层面，还直接关系到社会和环境的可持续发展。在参与全球价值链的过程中，企业需要认真思考如何平衡经济利益、社会责任和环境可持续性，以实现可持续发展的目标。

（一）可持续发展与全球价值链

可持续发展已成为企业社会责任的核心理念之一。在全球价值链中，企业的决策和行为直接影响到社会和环境的健康。企业需要考虑如何通过其经营活动促进社会的繁荣和环境的可持续性。这可能包括在生产过程中采用更环保的技术，推动能源效率，减少废弃物的产生，以及参与社会公益项目。通过在全球价值链中积极推动可持续发展，企业不仅能够提高社会责任形象，还能够降低与环境和社会相关的潜在风险。

（二）本土化与全球化的平衡

企业在全球价值链中需要找到本土化与全球化的平衡点。一方面，企业需要充分尊重当地文化、法规和社会习惯，以避免与当地利益发生冲突，确保业务的可持续发展；另一方面，企业需要保持全球业务的一致性，以确保在全球范围内提供一致的产品和服务，并维护企业的品牌形象。这种平衡不仅是企业社会责任的表现，也是企业形象和声誉的重要组成部分。通过在全球价值链中实现本土化与全球化的平衡，企业能够更好地适应不同市场的需求，建立更加健康的合作关系，提高企业在全球市场中的竞争力。

（三）创新与全球价值链的结合

在全球价值链中，创新是企业保持竞争力的核心。企业需要在全球范围内进行创新合作，整合全球创新资源，推动科技、管理等方面的进步。通过与全球各地的合作伙伴共同进行研发、技术创新，企业能够更加灵活地应对市场变化，提高产品和服务的附加值。创新还可以推动企业在全球价值链中的位置向上游移动，实现更高水平的附加值。通过创新与全球价值链的结合，企业不仅能够在技术和市场上取得优势，还能够为社会和环境的可持续发展做出更大的贡献。

第三节　跨国公司的全球物流

一、跨国公司物流的发展阶段

随着全球化的发展，跨国公司成为国际物流的主要推动者和载体。物流在国际范围内协同合作，通过国际化的物流网络、设施和技术，实现了生产要素和商品的充分流动与交换。跨国公司的物流发展经历了以下几个阶段。

第一阶段（20世纪50年代至80年代初）。在这一阶段，伴随着跨国公司对外直接投资（FDI）的大发展，物流系统的设施和技术得到了巨大的提升。跨国公司开始建立配送中心和立体无人仓库，同时广泛采用电子计算机技术，推动了物流活动的规模化和精细化。尽管物流国际化趋势已经开始，但在这一时期还未引起广泛的关注。跨国公司通过物流的先进设施和技术提高了运营效率，为国际贸易的发展创造了基础。

第二阶段（20世纪80年代初至90年代初）。随着信息技术和国际经济的迅速发展，跨国公司在这一阶段推动了物流国际化的发展。特别是在美国企业面临经济不景气的背景下，它们强调改善国际性物流管理，以在激烈的国际竞争中获得竞争优势。同样，日本企业也在国际化发展期采取了一系列措施，如建立物流信息网络和全面质量管理。然而，这一阶段主要局限于发达国家的企业。

第三阶段（20世纪90年代初至21世纪初）。在这一阶段，国际物流概念和重要性得到广泛接受和认可。跨国公司的经营范围遍布全球，推动了物流更加国际化的发展。在这个时期，物流的国际化不仅体现在设施和技术上，还涉及服务、货物运输等方面。跨国公司通过建立全球物流网络、采用国际先进的物流服务体系，加强了全球范围内的物流协同作业。这一阶段的物流国际化不再局限于发达国家，而成为全球范围内跨国公司的发展趋势。物流国际化为全球供应链的建立和跨国公司的全球化战略提供了有力支持。

第四阶段（21世纪初至今）。随着科技的不断进步和全球化的深入，跨国公司物流正在进入智能化、数字化时代。先进的技术，如物联网、人工智能、大数据分析等将进一步提升物流系统的效率和可视化管理水平。全球范围内的物流网络将更加紧密相连，实现全球供应链的无缝衔接。同时，环保和可持续性的要求将促使跨国公司在物流中更加注重绿色、低碳的发展方向。总之，跨国公司物流未来的发展将更加注重创新、智能和可持续性，以适应不断变化的国际市场环境。

二、跨国公司的全球价值链与全球物流

（一）跨国公司的价值链

在全球化的潮流中，跨国公司的价值链成为推动企业全球经营的核心机制。这一价值链包括主要活动和辅助活动，其中主要活动涵盖入门物流、生产运作、出门物流、销售和服务等环节，而辅助活动包括企业基础设施、人力资源管理、技术开发和采购等方面。通过对这些活动的有机组合，跨国公司致力于优化生产流程，以提高企业的整体效益。

在全球价值链中，跨国公司扮演着多重角色，根据其相对优势参与产业链的不同阶段。这种分工机制使全球资源得以充分利用，促进了全球经济的协调发展。主要活动的专业化和规模化生产，使企业能够在全球范围内高效运作，实现降本增效的目标。同时，全球化的协同作业也为企业带来了更多的机遇，激发了技术创新和知识传播的活力。

专业化和规模化生产是跨国公司在全球价值链中取得成功的关键。通过各环节的协同作业，企业能够更加灵活地应对市场需求，提高产品和服务的质量，并降低整体成本。全球化带来的市场规模和资源整合，为企业创造了更多的经济效益。

此外，全球价值链的建立也为技术创新和知识传播提供了有力支持。跨国公司在全球范围内汇聚了来自不同文化和专业领域的人才，促进了知识的交流和创新的涌现。这种开放式的合作模式使企业能够更好地适应快速变化的市场环境，推动全球产业的升级和创新。

（二）全球化运作下的跨国公司物流系统

在全球化背景下，跨国公司的物流系统成为确保企业全球经营成功的重要组成部分。全球化要求企业进行生产环节的垂直分离，以更好地适应全球范围内资源的配置和市场的需求。这使企业需要在全球范围内选择最具竞争力的供应商，并建立高效的协同合作机制，以实现全球范围内的价值链整合。

合理的国际分工使跨国公司的物流更加灵活高效。企业能够在全球范围内选择最适宜的运输方式和仓储策略，从而提高物流效益。这种垂直分离的策略使企业可以将精力集中在核心业务上，同时借助全球范围内的资源和合作伙伴，实现更高效的生产和物流管理。

在全球物流中，跨国公司需要制定灵活的策略，以适应不同国家和地区的物流环境。这涉及合理选择运输方式、建立全球供应链网络，确保物流的顺畅和高效。不同国家的法规、文化、地理条件等因素都会对物流产生影响，因此，跨国公司需要根据具体情况调整物流策略，以保持在不同市场的竞争力。

物流管理在不同类型的跨国公司中发挥着不同的作用。对于制造业企业而言，物流是保证生产效率的关键，通过精细的供应链管理和及时的物流运作，企业能够确保原材料的及时供应和成品的准时交付。对于服务业企业而言，物流直接关系到服务的及时性和质量，例如，在全球范围内建立高效的信息传递和支持系统，以确保客户能够及时获得所需的服务。

（三）自营物流与合作物流

自营物流与合作物流是跨国公司在物流管理中面临的两种不同的策略，它们各自具有一系列的优势和挑战。在选择物流策略时，企业需要综合考虑多种因素，如企业规模、行业特性、全球市场分布等。

自营物流作为一种策略，有助于企业更好地掌握供应链的控制权，提高运作效率。通过自己建设和管理物流网络，企业可以更灵活地调整和优化物流流程，满足生产和市场需求。然而，自营物流也存在两大挑战。第一，需要大量的投资和管理资源，涉及设施建设、运输工具购置、信息系统建设等方面的成本。第二，自营物流在全球范围内运作时，由于涉及不同国家的法规、文化差异等复杂因素，管理难度较大。

相反，合作物流通过委托专业的物流公司能够降低企业的运营成本，提高运作效率。合作伙伴通常拥有更丰富的物流经验和资源，可以提供全球范围内的高效服务。此外，合作物流还能减轻企业在物流管理上的负担，使企业更专注于核心业务。因此，与合作伙伴要建立稳固的合作关系，以确保物流过程的顺畅。一旦合作关系出现问题，可能对企业的供应链造成较大的影响。

在实践中，许多跨国公司采取混合物流模式，灵活运用自营物流和合作物流。这种混合模式可以根据具体业务需求进行调整，充分发挥各自的优势。例如，企业可以选择自营物流来管理关键的、高价值的产品，而将一些标准化、低附加值的物流环节交由合作伙伴完成。这种灵活性使企业能够更好地适应不同市场和环境的需求，实现物流策略的最优化配置。

三、物流在跨国公司全球运营中的关键作用

在跨国公司全球运营中，物流发挥着至关重要的作用。物流不仅是企业实现全球化战略的重要支持者，还直接影响到企业的运营效率、成本控制、客户服务水平等方面。同时，全球化物流也面临着一系列挑战，需要企业制定科学的解决方案，以确保物流运作的顺畅。

（一）物流对企业全球化战略的支持

在企业的全球化战略中，物流系统的建设和优化扮演着重要的支持角色。跨国公司通过精心设计和有效管理物流网络，实现全球化战略的多重目标。这一系统的优势体现在降低运营成本、提高供应链效率、缩短交付周期及提升客户服务水平等方面。

首先，物流网络的合理设计和精细管理有助于企业实现全球化战略目标。通过在全球范围内整合和优化资源，企业能够更有效地运作，不仅能提高物流效率，还能为企业创造更多的运营优势，从而实现成本的最小化。

其次，通过优化供应链的各个环节，物流在提高生产和供应链整体效率方面发挥着关键作用。物流操作的及时性和准确性有助于降低库存水平，缩短生产周期，提高供应链的灵活性。这种优化流程不仅能使企业更加敏捷地应对市场需求变化，还能够提高整体生产效率。

再次，全球化物流网络为企业提供了更快速地响应市场需求的能力。通过合理的物流规划，企业能够缩短产品从生产到交付的周期，提高市场敏捷性。这使企业能够更灵活地

适应市场的变化，更好地把握市场机会。

最后，通过建立高效的全球物流系统，企业能够提供更加及时、可靠的交付服务，从而提升客户体验。这种高水平的客户服务有助于增强客户忠诚度，提高市场竞争力。客户更愿意选择能够在时间上、质量上都满足需求的企业，而全球物流系统的优化提供了实现这一目标的有力工具。

（二）全球化物流面临的挑战

首先，跨越国界的物流操作涉及不同国家、地区的法规、运输网络、文化等因素，增加了物流的复杂性。为了应对这一挑战，企业需要建立全球化的物流管理团队，深入了解各国的物流环境，以确保在不同国家和地区能够灵活应对各种情况。

其次，不同国家的政策和法规对物流活动有不同的要求，可能涉及报关、税收、安全标准等方面。企业需要建立合规的物流管理体系，确保在全球范围内的运作符合当地法规。这要求企业具备对国际法律法规的敏感性和全面性，以避免因法规不符合而导致的潜在问题。

跨国公司在不同文化背景下运作，涉及语言、习惯、商务礼仪等方面的差异。建立跨文化的物流团队和沟通机制是解决文化差异带来的挑战的关键。有效的跨文化管理有助于减少误解和沟通障碍，提高团队协作效率。

再次，高效的全球化物流依赖于先进的信息系统支持。企业需要投资于信息技术，建立全球物流信息平台，实现实时监控、数据分析和决策优化。这有助于提高运营的透明度和效率，更好地应对全球范围内的挑战。

最后，不同国家对产品的标准和质量要求存在差异。企业需要制定标准化的物流流程，确保产品在全球范围内符合相关标准。包括产品包装、运输方式等方面的标准化，以确保产品在全球供应链中的一致性，提高产品的市场适应性。

（三）关键成功因素分析

在全球化物流中，关键成功因素对企业的全球运营起着重要的作用。

首先，合理规划全球物流网络是确保成功的关键。通过覆盖关键市场，企业能够最大程度地降低运输成本，并提高产品在全球范围内的供应链效率。这涉及对全球市场的深入了解和对供应链的精细规划，确保物流网络的覆盖面和效益的最大化。

其次，投资于先进的信息技术是实现全球化物流成功的另一关键因素。通过建立全球物流信息平台，企业能够实现对全球物流活动的实时监控、数据分析和决策优化。这不仅提高了运营的透明度，还增强了企业对全球供应链的掌控能力，使其能够更灵活地应对不同地区的变化和挑战。

再次，建立高效的跨文化物流团队是确保全球化物流成功的关键因素。在跨国公司的全球运营中，不同国家和地区存在语言、文化、商务礼仪等方面的差异，这需要企业建立具有跨文化沟通和协作能力的团队。高效的团队能够更好地应对文化差异带来的挑战，推动全球物流活动顺利进行。

从次，制定合规的物流管理体系同样重要。在全球范围内，不同国家和地区存在不同的法规和政策，企业需要确保其物流活动符合各国法规的要求。建立合规的物流管理体系不仅有助于规范运作，还能降低企业面临法律风险的可能性，增强企业在全球范围内的经营可持续性。

最后，建立全球风险管理机制是确保全球化物流成功的关键因素之一。全球市场面临着政治、经济、自然灾害等多种风险因素，企业需要能够有效预测并迅速应对这些风险。通过建立全球风险管理机制，企业能够更好地抵御不同地区面临的各种挑战，确保全球物流活动的稳定运行。

四、跨国公司物流的特征

在经济全球化和国际分工深入发展的条件下，跨国公司的生产经营活动呈现出新的特点，对物流管理也提出了更高的要求。跨国公司的全球采购、全球生产及全球销售使物流管理面临新的挑战，相比国内企业物流，跨国公司的全球物流具有以下显著特征。

（一）物流远程化

由于跨国公司涉及全球范围内的生产、采购和销售活动，物流业务所需的运输距离较大，物流系统的范围广泛。这导致了物流的难度和复杂性显著增加，同时也带来了运输风险的增大。远程物流需要更加高效的规划和管理，以确保产品能够按时、安全地到达目的地。

（二）复杂的国际法规和政策

不同的国家制定了各自独特的政策和法规，包括关税、进出口限制等方面的法规。这使企业在进行国际商业交易时需要处理更为烦琐的单据和手续，增加了物流活动的复杂性。跨国公司需要建立健全的法务团队，以确保其物流活动符合各国法规，避免因法规不符而产生不必要的问题。

（三）考虑当地的运作环境和技术条件

不同地区的运作环境和技术条件存在差异，某些地区可能无法应用某些先进的物流技术。这要求企业在设计全球物流系统时考虑到这些差异，制定灵活的物流方案，以适应不同地区的需求。

（四）文化差异的考虑

文化差异的考虑是全球化物流中另一个显著的挑战。跨国公司必须深入了解不同文化之间的差异，以及当地消费者对产品的需求。文化差异增加了物流的难度和系统的复杂性，企业需要在不同的文化环境中运作，通过定制化的服务和产品适应当地市场。

（五）国际化信息系统的需求

跨国公司的全球物流需要强大的信息系统支持，包括实时监控、数据分析和决策优化。然而，管理庞大而分散的信息系统不仅具有技术上的挑战，还需要大量的投资。由于不同地区的物流信息水平可能存在不均衡，增加了信息系统的管理难度。

（六）物流标准化的要求

缺乏统一标准可能导致物流费用的增加和运输的困难。在美国、欧洲等国家和地区已经实现了某些物流工具和设施的标准统一，但在全球范围内的标准化仍然存在挑战。企业需要积极参与国际标准的制定和推广，以促进全球物流标准的一体化。

五、跨国公司全球物流的新发展

在全球化背景下，跨国公司的全球物流不断演进，涌现出一系列新的物流模式和概念，其中包括第三方物流、第四方物流及海外仓等。这些新发展为跨国公司提供了更加灵活、高效的物流解决方案，推动着全球物流领域的创新和进步。

（一）第三方物流

第三方物流（3PL）是指企业将物流服务外包给专业的第三方物流公司。这一模式的发展为跨国公司提供了多方面的优势和便利。

1. 第三方物流的优势

第一，第三方物流公司通常具备高度专业化的服务水平。由于它们专注于物流领域，拥有丰富的经验和专业的团队，因此能够提供涵盖运输、仓储、配送等环节的全面的、高水平的物流服务。跨国公司可以依赖专业团队处理复杂的物流事务，提高整体运营效率。

第二，通过选择第三方物流服务，跨国公司能够实现成本的有效控制。避免了自建物流系统所带来的高昂成本，企业可以将更多资源集中于核心业务，从而提高运营效率。这种降低运营成本的方式使企业能够更加灵活地应对市场的变化和挑战。

第三，第三方物流公司通常拥有庞大而健全的全球网络。这使它们能够支持跨国公司在全球范围内的物流需求，实现全球化运作。通过充分利用第三方物流公司的全球网络，企业能够更加便捷、高效地处理国际物流事务，缩短供应链的时间，提高交付的及时性。

2. 第三方物流的挑战

第一，信息安全和透明度是企业在选择第三方物流服务时需要关注的重要问题。将物流外包给第三方可能涉及大量敏感信息，如库存、运输路线、订单等。因此，跨国公司需要确保建立有效的沟通和监控机制，以确保信息的安全性和透明度。这可能包括与第三方物流公司建立健全的合同和隐私保护条款，以及使用先进的信息技术来实现实时监控和数据保护。

第二，企业在选择第三方物流时需要注意依赖性风险。过度依赖单一或有限数量的第三方物流公司可能使企业对其产生依赖性。一旦选择的第三方物流公司出现问题，如服务中断、财务不稳定等，可能对企业的物流运作造成冲击。为应对这一挑战，跨国公司需要在选择第三方物流伙伴时进行充分的尽职调查，确保选择可靠、具有稳健财务状况和卓越服务记录的合作伙伴。

（二）第四方物流

第四方物流（4PL）是在第三方物流基础上发展而来的概念，指的是整合和协调多个第三方物流服务商，为客户提供更高层次的物流管理。

1. 第四方物流的特点

第一，第四方物流的特点之一是综合协调。相较于第三方物流，第四方物流不仅负责整合各个物流服务商的资源和服务，还在更高层次上进行全局协调，以确保整个供应链的顺畅运作。这种全局协调涵盖了供应链的每个环节，包括生产、运输、仓储、分销等，使得整个供应链管理更加一体化和高效。

第二，第四方物流依赖先进的信息技术。通过数据分析和预测，第四方物流能够提供更精准、更高效的物流解决方案。这种信息技术的应用不仅使物流过程更加透明，也为企业提供了更多决策支持，有助于提高整个供应链的运作效率。

2. 第四方物流的优势

第四方物流的优势主要体现在全局视野和灵活性定制化方面。全局视野使第四方物流能够更好地应对跨国公司在全球范围内的物流挑战，为企业提供更全面的解决方案。与此同时，通过整合多方资源，第四方物流可以为客户提供更灵活、定制化的物流服务，以满足不同市场的需求。这种灵活性和定制化是第四方物流相较于传统物流模式的一大优势。

◆ 章内案例 9-2　菜鸟网络

菜鸟网络科技有限公司（以下简称菜鸟网络）是阿里巴巴下属的物流平台，是一家以大数据为核心的物流科技公司，也是国内最大的 4PL，其有五大业务板块：端到端快递网络、供应链仓配网络、全球买卖的跨境网络、增强消费者体验的末端网络、农村电商网络。菜鸟网络提出"三网"（天网、地网、人网）融合，天网是指开放数据网络及云供应链协同平台，是以大数据为能源、以云计算为引擎的智慧物流信息网，向平台上的商家开放共享；地网是指深度介入渠道布局、园区、枢纽、运力、城配、网点（驿站）及菜鸟联盟生态，以节点形式布局的实体物理网络，让天网的数据能力落地；人网是指社会化物流末端网络和基于消费者真实生活中各种场景下的便民服务。

菜鸟网络 E.T. 物流实验室致力于引入最前沿的科技帮助提升物流效率，推出了电子面单、路由分拨、四级地址库、机器人仓、裹裹收寄、鹰眼异常监控、智能云客服等产品平台。菜鸟网络通过打造"全球 72 小时达"物流网络，向"阿里国际""天猫国际""淘宝全球购""速卖通""天猫海外"等阿里巴巴国际生态圈，提供出入境物流服务，在全球范围内匹配消费者和供应商，从物流协调管理的服务中获益。阿里巴巴跨境 B2C 速卖通平台在全球拓展迅速，与收购的 Lazada-Daraz、天猫海外形成互补优势。例如，天猫俄罗斯站商品是从当地合作商的仓库配送，而速卖通多是直邮。菜鸟网络通过与全球上百个跨境物流商户合作，推出了无忧物流、超级经济、特货专线、海外仓等跨境物流服务，搭建了一张具有全球配送能力的跨境物流网。

菜鸟跨境物流网络布局策略。一是菜鸟网络通过与多国邮政、商业快递及本地仓配等企业数据对接，获取在各邮政所在国家和地区的网点资源、配送能力、仓储设施和便捷的邮政清关服务。二是聚焦东南亚、俄罗斯、欧洲等跨境物流市场，补贴俄罗斯邮政为速卖通专属打造简易小包、邮件预清关服务。三是由中国出口专线与多家航空公司签订包机协议，实现集运、清关、分拣及落地配等一条龙服务。四是建设大量海外仓库和跨境连结枢纽 eHub 与马来西亚建设 EWTP、投资中国香港机场转运中心，在西班牙、法国等国家设立多个海外仓，引入中国商家提前备货，提升整个欧洲定日送达比例。五是通过在马德里、洛杉矶、法兰克福等地设立全球订单履约中心，在多个跨境试点城市设立保税仓库超过 100 万平方米；在进口海外段，商家在货源所属地委托菜鸟网络提供海外仓储业务及仓配到港的运输、清关、配送服务，实现跨境物流全链条溯源服务。

资料来源：中国物流企业出海之路：阿里物流国际化布局 [EB/OL].（2021-07-24）[2024-04-23].https://www.zhihu.com/tardis/zm/art/392812792?source_id=1005.

（三）海外仓

海外仓是指企业在国外建立的仓储设施，用于存储和管理产品。海外仓的出现为跨国公司解决了一系列的仓储和物流问题。

1. 海外仓的优势

在全球化背景下，跨国企业通过在国外建立海外仓储设施，可以获得多方面的优势，从而提升整体供应链管理效能。

（1）降低运输时间和成本。通过在国外建立仓储设施，跨国企业可以更加靠近目标市场，从而大幅度缩短产品的运输时间。这不仅有助于提高产品的交货速度，更能降低运输成本。缩短运输时间和降低运输成本对于提高供应链的敏捷性和效率至关重要。

（2）本地化服务。海外仓的建立使企业能够在全球范围内实现本地化服务。这意味着企业可以更好地满足当地市场的需求，根据不同国家和地区的特殊需求进行产品定制和推广。本地化服务有助于提升客户体验，提高客户的忠诚度。

（3）库存管理优化。通过在多个国家和地区建立海外仓，企业可以优化库存管理。在全球范围内进行库存分布，有助于降低库存水平，减轻库存压力，并提高整体库存管理的效率。

2. 海外仓的挑战

尽管海外仓带来了众多优势，但也面临着一些挑战，需要企业在实施时仔细考虑并认真解决。

（1）仓储管理复杂。管理分布在全球的海外仓需要面对不同国家的法规、文化差异等，增加了仓储管理的复杂性。对于企业来说，了解并遵守各国的仓储和运输法规，建立高效的全球仓储管理团队至关重要。

（2）资金投入大。建立和维护海外仓需要投入大量资金，包括仓库设施、运输工具、信息技术系统等方面的投资。这对企业的财务状况提出了一定要求，需要在投资决策上进行谨慎评估。

（3）技术整合难。跨国企业在全球范围内建立海外仓，需要进行跨国信息技术系统的整合。确保各个仓库的信息系统能够高效协同工作，实现全球供应链的无缝连接，这是一个技术上的挑战。

（4）人才培养复杂。管理全球海外仓需要一支具备跨文化背景、国际仓储经验的专业团队。因此，人才培养和团队建设也是一个挑战，需要企业在员工培训和发展方面进行投资。

第四节　跨国公司国际物流管理

一、国际物流概述

随着全球经济一体化步伐的加快，物流国际化的浪潮汹涌而来。超越国界，在全球贸易相关范围内进行国际分工和协作，实现物流资源的最佳配置，是国际化企业的追求目标。我国作为世界贸易组织成员，国际贸易和跨国经营都面临着巨大商机和严峻挑战，为了使我国在世界贸易格局中占据有利的地位，提高我国公司的竞争能力和成本优势，开展和加强国际物流的研究具有重要的意义。

(一) 国际物流的含义

国际物流是指不同国家和地区之间的物流。广义的国际物流是指货物（包括原材料、半成品、制成品）及物品（如邮品、展品、捐赠物资等）在不同国家和地区间的流动和转移。具体表现为进出口商品转关、过境运输货物、加工装配业务进口的料件设备、国际展品等暂时进口物资、捐赠援助物资及邮件等在不同国家和地区间的物流活动。

(二) 国际物流的构成及特点

国际物流是在不同国家和地区之间进行的物流活动，需要联结不同国家或地区的物流系统。因而与国内物流相比，国际物流更为复杂，风险也更高。国内物流与国际物流的特点比较如表 9-3 所示。

表 9-3 国内物流与国际物流的特点比较

项目	国内物流	国际物流
运输方式	以公路和铁路运输为主	主要使用国际海运、空运、多式连运
库存	库存水平较低（订单周期短，运输能力强）	库存水平较高（订单周期长，需求和运输时间不确定性增加）
代理	除铁路运输外，较少使用	主要依靠货代，集中代运人和报关行
财务风险	较小	风险较高（汇率波动、违约追索困难造成）
货物风险	较小	很高（运输距离长、环节多、运作复杂，各国运输基础设施水平差异较大）
政府机构	主要对危险品、载重量、安全法规和费率方面进行规定	涉及机构众多，包括海关、商务部、交通部等
文书管理	很少，如采购单、货运单、发票	大量单证
通信	电话、邮寄、电子数据交换	电话的邮寄费用高且效率低，逐步使用 EDI
文化差异	文化背景相对单一，只需要对产品做轻微改动	文化差异大，营销活动和产品设计要适应市场需求
成本	约占国民生产总值的 10.5%	约占世界物流的 16%

1. 国际物流的复杂性

国际物流的一个显著特点是各国的物流环境存在着较大的差异。不同国家和地区不同的物流基础设施、不同的经济和科技发展水平使国际物流处于不同的条件下，在有些国家和地区可以使用的先进科学技术和方法，在另一些国家则可能根本无法应用，导致整体物流水平下降。除此之外，各国适用法律的不同、物流标准的差异、历史文化及人文风俗的千差万别也使国际物流受到了极大限制。

2. 国际物流的高风险性

物流本身就是一个复杂的系统，而国际物流在此基础上增加了不同国家和地区这一要素，不仅是地域和空间的简单扩大，而是涉及许多内外因素，这些因素使国际物流的风险增加。国际物流的风险性主要包括政治风险、经济风险和自然风险。

3. 国际物流运输方式的多样性

在国内物流中，由于运输路线相对较短，运输频率较高，因此以铁路和公路运输为主。而国际物流涉及多个国家，地理范围更大，运输距离更长，因此需合理选择运输路线和方式，尽量缩短运输时间，降低运输成本。运输方式选择和组合的多样性是国际物流运输的一个显著特征。

4. 各种隐性成本偏高

国际运作的目标往往是追求采购价格的低廉，却会忽略一些可能产生的隐性成本，如国际采购涉及的进出口关税、为规避风险使用的代理费用、国际运输及运输过程中的保险费用、为评估供应商或洽谈采购合同产生的国际差旅费用、汇率市场波动产生的损失、为安全结汇产生的信用证交易费用、与供应商往来沟通产生的国际通行费用、因为提货期延长导致的更高的库存费用等。这些费用都应该计入国际采购的成本，而不应该仅仅考虑供应商的报价。

5. 国际物流的标准化要求较高

要使国际物流畅通，统一标准是非常重要的，可以说，如果没有统一的标准，国际物流水平是不能提高的。目前，美国、欧洲基本实现了物流工具和设施的统一标准，如托盘采用 1000 毫米×1200 毫米、集装箱的统一规格及条码技术等。这样大大降低了物流费用，也降低了转运的难度。在物流信息传递技术方面，欧洲各国不仅实现了企业内部的标准化，也实现了企业之间及欧洲统一市场的标准化，这就使欧洲各国比亚非各国交流更简单、有效。

二、跨国公司物流管理

物流管理是跨国公司管理中不可或缺的一个重要领域，它涵盖了对内外物流活动的全面规划、组织、指挥、协调和控制，旨在实现整个物流系统的高效运作。在当今全球化、信息化的商业环境中，物流管理对企业的竞争力和运营效率起到了重要作用。

（一）物流管理的基本概念

物流管理源于对商品生产、流通和交付等过程的需求，早期主要集中在军事领域。20世纪初，随着工业的兴起和市场的扩大，企业开始注重如何更好地管理物流活动以降低成本、提高效率。物流管理概念的正式提出可追溯到20世纪初，美国营销学者阿什·肖第一个使用了"物流"一词并提出了物流管理概念。他指出："创造需求的一系列活动和实物之间呈现出内在相关性和平衡性……实体配送是与需求创造不同的一个问题，需求创造和实体配送之间缺少合作而造成在配送过程中大量价值损失的情形屡见不鲜。"

物流管理（Logistics Management）是指在社会再生产过程中，根据物质资料实体流动的规律，应用管理的基本原理和科学方法，对物流活动进行计划、组织、指挥、协调、控制和监督，使各项物流活动实现最佳的协调与配合，以降低物流成本，提高物流效率和经济效益。物流管理的核心理念是在满足客户需求的同时实现价值最大化，实现资源的合理配置。它超越了传统的"仓储和运输就是物流"的观念，成为一种综合性、系统性的管理模式，注重整个流程的协同与优化。

（二）物流管理的重要性

1. 成本降低与效率提高

物流管理通过对供应链的优化和整合，实现了生产、运输、仓储等各个环节的协同作业，从而降低了整体成本。通过提高运输效率、减少库存和加速订单处理，物流管理为企业创造了更高的经济效益。

2. 客户满意度提升

通过物流管理，企业能够更快速、更准确地响应客户需求。及时的交付、良好的库存管理及高效的配送系统能够有效提升客户满意度，提高客户忠诚度。

3. 市场竞争力增强

在全球化的商业环境中，企业需要更灵活、更敏捷地应对市场变化。物流管理能够使企业更好地适应市场需求，迅速调整供应链和生产策略，提高市场竞争力。

4. 信息化驱动

随着信息技术的迅速发展，物流管理得以更精确地监测和控制。实时数据的收集与分析帮助企业更好地了解运营状况，做出迅速决策，提高整体管理水平。

5. 环境可持续性

物流管理在优化运输路线、减少能源消耗、推动绿色供应链等方面发挥了积极作用，有助于企业在追求经济效益的同时实现环境可持续性。

（三）物流管理的关键环节

1. 需求管理

了解市场需求、预测产品销售、制定合理的库存策略，是物流管理中的关键环节。通过数据分析和市场调研，企业可以更好地调整生产计划和库存水平，避免过剩或缺货情况的发生。

2. 供应商协调与选择

物流管理需要与供应商建立紧密的协作关系。合理选择供应商并确保供应链畅通，对于物流效率至关重要。及时沟通、共享信息，有助于降低不确定性和减少延误。

3. 运输管理

合理选择运输方式、优化运输路线、提高运输效率，是物流管理中不可忽视的环节。合理的运输策略可以降低成本、缩短交货周期，提高整体运输效率。

4. 仓储与库存管理

高效的仓储管理有助于降低库存成本，减少积压和滞销的风险。通过精确掌握库存水平、优化仓储布局，企业能够更好地满足市场需求。

5. 信息技术支持

信息系统在物流管理中扮演着关键的角色。先进的信息技术能够提供实时的数据监测、智能化的分析和决策支持，为企业提供更高效的物流管理手段。

6. 反向物流与售后服务

物流管理不仅关注产品的正向流动，还需要注重售后服务和反向物流。处理退货、维修、再制造等环节，有助于提高资源利用率，减轻环境负担。

（四）国际物流战略制定

国际物流战略的制定对于跨国公司而言是至关重要的，特别是在全球化的商业环境中，有效的物流战略不仅关系到企业的运营效率，还直接影响到市场竞争力和客户满意度。聚焦全球供应链优化和跨国运输网络规划两个关键方面，以帮助企业更好地适应不同国家和地区的需求，提高全球物流运作的整体效能。

1. 国际物流战略制定的背景

随着全球化的不断推进，跨国公司面临着更加复杂和多样化的市场需求。有效的国际物流战略制定不仅能够帮助企业降低运营成本，提高供应链的灵活性，还能够确保产品和服务能够及时、高效地抵达全球各个角落。国际物流战略制定的背景包括但不限于以下几点。

（1）市场多样性。不同的国家和地区拥有不同的市场特点、文化背景、法规要求，因此企业需要灵活的物流策略以适应这些差异。

（2）全球供应链的复杂性。全球供应链可能涉及多个国家的供应商、制造商、分销商等，需要有效地协调和管理，以确保物流流程的顺畅。

（3）技术的发展。先进的信息技术和物流管理系统的应用为制定和执行国际物流战略提供了强大的支持，使物流运作更加智能、可控。

（4）竞争压力。全球市场竞争激烈，企业需要通过高效的物流战略提升自身的竞争力，更好地服务客户，抢占市场份额。

2. 全球供应链优化

（1）供应链可见性。在全球供应链中，实现对整个供应链的实时可见性是关键。通过先进的信息系统，企业能够追踪物流流程、库存水平和订单状态，及时发现问题并做出调整。

（2）供应链网络设计。考虑到不同国家和地区的市场需求和法规要求，企业需要优化其供应链网络设计。这包括合理配置仓储中心、选择合适的生产地点及确定最佳的分销策略。

（3）库存管理策略。全球供应链中的库存管理需要综合考虑供应链的各个环节，避免库存过多或过少。采用先进的库存管理技术，如 Just-In-Time（准时制）和自动化仓储系统，有助于提高库存效率。

（4）风险管理。考虑到全球物流涉及政治、经济、自然灾害等多种风险，企业需要建立健全风险管理机制。包括对供应商的风险评估、建立备货计划及应急响应机制等。

（5）可持续性考虑。全球供应链优化不仅要追求经济效益，还要考虑环境和社会责任。采用可持续的物流方式、推动绿色供应链，有助于提升企业的可持续性形象。

3. 跨国运输网络规划

（1）运输方式选择。不同的运输方式适用于不同的国际物流需求。海运、空运、铁路运输等各有优劣，企业需要根据货物性质、时效要求和成本考虑，选择最合适的运输方式。

（2）运输路线优化。合理规划运输路线可以降低运输成本、缩短运输时间。考虑到货物的起始地点、目的地、中转站点等因素，通过运输优化工具选择最佳的运输路线。

（3）关务合规。不同的国家和地区有不同的关务法规和进出口要求，企业需要确保跨国运输过程的合规性。建立合规团队、关注法规变化、与相关机构保持良好沟通是关键步骤。

（4）运输合同管理。与国际运输服务提供商建立稳固的合作关系，明确运输合同中的责任和权利，有助于确保运输过程的顺利进行。

（5）应对贸易壁垒。在全球贸易中，可能会遇到关税、进出口配额等贸易壁垒。企业要深入了解各国贸易政策，寻找合规的贸易解决方案。

（五）国际物流规划

1. 全球市场需求与物流策略的整合

（1）市场需求分析。国际物流规划的第一步是深入了解各个国家和地区的市场需求，包括消费者的购买习惯、产品偏好、时效性需求等方面的考虑。通过市场研究和数据分析，企业可以更准确地把握市场需求的多样性。

（2）产品定位与适应性。国际物流规划要结合产品的特性，对产品进行定位，确定适应不同市场的物流策略。有些市场可能对快速到货更为重视，而有些市场可能更注重定制化服务。

（3）多通道物流策略。考虑到不同国家和地区销售渠道的差异，国际物流规划需要制定多通道的物流策略。包括线上线下的整合，以及不同渠道间的库存管理和订单配送的协同。

（4）可持续物流考虑。在整合市场需求与物流策略时，企业需要考虑可持续物流的因素。推动绿色供应链、降低环境影响是国际物流规划的一个重要方向。

2. 全球物流网络的设计与优化

在全球化的商业环境中，企业为了适应不同国家和地区的需求，需要精心规划和优化其全球物流网络。包括仓储网络规划、关键节点管理、信息系统的集成及风险管理与危机预案建立。下面将深入探讨这些关键方面，以帮助企业在全球范围内实现高效的物流运作。

（1）仓储网络规划。

第一，市场需求与产品特性分析。仓储网络规划的第一步是深入了解各个国家和地区的市场需求。通过对市场的细致分析，结合产品的特性，确定在不同地区的仓储中心应该提供哪些服务，以及需要储存哪些类型的产品。

第二，选择仓储中心地理位置。根据市场需求和产品流向，确定全球各个地区仓储中心的地理位置。考虑到运输成本、交通便捷性等因素，合理选择仓储中心的位置，最大程度地降低物流成本。

第三，仓储网络优化。通过技术手段和数据分析，对仓储网络进行优化。包括对库存的合理配置、仓储中心之间的协同工作、订单处理效率等方面进行优化，以提高仓储网络的整体效益。

第四，库存效率提升。仓储网络规划要关注如何提高库存效率。通过采用先进的库存管理系统、自动化仓储设备等手段,降低库存周转时间,减少滞留成本。

第五,仓储成本降低。仓储网络规划的目标之一是降低成本。通过优化仓储网络,降低库存持有成本、仓储设备成本,实现全球范围内的成本降低。

(2) 关键节点管理。

第一,跨境口岸管理。跨国运输涉及跨境口岸,关注关键口岸的管理,确保通关流程的顺畅,降低货物停留时间。

第二,转运中心协同。在全球物流网络中,转运中心是关键节点之一。通过协同管理,实现货物的快速转运,提高物流效率。

第三,物流节点监控。利用物联网技术和先进的监控系统,对关键节点进行实时监控。及时发现和解决问题,确保物流流程的畅通。

第四,风险管理。关键节点管理中需要重点关注潜在的风险。建立灵活的应对机制,对可能的问题进行预判和应对,确保关键节点的稳定性。

(3) 信息系统集成。

第一,全球信息平台建设。在全球范围内建设统一的信息平台。通过集成各个环节的信息系统,实现全球范围内物流数据的实时共享。

第二,实时监控和决策。通过信息系统的集成,实现对全球物流活动的实时监控。这有助于及时发现问题,快速做出决策,提高物流管理水平。

第三,大数据分析。利用大数据分析技术,对全球物流数据进行深度分析。从中发现潜在的可优化点,提高物流运作的智能化水平。

第四,信息安全保障。在信息系统集成中,信息安全至关重要。建立健全信息安全体系,防范信息泄露和黑客攻击,确保全球物流数据的安全性。

(4) 风险管理与危机预案建立。

第一,风险评估。对全球物流活动中可能面临的各类风险进行全面评估。包括政治风险、自然灾害、经济波动等。

第二,建立危机预案。针对可能发生的紧急情况,建立完善的危机预案,包括人员安全、货物损失、自然灾害等方面的紧急处理流程,确保在危机发生时能够快速响应。

第三,供应链韧性构建。国际物流规划要注重构建供应链的韧性。通过多元化供应商、建立备用物流通道等方式,增强对各类风险的抵御能力。

第四,合规管理。跨国物流活动需要符合各国的法规要求。建立健全合规管理体系,确保物流活动的合法性和稳定性。

◆ 章内案例 9-3 日本索尼集团公司建设全球物流供应链案例

索尼集团公司的物流理念是,必须从战略高度去审视和经营物流,每时每刻都不能忽视物流。满足消费者或客户的需要、满足市场的需要是物流的灵魂,索尼集团麾下的各家公司必须紧紧跟随市场潮流。

索尼集团公司所需要的物流,涉及采购、生产和销售几个项目,但往往是在不同的地区和不同的供货商、不同的承运人商谈不同的物流项目,如索尼公司在北美和亚洲的物流谈判就不包括采购项目，在欧洲的物流谈判就包括采购项目。索尼集团公司每年在物流上的花费包括零部件和制成品物流费用，大约占其全球经营总收入的7%，而零部件物流的费用又占生产总成本的6%。根据该公司的统计，索尼集团公司的制成品物流费用占集团销售、综合和行政管理成本费用总额的10%，而销售、综合和行政管理成本费用总额又占总收入的20%。

为了进一步降低物流成本，索尼集团公司常常根据实际需要，办理集装箱货物的"多国拼箱"。例如，索尼集团公司把半箱货物的集装箱从某一个产地发往新加坡或高雄，在那里把另外一种产品作为补充装入箱子，变成满箱货物，然后继续运输，直至北美或者欧洲某目的港。这种方法最大的好处是避免了等候时间，降低了成本，同时也大幅缩短了通关时间。现在索尼集团公司已经把新加坡和高雄作为索尼产品"多国拼箱"的集装箱枢纽港。其他方法如满箱货物的"工厂直接装箱"，或者在一个国家内的几家索尼子公司的产品进行这个国家内的拼箱业务。目前，索尼集团公司把这些物流服务委托给中国香港东方海外集运公司和马士基海陆船务公司。

分布在世界各地特别是一些主要国家的物流分支机构，已经成为索尼物流管理网络中的重要环节。这些物流分支机构的服务联合起来，发挥全球性索尼物流网络功能，进一步降低了索尼集团公司的物流成本，极大地提高了经济效益。例如，新加坡或者马来西亚的一家索尼物流分支公司把来自当地的零部件拼装箱，运到位于日本的另一家索尼物流分支公司，后者收到集装箱货后立即拆箱，把货物分别迅速配送到日本各地的索尼工厂车间。索尼物流分支公司这种经营功能全球化最早始于亚洲，取得成功后，索尼集团公司立即总结经验，迅速向美国和欧洲地区推广。目前索尼物流分支机构经营全球业务最大的是索尼物流新加坡公司，该公司主要经营东南亚各国到中国等国的物流服务。

索尼集团公司还在世界各地组织"牛奶传送式"（Milk Run Deliveries）服务，进一步改善索尼公司在全球，特别是亚洲地区索尼产品的运输质量。索尼物流分支公司围着供应方转，代表零部件供应商随时提取索尼工厂所需要的备件订单。过去，零部件供应商自己跑到索尼工厂要货。"牛奶传送式"服务是日本人特有的一种快递服务，高效、快捷、库存量合理，特别受对数量要求不多、对产品规格有特别需求的客户的欢迎。这种服务非常灵活，客户可以通过电话、传真和电子邮件申请服务。在新加坡，索尼新加坡物流公司正在进一步缩短海运和空运物流的时间，由于采用若干出口优先规划，海运已经缩短到4天，空运缩短到1天。

资料来源：日本索尼集团公司建设全球物流供应链案例[EB/OL]．（2013-10-21）[2024-04-23]．https://www.scmor.com/view/1085．

三、供应链管理与物流管理

供应链管理和物流管理是紧密相关的概念，它们在企业运营中都起着关键的作用。两者的关系不仅仅是功能上的衔接，更是在管理思想和战略层面上的交会。

（一）供应链管理和物流管理的概念

物流管理是指对企业内外的物流活动进行计划、组织、指挥、协调和控制，以实现物流系统的高效运作。它涵盖了运输、仓储、配送、信息处理等方面，致力于确保产品从生产地点到最终用户手中的流通过程顺畅、高效。

供应链管理是以买主为起点，将原材料、零部件、制成品在各个企业之间有策略地加以流转，最后到达用户手中的一切活动的管理过程。它关注供应链中的各个环节，包括原材料供应商、制造商、分销商、零售商等，通过协同合作，实现产品从生产到消费者的全过程管理。

（二）供应链管理与物流管理的关联

供应链管理和物流管理的最大关联点在于企业对内外部一体化的追求。物流管理一开始主要关注企业内部的仓储、运输等环节，而供应链管理将关注点扩展到了整个供应链上。两者共同推动了企业由内而外、由生产端到消费端管理范式的转变。

物流管理作为供应链管理的一部分，其功能与供应链其他环节相互衔接。例如，供应链中的需求计划直接影响物流中的库存管理，而物流中的运输和配送环节紧密关联着供应链的流通和交付。

供应链管理和物流管理都离不开信息流的支持。在供应链中，信息流贯穿产品从生产到消费的整个过程，而物流信息关乎货物的运输、储存等实际环节。通过整合信息流，企业可以更好地进行计划、决策和执行。

（三）供应链管理对物流管理的影响

供应链管理强调综合性的管理思想，使物流管理不再局限于简单的仓储和运输，而是作为供应链中的一个环节被更全面地考虑。这使物流活动更符合整体战略规划，更有利于企业整体效益的提升。

供应链管理以买家为中心，关注最终客户的需求。这对物流管理提出了更高的要求，要求物流更加灵活、快捷，以满足客户多样化的需求。从而，物流不再只是产品流通的工具，更是服务客户的手段。

供应链中的每个环节都可能面临各种风险，如供应商问题、交通问题等。供应链管理的引入使企业更加关注风险的预测和管理，这对物流中的风险控制提出了更高的要求。

（四）物流管理对供应链管理的影响

物流管理的精益化和高效化思想对供应链的整体运作效率产生了积极影响。通过物流环节的精细管理，可以加速产品流通，降低库存成本，提高整个供应链的运作效率。

物流成本通常占据整个供应链成本的较大比例。物流管理的有效实施可以帮助企业降低运输、仓储等方面的成本，从而影响整体供应链的成本控制。

物流是供应链中直接与客户接触的环节，其服务水平直接关系到客户体验。通过物流管理水平的提升，企业能够更好地实现及时交付、完整交付，提高客户满意度。

◆ 案例一　比亚迪汽车价值链体系及升级路径

（一）案例介绍

比亚迪成立于1995年2月，业务覆盖二次充电电池、手机及计算机零部件组装、传统燃油汽车及新能源汽车制造等多元化领域，并积极拓展太阳能电站、储能电站、LED及电动叉车等新能源产品。

1. 进入汽车行业与快速发展

比亚迪于2003年1月收购西安秦川汽车有限责任公司，正式涉足汽车制造与销售。其产品线包括高中低端燃油轿车、汽车模具、零部件、双模电动汽车及纯电动汽车等，代表车型有F3、F3R、F6、F0、G3等传统燃油汽车，S8运动型硬顶敞篷跑车及F3DM双模电动汽车等。自2003年进入汽车行业以来，比亚迪迅速成长为中国增速最快的自主汽车企业。2005年首款新车F3在西安下线，随后于2006年开始出口汽车至俄罗斯、乌克兰、中东、东南亚、非洲、南美洲等地。比亚迪还在印度设立分厂，2007年深圳现代化生产基地落成并推出中高级轿车F6，标志着比亚迪进军中高级轿车市场。近年来，比亚迪新能源汽车业务持续扩张，e6进入英国市场（2013年），纯电动大巴K9登陆日本京都（2015年），并成功获得美国长滩运输署和伦敦的大巴订单。

2. 比亚迪汽车GVC体系与治理模式

比亚迪构建了一条以核心技术为主导的纵向一体化汽车全球价值链（GVC），力求将产业链利润环节保留在企业内部。其80%的零部件由公司内部零部件事业部自主研发与生产，通过将技术密集型活动转化为劳动密集型活动，有效降低成本，具体如下。

（1）研发设计环节。汽车研究院负责新车型研发，电动汽车研究院专注电动汽车技术。

（2）零部件采购环节。北京比亚迪模具有限公司负责模具制造，第十三至第十七事业部分别负责内外饰零部件、汽车零部件、整车线束、CD、前后车灯、安全带、安全气囊、座椅、天窗、车架、制动器、减速器、结构零件、工艺装配、发动机及传动装置系统的研发与生产。汽车零部件检测中心负责部分整车和零部件的实验与检测。

（3）生产制造环节。西安比亚迪汽车有限公司和第十二事业部分别负责F3、F3R和F6整车生产。

（4）营销、销售环节。比亚迪汽车销售有限公司负责F0、F3、F3R、F6等整车的销售与售后服务管理，出口贸易事业部负责海外市场开发、营销与服务。

比亚迪的GVC治理体系呈现出典型的层级型特征，与市场型（以北美为代表）和关系型（以日本为代表）模式有显著区别。这种纵向一体化的层级治理能够最大化利用资源，降低成本，提升产品性价比和竞争力，尤其适用于市场环境稳定、企业技术、市场及内部化优势突出的情形。然而，当外部环境变化或内部一体化管理出现问题时，此种治理模式的效能可能会受到影响。

（二）讨论题目

（1）比亚迪汽车采用的纵向一体化GVC体系如何在降低成本、提升产品性价比方面发挥作用？

（2）比亚迪汽车在国际市场的快速扩张体现了其在全球价值链中的何种升级路径？

（3）在面对外部环境变化时，比亚迪应如何调整或优化其GVC治理策略以应对挑战？

（三）案例分析

1. 比亚迪汽车的纵向一体化GVC体系通过以下方式降低成本、提升产品性价比

（1）降低成本。比亚迪80%的零部件由内部事业部研发与生产，减少了对外部供应

商的依赖,避免了市场采购可能导致的价格波动,降低了供应链风险。比亚迪将技术密集型活动转化为劳动密集型活动,充分利用中国丰富且成本较低的劳动力资源,有效降低生产成本。通过整合内部资源,实现研发、生产、销售等环节的协同效应,提高资源利用率,进一步降低成本。

(2)提升产品性价比。比亚迪拥有独立的汽车研究院和电动汽车研究院,确保了对核心技术的掌握,有利于开发出具有竞争力的新车型和新能源汽车产品。内部零部件生产及检测中心的存在,有助于加强对产品质量的全程把控,确保产品性能稳定可靠,提升消费者对比亚迪汽车性价比的认知。纵向一体化模式使比亚迪能够对整个价值链进行紧密协调,缩短产品开发周期,快速响应市场需求,从而提高产品性价比。

2. 比亚迪汽车在国际市场的快速扩张反映了其在全球价值链中的产品升级与市场升级路径

(1)产品升级。比亚迪大力发展新能源汽车,如双模电动汽车和纯电动汽车,这些产品具备较高的技术含量和环保优势,符合全球汽车市场向绿色、低碳转型的趋势,提升了比亚迪在全球价值链中的技术地位。通过推出中高级轿车F6及后续车型,比亚迪逐步涉足利润丰厚的中高端汽车市场,实现了产品结构的优化和升级。

(2)市场升级。比亚迪汽车产品远销五大洲36个国家和地区的约160个城市,成功打入英国、美国、日本等汽车强国市场,表明其在全球价值链中的市场影响力显著增强。比亚迪纯电动大巴获得欧美等地的大额订单,表明其在公共交通领域的竞争力得到了国际认可,有助于提升其在全球价值链中的行业地位。

比亚迪通过技术创新、产品升级、市场开拓等实现价值链地位提升。

3. 面对外部环境变化时,比亚迪应调整或优化其GVC治理策略

第一,提升灵活性。①适度开放供应链,引入外部优质供应商,降低对内部资源的过度依赖,提高供应链的灵活性与响应速度。②进行模块化设计,推行产品与工艺的模块化设计,便于快速调整生产组合,适应市场需求变化。

第二,加强风险管理。在关键零部件供应上实现多元化,降低单一供应商风险,确保供应链稳定。建立完善的市场监测与预警系统,及时识别并应对国际贸易政策、原材料价格波动等外部风险。

第三,强化创新能力。①开放式创新,与外部研发机构、高校、初创企业等开展合作,共享研发资源,加速技术创新进程。②加强人才引进与培养,吸引并留住全球顶尖研发人才,打造高效的研发团队,提升技术创新能力。③深化国际合作,与国际汽车巨头、科技公司等建立战略合作关系,共享市场资源,共同应对行业变革。积极参与全球新能源汽车及相关技术的国际标准制定,提升在全球价值链中的影响力与话语权。

◆ 案例二 浙江万向集团的全球生产经营网络构建

(一)案例介绍

万向集团是中国跨国公司,始创于1969年,以汽车万向节起家,现已成为全球主流汽车厂商的配套伙伴,拥有全球生产网络和丰富的专利技术。集团通过出口贸易融入全球

汽车配件生产体系，逐渐从代工商转变为拥有自主研发、全球销售、品牌影响力的跨国企业。其构建全球生产体系的关键步骤如下。

（1）出口贸易起步。自1984年起为美国舍勒公司贴牌生产，产品逐步打入全球多个市场，成为全球汽车配件价值链中的代工商。

（2）设立海外子公司与并购。在美国、欧洲等地设立子公司，通过一系列并购活动，如收购AS公司、QA1公司、舍勒公司、LT公司、UAI公司、GBC公司、洛克福特公司、PS公司、AI公司等，整合高端资源，构建全球生产基地、研发中心及销售网络。

（3）品牌与专利获取。通过并购获得"舍勒"等品牌营销资源与多项专利技术，与TRW、DANA等大型汽配供应商建立战略合作关系。

（4）技术研发与创新。从模仿起步，逐步引进技术并设立海外技术研发中心（如北美技术中心），创建研发体系，技术人员实行国内外轮岗，确保技术的先进性。

（5）产业链拓展与新能源布局。涉足新能源领域，与Ener1合资成立动力系统公司，收购A123系统公司、菲斯科电动车品牌、莱顿电池技术等，形成涵盖电池、电机、电控及整车研发与制造的完整汽车产业链。

总之，万向集团通过出口贸易、海外设厂、并购整合、技术研发与创新、新能源产业布局等战略举措，构建起有自主话语权的全球生产经营体系，实现从加工贸易商到全球汽车零部件领军企业的转型升级。

资料来源：万向集团公司网站。

（二）讨论题目

（1）万向集团如何通过全球并购与技术研发推动其在全球价值链中的地位升级？

（2）在全球价值链治理中，万向集团如何通过构建自主话语权的全球生产体系实现对资源的高效整合与利用？

（三）案例分析

（1）万向集团通过全球并购与技术研发推动其在全球价值链中的地位升级的方式主要体现在以下几个方面。

第一，全球并购活动。万向集团通过一系列的海外并购，如收购AS公司、QA1公司等，成功整合了高端资源，获取了先进的技术、管理经验，以及品牌营销资源。这些并购活动不仅扩大了万向集团的市场范围，还提升了其在全球价值链中的地位，使其能够参与到更高附加值的生产环节中。

第二，技术研发与创新。万向集团注重技术研发，通过建立海外技术研发中心，如北美技术中心，并实施技术人员国内外轮岗制度，确保了技术的先进性和创新能力。这种持续的技术创新和研发投入，使万向集团能够在全球价值链中提供更高附加值的产品和服务，从而实现地位的升级。

第三，品牌与专利获取。通过并购获得的品牌和专利技术，如"舍勒"品牌，增强了万向集团的国际竞争力和品牌影响力。这些品牌和专利的获取，为万向集团在全球市场上提供了更多的话语权和竞争优势，推动了其在全球价值链中的升级。

（2）在全球价值链治理中，万向集团通过构建自主话语权的全球生产体系实现对资源的高效整合与利用的方式主要包括以下内容。

第一，全球生产网络的建立。万向集团通过在不同的国家和地区设立子公司和生产基地，形成了覆盖全球的生产网络。这一网络使万向集团能够有效地整合全球资源，包括原材料、人力资源和市场信息，实现生产成本的优化和供应链的高效管理。

第二，产业链的拓展与整合。万向集团不仅在传统汽车配件领域深耕细作，还积极拓展到新能源领域，通过与Ener1合资成立动力系统公司等举措，形成了从电池、电机到整车研发与制造的完整产业链。这种产业链的拓展和整合，使万向集团能够更好地控制生产过程，提高资源的利用效率。

第三，自主研发与创新能力的提升。通过持续的技术研发和创新，万向集团具备了自主研发新产品和新技术的能力。这种自主研发能力使万向集团在全球价值链中具有更大的自主性和话语权，能够根据市场需求快速调整生产策略和产品方向，实现资源的高效配置。

第四，战略合作关系的建立。万向集团与TRW、DANA等大型汽配供应商建立战略合作关系，通过这些合作关系，万向集团能够更好地获取市场信息，共享资源和技术，进一步增强其在全球价值链中的竞争力和影响力。

◆ 思考题

（1）描述全球价值链在全球经济中的作用及其对跨国公司战略的影响。
（2）讨论跨国公司如何通过物流管理提升其在全球市场中的竞争力。
（3）分析跨国公司在全球化时代下企业治理结构的演变及其面临的挑战。
（4）说明跨国公司如何通过参与全球价值链实现企业社会责任与可持续发展。
（5）描述跨国公司物流发展阶段的特点，并预测未来物流的发展趋势。
（6）讨论跨国公司在选择参与全球价值链的战略时需要考虑哪些因素。

参考文献

[1] 毕红毅，等.跨国公司经营理论与实务[M].北京：经济科学出版社，2018.

[2] 查贵勇.跨国公司经营与管理案例集[M].上海：复旦大学出版社，2021.

[3] 柴宇曦，张洪胜，马述忠.数字经济时代国际商务理论研究：新进展与新发现[J].国外社会科学，2021（1）：85-103+159.

[4] 陈国欣.财务管理学[M].天津：南开大学出版社，2011.

[5] 陈建安.国际直接投资与跨国公司的全球经营[M].上海：复旦大学出版社，2016.

[6] 陈文玲.现代流通的形态变革与理论重构[J].人民论坛·学术前沿，2022（7）：78-101.

[7] 陈向东.当代跨国公司管理[M].2版.北京：机械工业出版社，2014.

[8] 陈小文.跨国公司经营与管理[M].北京：机械工业出版社，2020.

[9] 崔日明，徐春祥.跨国公司经营与管理[M].4版.北京：机械工业出版社，2022.

[10] 崔新健，欧阳慧敏.中国国际企业管理理论体系构架研究——基于演化、内容、情境三维度分析[J].中央财经大学学报，2022（2）：102-115.

[11] 大卫·艾特曼，阿瑟·斯通西尔，迈克尔·莫菲特.国际金融[M].刘园，译.北京：机械工业出版社，2012.

[12] 戴维.战略管理[M].10版.北京：经济科学出版社，2006.

[13] 丹尼尔斯，拉德巴赫，沙利文.国际商务环境与运作[M].北京：机械工业出版社，2009.

[14] 窦卫霖.国际商务环境[M].北京：对外经济贸易大学出版社，2009.

[15] 杜奇华，白小伟.跨国公司与跨国经营[M].北京：电子工业出版社，2008.

[16] 段云程.中国企业跨国经营与战略[M].北京：中国发展出版社，1995.

[17] 方铸，舒琴，王敏.21世纪以来全球税收治理的演化趋势[J].财政科学，2023（8）：112-122.

[18] 甘碧群.国际市场营销学[M].北京：高等教育出版社，2006.

[19] 高璆崚，黄欣丽，李自杰，等.外派管理研究评述与展望[J].技术经济，2021，40（1）：59-69.

[20] 高湘一.跨国公司经营与管理[M].北京：中国商务出版社，2006.

[21] 古成林.RCEP影响下的转让定价新趋势[J].国际税收，2021（2）：30-34.

[22] 顾煜.财务管理[M].上海：立信会计出版社，2008.

[23] 郭海玲.数字经济时代的电子商务[M].北京：科学出版社，2023.

[24] 韩玉军.国际商务[M].北京：中国人民大学出版社，2011.

[25] 洪俊杰，等.国际商务[M].北京：北京大学出版社，2023.

[26] 胡叶琳，余菁."十四五"时期在华跨国公司发展研究[J].经济体制改革，2021（1）：85-92.

[27] 胡昭玲.中国在跨国公司国际生产体系中的地位及发展趋势研究[M].天津：南开大学出版社，2016.

[28] 黄登峰，俞荣建，项丽瑶，等.规制风险下中国企业如何提高跨国并购交易成功率[J].浙江社会科学，2021（5）：23-30+22+155-156.

[29] 黄健，余杰，衣长军，等．中国跨国企业海外子公司创新绩效驱动机制——QCA方法的组态分析[J]．华侨大学学报（哲学社会科学版），2021（4）：77-90．

[30] 金中坤，潘镇．国际化经验、东道国环境与企业海外投资区位选择[J]．技术经济，2020，39（6）：155-164．

[31] 李桂芳．中国企业对外直接投资报告[M]．北京：中国人民大学出版社，2013．

[32] 李庭竹，杜德斌，杨文龙，等．跨国公司海外RD绿地投资的时空动态及影响因素[J]．地理研究，2023，42（11）：2881-2898．

[33] 李永平．国际市场营销管理[M]．北京：中国人民大学出版社，2010．

[34] 李元旭，于光辉，胡伟．跨国公司海外子公司研究述评及其新趋势[J]．管理现代化，2020，40（5）：118-121．

[35] 李左东，张若星．国际贸易理论、政策与实务[M]．5版．北京：高等教育出版社，2022．

[36] 林康，林在志．跨国公司经营与管理[M]．北京：对外经贸大学出版社，2014．

[37] 刘宏东．跨国公司经营与管理：国际投资视角[M]．大连：东北财经大学出版社，2015．

[38] 刘辉群，卢进勇．跨国公司、全球价值链与中国企业升级[M]．厦门：厦门大学出版社，2019．

[39] 刘文勇．对外直接投资研究新进展[J]．经济学动态，2020（8）：146-160．

[40] 刘志云，谢春旭．跨国公司参与国际行业规范建设：动因、路径及其展望[J]．南京大学学报（哲学·人文科学·社会科学），2023，60（3）：49-56．

[41] 卢进勇，郜志雄，温丽琴．跨国公司经营与管理[M]．3版．北京：机械工业出版社，2023．

[42] 卢进勇，李锋，石磊．国际投资与跨国公司[M]．北京：首都经济贸易大学出版社，2023．

[43] 陆亚东，等．数字化跨国公司：引领全球商业新常态[M]．北京：中国科学技术出版社，2023．

[44] 诺伊，等．人力资源管理基础[M]．北京：中国人民大学出版社，2011．

[45] 欧阳艳艳，蔡宏波，李子健．企业对外直接投资的避税动机、机制和规模：理论与证据[J]．世界经济，2022，45（3）：106-133．

[46] 潘镇，杨柳．国际化经验悖论及其超越[J]．南京师大学报（社会科学版），2021（5）：121-131．

[47] 任永菊．跨国公司与国际直接投资[M]．北京：清华大学出版社，2021．

[48] 司月芳，延留霞，张翌．中资企业研发国际化研究述评[J]．地理研究，2020，39（5）：1056-1069．

[49] 宋泽楠．全球外资政策调整的态势与逻辑[J]．国际商务研究，2023，44（4）：30-43．

[50] 孙萌．中国规制跨国企业域外人权责任的实践及展望[J]．人权，2023（3）：122-143．

[51] 塔默·卡瓦斯基尔，加里·奈特，约翰·里森伯格．国际商务：新进展[M]．2版．马述忠，等译．北京：中国人民大学出版社，2012．

[52] 万志宏，王晨．中国对外直接投资与跨国公司国际化[J]．南开学报（哲学社会科学版），2020（3）：67-77．

[53] 王爱芹，黄晓丽．跨国公司在国际投资中的作用及其管制研究[J]．河北法学，2023，41（1）：146-162．

[54] 王凤霞，王道理．跨国公司研发战略国际化与本土区域技术创新互动研究[M]．北京：中国物资出版社，2010．

[55] 王进猛，戴枫，顾炜宇．母国文化与外资企业内部贸易[J]．山东社会科学，2021（2）：174-181．

[56] 王蔚松．跨国公司财务[M]．上海：上海财经大学出版社，2011．

[57] 王晓东．国际市场营销[M]．北京：中国人民大学出版社，2022．

[58] 文军，王云龙．新发展社会学理论构建中的不确定性发展逻辑及其启示[J]．社会发展研究，2022，

9（1）：81-97+244.

[59] 谢佩洪．中资跨国企业东道国社会责任对海外绩效的影响研究 [J]．上海师范大学学报（哲学社会科学版），2023，52（4）：69-82.

[60] 徐美娜，夏温平．数字跨国公司对外投资的进入与扩张决定：平台型数字企业集聚的分析视角 [J]．世界经济研究，2021（12）：68-85+133.

[61] 杨超，张宸妍．外资并购与目标企业海外市场扩张 [J]．国际贸易问题，2024（2）：126-140.

[62] 杨梅，王星媛．要素市场化配置改革与 FDI 引资结构优化 [J]．云南财经大学学报，2023，39（9）：64-81.

[63] 杨培雷．跨国公司经营与管理 [M]．上海：上海财经大学出版社，2020.

[64] 詹晓宁，齐凡，吴琦琦．百年变局背景下国际直接投资趋势与政策展望 [J]．国际经济评论，2024（2）：71-94.

[65] 张宏，张家晨，刘伟，等．跨国公司集团子公司功能定位的税收风险分析 [J]．国际税收，2022（11）：74-79.

[66] 张佳敏，薛晋洁．国际企业组织惰性、竞合行为与创新绩效 [J]．科研管理，2022，43（8）：140-147.

[67] 张丽娟．全球产供链重构的背景、特点及发展趋势 [J]．当代世界，2023（12）：18-23.

[68] 张文宣．全球价值链重构的现实状况、内在逻辑与前景展望 [J]．青海社会科学，2021（2）：110-116.

[69] 张悦，崔日明．国际投资规则演进与中国的角色变迁 [J]．现代经济探讨，2020（7）：92-98.

[70] 张战仁，刘卫东，杜德斌．跨国公司全球研发网络投资的空间组织解构及过程 [J]．地理科学，2021，41（8）：1345-1353.

[71] 赵春明．跨国公司与国际直接投资 [M]．北京：机械工业出版社，2020.

[72] 赵佳颖，孙磊．全球价值链重构的利益分配及其对中国的影响研究 [J]．亚太经济，2023（2）：11-22.

[73] 赵曙明，等．国际人力资源管理 [M]．5 版．北京：中国人民大学出版社，2012.

[74] 赵曙明，等．跨国公司人力资源管理 [M]．北京：中国人民大学出版社，2001.

[75] 赵曙明，杨忠．国际企业风险管理 [M]．南京：南京大学出版社，1998.

[76] 赵旭阳．中国企业跨国经营的困惑与启示 [J]．现代商业，2009（4）：105.

[77] 朱北仲．跨国公司管理 [M]．北京：北京交通大学出版社，2011.

[78] 朱晋伟．跨国经营与管理 [M]．北京：北京大学出版社，2011.

[79] 祝坤福，余心玎，魏尚进，等．全球价值链中跨国公司活动测度及其增加值溯源 [J]．经济研究，2022，57（3）：136-154.

[80] 邹纯，张文静．中国企业跨国经营与"走出去"战略 [J]．北方经济，2009（10）：63-64.

[81] Acemoglu D，Restrepo P. The Race Between Man and Machine：Implications of Technology for Growth，Factor Shares，and Employment[J]. Amer. Econ. Rev，2018，108（6）：1488-1542.

[82] Ahern K R，Daminelli D，Fracassi C. Lost in Translation? The Effect of Cultural Values on Mergers Around the World[J]. Financ，2015，117（1）：165-189.

[83] Aminadav G，Papaioannou E. Corporate Control Around the World[J]. Financ，2020，75（3）：1191-1246.

[84] Bartelmea D，Lan T，Levchenko A. Specwialization，Market Access and Real Income[J]. International Econ，2024（150）103923.

[85] Barth J，Levine R. Regulation and Governance of Financial Institutions[M]. Northampton：Edward Elgar Publishing，2016.

[86] Becko J S.4. A theory of Economic Sanctions as Terms-of-Trade Manipulation[J]. International Econ，2024（150）：103898.

[87] Campolmi A，Fadinger H，Forlati C. Trade Policy：Home Market Effect Versus Terms-of-Trade Externality[J]. Int. Econ，2014（93）：92-107.

[88] Dix-Carneiro R，Kovak B. Trade Liberalization and Regional Dynamics[J]. Amer. Econ. Rev，2017，107（10）：2908-2946.

[89] Egger H，Egger U，Kreickemeier P，et al. The Exporter Wage Premium when Firms and Workers are Heterogeneous[J]. Eur. Econ. Rev，2020（130）：1-58.

[90] Egger H，Kreickemeier U，Moser C，et al. Exporting and Offshoring with Monopsonistic Competition[J]. Econ. J，2022（132）：1449-1488.

[91] Egger H，Kreickemeier U，Moser C，et al. Offshoring and Job Polarisation Between Firms[J]. International Econ，2024（148）：1-28.

[92] Fonseca L，Nikalexi K，Papioannou E. The Globalization of Corporate Control[J]. Journal of International Economics，2023（146）：1-78.

[93] Fort，T C. Technology and Production Fragmentation：Domestic Versus Foreign Sourcing[J]. Rev. Econom. Stud，2017，84（2）：650-687.

[94] Galle S，Lorentzen L. The Unequal Effects of Trade and Automation Across Local Labor Markets[J]. International Econ，2024（150）：103912.

[95] Oberfield E，Raval D. Micro Data and Macro Technology[J]. Econometrica，2021，89（2）：703-732.